KB271090

# 삼국지,
## 군웅과 치도를 논하다

## 삼국지, 군웅과 치도를 논하다

초판 제1쇄 인쇄  2011. 12. 3.
초판 제1쇄 발행  2011. 12. 7.

지은이    신동준
펴낸이    김경희
펴낸곳    본사 • 경기도 파주시 교하읍 문발리 520-12
          전화 (031)955-4226 · 4227 팩스 (031)955-4228
          서울사무소 • 서울시 종로구 통의동 35-18
          전화 (02)734-1978 팩스 (02)720-7900
          인터넷한글문패   지식산업사
          인터넷영문문패   www.jisik.co.kr
          전자우편   jsp@jisik.co.kr
          등록번호   1-363
          등록날짜   1969. 5. 8.

책값은 뒤표지에 있습니다.

ⓒ 신동준, 2011
ISBN 978-89-423-3083-6  03340

이 책을 읽고 지은이에게 문의하고자 하는 이는
지식산업사 전자우편으로 연락 바랍니다.

# 삼국지, 근웅과 치도를 논하다

신동준

지식산업사

　　동서양의 전 역사를 통틀어 볼 때, 500여 년에 걸쳐 진행된 춘추전국시대는 이전 시대에서는 볼 수 없었던 어지러운 시절에 해당한다. 이런 난세를 평정해 중국 역사에서 처음으로 천하를 통일한 인물이 바로 진시황이다. 그러나 그런 진제국도 고작 15년 만에 무너졌다. 득천하(得天下)의 방략을 치천하(治天下)에 그대로 적용한 탓이라고 하겠다.

　　누대에 이어진 명문가 출신인 항우와 치열한 각축전을 벌인 유방은 중국 역사에서 첫 평민 출신 황제에 해당한다. 그는 육가의 건의를 받아들여 말 아래로 내려와서 천하를 다스렸다. 이러한 까닭에 한제국은 전한과 후한을 합하여 400년 동안이나 유지될 수 있었다. 400년을 이어온 왕조란 진시황의 천하통일 이래 역대 가장 긴 왕조에 해당한다.

그러나 후한 말기에 이르러 환제와 영제 등의 암군(暗君)이 잇달아 출현한 가운데 환관들이 권력을 농단하면서 황건적의 난이 일어났고, 이로써 천하가 소란스러워진 틈을 타 수많은 군웅이 한꺼번에 굴기(崛起)했다. 이후 사마염이 세 번째로 중국을 통일하기까지 약 100년 동안에 이르는 혼란기가 이어졌다. 이 시기를 통상 중국의 삼국시대라고 하는데, 춘추시대에 버금갈 정도로 전례 없이 혼란스러운 시대였다.

당시에 뛰어난 지략을 지닌 문사(文士)와 출중한 용력을 지닌 무사(武士)들이 각 지역에 할거하는 군웅들 곁으로 몰려들었다. 위·촉·오로 상징되는 삼국의 정립(鼎立)에 결정적인 공헌을 한 조조와 유비, 손권 등은 바로 이런 인재들을 모아서 적절한 곳에 배치해 활용할 줄 아는 능력을 가진 인물이었다. 오랫동안 많은 사람들이 이들의 치도(治道)와 치술(治術)을 비교 분석하며 삼국시대를 파악한 이유가 여기에 있다. 치도와 치술은 리더십 이론의 목적론과 방법론에 해당한다.

현대의 리더십 이론에서는 '군도'(君道)를 1인자의 리더십, '신도'(臣道)를 2인자의 리더십으로 해석한다. 고금과 동서를 가리지 아니하고 본래 1인자의 리더십은 2인자의 리더십이 뒷받침되지 않으면 빛을 발할 수 없고, 2인자의 리더십은 1인자의 리더십이 지지하지 않으면 존재근거를 잃어버린다. 《논어》와 《춘추좌전》을 비롯한 동양의 고전은 온통 이에 관한 이야기로 점철되어 있다고 해도 지나친 말이 아니다.

원래 동양에서는 전통적으로 통치리더십을 크게 군도와 신도로 나누어서 보았다. 이는 주군과 신하의 역할이 다르다는 '군신지의'(君臣之義)와, 천하는 군신이 함께 다스린다는 '군신공치'(君臣共治) 이념에서 나왔다. 공자가 《논어》에서 "군주는 군주답고, 신하는 신하다워야 한다"며 '군군신신'(君君臣臣)을 힘주어 말한 것은 바로 이 때문이다. 사실 신하가 주군의 리더십을 발휘하면 이는 곧 역상(逆上) 아니면 모반(謀叛)으로 오해받을 수밖에 없다. 창업이 이루어질 때마다 거의 예외 없이 큰 공을 세운 공신들이 '토사구팽'(兎死狗烹) 당하는 참사가 빚어진 이유가 여기에 있다. 군주를 위협하는 강신(强臣)으로 간주된 결과이다.

춘추전국시대는 군도와 신도를 포함해 치도와 치술의 모든 것을 가장 심도 있게 천착한 시기였다. 당시 제자백가는 가장 바람직한 군도와 신도를 찾아내기 위해 이른바 '백가쟁명'(百家爭鳴)의 이론투쟁을 펼쳤다. 그 결과로 나타난 것이 바로 덕치에 초점을 맞춘 왕도(王道)와, 무력이나 법치에 무게를 둔 패도(霸道)이다. 무위(無爲)를 역설한 도가는 왕도보다 한 단계 높은 제도(帝道)를 주장하며 왕도와 패도를 폄하했고, 겸애(兼愛)를 강조한 묵가 또한 제도에 준하는 왕도를 역설하며 패도를 천시했다. 전국시대 말기에 이르러 맹자는 묵가의 이런 주장에 편승해 왕도와 패도를 엄격히 분리한 뒤 오직 왕도만이 치도에 해당한다고 역설했다.

이와 달리 순자는 왕도가 가장 바람직하나 현실적으로 불가피할 때는 패도를 적극 구사할 필요가 있다며 둘의 결합을 추구했다. 난세에는 패도가 훨씬 적의함은 말할 것도 없다. 전국시대 말기에 진시황이 막강한 무력과 법가사상에 바탕을 두고 최초로 중국 천하를 통일해 황제라 일컬은 사실이 이를 뒷받침한다.

신도는 실천 주체에 따라, 왕도와 밀접한 관계를 맺고 있는 문관 위주의 문도(文道), 패도와 불가분의 관계를 맺고 있는 무인 위주의 무도(武道)로 크게 나눌 수 있다. 난세의 시기에는 예외 없이 수많은 책사와 장수가 각자의 지모와 용맹을 무기로 천하통일의 대업에 뛰어들었다. 이들이 발휘한 서로 다른 재능과 지략의 수준에 따라 군도와 신도 사이에 수많은 조합관계가 이루어지면서 성패가 엇갈렸다. 주목할 점은 왕도를 내세운 자들 모두 하나같이 실패한 점이다. 공손찬과 도겸, 왕윤 등이 그 실례이다.

유비는 《삼국연의》에서 왕도의 대변자로 묘사되어 있으나 사실은 패도의 전형이다. 제갈량도 예외가 아니다. 난세의 시기에 왕도로는 결코 대업을 이룰 수 없다는 사실이 춘추전국시대에 이어 또다시 명확히 입증된 셈이다. 당시 이를 가장 잘 실천한 인물이 바로 조조였다. 그의 휘하에 기라성 같은 수많은 책사와 장수가 운집한 사실이 이를 말해 준다.

천하의 우이(牛耳)를 다투는 대통령선거 등의 각종 선거전과, 세계 시장이나 국내 시장의 석권을 겨냥한 기업끼리의 치열한 경쟁도 춘추전국시대나 삼국시대의 경쟁 양상과 그리 다를 게 없다. 성패의 요체는 얼마나 많은 인재를 휘하로 끌어들여 적소에 배치하느냐에 달려 있다. 군웅이 천하의 패권을 놓고 한 치의 양보도 없는 각축전을 펼친 삼국시대는 리더십의 보고에 해당한다.

현재 많은 위정자와 기업 최고경영자들이 삼국시대에 활약한 여러 인물 속에서 그들의 리더십을 깊이 파악하려 하는 것도 이 때문일 것이다. 시중에는 이미 《삼국지 인간학》과 《삼국지 경영학》 등 다양한 리더십 관련서가 나와 있다. 천하경영과 국가경영, 기업경영의 지침서로 활용하려는 수요가 그만큼 많기 때문일 것이다. 이 책도 같은 맥락에서 나온 것이다.

그러나 이 책은, 이제까지 나온 '삼국지' 관련 리더십 서적들과는 달리, 진수의 《삼국지》와 사마광의 《자치통감》을 기본서로 삼았다는 점에서 적잖은 차이가 있다. 거기에다 해당 인물의 리더십을 당시의 시대상황과 연관시켜 일목요연하게 정리하며 평을 더한 것은 이 책의 두드러진 점이다. 학술이든 교양이든, 역사를 공부할 때는 역사적 사실[史實]에 초점을 맞추어 실체를 파악하는 게 필요함은 말할 것도 없다. 이 책은 그런 점에서 기존의 책과 뚜렷하게 구별된다고 하겠다.

중국의 삼국시대에 활약한 많은 영웅들의 리더십을 터득하여 한국의 통일시대를 앞당기고, 21세기 동북아시대를 주도적으로 열어나가고자 하는 모든 사람들에게 이 책이 적절한 도움이 되었으면 하는 바람이다.

2011년 초겨울
학오재(學吾齋)에서
저자 쓰다

# 차 례

## 인간학과 치도

동양에서 수천 년 동안 유일무이한 관학으로 군림해 온 유학은 인간과 관련한 모든 학문을 이른바 '인간학'의 관점에서 접근했다. 조선조 때 부모에 대한 효행 차원에서 사대부들이 의학을 하나의 교양으로 익힌 게 그 증거이다. 실제로 조선조 숙종 때 남인의 영수 허목은 정적인 서인의 영수 송시열에게 부자를 넣은 극약 처방을 내려 병을 고친 바 있다. 의술을 익힌 조선조의 사대부들 모두 일종의 '유의'(儒醫)에 해당한다.

'유의'의 효시는 중국의 삼국시대에 활약한 화타이다. 《삼국지》〈화타전〉에 따르면, 그가 당대 최고의 명의로 소문이 났음에도 스스로를 의원이라고 생각한 적이 없었다고 한다. 자신을 두고 주변에서 '신의'(神醫)라고 칭송할 때마다 그는 이를 자랑스럽게 여기기는커녕 오히려 수치스럽게 생각했다. 그는 자신을 '유의'로 대우해 주기를 바랐다.

유학을 익힌 무장인 '유장'(儒將)도 이런 맥락에서 이해할 수 있다. 관우가 화타에게 독화살 제거 치료를 받는 동안 《춘추》를 읽었다는 전설이 전해진 것도 결코 우연으로 볼 수 없다. 실제로 《삼국지》에는 문무를 겸비한 여러 유형의 '유장'이 등장한다. 이들 가운데 가장 대표적인 인물이 바로 조조이다. 그는 전장에서도 손에서 책을 놓지 않았고, 감흥이 일 때마다 시를 읊었다. 20세기 초 국공내전 당시 모택동은 조조의 이런 행보를 그대로 흉내냈다. 이른바 '대장정' 때 배낭 속에 《자치통감》 등을 넣고 장정 도중 수시로 꺼내 읽은 것은 물론, 산과 강을 넘을 때마다 시를 읊은 게 그 증거이다. 그가 대장정 도중 홍군의 지도권을 되찾아 이후 '신 중화제국'의 창업주가 된 것도 이런 '유장' 행보와 무관할 수 없다.

삼국시대 당시, 조조가 유비·손권과 천하를 셋으로 나누어 다스리는 정립(鼎立)의 한 당사자로 존재했음에도 두 사람을 압도한 것은 이런 맥락에서 이해할 수 있다. 실제로 상대적으로 독서량이 부족했던 유비와 손권은 애초에 조조의 상대가 될 수 없었다. 그래서 문무를 모두 갖춘 삼국시대 최고의 '유장'을 꼽으라면 망설임 없이 조조가 꼽힌다.

《삼국연의》에서 《효경》의 '신체발부'(身體髮膚) 구절을 언급하며 화살과 함께 빠져 나온 자신의 왼쪽 눈을 씹어 먹은 것으로 묘사된 하후돈 역시 대표적인 '유장'에 속한다. 그는 전쟁 중에도 학자들을 군영으로 초빙해 가르침을 받으며 난세의 리더십을 논했다. 당대 최고의 '유장'인 조조가 그를 당대 최고의 장수로 우대한 배경이 여기에 있다.

조조는 흔히 덕치로 상징되는 왕도(王道) 대신 무력으로 상징되는 패도(覇道)를 추구한 사람으로 알려져 있으나, 이는 잘못되었다. 책을 손에서 떼지 않았고, 감흥이 일어나면 시를 읊은 당대의 대표적인 '유장'이 왕도를 무시했다는 것 자체가 있을 수 없는 일이다. 그런데도 이런 오해가 생긴 것은 후대에 나온 《삼국연의》가 유비를 미화하기 위해 조조를 '패도'의 전형으로 묘사한 사실과 밀접한 관련이 있다. 조조와 유비 모두, 상황에 따라 왕도와 패도를 적절히 섞어 쓴 점에서는 차이가 없다.

이론적으로 볼지라도 원래 왕도와 패도는 무슨 근원적인 차이가 있는 것이 아니다. 전국시대 말기에 활약한 맹자만이 이를 엄히 구분했을 뿐이다. 맹자와 달리 순자는 도가에서 역설하는 제도(帝道)까지 받아들여서, 제도와 왕도 및 패도는 종이 한 장 차이밖에 없다고 갈파했다.

주목할 점은 전국시대 말기에 크게 부상한 종횡가(縱橫家)와 병가(兵家) 등이 추구한 이른바 '강도'(彊道)까지 치도의 범주에 포함시킨 점이다. '강도'는 수단 방법을 가리지 않고 승리를 추구하는 치도를 말한다. 《순자》〈왕제〉 편의 해당 대목이다.

왕자(王者)는 사람을 얻고자 하고, 패자(覇者)는 동맹국을 얻고자 하고, 강자(彊者)는 땅을 얻고자 한다. 사람을 얻고자 하는 자는 제후를 신하로 삼고, 동맹국을 얻고자 하는 자는 제후를 벗으로 삼고, 땅을 얻고자 하는 자는 제후를 적으로 삼는다. 강자는 힘으로 승리를 거두는 까닭에 남의 백성이 날마다 나와 싸우려 들고, 나의 백성이 날마다 나를 위해 싸우려 들지 않게 되어 도리어 약해진다. 부전이승(不戰而勝: 싸우지 않고 승리함)과 불공이득(不攻而得: 공격하지 않고 얻음), 불로복천하(不勞服天下: 무력동원의 수고를 하지 않고도 천하를 복종시킴)의 세 가지 요건을 아는 자는, 원하는 바 대로 왕자가 되고 싶으면 왕자가, 패자가 되고 싶으면 패자가, 강자가 되고 싶으면 강자가 될 수 있다.

'부전이승' '불공이득' '불로복천하' 등 세 가지 요건을 마음대로 행할 수 있는 게 최고의 단계인 '제도'이다. 순자는 '치도'와 정반대되는 패망의 길을 '위도'(危道) 또는 '망도'(亡道)로 구분해 놓았다. 그의 주장에 따르면 '강도'를 지속적으로 구사할 경우 '위도'나 '망도'로 치달을 공산이 크다.

현대 국제정치에서 말하는 '패권주의'가 '강도'에 해당한다. 중국이 G2의 일원으로 떠오르기 전까지만 해도 미국은 명실상부한 G1으로 군림했다. 당시 미국의 부시 행정부는 세계를 선악의 대결구도로 상정해 시종 '강도'를 구사하다가 '위도'로 함몰된 바 있다. 이는 순자의 치도에 대한 분류가 나름대로 과학적인 분석 위에서 나온 것임을 반증한다.

## 득민과 치평

원래 도가와 묵가, 맹자는 각각 황제(黃帝)와 요순(堯舜), 하우(夏禹) 등이 이룩한 '제도'와 '왕도'를 숭상했다. 공자도 역사시대 이후의 은나라 탕왕(湯王)과 주나라 문왕(文王)이 이룩한 '왕도'를 높이 기렸다. 그러나 춘추전국시대는 결코 '왕도'로 다스릴 수 있는 상황이 아니었다. 이를 맨 먼저 알아차린 사람이 바로 관중(管仲)이다. 그가 춘추시대 중엽에 제환공(齊桓公)을 도와서 역사에서 처음으로 '패업'을 이룬 배경이다. 그는 《관자》〈패언〉(覇言) 편에서 이같이 강조한 바 있다.

> 천하를 얻으려고 다투는 자는, 우선 반드시 사람부터 얻으려고 다투어야 한다.

천하를 다투는 '쟁천하'(爭天下)와 천하를 거머쥐는 '득천하'(得天下)는 백성을 자신의 판도 안으로 끌어들이는 '쟁민'(爭民)과 민심을 얻는 '득민심'(得民心)에서 비롯된다고 갈파한 것이다. 그렇다면 '쟁민'이나 '득민심'은 어떻게 가능한 것일까? 《관자》〈소광〉(小匡) 편에 해답이 있다. 제환공이 관중에게 패자가 되기 위한 조건을 묻자 관중은 네 글자로 간명히 요약했다.

> 시어애민(始於愛民).

백성을 사랑하는 일부터 시작하라고 주문한 것이다. 동양 전래 통치 리더십의 특징이 여기에 있다. 이는 서양 역사에서는 전혀 찾아볼 수 없는 것이기도 하다. 《관자》〈법법〉(法法) 편에 '군주의 애민은 인민을 부리기 위한 것이다'라는 구절이 나온다. 이를 종합해 보면, 관중은 나라를 잘 다스리기 위해서는 백성을 제대로 활용할 줄 아는 '용민'(用民)의 지혜가 필요하고, '용민'은 '득민심'을 통해 가능하고, '득민심'은 '애민'에서 출발한다고 역설한 셈이다. 〈오보〉(五輔) 편의 다음 구절이 이를 뒷받침한다.

성왕으로 칭송을 받은 사람 치고 사람을 얻지 못했다는 이야기를 일찍이 들어본 적이 없다. 폭군으로 나라를 잃어버린 사람 치고 사람을 잃지 않았다는 이야기를 일찍이 들어본 적이 없다.

성왕과 폭군의 차이가 바로 '득민'과 '실민'(失民)에 있다는 것을 힘주어 말한 것이다. 관중이 '애민'의 당위성을 강조한 것은 다시 말할 필요도 없이 그것이 '득민'의 지름길임을 알리기 위해서였다. 그렇다면 '애민'의 요체는 무엇일까? 이는 같은 〈오보〉 편에 해답이 제시되어 있다.

득민의 방안으로 백성에게 이익을 주는 것보다 나은 것이 없다.

백성에게 이익을 안겨다주는 '이민'(利民)이 득민의 요체라고 한 것이다. 실제로 《관자》는 전 편을 통해 '애민'의 요체가 바로 백성들을 배불리 먹이는 데 있음을 거듭 역설하였다. 그가 이처럼 '애민'과 '이민' 등 백성을 강조한 것은, 이른바 '군민일체'(君民一體)를 통해 패업을 실현시키려는 속셈에서 나온 것이다. '군민일체'의 기본 취지는 〈군신〉(君臣) 상편의 다음 대목에 잘 나타나 있다.

군주가 인민과 더불어 일체를 이루는 것이 곧 나라로써 나라를 지키고 백성으로써 백성을 지키는 것이다.

《관자》의 내용을 바탕으로 해서 그의 치국평천하 사상과 백성에 대한 기본 입장을 종합해 정리하면, 다음과 같은 도식으로 요약할 수 있다.

이민 → 애민 → 득민 → 용민 → 부국 → 강병 → 치국 → 평천하

춘추전국시대에 활약한 사상가 가운데 인민, 국가, 천하의 관계를 이처럼 일목요연하게 정리한 사람은 없다. 이를 뒤집어 해석하면, 이런 풀이가 가능하다. '이민'이 전제되지 않은 '애민'은 거짓이고, '애민'을 전면에 내세우지 않은 '득민'은 불가능하고, '득민'이 전제되지 않은 '용민'은 반발을 낳을 수밖에 없다. 나아가 '용민'이 제대로 실행되지 않으면 '부국과 강병'을 이룰 수 없고, '부국'과 '강병'이 이루어지지 않으면 '치국평천하'는 공염불에 지나지 않는다. 이 도식을 통해 당시 관중이 '군민일체' 사상으로 백성을 대거 동원해 '부국강병'을 이룬 다음, 궁극적으로 '치국평천하'의 이상을 실현하려 했음을 알 수 있다.

관중은 역사에서 처음으로 '부국강병'을 기치로 내걸고 패업을 완성한 사상가에 해당한다. 비결은 부국강병의 전제조건으로 백성을 부유하게 만드는 '부민'(富民)을 관철한 데 있다. 《관자》〈치국〉편에 '부민'의 배경을 설명한 대목이 나온다.

무릇 치국평천하의 길은 반드시 우선 백성을 잘살게 하는 데서 시작한다. 백성들이 부유하면 다스리는 것이 쉽고, 백성들이 가난하면 다스리는 것이 어렵다.

관중의 사상을 관통하는 최고의 이념으로 '필선부민'(必先富民)으로 표현된 '부민'을 꼽을 수 있는 논거가 여기에 있다. 치국평천하와 백성에 대한 그의 기본 입장을 정리한 다음 도식을 보면 알 수 있듯이, '부민'은 인민과 국가의 중간지점에 서 있다.

'부민'이 이루어져야 인민과 국가가 제 역할을 수행하며 공존할 수 있다고 파악한 것이다. 21세기 국가학의 관점에서 볼지라도 탁견이 아닐 수 없다. 그의 경제사상을 이른바 '부민주의'로 요약하는 이유가 여기에 있다.

그의 '부민' 사상은 이민과 애민의 결과인 동시에 부국강병의 전제조건이기도 하다. 이를 논리적으로 뒷받침하는 매우 유명한 대목이 《관자》〈목민〉 편에 나온다.

창고 안이 충실해야 예절을 알고, 의식이 족해야 영욕을 안다.

여기서 예절은 '예의염치'(禮義廉恥)로 표현되는 도덕적 삶, 영욕은 존비귀천(尊卑貴賤)의 국법질서와 국가의 존엄을 말한다. 천고의 금언인 〈목민〉 편의 이 구절을 도식화하면 다음과 같다.

<table>
<tr><td>예의염치와<br>영욕을 아는 인민</td><td>← 부 민 →</td><td>존비귀천의 국법과<br>존엄이 존재하는 국가</td></tr>
</table>

주목할 점은 관중이 '예의염치와 영욕을 아는 인민'의 전제조건으로 창고를 채우고 백성들을 배불리 먹이는 '실창족식'(實倉足食)을 든 점이다. 필요충분조건의 상호관계로 보면 '실창족식'은 '부민'의 전제조건인 동시에 결과이기도 하다. 동어반복에 해당한다. '존비귀천의 국법과 존엄이 존재하는 국가'는, 곧 예의염치를 아는 인민들이 존비귀천의 국법질서를 적극 수용하는, 이른바 '지례지법'(知禮知法)을 의미한다. 인민의 '지례지법'은 '부국강병'의 전제조건이자 결과이기도 하다. 이는 천하를 호령하는 G1의 전제조건에 해당한다. 결국 그의

‘부민’ 사상을 요약하면 이같이 정리할 수 있다.

부민 　→　 부강 　→　 치국평천하
(실창족식) 　 (지례지법) 　 (사해일가)

　그렇다면 당시 관중은 구체적으로 부민, 즉 ‘실창족식’을 이루기 위한 방략으로 어떤 정책을 구사한 것일까? ‘중본억말’(重本抑末)로 요약할 수 있다. ‘중본억말’의 ‘본’은 농축수산업 등을 의미한다. 요즘의 경제정책으로 표현하면 1차산업인 농업을 포함해 2차산업인 일반 제조업을 강력 후원한 것에 비유할 수 있다. ‘말’을 두고 적잖은 사람들이 상업으로 이해하고 있으나, 이는 잘못이다. 그가 적극 반대한 것은, 사치소비재의 생산과 유통을 비롯해, 고리대 이식을 주업으로 하는 금융서비스산업이다.

　관중은 결코 상업 자체를 중본억말의 ‘말’로 본 적이 없다. 그는 오히려 이를 중시했다. 그가 3차산업에서 중시한 것은 물류(物流)와 인류(人流)의 원활한 유통을 뜻하는 이른바 ‘수재’(輸財)이다. 21세기의 경제경영학 용어로 풀이하면 일반 재화를 비롯해 인력과 정보의 신속하고도 원활한 유통을 의미한다.

　당시 그는 제조업 분야의 생산력 증대와 이를 지원하기 위한 재정 분야의 건전화 정책을 적극 실시했다. 염철(鹽鐵)에 한해 세금을 부과해 재정을 충실히 하면서, 백성에 대한 관원들의 착취 가능성을 원천봉쇄했다. 그가 염철세를 통해 국부를 쌓은 뒤 패업을 이루어야 한다고 주장한 이유이다.

당시 소금과 철은 철제농구로 농경을 해야 하는 농민들의 처지에서 볼 때 일상생활에서 빼놓을 수 없는 필수품이다. 그는 이 두 가지에 세금을 부과한다면 기왕의 모든 잡세를 없앨지라도 능히 국가재정을 충당할 수 있다고 주장했다. 이게 적중한 것은 말할 것도 없다. 이를 이른바 '염철론'(鹽鐵論)이라고 한다. 그의 '염철론'은 600년 뒤 전한제국 초기에 《염철론》이라는 책으로 정립되었다. 염철론이 21세기 현재까지 모습만 약간 달라졌을 뿐, 중국의 기본 재정정책임은 말할 것도 없다.


## 족식과 민신

관중의 '부민' 정책과 관련해 주목할 것은 '절용'(節用: 균형재정)이다. 이는 불요불급한 사업에 대한 방만한 투자를 억제하고, 백성들의 세금만 축내는 용관(冗官: 남아도는 관원)을 과감히 퇴출시켜 건전한 재정을 제도화한 결과이다. 당시 재정의 건전화는 사치억제 정책과 함께 실시되었다. 이는 부국부민을 이루기 위해서는 우선 지배층의 자기절제가 선결되어야 한다는 판단에 따른 것이었다. 이를 뒷받침하는 《관자》〈팔관〉 편의 해당 대목이다.

나라를 다스리는 데에서 사치하면 국고를 낭비하게 되어 인민들이 가난해진다. 인민들이 가난해지면 간사한 꾀를 내어 나라를 어지럽히게 된다.

　관중은 이를 막기 위해서는 재화의 고른 분배가 이루어져야 한다
고 역설했다. 이는 땅과 노동력의 균배를 의미하는 '균지분력'(均地分
力)과 전 인민에게 재화를 고르게 나누어 주는 '여민분화'(與民分貨)
로 나타났다. 빈부의 격차가 적어야만 통치가 제대로 이루어질 수 있
다는 판단에 따른 것이다. 이는 《논어》〈계씨〉 편에서 '적은 것이 걱
정이 아니라 고르지 못한 것이 걱정이다'라고 언급한 공자의 기본 취
지와 부합한다.

　주목할 것은 《관자》〈목민〉 편에 나오는 '부민(실창족식) → 부강
(지례지법)'의 도식이 《논어》〈안연〉 편에 나오는 '족식'과 '민신'(民
信)의 상호관계와 사실상 똑같다는 점이다. 〈안연〉 편에 따르면, 하루
는 자공이 정치에 대해 묻자 공자가 이같이 대답했다.

　"족식(足食: 경제)과 족병(足兵: 국방), 민신(民信: 대정부 신뢰)이 이
루어져야 한다."

　자공이 다시 물었다.

　"만일 어쩔 수 없이 반드시 하나를 버리기로 한다면 세 가지 가운
데 무엇을 먼저 버려야 합니까?"

　"거병(去兵: 병력감축)해야 할 것이다."

　"만일 어쩔 수 없이 반드시 하나를 버리기로 한다면 나머지 두 가
지 가운데 무엇을 먼저 버려야 합니까?"

　"거식(去食: 경제축소)해야 할 것이다. 자고로 먹지 못하면 죽을 수
밖에 없으나 사람은 누구나 죽기 마련이다. 그러나 '민신'이 없으면

나라가 설 수조차 없게 된다.”

공자의 이러한 주장은 얼핏 ‘족식’에 해당하는 ‘실창’을 강조한 관중의 주장과 배치되는 것처럼 보인다. 실제로 성리학자(신유학자)들은 그같이 해석하면서 관중이 말한 ‘부민(실창족식) → 부강(지례지법)’ 도식은 공자사상과 배치된다고 주장했다. 이는 공자의 주장을 완전히 거꾸로 해석한 것이다.

〈안연〉 편에서 공자가 ‘민신’을 가장 중요한 국가존립의 요건으로 거론한 것은 국가존립을 위한 최소한의 조건인 ‘족식’과 ‘족병’을 포기해도 좋다고 말한 게 아니다. 그런데도 오해를 부른 단초는 ‘외적의 침공으로 말미암아 성이 함락되는 등의 극단적인 위기상황을 전제로’ 자공이 두 번째 질문을 한 사실을 지나쳐 버린 데 있다. 성리학자들은 이를 깨닫지 못하고 평시조차 ‘민신’이 가장 중요하다는 식으로 풀이했다.

공자가 마지막 구절에서 ‘민신’을 강조한 것은, 나라가 패망의 위기에 직면했을 때 군주가 솔선수범하는 자세를 보여야만 백성들이 그를 믿고 위기상황을 벗어날 수 있다는 점을 지적한 것이다. 지배자와 피지배자 모두 생사를 같이 하는 국가공동체의 주체라는 점을 역설한 것으로, 결코 평시조차 ‘거식’과 ‘거병’을 해도 좋다고 말한 것이 아니다.

실제로 천재지변이나 내란과 외환 등의 비상상황 속에서는 ‘군민일체’가 되어야만 위기를 슬기롭게 넘어설 수 있다. 식량이 달리고 병력이 거의 바닥이 난 상황이라면, 군주가 콩 한 알이라도 백성들과 나누어 먹겠다는 자세로 솔선수범을 해야만 백성들이 믿고 따르며 위기극복을 위해 온몸을 던지게 된다. 공자는 바로 이런 경우를 말한 것이다.

이는 너무나 간단하면서도 당연한 이야기이다. 그런데도 성리학자들은 이런 대화가 오가게 된 배경을 총체적으로 고찰하지 못하고, '믿음이 무기나 식량보다 더 중요하다'고 하는 황당한 풀이를 한 것이다. 이를 사상 최초로 규명한 인물이 명나라 말기에 활약한 이탁오(李卓吾)이다. 그는 《분서》〈잡술·병식론(兵食論)〉 편에서 이같이 갈파했다.

> 무릇 윗사람이 되어 백성들이 배불리 먹고 안전하게 살 수 있도록 지켜주기만 하면 백성들도 그를 믿고 따르며, 부득이한 상황에 이르러서도 차라리 죽을지언정 윗사람 곁을 떠나지 않을 것이다. 이는 평소 윗사람이 그들의 안전과 식량을 충분히 제공해 주었기 때문이다. 공자가 〈안연〉 편에서 '거병'과 '거식'을 거론한 것은 실제로 군사와 식량을 버리게 하려는 의도가 아니다. 이는 어쩔 수 없는 위기상황을 전제로 한 것이다.
>
> 어쩔 수 없는 위기상황에서 비롯된 것이라면 백성들도 '거병'과 '거식'의 부득이한 상황을 감내하면서 윗사람을 불신하는 지경까지는 이르지 않게 된다. 그래서 마지막에 '민신'을 언급한 것이다. 그럼에도 어리석은 성리학자들은 이와 정반대로 '믿음이 무기나 식량보다 더 중요하다'고 지껄이고 있다. 이는 성인이 하신 말씀의 참뜻을 제대로 파악치 못한 소치이다.

이탁오 이전까지만 해도 많은 성리학자들이 《논어》에 주석을 달았음에도 '거식 → 거병 → 민신'의 도식이 사실은 국가존망의 위기상황을 전제로 한 반대해석이라는 사실을 조금도 눈치 채지 못했다. 삼강오륜 등의 윤리도덕을 지나치게 강조하며 헛된 사변론에 함몰된 후과로 볼 수 있다.

이런 식의 논리를 관철하면, 위기상황에서조차 날마다 '끝장토론' 운운하며 성토대회나 여는 황당한 짓거리를 하게 된다. 실제로 우리에게 그런 일이 병자호란 때 빚어졌다. 김상헌을 비롯한 척화파들은 '독 안의 쥐' 신세가 되었는데도, 산성에 들어오기 전보다 더 격한 어조로 날마다 주화파를 성토하는 데 열을 올렸다. 주화파인 최명길이 쓴 '항서'(降書)를 마구 찢으며 거침없이 울분을 토로한 게 그 증거이다. 이들은 최명길이 앞장서 평화협상에 나서지 않았다면 종묘사직이 곧바로 무너질 수밖에 없다는 사실조차 염두에 두지 않았다. 인조가 뒷날 이들을 두고 일신상의 명예를 위해 군주를 팔아먹으려 했다고 화를 낸 것도 바로 이 때문이다. 구한말에 고루한 성리학자들이 개화를 결사반대하며 이른바 '위정척사'(衛正斥邪) 운운한 것도 같은 맥락이다.

조선조는 바로 치국방략도 없이, 이웃한 만주족과 왜인을 '오랑캐' 운운하며, 우물 안의 개구리 식으로 자고자대(自高自大)한 자들 때문에 망했다고 해도 지나친 말이 아니다. 21세기라고 해서 크게 상황이 나아진 것도 아니다. 60여 년 만에 통일시대를 열 수 있는 절호의 기회가 왔는데도 별다른 방략도 없이 시종 북한에 끌려가며 '신냉전'의 위기상황을 자초하고 있는 게 그 증거이다. G2인 미국과 중국이 한반도를 둘러싸고 치열한 신경전을 펼치고 있는 상황에서, 입체적인 군사외교 전략을 펴야 한다는 기본 상식조차 무시하고 있다는 비난을 받을 만하다. 맹자처럼 오직 왕도만 고집하며, 왕도와 패도를 섞어 사용하는 '왕패병용'의 유연한 리더십을 갖추지 못한 후과로 볼 수밖에 없다.


## 패도와 부민

관중보다 100여 년 뒤에 태어난 공자는, 관중의 행보를 두고 '수신제가'(修身齊家)와 '치국평천하' 차원으로 분리해 엇갈린 평가를 내놓음으로써 뒷날 제자백가 사이에 전개된 치도 논쟁의 단초를 제공했다. 그는 '수신제가' 차원에서는 관중의 비례(非禮)를 통렬히 비판했다. 그러나 '치국평천하' 차원에서는 그의 패업을 높이 평가했다.《논어》〈헌문〉편의 해당 대목이다.

> 제환공이 제후를 규합해 병거(兵車)를 동원하지 않은 것은 오로지 관중 덕분이다. 그와 같은 인(仁)만 있다면야 더 이상 말할 게 있겠는가? 관중은 제환공을 도와 제후를 제압하고 단번에 천하를 바로잡았다. 인민들이 지금까지 그의 은혜를 입고 있으니 관중이 없었다면 우리는 벌써 오랑캐 풍습을 받아들여야만 했을 것이다.

공자는, 관중이 군사를 동원하지 않고도 천하를 조용히 만들었을 뿐만 아니라, 외적의 침입으로부터 전통문화를 수호했기 때문에 그를 높이 평가했다. 그럼에도 뒷날 맹자는 제환공과 관중의 패업을 일언지하에 폄하하고 나섰다. 《맹자》〈양혜왕〉 상편에서, 제환공의 공적을 묻는 제선왕의 질문에, "공자의 제자들은 제환공과 진문공 같은 패자의 공적에 관해 말하는 사람이 없기 때문에 후세에 전술된 것도 없습니다"며 이를 일축하였다. 패업 자체를 인정할 수 없다는 신념에서 나온 것이다.

실제로 그는 왕도와 패도를 엄격히 분리한 뒤 왕도의 정당성을 역설했다. 그가 왕도와 패도를 이처럼 극단적으로 대립시킨 것은, 열국의 통치권자들에게 자신이 주장하는 왕도가 정당하면서도 실현 가능성이 가장 높다는 점을 강조하기 위해서였다. 《맹자》〈공손추〉 상편에 이를 뒷받침하는 대목이 나온다.

> 힘으로 '인'을 가장하는 자를 패자라 한다. 패자는 반드시 큰 영토를 가지고 있어야 한다. 덕으로 '인'을 행하는 자를 왕자라 한다. 왕자는 큰 나라를 보유하지 않아도 좋다.

그는, 왕도가 정당성과 실현 가능성 면에서 패도와 비교가 안 될 정도로 우월하다는 것을, 이런 식으로 표현한 것이다. 그가 볼 때, 춘추5패 가운데에서 가장 빛나고 두드러진 공을 세운 제환공과 관중의 '패업'은 성왕이 이룬 '왕업'을 훼손시킨 것에 지나지 않았다. 그러나 그의 이런 주장은 지나치게 원칙에 얽매인 나머지 공자까지 용인하고 나선 패업의 의미를 제대로 간취하지 못했다는 지적을 면하기 어렵다.

실제로 그가 말한 왕도는, 약육강식이라는 전국시대의 상황에 비추어 보았을 때 실현될 가능성이 거의 없었다. 춘추시대도 패자가 천자를 끼고 제후들을 호령하는, 이른바 '협천자'(挾天子)의 위력을 통해서만 그나마 천하의 질서를 어느 정도 유지할 수 있었다. 전국 7웅이 한 치의 양보도 없는 치열한 각축전을 펼쳤던 전국시대에 들어와서는, 왕도는커녕 제환공과 관중이 성취한 패도조차도 사실상 자취를 감추어 버렸다. 이 시기에 전국 7웅이 이상적으로 그린 인물은 제도와 왕도를 실현한 성왕이 아니라, 패도를 실현한 제환공과 관중이었다.

맹자보다 한 세대 뒤에 태어난 순자는 주어진 현실을 토대로 패도를 긍정적으로 수용했다. 이는 '치국평천하' 차원에서 관중의 패업을 높이 평가한 공자의 기본 입장을 복원하는 작업이기도 했다. 《순자》 〈왕제〉 편의 해당 대목이다.

> 관중은 밭과 들을 개간하고 창고를 충실하게 했다. 점차로 상을 줌으로써 인민을 선도하고 형벌을 엄격히 함으로써 인민들을 바로 잡았다.

순자가 관중에 대해 내린 평가는 공자보다 훨씬 긍정적이다. 그는 어제보다 오늘을 중시하는 현실주의자였다. 잘 알지도 못하는 옛 성왕의 왕도를 추구하기보다는, 후대의 군주들로부터 '치도'의 전형을 찾아내는 편이 더 낫다는 게 그의 생각이었다. 그의 이런 생각은 곧

맹자에 대한 공격으로 이어졌다. 다음은 〈비십이자〉 편의 해당 대목
이다.

> 옛 군주를 본받으면서도 그 정통을 알지 못하고 있다. 이는 곧 맹자
> 의 죄이다.

이는 입만 열면 '성왕' 운운하는 맹자의 회고주의를 통렬히 비판한
것이다. 그가 맹자를 '속유'(俗儒)의 일원으로 비판한 이유가 여기에
있다. 뒷날 순자는 이 때문에 성리학자들에 의해 이단으로 몰려 공자
사당에서 쫓겨났다. 그러나 그는 맹자가 입으로만 성왕의 인의를 들
먹일 뿐, 그 기본 취지를 제대로 이해하지 못하는 점을 정확히 파악하
고 있었다.

순자가 생각한 왕도의 요체는 예치(禮治)에 있었다. 군주가 현능한
인사를 기용해 활용하는 이른바 '존현'(尊賢)과 '현현'(賢賢) 정책을
시행해야만 왕도를 실현할 수 있다는 게 그의 생각이었다. 그는 〈의
병〉 편에서 그 의미를 이같이 분석했다.

> 예란 다스림의 궁극이고, 강고해지는 근본이고, 위세를 펴는 길이
> 고, 공명을 얻는 귀결점이다. 제왕이 예를 따르면 천하를 얻고, 그렇지
> 않으면 나라를 망치게 된다.

이는 공자가 힘주어 말한 군자정치의 이념과 맥을 같이 한다. 순자
는 왕도가 바람직하기는 하나 현실적으로 가능하지 않을 때에는 패

도 또한 무방하다는 입장을 취한 것이다. 맹자가 모든 패도는 '왕도'를 가장한 '강도'라고 규정한 것과 아주 극명한 대조를 이룬다. 이는 공자사상이 맹자가 아니라 순자로 이어졌다는 주장을 뒷받침하는 대목이다.

순자의 이런 입장은 그의 제자인 한비자에게 그대로 이어졌다. 난세에는 도덕적인 왕도를 아예 포기하고 오직 무력과 법치에 기초한 패도를 관철시켜야만 '치국평천하'의 대업을 이룰 수 있다는 게 그의 주장이다. 이는 맹자와 정반대된다.

한비자는 스승인 순자가 힘주어 말한 예치를 법치로 대치시킴으로써 도덕과 정치를 철저히 분리해낸 셈이다. 왕도와 패도, 덕치와 법치의 대립이 한비자에 이르러 극명한 대비를 이루게 된 배경이 여기에 있다.

서양은 프랑스혁명을 전후해 '신 앞의 평등'을 '법 앞의 평등'으로 전환시킨 것을 계기로, 증거주의에 입각한 명실상부한 법치를 구가했음에도, 법과 도덕의 구분 문제를 놓고 오랫동안 고심했다. 도덕이 요구하는 바를 전부 법으로 강제할 수 없기에 생긴 고민이다. 이를 두고 예링은 "법과 도덕의 관계는 법철학의 케이프 혼이다"라고 탄식했다. 법과 도덕의 간극을 끝까지 추적하다 보면 남미 최남단의 곶인 '케이프 혼'을 항행하는 배처럼 이내 좌초할 소지가 크다는 좌절감을 드러낸 것이다. 여기서 나온 것이 바로 '법은 최소한의 도덕이다'라는 금언이다.

동양에서는 이미 수천 년 전에 이에 대한 해법을 찾아내었다고 볼 수 있다. 《논어》〈위정〉 편에 나오는 공자의 다음 언급이 그 증거가 된다.

> 정형(政刑)으로 다스리고자 하면 백성들이 이를 면하려고만 하여 이내 부끄러움을 모르게 된다. 그러나 덕례(德禮)로 다스리고자 하면 부끄러움을 알고 선한 마음을 갖게 된다.

공자는 법치 위에 예치의 세계가 존재함을 통찰했다. 그가 《논어》 〈계씨〉 편에서 '예를 배우지 않으면 제대로 설 수 없다'고 강조한 것도 바로 이런 맥락에서 나온 것이다. 예치를 법치 위에 둘 경우 '케이프 혼' 운운의 탄식은 나올 수 없게 된다. 도덕의 세계를 무리하게 법의 세계로 끌어내리려는 시도를 할 필요가 없기 때문이다. 순자의 제자들이 완성시킨 《예기》는 〈곡례〉 상편에서 예치와 법치의 적용례를 이같이 분류해 놓았다.

> 예는 서인까지 내려가지 않고, 형은 대부에게 미치지 않는다.

지배층에 대해서는 법치보다 도덕적 수위가 훨씬 높은 예치의 잣대를 적용해야 한다는 유가의 입장을 요약해 놓은 것이다. 문화대혁명 당시 사인방들은 이를 두고 사대부들은 잘못을 저질러도 형벌을 받지 않는 봉건질서 옹호 이론에 지나지 않는다고 왜곡했다. 그러나 이는 동양에서 예로부터 내려오는 '노블레스 오블리주'의 진수를 언급한 것이다.

예의염치를 중시하는 사대부는 형벌이 미치기 전에 스스로 몸을 깨끗이 정리할 필요가 있었다. 자진(自盡)이 그것이다. 과거 일본의 사무라이들이 명예를 훼손당하면 스스로 배를 가르는 '셋푸쿠'(切腹)을 즐겨 행한 것은 바로 《예기》의 노블레스 오블리주 정신을 이어받은 결과이다. 이것이 서양의 노블레스 오블리주보다 그 수위가 훨씬 높은 것임은 말할 것도 없다.

관중은 《관자》〈목민〉 편에서 노블레스 오블리주의 요체인 예치를 '예의염치'로 요약해 놓았다. 그 또한 위정자가 '예치'의 세계를 무시한 채 '법치'의 세계에 함몰되어 법리공방을 전개할 경우, '위도' 내지 '망도'로 치달을 소지가 크다고 본 것이다. 그럼에도 통일시대를 코앞에 둔 상황에서 한국의 위정자들이 보여주는 일련의 행보는 매우 실망스럽다. 대북통일정책과 같은 군국기무 사안조차 정쟁의 대상으로 삼아 법리공방을 펴고 있는 게 그 증거이다. '위도'와 '망도'의 길을 걷고 있다고 평할 수밖에 없다.

이는 난세 중의 난세라는 중국의 삼국시대에 '강도'의 대표적인 인물인 동탁과 여포조차도 구사하지 않은 짓이다. 필자가 맨 첫머리에 동탁과 여포의 '강도'를 든 것도 이 때문이다. '강도'가 '패도'로 승화하지 못하고 곧바로 '위도'나 '망도'로 빠져 버린 배경 등을 제대로 파악해 역사의 교훈으로 삼아줄 것을 기대한 것이다.

'고금일여'(古今一如)라는 말이 있다. 위정자나 기업 최고경영자가 나라와 기업을 운영하는 방략에 옛날이나 지금이나 차이가 있을 수 없다. 21세기 현재와 과거의 군신 리더십 이론은 1인자와 2인자의 리더십에 그대로 정확히 들어맞고 있다. 기업 최고경영자를 포함한 사회 지도층 모두 치도와 망도의 경계에 서 있는 '강도'를 포함해 '왕도'

와 '패도'의 리더십은 말할 것도 없고, '군도'와 '신도'의 이동(異同)을 정확히 파악할 필요가 있다. 지도층의 리더십이 국가와 기업 공동체의 운명을 좌우하기 때문이다. 통일시대가 코앞으로 다가와 있는 까닭에, 이런 주문은 더욱 절실할 수밖에 없다.

# 1부

## 임금의 도

君道

# 1. 강도

# 彊道

# 동탁

乘時 난세의 시기를
절묘하게 올라타다

많은 사람들이 동탁을 탐욕스럽고 포악한 인물로 알고 있다. 그러나 정사(正史)에 나타난 동탁은 원래 탁월한 재능을 지닌 인물이다. 일부 학자는 그가 시서(詩書)에 밝았다는 주장마저 내놓고 있다. 사실 사서의 기록에 따르면, 그의 군사는 강족(羌族)에게 신군(神軍)으로 불릴 정도로 공포의 대상이었다. 이는 그가 자신의 녹봉을 부하들에게 다 나누어 줄 정도의 덕을 베푼 사실과 무관하지 않다.

동탁의 집권 과정을 따라가다 보면, 청대 말기의 원세개가 중화민국 초대 총통에 오르는 과정과 사뭇 닮았음을 알게 된다. 동탁과 원세개 모두 난세의 시기를 절묘하게 올라타 천하를 호령한 경우에 해당한다. 이는 이들 나름대로 휘하를 감복시킬 만한 탁월한 리더십을 발휘한 결과이다.

실제로 동탁은 실권을 장악한 뒤 환관을 제거해 '당고지화'(黨錮之

禍)를 당한 선비들을 풀어주고, 천하의 인재를 발탁하려 애쓰는 모습을 보여주었다. 당대 최고의 인물 가운데 하나인 순상과 채옹 같은 인물들이 모두 동탁에게 중용되었다. 채옹은 동탁의 죽음을 애도하는 말을 했다가 왕윤에게 죽임을 당하기도 했다. 그가 포악하기만 했다면 천자를 옆에 끼고 천하를 호령하는 일은 불가능했다. 휘하 장수였던 이각과 곽사 등이 이른바 '제2의 장안정권'을 성립시킨 것도 동탁의 억울한 죽음을 풀어주겠다는 명분에서 나온 것이다. 그의 리더십이 간단하지 않았음을 증명하는 대목이다.

《후한서》〈동탁전〉에 따르면, 그는 농서군(隴西郡) 출신으로 그의 아버지는 고을의 위(尉: 지방 군사지휘관)를 지냈다. 젊은 시절에는 의로운 일을 즐겨하며 인근의 강족들과 가까이 지냈다. 강족 추장들이 모두 그를 따랐다. 그가 나중에 고향으로 돌아와 들녘에서 농사를 짓고 살자 추장들이 그를 찾아왔다. 동탁은 그들과 함께 집으로 돌아가 농사짓는 소를 잡아 잔치를 베풀어주었다. 추장들은 동탁의 후한 대접에 감동해 마을로 돌아가 1천여 마리의 가축을 거두어 동탁에게 주었다. '되'로 받은 은혜를 '말'로 보답한 셈이다.

활솜씨가 뛰어났던 동탁은 환제 때 근위군 고위장교인 우림랑(羽林郎)이 되면서 관직에 발을 들여놓았다. 그의 활솜씨는 가히 천부적이었다. 《후한서》〈동탁전〉의 해당 구절이다.

동탁은 비력(臂力: 활 쏘는 팔의 힘)이 뛰어났다. 활통을 말 양쪽에 매달고 달리면서 좌우의 어느 팔로든지 활을 쏘아 오랑캐들의 간담을 서늘하게 했다.

당시 그는 관직에 발을 들여놓자마자 장환을 수행해 병주의 반란을 진압하는 대공을 세웠다. 그의 뛰어난 리더십은 포상으로 받은 비단 9천 필을 모두 전 장병에게 나누어 준 데서 선명히 드러나기 시작했다. 휘하의 장병들이 환호한 것은 말할 것도 없다.

동탁이 본격적으로 등장하는 것은 노식이 황건적을 치다가 중도에 좌절하면서부터이다. 당시 노식은 장각 등을 치던 도중 환관의 미움을 받게 되었다. 영제가 환관 좌풍(左豊)을 보내 군사를 시찰하게 했을 때 어떤 사람이 노식에게 뇌물을 건넬 것을 권했다. 노식이 대답하지 않자 좌풍은 돌아가 이내 노식을 참소했다. 영제가 함거를 보내 노식을 낙양으로 압송해 오면서 동탁으로 하여금 노식을 대신하게 했다.

그러나 동탁은 곧 별다른 전과를 거두지 못해 이내 처벌을 받았다. 동탁을 대신한 황보숭은 장각의 동생 장보의 목을 베고 10여 만 명을 참획하는 공을 세워 좌거기장군(左車騎將軍) 겸 영형주목(領荊州牧)에 임명되었다. 동탁이 다시 발탁된 것은 얼마 뒤 서쪽 양주(涼州) 일대에서 반란군이 일어나면서부터였다. 반란군이 장안을 위협하자 조정은 장온을 총사령관으로 임명하면서 동탁을 재기용했다. 이는 서북 변경지역을 가장 잘 아는 사람이 동탁밖에 없다는 판단에 따른 것이었다.

이때 장온의 휘하 장군의 무능으로 동탁은 뜻밖의 공을 세워 전장군(前將軍)이 되었다. 이어 흉노족이 진창(陳倉) 일대를 포위하자 동탁은 황보숭과 함께 출전했다. 황보숭은 동탁으로 하여금 적의 뒤를 끊게 한 뒤 군사를 이끌고 가 대승을 거두었다.

당시 조정은 동탁이 황보숭과 갈등을 빚자 곧장 동탁의 벼슬을 뗀 뒤, 병력을 황보숭에게 인계하고 바로 상경하라는 명을 내렸다. 상경하는 즉시 동탁의 목이 달아날 공산이 컸다. 동탁은 상소를 올리며 버텼다. 조정도 동탁이 군사를 계속 이끌고 있는 까닭에 쉽게 손을 쓸 수 없었다. 동탁은 군사를 하동에 주둔시킨 뒤 시변(時變: 시국의 추이)을 관망했다.

이때 공교롭게도 환관을 일소하려 한 원소의 설득에 넘어간 하진이 동탁에게 황제의 밀조를 내려 속히 군사를 이끌고 상경할 것을 명했다. 그러자 동탁의 책사로 있던 낭중령(郎中令) 이유(李儒)가 건의했다.

"비록 조서를 받았으나 애매한 점들이 적지 않으니, 사람을 보내 표문을 올리는 것이 어떻겠습니까? 그러면 명분도 바르고 사리에도 맞아, 대사를 가히 도모할 수 있을 것입니다."

동탁이 이를 받아들여 표문을 올렸다. 그 내용은 이러했다.

천하가 이토록 어지러움에 휩싸인 것은 모두 황문시랑 장양 무리가 하늘의 도를 무시하기 때문이라고 들었습니다. 신은 북을 울리며 낙양으로 입성해 장양 무리를 없애 황제의 곁을 깨끗이 하고자 합니다.

황제를 위한다는 미명 아래 환관들을 주살하려는 속셈이 훤히 드러난다. 그는 장양과 하진의 갈등을 부추겨 어부지리를 취하고자 한 것이다. 동탁이 군사를 몰고 오자 문득 의심이 든 하진은, 급히 사람을 보내 상경을 미루고 도중에 머무르라고 명했다. 이때 원소가 동탁에게 사람을 보내 얼른 낙양 부근에 군사가 머물 수 있도록 허락해 달라는 상주문을 올리게 했다. 이 사이 원소는 군사들을 지휘하여 환관들을 한 곳으로 몰아넣은 뒤 노소를 가리지 않고 모두 죽여 버렸다. 멀리 화광이 일어나는 것을 보고 궐내에 변고가 일어났음을 눈치 챈 동탁이 급히 군사들을 몰아 황궁 쪽으로 달려갔다.

동이 트기 직전 낙양성 서쪽에 이른 그는, 어린 황제가 북쪽에 있다는 소식을 듣고 곧바로 공경들과 함께 달려갔다. 북망산 언덕 아래에 이르렀을 때 신하들과 함께 오고 있는 어린 황제가 시야에 들어왔다. 동탁은 그를 호송해 낙양으로 입성했다. 이때 하진이 환관의 계교에 말려들어 주살을 당한 까닭에, 그는 조정의 실권을 장악할 수 있었다. 어부지리를 취한 셈이다. 동탁은 여포를 회유해 또 다른 군벌인 정원(丁原)을 척살하게 한 뒤 그의 군사를 병합했다. 이를 계기로 군사적으로 그와 상대할 자가 없게 되었다.

이때 그는 환관들에 의해 조정에서 쫓겨난 채옹을 불러들여 학술 원장에 해당하는 좨주(祭酒)의 자리에 앉혔다. 이는 자신이 주도하는 새 정권의 정통성을 확립하기 위한 조치였다. 얼마 뒤 동탁이 원소의 숙부인 원외의 동의를 얻어 황제 폐립을 위한 백관회의를 소집했다. 그가 먼저 나서 이같이 상언했다.

"천지가 가장 크고 군신(君臣)이 다음으로 크다. 위정(爲政)을 해야 하기 때문이다. 황제가 암약(闇弱)하니 종묘를 받들게 해 천하의 주인으로 삼기 어렵다. 이제 이윤 및 곽광의 고사를 좇아 진류왕을 옹립코자 한다."

이윤은 은나라 재상으로 주군인 태갑이 어지러운 모습을 보이자 동궁(桐宮)에 유폐해 각성하게 만들고, 곽광은 한소제가 죽은 뒤 창읍왕을 옹립했으나 그가 음행(淫行)을 일삼자 즉위 27일 만에 폐립한 바 있다. 《후한서》〈동탁전〉은, 이때 공경들이 감히 대답하지 못하자 동탁이 이같이 항언(抗言: 거만하게 말함)했다고 기록해 놓았다.

"옛날 곽광이 결정을 내릴 때 전연년(田延年)이 청하기를, '나중에 응하는 자는 참해야 한다'고 했다. 나 또한 전연년의 예를 좇아 감히 대의(大議)를 저지하는 자가 있으면 모두 군법을 좇아 처단할 것이다."

동탁이 이윤과 곽광의 고사를 예로 든 것은 그의 식견이 간단치 않았음을 시사한다. 참모로 있는 이숙 등의 건의를 좇은 것으로 보인다. 그러나 앞뒤 문맥에 비추어 그 역시 나름 역사에 대해 일정 수준의 식견을 지니고 있었다고 보는 게 옳다. 이때 상서 노식이 홀로 나서 반박했다.

"옛날 태갑은 밝지 못했고, 창읍왕은 천여 가지의 잘못을 범했소. 그러나 지금 주상은 춘추가 아직 어린데다 행실에 실덕(失德)이 없으니 이들에 비유하는 것은 옳지 못하오."

〈동탁전〉은 동탁이 대로해 이내 백관회의를 파한 뒤 다음날 태후를 협박해 폐립칙령을 발표한 것으로 기록해 놓았다. 어린 황제 유변은 등극한 지 겨우 다섯 달 만에 폐위되었다. 동탁에 의해 진류왕 유협이 보위에 올랐다. 그가 한나라 마지막 황제인 한헌제이다. 당시 그의 나이는 아홉 살이었다. 동탁은 황제 옹립의 대공을 인정받아 군사를 총괄하는 태위(太尉)가 되었다.

동탁은 상서하여 환관에게 죽임을 당한 사람들의 작위를 모두 회복시켜 주고, 그들의 자제들을 탁용(擢用)했다. 이는 동탁이 집권한 뒤 이룬 첫 번째 업적이다. 이로써 사실상 후한제국을 멸망의 위기로 몰아갔던 '당고지화'가 막을 내리게 되었다.

당시 한헌제는 자신을 옹립한 동탁을 상국에 임명하고, 배례할 때 성명을 부르지 않는 찬배불명(贊拜不名)과 입조 때 잔 걸음으로 빨리 가지 않는 입조불추(入朝不趨), 검을 차고 신을 신은 채 전에 오르는 검리전상(劍履殿上)의 특례를 윤허했다. 원래 상국은 승상보다 한 단계 높은 것으로, 말 그대로 '재상 중의 재상'이라고 할 수 있다. 뒷날 조조가 정승에 이어 위왕(魏王)의 자리까지 올랐지만, 이는 상국보다 높은 자리가 아니었다. 아무리 제후왕의 자리에 오를지라도 중앙조정의 관직 위계에서 볼 때에는 상국보다 한 단계 낮은 정승에 지나지 않았다.

그러자 동탁은 곧 상서무위 주비와 성문교위 오경의 건의를 받아들여 천하의 명사들을 조정으로 불러 모으기 시작했다. 초야에 묻혀 있던 순상과 진기, 한융 등이 징소(徵召)되었다. 동탁의 업적 가운데 두 번째로 들 만한 사건이다.

당시 이들은 왜 동탁의 부름에 응한 것일까? 사서는 이들이 마지못해 응한 것으로 기술해 놓았다. 과연 그대로 믿어도 좋은 것일까? 절의를 숭상했던 이들이 단순히 동탁의 강압을 두려워해 마지못해 출사했다고 보는 것은 무리가 있다. 대략 동탁이 당인으로 묶였던 많은 청의지사들에게 호감을 표시한 점이 긍정적인 요인으로 작용했다고 보는 게 옳을 것이다.

이때 발탁된 인물 가운데 가장 눈에 띄는 사람은 순상이다. 순상은 어려서부터 호학하여 열두 살 때 《춘추》 등에 통달했다. 그는 조정의 징소에 줄곧 응하지 않다가 동탁이 부르자 출사한 것이다. 순상이 징소에 응하지 않다가 동탁이 부를 때 출사한 배경은 자세히 알 길이 없으나, 그가 자발적으로 응한 것만큼은 거의 확실하다. 순상은 동탁의 총애를 입어 징소 받은 지 석 달 만에 3공의 반열에 올랐다. 이때 순상과 같이 징소된 진기와 한융 등도 오관중랑장 및 대홍려에 제수되었다.

조정에 있던 상서 한복과 시중 유대도 각각 기주목과 연주자사에 임명되었다. 이들 모두 조야의 신망을 받고 있는 인사들이다. 이들의 발탁은 서열을 뛰어넘는 것이다. 동탁정권을 무턱대고 비판할 수 없는 이유가 여기에 있다. 당시의 기준에서 볼 때 이들의 탁용은 시의에 부합했다.

주목할 것은 동탁이 이들을 파격적으로 탁용하면서 자신의 심복들은 현관(顯官)에 임명하지 않고 모두 군교(軍校) 자리에 머물게 한 점이다. 이는 어지러운 난세의 시기에는 군권 장악이 필요하다고 판단한 데 따른 것이다. 명분보다 실리를 택한 결과이다. 그의 뛰어난 정치 감각을 짐작할 수 있다.

문제는 이후의 행보이다. 그는 천하를 호령하게 되자 점차 방자한 모습을 보이기 시작했다. 당초 남북조시대에 남조 송나라의 배송지는 진수의 《삼국지》에 자세한 주석을 가해 《삼국지》의 성가를 드높이는 데 크게 공헌했다. 그의 주석은 단순히 본문의 주석에 그치지 않고, 진수가 빠뜨린 부분까지 보충하는 역할을 했다. 진수의 《삼국지》 〈동탁전〉의 배송지 주에 인용된 《위서》에 따르면, 당시 그는 빈객들에게 자주 이같이 말했다고 한다.

"원래 나의 관상은 더할 데 없이 귀한 상이다!"

방자한 언사이다. 그가 사병들을 풀어 낙양성 안의 명문가에서 금은재보를 약탈하게 해 조야 사대부들의 반발을 산 것도 이와 무관치 않을 것이다. 《후한서》〈동탁전〉은 당시 사람들이 이를 두고 '수뢰'(搜牢)로 비난했다고 기록해 놓았다. 이는 '수색하여 취하다'의 뜻이다. 원소를 수장으로 하는 이른바 관동(關東)연합군이 일어난 배경이 되었다. 기득권 세력의 이익을 침탈한 게 근본이유였다.

고금을 가리지 않고 기득권 세력의 이익을 침탈할 경우, 반드시 커다란 반발을 각오해야만 한다. 치밀한 조치가 필요한 이유이다. 명말 청초의 유학자 황종희는, 천하의 모든 영토는 군주의 소유라는 유가 전래의 왕토(王土) 개념을 정면으로 반박한 바 있다. 《명이대방록》의 〈파사론〉(破邪論)에 나오는 해당 구절이다.

> 고대에는 왕이 백성들에게 땅을 나누어 주었기에 '왕토'라는 말이 생겼다. 그러나 후대의 농토는 백성들이 매입한 것이다. 이는 어디까지나 민토(民土)이지 '왕토'가 될 수 없다.

서양에서 발달한 토지사유권 개념을 방불하게 하는 주장이다. 이런 흐름이 갑자기 생긴 게 아니다. 전국시대 말기 맹자는 이미 정전법(井田法)을 언급하며 '왕토' 개념을 반박한 바 있다. 황종희와 같은 시대를 산 고염무도 《일지록》에서 비슷한 주장을 편 바 있다.

이 세상의 군자들이 공정무사(公正無私)했다는 것도 모두 후대인이 만들어낸 미사여구에 불과하다. 이미 주나라는 정전법을 근거로 백성들에게 사전을 균등하게 나누어 준 바 있다. 이것이야말로 천하의 사(私)를 합해 천하의 공(公)을 이룬 선왕의 교훈에 해당한다.

이들 모두 토지를 소유한 사대부들의 이익을 대변한 것이다. 이는 손문의 삼민주의 이념에 그대로 반영되었다. 신해혁명 당시 삼민주의 이념 가운데 민족과 민권은 별다른 문제가 없었다. 그러나 민생의 개념을 둘러싸고 격렬한 반발이 일어났다. 바로 토지 문제 때문이었다. 신사층 출신들은 손문이 공산주의 이념을 좇아 토지를 몰수하려 드는 것이나 아닌지 크게 의심했다. 손문은 당원들의 협조를 당부하며 이같이 말했다.

"우리 당은 모든 사람이 고루 부유해지기를 바랄 뿐이다. 만일 군주가 실로 부유해지기를 바란다면 반드시 먼저 다른 사람을 부유하게 만들어야 한다. 그래야 부유해지는 일의 참다운 목적에 다다를 수 있다."

맹자가 역설한 정전제의 이상을 언급한 셈이다. 반동탁 연합군은 바로 동탁이 취한 일련의 조치 때문에 자신들의 기득권이 침해된 것에 반발한 사대부들의 집합체에 해당한다. 물론 동탁이 삼민주의와 유사한 취지로 기득권 세력에 맞선 것은 아니다. 그러나 최소한 기본 구도만큼은 그런 식으로 진행된 게 사실이다. 변방 출신의 탁류(濁流) 무부(武夫) 대 중앙 조정의 청류(清流) 사대부의 대립구도가 이를 뒷받침한다.

당시 원소는 황건적 잔당의 관군 격파로 수많은 난민이 낙양으로 밀려들어가자 그 혼란한 틈을 타 기병했다. 이에 동탁은 홍농왕으로 강등된 어린 황제 유변을 독살한 뒤 한헌제와 함께 장안으로 천도했다. 유변을 제거한 것은 원소 등의 관동연합군이 그를 옹립한 뒤 자신을 역도로 모는 조명(詔命)을 발할까 우려한 데 따른 것이다. 관동연합군이 유변의 목숨을 재촉한 셈이다.

장안으로 천도할 당시 낙양의 부호들이 대거 죽임을 당했다. 동탁은 평소 이들에게 적잖은 원한을 품고 있었을 공산이 크다. 동탁은 마지막까지 남아 있다가 궁궐과 종묘, 관부, 민가 등을 모두 불태웠다. 장안성에서 200리 안에 있는 가옥까지 모두 불에 탔다. 일종의 '청야책'(淸野策)을 쓴 셈이다. 이는 관동군이 낙양에 진주하더라도 오래 머물지 못하게 하려는 속셈이었다.

천도 후 한헌제는 동탁을 태사에 임명하면서 제후왕의 위에 두었다. 이로써 동탁은 명실상부한 천하제일의 실력자가 되었다. 동탁이 장안에 세운 정권은 모두 5년 동안 유지되었다. 동탁이 한헌제를 끼고 장안에 세운 것이 '제1기 장안정권'에 해당한다면, 그의 사후 이각과 곽사 등이 세운 정권은 '제2기 장안정권'에 해당한다. '제2기 장안정권'은 동탁의 유지를 받든다는 취지 아래 세워졌다.

당시 동탁의 '제1기 장안정권'은 몇 가지 볼 만한 정책을 내놓았다. 자식으로서 불효한 자와 신하로서 불충한 자, 서리로서 탐람한 자, 아랫사람으로서 불순한 자를 모두 적발해 주살하고 그 재산을 몰수토록 한 조치가 그것이다. 비록 결과가 이상하게 흐르기는 했지만 취지만큼은 좋았다.

그러나 동탁은 기본적으로 난세를 평정해 백성들을 편안하게 만들겠다는 웅략이 없었다. 그가 후한제국 말기에서 시작하는 삼국시대의 난세 속에서 가장 먼저 '협천자'(挾天子)를 통해 천하를 호령했음에도 일찍 몰락한 이유가 바로 여기에 있다. 그는 일신과 가문의 영화를 위해 권력을 장악한 데 지나지 않았던 것이다.

그의 동생 동민과 조카 동황 등이 장군이 되어 병권을 완전히 장악한 것은 나름대로 이해할 수 있으나, 시첩 소생의 유아까지 열후에 봉한 것은 '통치권력의 사권화(私權化)'에 해당한다. 자신의 수레와 복식 등을 모두 황제를 모방하도록 한 것 등은 찬위(簒位)를 꾀하고 있다는 비난을 자초한 것이나 다름없다. 난세의 시기에 구체적인 방략도 없이 꿈만 키울 경우 이런 자충수를 범하게 된다.

당시 그는 자신의 봉국인 미현에 크게 성을 쌓았다. 성벽의 높이와 두께가 모두 7장(丈)에 이르렀다. 그는 성 안에 30년 동안 먹을 수 있는 곡식을 쌓아두게 했다. 이를 두고 동탁은 스스로 이같이 말하곤 했다.

"성사되면 천하에 웅거하고, 안 되면 미현을 지키며 생을 마쳐도 가하다."

난세 평정의 웅지가 없었음을 극명하게 보여주는 말이다. 이런 일 때문에 그를 척살하려는 음모가 거듭 일어났다. 주모자는 사도 왕윤이다. 《삼국지》와 《후한서》〈동탁전〉에 따르면, 그는 당초 장군 장온 등과 함께 동탁 척살을 시도했다. 그러나 장온은 일찍이 휘하의 동탁과 갈등을 빚어 원한을 산 까닭에, 거사에 앞서 원술과 교통했다는 무함을 받고 거리에서 죽임을 당했다.

황궁의 호위부대를 이끌고 있던 월기교위 오부(伍孚)는 분을 참지 못하고 단독으로 동탁을 척살하려 했다. 그는 조복(朝服) 속에 패도를 차고 들어가 동탁을 알현했다. 오부가 알현을 끝내고 나오자 동탁이 그를 배웅하려고 규합(揆閤: 재상 집무 전각)까지 나왔다. 동탁이 그의 등에 손을 얹으려는 순간 오부가 패도를 꺼내 찔렀으나 적중하지 못했다. 동탁이 급히 좌우 시위를 불러 그를 체포하게 한 뒤 욕을 퍼부었다.

"호로자식! 어찌 반역을 꾀했느냐?"

오부가 큰 소리로 꾸짖었다.

"간적(奸賊)을 거리에서 찢어 죽이지 못한 것이 한이다!"

그는 말을 마치기도 전에 죽임을 당했다.

당시 왕윤은 장온과 오부가 거듭 실패했는데도 동탁 척살을 포기하지 않았다. 그는 마침내 동탁의 호위대장으로 있던 여포를 끌어들이는 데 성공했다. 《삼국연의》는 왕윤이 초선을 끌어들여 동탁을 죽인 것으로 묘사했으나, 이는 사실과 다르다. 《삼국지》〈여포전〉의 다음 대목이 이를 뒷받침한다.

동탁은 성격이 강포한데다 고집이 세서, 화가 치밀면 앞뒤를 돌아보지 않았다. 조금만 제 뜻대로 되지 않으면 화극을 여포에게 집어던지곤 했다. 여포가 민첩하게 피하고 난 뒤 동탁에게 머리 숙여 사죄하면 동탁의 분노는 바로 가라앉았다. 그러나 이런 일 때문에 여포는 늘 속으로 동탁을 원망하고 있었다. 이때 마침 동탁이 여포로 하여금 늘 중각을 지키게 했는데, 여포는 동탁의 시녀와 사통을 하고는 혹여 이 일이 발각될까 두려워 마음이 늘 불안했다. 이전에 사도 왕윤은 여포가 자기 고향 사람이고 건장한 것을 알고 그를 후하게 대접해 친해 두었다. 나중에 여포가 왕윤을 방문해 동탁에게 몇 번이나 죽을 뻔했던 상황을 털어놓았다. 이때 왕윤은 복야 사손서와 동탁을 죽이려고 모의하고 있었으므로, 여포에게 그 일을 알리고 내응을 부탁했다. 여포는 마침내 이를 허락하고 동탁을 찔러 죽였다.


이 기록을 통해 여포는 동탁이 화극을 던진 것에 원한을 품은 데다, 동탁의 시첩과 사통한 일이 탄로 날까 불안해 하다가 왕윤에게 설복당했음을 알 수 있다. 《후한서》의 내용도 대동소이하다. 다만 《후한서》〈동탁전〉에는 특이한 내용이 나온다. 이에 따르면, 당시 한 도사가 '여'(呂) 자를 쓴 포(布: 삼베)를 등에 지고 거리를 다니며 노래를 불렀다.

"여포야(布乎), ……"

동탁은 이를 보고받고도 '여포'가 장차 자신을 살해하리라는 것을 깨닫지 못했다고 한다. 이는 당시의 항설을 수록한 《영웅기》의 기록으로, 액면 그대로 믿기가 어렵다.

《삼국지》와 《후한서》 모두 동탁이 척살되는 과정을 매우 세밀하게 묘사해 놓았다. 이 일이 있은 지 얼마 안 되어 한헌제가 병이 나 자리에 누웠다가 이내 일어나 미앙전(未央殿)에서 문무백관을 만났다. 여포는 이미 기도위로 있는 이숙을 포섭해 놓았다. 그는 이숙 등에게 위사(衛士)의 옷으로 갈아입고 북액문(北掖門) 안을 지키다가 동탁을 척살토록 조치해 놓았다. 여포에 이어 동탁의 핵심 참모로 활약하던 이숙까지 모의에 가담한 상황에서 동탁이 살아남을 가능성은 희박했다. 왕윤과 여포, 이숙 모두 같은 고향 출신이다.

《후한서》에 따르면, 당시 동탁이 북액문 앞에 이르자 말이 크게 놀라 가려고 하지 않았다. 이에 동탁도 불안한 생각이 들어 돌아가려 하자, 여포가 안으로 들어갈 것을 권했다. 동탁이 문을 넘어서자마자 이숙이 곧바로 달려들어 창으로 동탁의 가슴을 찔렀다. 그러나 동탁은 조복 속에 호심갑(護心甲)을 입고 있어 별다른 상처를 입지 않았다. 이숙이 곧 칼을 빼어들어 그의 팔을 베자 동탁이 수레에서 굴러 떨어졌다. 동탁이 고개를 돌려 다급한 목소리로 외쳐댔다.

"여포는 어디에 있는가?"

뒤에 있던 여포가 앞으로 쑥 나서면서 말했다.

"적신(賊臣)을 토벌하라는 조명이 내렸다!"

너무 황당한 상황을 맞이한 동탁이 욕을 퍼부었다.

"용구(庸狗: 똥개새끼), 네가 감히 나에게 이럴 수 있는가?"

여포는 동탁의 욕이 끝나기도 전에 창을 들어 그를 찌른 뒤 병사들에게 그의 목을 치게 했다. 동탁이 죽자 장안성의 백성들이 거리로 쏟아져 나와 노래를 부르며 춤을 추었다. 성 안의 모든 거리와 가게는 패물과 옷가지 등을 팔아 술과 고기를 사먹으며 서로 축하하는 사녀(士女)들로 가득 찼다. 동탁 일족은 백성들이 휘두른 칼과 도끼 등에 몸이 잘려나가거나, 도망을 가다 화살을 맞아 죽거나 했다. 곧이어 동탁의 시신이 장안 거리에 내걸렸다.

원래 동탁은 집권 전기까지만 해도 볼 만한 점이 많았다. 젊었을 때 오랑캐들과 잘 어울리고 부하들을 잘 관리한 점 등에 비추어, 난세에 입신양명할 뜻을 갖고 있었음을 알 수 있다. 그가 재상의 자리에 오르게 된 것은 기본적으로 난세의 시기를 올라탄 데 있다. 황보숭과 대립하다가 밀려났는데도 막강한 무력을 그대로 보존한 게 그 증거이다.

그러나 그는 재상의 자리에 오른 뒤 더 이상 앞으로 나아가지 못했다. 작은 것에 만족해하며 전횡(專橫)한 배경이 여기에 있다. 여포와 이숙의 배신이 그 증거이다. 예로부터 지근거리에 있는 핵심 참모가 이반해도 살아남는 경우는 없다. 카이사르가 자식처럼 아꼈던 브루투스에게 죽임을 당한 것처럼, 동탁이 죽음에 이르게 된 과정도 이와 흡사하다.

난세의 상황에서 1인자가 되기 위해서는 단순히 시세에 올라타는 승시(乘時)만으로는 부족하다. 승시와 더불어 반드시 백성을 구해 천하를 경영하겠다는 커다란 포부와 웅략(雄略)이 필요하다.

# 여 포

威武 빼어난 무위를
타고나다

《삼국연의》를 읽는 독자들은
당대 최고의 무인은 여포라고 생각할 수밖에 없다. 장비는 물론 관우
까지 가세해 싸우는데도 여포를 이기지 못하는 대목이 이를 뒷받침
한다. 실제로 그의 무용은 당대 최고에 해당했다. 힘이 절륜했고, 특
히 창과 활에 능했다. 그는 궁술과 마술에 뛰어났던 한무제 때의 명장
이광(李廣)이 흉노들로부터 비장군(飛將軍)이라는 칭송을 받은 것을
흉내내 스스로 '비장(飛將)'을 칭한 바 있다. 지나친 자신감의 표현이
다. 결국 그는 조조에게 사로잡혀 생을 마감하고 말았다. 이를 두고
진수는 《삼국지》에서 이같이 평해 놓았다.

여포는 사나운 호랑이같이 용맹스러웠다. 그러나 뛰어난 재능이나
특이한 모략이 없었고, 천박하고 교활하며 번복하기를 잘했다. 그는
오직 이익만 보고 일을 도모했다.

원래 여포는 오원군(五原郡) 사람이다. 지금의 내몽골자치구가 그의 고향이다. 이곳은 예로부터 '말 위에서 태어나, 먹고, 잠들고, 죽는다'는 속언이 통하는 곳이다. 사람들은 어려서부터 자연스레 기마술을 익힐 수밖에 없다. 여포의 뛰어난 무위(武威)는 바로 이런 배경에서 다져진 것으로 보인다.

당시 그는 타고난 무위를 배경으로 병주자사 정원의 눈에 들어 그의 밑에서 일하게 되었다. 《삼국연의》는 여포가 동탁에게 귀의하는 장면을 아주 생생하게, 나름대로 꽤 사실적으로 그려 놓아 당시의 상황을 짐작하는 데 매우 도움이 된다. 동탁 측의 회유에 넘어간 그는 집금오로 있던 정원의 장막 안으로 들어가 다짜고짜 정원의 목을 벤 뒤, 곧바로 밖으로 나와 이같이 외쳤다.

"정원이 어질지 못해 내가 죽였다. 나를 따르려는 자는 여기에 남고 그렇지 않은 자는 가고 싶은 곳으로 가라!"

이튿날 여포가 정원의 머리를 들고 동탁을 찾아갔다. 동탁이 정원의 부대를 곧바로 병합한 뒤 스스로 전장군(前將軍)을 맡으면서 여포에게 중랑장의 직책을 맡겼다. 당시 여포가 어떤 이유로 정원을 죽이고 동탁에게 귀의하였는지는 확실하지 않다. 대략 《삼국연의》에 묘사된 것과 같이, 적토마와 황금 등에 눈이 먼 결과로 보아도 좋을 듯하다.

여포는 영웅의 자질을 갖고 태어나 뜻이 크고 용력이 절륜했지만, 재물에 약하고 귀가 얇은 것이 가장 큰 약점이었다. 사서에 따르면, 동탁은 장안으로 천도할 때 여포를 시켜 역대 황제와 대신들의 능묘에서 진귀한 보물을 취하게 했다. 여포의 이런 '졸렬한' 행보가 후대인들로부터 큰 비난을 받은 것은 두말할 필요도 없다.

여포는 궁마(弓馬)에 능할 뿐만 아니라 힘이 절륜했던 까닭에 곧바로 동탁의 시위(侍衛)를 맡게 되었다. 두 사람은 이내 부자간의 서약까지 맺을 정도로 가까워졌다. 그러다 여포가 작은 실수를 저질러 동탁과 사이가 벌어지게 되는데, 이렇게 된 더 직접적인 원인은 여포가 동탁의 시첩과 통간한 때문이다. 그녀가 바로 《삼국연의》에 나오는 '초선'이다. 초선과 관련된 이야기는 여러 설이 있으나, 원래 동탁의 시첩으로 있었다는 '시첩설'이 가장 그럴 듯하다. 이 여인 또한 동탁이 '노략'한 것임은 말할 것도 없다.

당시 여포는 동탁을 척살한 뒤 왕윤과 함께 후한 조정의 실권을 장악했으나 이내 왕윤에게 밀려 쫓기는 신세가 되었다. 그 이유는 무엇일까? 당시 여포는 왕윤에게 동탁의 부하들을 죽일 것을 권한 적이 있었다. 그러나 왕윤은 거절했다.

"그들은 무죄이니 죽일 수 없소."

섣불리 동탁의 부하들을 자극했다가는 오히려 화를 자초할 소지가 크다고 판단했던 것이다. 이는 나름 일리가 있었다. 당시 동탁의 군사는 막강한 무력을 보유하고 있었다.

그러나 문제는 왕윤 역시 동탁의 부하들을 다독이는 데 필요한 구체적인 복안이 없었다는 것이다. 왕윤이 이각과 곽사 등 동탁의 부하들에게 죽임을 당한 이유가 여기에 있다. 이 와중에 여포도 쫓기는 신세가 되고 말았다.

왕윤이 여포의 제안을 거부한 데에는 평소 여포를 일개 무장으로만 여겼던 사실이 크게 작용했다. 왕윤은 비록 여포가 동탁을 제거하는 데 큰 공을 세우기는 했으나 단순한 용장 정도로만 보았던 것이다. 여기에는 당시 여포가 동탁을 제거한 공을 자부하며 으스댄 점도 적잖이 작용했다. 왕윤은 여포의 이런 모습을 고까워했다.

왕윤은 성정이 강직하고 모가 났다. 그는 처음에 동탁을 두려워해 부득불 겸손한 태도를 보였지만, 동탁이 제거된 상황이니 다시는 재난이 없을 것으로 생각해 점차 교만해지기 시작했다. 이 때문에 아랫사람들이 그를 받들려고 하지 않았다. 여포 역시 내심 왕윤에게 적잖은 불만을 품게 되었다.

당시 이각 등은 동탁이 척살 당했다는 소식을 듣자 크게 두려워한 끝에, 은밀히 샛길로 귀향하려 했다. 그러나 이각의 휘하에는 가후라는 탁월한 전략가가 있었다. 그는 이각 등을 부추겨 장안을 치게 했다. 왕윤이 동탁을 대신할 수 없다는 사실을 꿰고 있었던 것이다.

이각 등이 대군을 이끌고 장안으로 쳐들어가자, 여포는 이들과 장안의 성내에서 시가전을 벌였으나 힘에 부친 나머지, 원술이 있는 남양으로 도주하고 말았다. 원술은 원씨 일족의 원수인 동탁을 척살한 여포를 후대했다. 스스로 원씨 가문에 대해 공이 있다고 생각한 여포는 교만한 모습을 보였다. 원술이 크게 우려하자 여포는 불안해진 나머지 하내태수 장양을 찾아가 몸을 의탁했다. 두 사람은 같은 고향 사람이다.

얼마 뒤 이각 등이 현상을 내걸자 불안해진 여포는 핑계를 대고 몰래 빠져나와 원소를 찾아갔다. 당시 원소는 마침 기주 서쪽 상산 일대에서 세력을 뻗치고 있는 흑산군을 공격하고 있었다. 여포는 종횡무진으로 활약하며 적의 예기를 크게 꺾어 놓았다. 이때 여포의 장병들이 약탈을 일삼자 원소는 여포를 두려워한 나머지 여포의 병력 증원 요청을 받아들이지 않았다. 여포가 원소의 속셈을 알아차리고 낙양으로 돌아갈 뜻을 밝히자, 원소는 그를 전송하는 길에 역사(力士)를 딸려 보내 그를 죽이려 했다. 여포가 보복할 것을 두려워했던 것이다. 낌새를 눈치 챈 여포는 측간을 간다는 구실로 몰래 몸을 빼낸 뒤 곧바로 도주했다. 이에 여포는 다시 하내에 있는 장양을 찾아가 몸을 의탁하려 했다.

공교롭게도 여포는 장양을 찾아가던 중 진류태수 장막을 만났다. 원소와 조조하고 친구 사이였던 장막은 이내 조조를 배반하고 여포와 함께 조조의 근거지인 연주로 들어갔다. 여포와 장막이 의기투합한 결과이다. 소식을 접한 조조가 군사들을 이끌고 태산을 넘어 여포가 머물고 있는 복양으로 진군하자, 조조를 배반하고 여포에게 붙은 진궁이 이같이 건의했다.

"지금 조조의 군사가 멀리서 오느라고 지쳐 있으니 속히 싸우는 것이 유리합니다."

여포가 호언했다.

"필마단기로 천하를 횡행한 내가 어찌 조조를 근심하겠는가? 그가 영채를 세우기를 기다린 뒤 사로잡을 것이다."

결국 일진일퇴를 거듭하다가 여포는 조조의 매복계에 걸려 대부분의 군사를 잃고 말았다. 그는 부득불 야음을 이용해 도주한 뒤 서주에 있는 유비를 찾아갔다. 유비는 1년 전에 도겸으로부터 서주목의 자리를 넘겨받았다. 유비가 크게 기뻐하며 후대했다. 이때 마침 원술이 유비를 치면서 은밀히 여포에게 서신을 보냈다. 내응을 하면 군량미 20

만 석을 보내겠다는 미끼를 던졌다. 여포가 크게 기뻐하면서 유비의 본거지인 하비를 급습해 유비의 처자를 볼모로 잡았다. 궁지에 몰린 유비는 곧 여포에게 항복했다. 얼마 후 원술이 약속을 어기고 양곡을 보내지 않자 크게 노한 여포는 곧 유비를 예주자사로 임명해 소패에 주둔시킨 뒤, 유비의 자리를 차지해 스스로 서주목이 되었다.

이때 보복을 두려워한 원술이 사람을 보내 여포의 딸을 며느리로 맞아들일 뜻을 전했다. 귀가 얇은 여포가 흔쾌히 동의하자 이에 고무된 원술이 휘하 장수 기령에게 명해 군사 3만 명을 이끌고 가 유비를 치게 했다. 유비가 급히 여포에게 구원을 청하자 여포가 장수들을 불러 대책을 논의했다.

"장군이 늘 유비를 죽이고자 했으니, 지금 원술의 손을 빌릴 만합니다."

"그럴 수 없소. 원술이 만일 유비를 격파하게 되면 북쪽의 군웅들이 연합하게 되고, 나는 원술의 포위에 갇히게 되오."

나름대로 타당한 분석이다. 그는 1천여 기를 이끌고 급히 달려가 유비와 기령을 모두 연회에 초청했다.

"유비는 나의 동생이오. 군사들에게 포위되어 곤경에 처하여 내가 와서 구원한 것이오. 나는 본래 성정이 싸움을 좋아하지 않고 화해시키기를 좋아하오."

이어 좌우에 명하여 멀리 영문(營門)에 철극(鐵戟)을 세워놓게 한 뒤 이같이 말했다.

"영문은 여기서부터 150보 거리오. 그대들은 내가 소지(小支: 창끝의 작게 갈라져 나온 부분)를 맞추는 것을 보시오. 내가 맞추면 응당 각자 군사를 해산하고, 못 맞추면 남아서 결투를 해도 좋소."

여포가 기합소리와 함께 시위를 놓자 화살이 정확히 소지에 명중했다.

"장군은 참으로 하늘이 내린 무위(武威)임에 틀림없소."

일생에서 그가 가장 득의했던 순간이다. 사실 당시 여포는 시종일관 쫓기는 위치에 놓여 있었다.

이 일이 있은 지 얼마 뒤 원술이 여포에게 사자를 보내 칭제(稱帝)한 사실을 통고하면서, 이전에 언약한 대로 여포의 딸을 며느리로 맞아들일 뜻을 전했다. 여포가 사자를 후대하며 혼인을 허락했다. 이때 조조와 기맥을 통하고 있던 패국의 국상(國相) 진규가 마침 집에서 쉬고 있다가 이 소식을 접했다. 그가 판단할 때 원술과 여포가 손을 잡으면 중원이 진동할 소지가 컸다. 진규는 급히 여포에게 달려갔다.

"원술이 결친코자 하는 것은 공의 따님을 볼모로 삼아 소패를 취하자는 것입니다. 소패가 망하면 서주가 위험합니다. 그는 모반을 하여 황제를 칭하고 나섰으니, 그와 혼사를 맺게 되면 반드시 불의의 오명을 얻게 되어 장차 누란지위(累卵之危: 계란을 쌓아놓은 듯한 지극히 위험한 상황)에 처하게 될 것입니다."

계략도 없는데다 귀까지 얇은 여포는 이 말을 곧이듣고 급히 부장 장료에게 명하여 군사를 이끌고 가 딸을 데려오게 했다. 이때 진규가 아들 진등을 조조에게 보내려고 하자 여포가 반대했다. 마침 여포를 회유하는 조조의 서신이 당도했다. 여포가 크게 기뻐하며 즉시 진등을 조조에게 보내 사은했다. 진등이 조조에게 말했다.

"여포는 용기만 있고 지모가 없으며, 행동 또한 가벼워 반복무상(反覆無常)하니, 마땅히 빠른 시일에 그를 도모해야 합니다."

"여포는 이리와 같은 야심을 가진 자로, 확실히 오랜 동안 그대로 놓아두기가 어렵소. 경이 아니면 누가 능히 그의 정황을 살필 수 있겠소"

이에 조조가 진규의 녹봉을 2천 석으로 올리고, 진등을 광릉태수에 임명했다. 조조가 헤어질 때 진등의 손을 꼭 잡고 은밀히 군대를 모아 내응할 것을 당부했다. 진등은 돌아오자마자 비밀리에 사람들을 모으기 시작했다. 당시 여포는 진등이 조조를 만나면 반드시 자신을 서주목으로 천거해 줄 것으로 기대했다. 그러나 진등이 아무 이야기도 하지 않았다고 보고하자 크게 노했다. 그가 철극을 뽑아 책상을 내리치며 말했다.

"경의 부친이 나에게 조조와 잘 협력해 조정을 보좌하라고 권하여 내가 원술과 혼사도 끊었소. 지금 나의 기대는 좌절되었는데, 경의 부자는 오히려 더 높은 벼슬을 받게 되었소. 그대가 나를 위해 한 게 무엇이오?"

진등이 태연히 말했다.

"내가 조조를 만나 말하기를, '여장군을 기르는 것은 호랑이를 키우는 것과 같으니, 고기로 배부르게 하면 배고플 때 사람을 잡아먹게 된다'고 했습니다. 그랬더니 조조가 말하기를, '경의 말이 틀리오. 그는 예컨대 매를 기르는 것과 같소. 굶주리게 하면 부릴 수 있고 배부르게 하면 날아가 버릴 것이오'라고 했습니다."

여포는 이 이야기를 그대로 믿고 노기를 풀었다. 이 대목에서 여포가 얼마나 단순한 인물인지를 확인할 수 있다. 여포는 기본적으로 난세에 자립할 수 있는 재목이 못 되었다. 당대 최고의 비력(臂力)을 지니고 있었음에도 모든 사람으로부터 버림을 받고 비참한 최후를 맞게 된 이유이다. 웅략도 없이 허영심만 많아 남에게 줄곧 이용만 당하다가 패망하고 만 셈이다.

당시 여포에게 고순이라는 뛰어난 부장이 있었다. 청렴한데다 과묵했다. 고순의 군사는 전투마다 반드시 이겨 '함진영'(陷陣營)이라는 별명을 얻었다. 여포는 고순을 파견해 소패에 있는 유비를 공격해 쳐부수었다. 조조는 하후돈을 보내 유비를 구하도록 했으나 고순에게 저지당해 실패했다. 여포는 고순과 장료에게 소패성을 지키게 한 뒤 군사들을 이끌고 연주 쪽으로 나아갔다. 태산에 주둔하던 산적들이 모두 여포에게 귀부했다.

조조가 우여곡절 끝에 유비와 합세한 뒤, 여포가 머물고 있는 하비성으로 진공했다. 당시 여포는 성 안의 식량이 넉넉한데다 사수(泗水)가 있는 것만 믿고 농성전을 펼치려 했다. 진궁이 간했다.

"마땅히 지금 출격해 적들을 깨뜨려야 합니다. 적들이 먼 길을 왔으니 미처 영채를 세우기 전에 편히 쉬고 있던 우리 군사들을 내보내 적들을 깨뜨려야 합니다. 이일대로(以逸待勞: 휴식을 취하며 적이 피곤해지길 기다림)하여 이기지 못한 적이 없습니다."

여포가 반대했다.

"적이 사수 중간을 건널 때까지 지켜보는 것이 옳다."

조조가 팽성을 함몰시키자 광릉태수 진등이 병사를 이끌고 와 합세했다. 진등이 조조의 선봉이 되어 하비로 진격하자, 여포가 직접 군사를 이끌고 나가 여러 차례 조조 군사와 교전했다. 그러나 여포는 계속 패했다. 천하의 용장 여포는 왜 계속 패했을까? 여포의 리더십 부족 때문이다. 《후한서》〈여포전〉의 구절이다.

여포는 비록 용맹했으나 계책이 없고 질투가 많아 부하를 통제할 수 없었다. 단지 몇몇 장수들만 믿었다. 그러나 장수들도 저마다 의견이 달라 서로 마지 못해 싸웠고, 그때마다 크게 패했다.

마침내 여포는 성 안으로 들어가 지키기만 할 뿐 감히 나오려고 하지 않았다. 조조가 여포에게 편지를 보내 투항을 권하자 여포가 이내 흔들렸다. 진궁이 만류했다.

"조조는 멀리서 왔으니 그 세가 반드시 오래갈 수 없습니다. 장군이 만일 군사를 이끌고 성 밖으로 나가 주둔하면, 제가 나머지 부대를 이끌고 안에서 문을 잠그고 방비하겠습니다. 그가 장군을 공격하면 제가 군사를 이끌고 그의 배후를 치고, 그가 오직 성만 공격하면 장군이 밖에서 저를 구원하면 됩니다. 그리 되면 한 달이 못 가 조조군의 양식이 떨어질 것입니다. 이때 우리 군사가 힘을 합쳐 재차 공격하면 그를 깨뜨릴 수 있습니다."

여포가 진궁의 계책을 좇았다. 기병(騎兵)을 이끌고 나가 조조군의 보급로를 끊으려 했다. 그가 출동에 앞서 아내 엄씨를 만나 진궁의 계략을 말해주자 엄씨가 반대했다.

"장군이 성을 남에게 맡기고 처자들도 버려둔 채 단신으로 멀리 나갔다가 무슨 변이라도 나면, 첩이 어찌 당신을 다시 모실 수 있겠습니까!"

여포는 주저하며 결단하지 못했다. 당시 진궁의 계책대로 했으면 사지를 빠져나와 권토중래를 노릴 수 있었다. 그러나 그는 그리하지 못했다. 기본적으로 결단력이 모자라는 인물이다. 아까운 시간이 계속 흘러가자 진궁이 급히 여포를 찾았다.

"조조가 군량이 부족해지자 허현으로 급히 사람을 보내 군량을 가져오게 했다고 합니다. 장군이 정병을 이끌고 가 그들의 보급로를 끊도록 하십시오. 필경 조조가 견디지 못하고 퇴각할 것입니다."

여포가 이 말을 옳게 여기고 다시 안으로 들어가 엄씨에게 이야기하자, 엄씨가 울면서 호소했다.

"진궁과 고순은 줄곧 서로 사이가 좋지 않은데, 이들이 만일 실수라도 하면 장군은 장차 어디에서 자립할 것입니까?"

여포가 이에 당초의 생각을 버리고 종일 집안에 틀어박혀 술을 마시자, 관속인 허사와 왕해가 계책을 건의했다.

"지금 회남에서 원술이 크게 성세를 떨치고 있습니다. 장군은 전에 그와 정혼한 일이 있는데, 어찌하여 다시 한 번 이야기해 보지 않는 것입니까? 만약 그가 도와주면 조조를 앞뒤로 협공하여 깨뜨릴 수 있습니다."

두 사람이 수춘에 이르러 원술에게 여포의 서신을 전하자 원술이 곧 병마를 정비하여 여포에게 보냈다. 마침 평소 여포와 사이가 좋았던 하내태수 장양도 여포가 곤경에 빠져 있다는 소식을 듣고 군사들을 이끌고 구원에 나섰다. 고립무원이 된 여포로서는 천우신조(天佑神助)를 만난 셈이다.

그러나 공교롭게 여포를 수렁으로 빠뜨리는 일이 빚어졌다. 이는 오로지 여포가 자초한 것이나 다름없었다. 당시 여포의 부장 후성(侯成)에게 말이 열다섯 필 있었다. 이때 마구간 인부가 명마를 훔쳐내 조조에게 투항하려고 했다. 뒤늦게 이 사실을 안 후성이 급히 쫓아가

말을 도로 찾아왔다. 장수들이 예물을 들고 찾아가 후성에게 축하인
사를 했다.

후성이 술을 넉넉하게 빚어놓고 장수들을 불러 축하연을 벌이고자
했다. 그러나 당시 여포는 금주령을 내려놓고 있었다. 후성은 여포에
게 문책을 당할까 두려워 먼저 술 다섯 병을 들고 여포의 부중으로
찾아갔다. 후성이 여포에게 술과 안주를 바치며 말했다.

"장군의 호위(虎威)를 빌려 잃었던 말을 도로 찾아왔는데, 여러 사
람들이 와서 치하하기로 제가 술을 좀 마련했습니다. 감히 마음대로
마실 수 없어 특별히 장군께 저의 작은 뜻을 표하려고 왔습니다."

여포가 발끈했다.

"내가 금주령을 내렸는데도 경들은 멋대로 술을 빚어 먹으려 드는
것인가?"

여포가 이어 좌우에 명하여 그를 끌어내 목을 베게 했다. 그러자
송헌과 위속 등 장수들이 급히 나서서 용서를 빌었다. 여포가 다시
분부를 내렸다.

"후성이 내 영을 어겼으니 마땅히 목을 벨 것이나, 오늘은 여러 장
수들의 낯을 보아 용서하기로 하겠다."

이때 송헌과 위속이 후성의 집으로 찾아가 위로했다. 세 사람은 조
조에게 투항하기로 의견을 모으고, 진궁과 고순을 조조에게 선물로
바치는 계책을 논의했다. 이들은 진궁과 고순에게 먼저 상의할 일이
있다고 하여 유인해 곧바로 생포한 뒤, 부하들을 이끌고 조조에게 투
항했다.

소식을 들은 여포는 망연자실했다. 크게 자책하며 드디어 자진(自

盡)할 생각으로 부하들을 이끌고 백문루(白門樓) 위로 올라갔다. 좌우에 명하여 자신의 목을 친 뒤 조조에게 가져가도록 당부했으나, 부하들이 차마 그의 목을 베지 못했다. 여포가 이내 문루에서 내려와 조조에게 투항했다.

조조의 군사들이 그를 단단히 묶은 뒤 조조 앞으로 데리고 갔다. 여포가 조조를 보고 빙긋 웃으며 말했다.

"오늘 이후로 천하가 평정되었소."

조조가 의아해하며 물었다.

"무엇을 믿고 그처럼 말하는 것이오?"

여포가 오연(傲然)히 말했다.

"명공이 우려하는 사람은 나 여포일 뿐인데, 오늘 내가 항복하게 되었소. 만일 나에게 기병을 이끌게 하고 명공이 보병을 통솔하면 어찌 천하를 평정치 못할 리가 있겠소?"

조조가 이내 그를 풀어주려고 하자 유비가 황급히 만류했다.

"안 되오. 공은 그가 정원과 동탁을 어떻게 했는지 모르십니까?"

조조도 이내 반복무상한 여포를 살려둘 경우 후환이 있을까 우려해 곧 좌우에 명해 그의 목을 베게 했다. 여포가 눈을 부릅뜨고 유비를 노려보며 욕을 퍼부었다.

"이 놈은 세상에서 가장 믿지 못할 놈이다!"

결국 여포는 건안 3년(198) 12월에 역사의 무대에서 사라지고 말았다. 유비와 처음 대면했을 때 형 행세를 한 것으로 보아, 당시 그의 나이는 대략 마흔 안팎이었던 것으로 보인다. 지략도 없는 인물이 난세에 마흔에 이르기까지 나름대로 일세를 풍미한 것은 그의 절륜한 무위(武威)에서 비롯되었다. 그러나 무위만으로 난세에 살아남을 수는 없는 일이다.

여포는 기본적으로 천하대세를 읽는 식견이 짧았다. 모셨던 사람을 배반하고 정원과 동탁, 왕윤, 장양, 원술, 원소, 유비 등을 두루 찾아다닌 게 그 증거이다. 끝내 조조에게 사로잡혀 죽임을 당한 것은, 난세에 머리도 없이 오직 용력만 믿고 좌충우돌하면 어떤 결과가 오는지를 여실히 보여준 셈이다. 그는 진궁과 같은 유능한 책사를 곁에 두고도 제대로 활용하지 못했다. 최소한의 머리도 없었다고 평할 수밖에 없다.

여포는 삼국시대에 동탁과 더불어 '강도'(彊道)를 구사해 일세를 풍미한 대표적인 인물이다. 한때 왕윤과 더불어 동탁을 제거함으로써 천하의 신망을 얻기도 했다. 그러나 동탁은 그의 주군이다. 주군의 시첩과 사통한 일이 들통 날까 우려해 같은 고향 출신 왕윤의 감언에 넘어가 끝내 주군을 척살하는 일을 벌였다. 천하의 군웅들이 그의 동탁 척살을 평가하면서도 '반복무상'에 대해서는 크게 경계한 것은 바로 이 때문이다. '강도'로 입신양명한 다음 '반복무상'을 일삼을 경우, '패도'로 나아가지 못하고 끝내 '망도'(亡道)로 나아갈 수밖에 없다. 여포가 그 생생한 실례이다.

# 2. 왕도

王道

# 원소

 신언서판을 고루 갖춘
뛰어난 풍도를 지니다

원소의 집안은 삼국시대 최고의 벌문(閥門)이다. 이른바 '4세5공'은 그의 집안을 상징하는 말로 통했다. 이는 4대에 걸쳐 모두 다섯 명의 3공(三公)이 나온 것을 말한다. 원소의 고조부인 원안(袁安)이 사도와 사공, 증조부인 원상(袁敞)이 사공, 조부인 원탕(袁湯)이 사도와 사공, 중부(仲父)인 원봉(袁逢)이 사공, 계부(季父)인 원외(袁隗)가 사도를 지낸 데서 나온 말이다. 《삼국연의》는 4대에 걸쳐 3공이 나왔다는 의미로 '4세3공'이라고 표현해 놓았다. 나름 일리가 있으나 정확한 표현은 아니다.

원소는 미목이 수려한데다 명사들과 사귀는 것을 좋아하여 명성이 멀리까지 퍼져 있었다. 그의 집 앞은 그를 찾는 명사들로 늘 문전성시였다. 당시 조조는 능력이 뛰어나기는 했으나 멸시의 대상인 환관 집안 출신이다. 더구나 그의 부친 조숭은 거액을 주고 태위의 자리에 오른 까닭에 세인들의 지탄을 받고 있었다. 유비는 비록 한실의 후예라고 하지만 가계(家系)를 확인할 길이 없는 한문(寒門) 출신이다. 입에 풀칠을 하기 위해 짚신이나 삼고 돗자리나 짜서 연명해야만 했던 처지였다. 토반(土班) 출신인 손권 역시 낙양을 거점으로 여러 대에 걸쳐 그 이름을 떨친 원소에 비할 바가 못 되었다.

당대 최고의 명망을 지녔던 원소는, 동탁이 세운 '제1기 장안정권'이 주도하던 삼국시대 초기에 천하를 도모할 수 있는 가장 유리한 처지에 놓여 있었다. 당시 군웅들은 모두 원소를 떠받들며 동탁과 대척점에 서 있었다. 한제국의 국운이 쇠퇴하고 천하대란의 조짐이 역력해 군웅이 봉기할 때, 원소만큼 유리한 고지를 점령한 사람도 없었다. 그럼에도 그는 조조에게 패해 이내 피를 토하며 죽고 말았다. 왜 그랬을까?

출신 가문의 정통성에 대한 지나친 자부심이 가장 큰 원인이었다. 원소는 태어나자마자 부친이 사망한 까닭에 두 삼촌 밑에서 생장했다. 젊은 날의 원소는 명문가의 귀공자가 흔히 그렇듯이 유협의 무리와 어울리며 지냈다. 태위 조숭의 아들 조조와 사귀게 된 것도 바로 이런 인연에 따른 것이다.

그는 나이 20세에 이르러 효렴(孝廉)에 천거된 것을 계기로 면모일신(面貌一新)한 모습을 보이기 시작했다. 효렴은 이른바 '향거리선'(鄕擧里選)으로 불리는 선거제(選擧制: 천거제도)의 일종으로, 지방관장이 관할지역에서 효행이 뛰어나고 청렴 강직한 인물을 천거하면, 중앙조정이 이들 가운데 뛰어난 자들을 발탁하는 제도를 말한다. 이후 약간의 변형이 이루어지기는 했으나 과거제(科擧制)가 실시되는 수당제국 이전까지만 해도 천거제가 관원을 선발하는 기본 틀로 운용되었다.

후한제국은 출발 때부터 유독 '효친'(孝親)을 강조했던 까닭에, 유생들은 효렴에 선발되기 위해 '효친'에 각별히 신경 쓸 수밖에 없었다. 겉으로는 '효친'의 모범으로 행동하면서도 사실은 '불효'를 자행하는 수많은 '위군자'(僞君子)가 횡행한 것은 바로 이 때문이다.

당시 원소도 효렴에 천거된 뒤 '효친'을 극진히 하는 모습을 보여 천하인의 칭송을 받은 바 있다. 출사한 지 얼마 안 되어 모친상을 당하자 초막을 짓고 3년상을 치르면서, 어려서 못 했던 부친의 복상(服喪)까지 합쳐 총 6년을 초막에서 지낸 게 그것이다. 역사상 6년의 초상을 치른 사람은 공자의 제자인 자공(子貢)밖에 없었다. 당시 사대부들이 그의 효행을 극찬한 것은 말할 것도 없다. 앞뒤 맥락에 비추어 원소가 6년의 초상을 치른 것은 진실한 '효친'의 마음에서 우러나온 것으로 보는 게 옳다.

그가 당대 최고의 명문가 출신이면서도 이를 그다지 자랑하지도 않고, 신분 고하를 따지지 않고 사람들을 두루 만나며 많은 사람들을 주변에 그러모은 사실이 이를 뒷받침한다. 이는 그의 몸에 배인 '풍도'(風度) 덕분이다. 여러모로 보아 그는 난세의 상황에서 가장 가능성이 높은 인물이다.

그가 벼슬길에 나아간 지 얼마 안 되어 동탁이 힘으로 조정을 장악하는 상황이 빚어졌다. 동탁은 그를 끌어들여 자신의 권력기반을 다지는 데 활용하려 했으나, 명사들의 신망을 한 몸에 받고 있던 그가 이를 수용할 리 없었다. 조조도 동탁으로부터 비슷한 제의를 받았으나 원소에 비하면 그 정도가 훨씬 약했다.

당시 원소와 조조는 동탁의 손아귀를 빠져나와 황급히 도주했다. 이후 두 사람의 행로는 전혀 다른 양상으로 전개되었다. 조조는 죽을 고생을 하며 간신히 고향으로 돌아온 데 반해, 원소는 추격을 당하지 않았을 뿐 아니라 지명수배조차 받지 않았다. 오히려 도망간 뒤 동탁에게 발해태수로 발탁되었다. 원씨 일문의 위세가 당시 어느 정도였는지를 짐작하게 해준다. 협천자로 천하를 호령하게 된 동탁도 아직 원씨 가문을 적으로 삼기에는 시기상조라고 판단한 결과이다.

조조의 경우는 비록 그의 부친이 태위를 지냈다고 하더라도 가장 천시 받은 환관 집안이었다. 그를 본보기로 잡아 처벌을 한다면 오히려 동탁의 위엄을 보이기에 좋았을 것이다. 세인들이 두 사람을 바라보는 이런 차이는, 이후 두 사람의 운명을 가르는 중요한 요인으로 작용했다. 원소는 모든 것을 지극히 낙관적으로 바라봄으로써 결정적인 기회를 헛되이 날려버린 데 반해, 조조는 위기에 몰리면서 오히려 이를 전화위복의 계기로 삼은 것이다.

영제가 중평 5년(188)에 8교위를 설치할 때, 호분중랑장 원소는 중군교위(中軍校尉), 의랑 조조는 전군교위(典軍校尉)가 되었다. 두 사람 모두 환관 건석의 통제를 받았다. 건석은 건장한데다 무략이 있었다. 당시 영제는 대장군 하진조차도 그의 휘하에 편입시킬 정도로 건석을 크게 신임했다. 건석은 하진을 매우 꺼린 나머지 그를 서쪽 강족 정벌에 내보낼 것을 건의했다. 영제가 이를 받아들이자 하진은 건석의 음모인 것을 알고 곧 상주문을 올려 핑계를 대며 출정시기를 늦추었다.

이때 원소가 하진을 부추겨 환관을 모두 죽일 것을 권했다. 하진이 이를 받아들여, 지모가 출중한 인물 20여 명을 주변에 그러모았다. 하옹과 순유, 정태 등이 그들이다. 하진은 곧 하옹을 북군중후(北軍中侯), 순유를 황문시랑(黃門侍郎), 정태를 상서(尙書)로 임명해 심복으로 삼았다.

이후 어린 황제가 보위에 오르자 하진은 곧 원소의 계책을 좇아 이복누이인 하태후에게 정황을 보고하면서 중상시 이하 환관들을 파직하고 낭관들로 그 자리를 메울 것을 청했다. 하태후가 이를 거부했다. 하진은 하태후의 말을 거역하기가 어려워 발호한 자들만 골라 죽이려 했다. 그러나 원소는 환관들이 황제 가까이에서 조칙(詔勅)을 출납하기 때문에 지금 철저히 제거하지 않으면 장차 반드시 후환이 있을 것이라며 반대했다.

하진이 결단을 내리지 못하자, 원소는 다시 하진에게 사방의 호걸들을 이용하는 새로운 계책을 제시했다. 군웅이 군사를 이끌고 와 태후를 협박하는 방안이다. 동탁이 '장안정권'을 세우게 된 단초가 바로 여기에 있다. 원소는 비록 반(反)동탁 연합전선의 수장이 되었지만 사실 동탁을 불러들인 장본인에 해당한다.

하진이 환관의 역습으로 죽임을 당하고, 뒤이어 동탁이 군사들을 몰고 와 조정을 장악하자, 원소는 동탁토벌군의 수장이 되었다. 거기장군(車騎將軍)을 칭한 원소는 스스로 동탁을 제거하고 천하를 평정할 사람은 자신밖에 없을 것으로 자부했다. 원소와 조조의 엇갈린 행보는 바로 이때부터 시작되었다. 원소는 아무런 노력도 기울이지 않고 여러 사람들의 추대로 토벌군의 맹주가 되었다. 그러나 조조는 어렵게 자금을 마련해 병사들을 모은 뒤, 앞장서서 사선을 뚫고 분전을 거듭했다.

동탁토벌군이 해체된 뒤 조조는 연주에서 자신의 기반을 구축할 때까지 험난한 과정을 겪어야만 했다. 그러나 원소는 기주를 점거하는 과정부터 가장 강력한 패자로 군림하게 된 전 과정이 모두 순탄하게 진행되었다. 그가 땀 흘려 얻은 것은 하나도 없다. 오직 '4세5공'의 휘황한 집안 배경과 관인한 자세를 보이는 것만으로도 이런 엄청난 소득을 얻을 수 있었다. 그러나 이는 사상누각과 같았다. 스스로 고난의 과정을 겪어 보지 못했기 때문에, 유사시에는 일거에 무너질 수밖에 없는 위험을 안고 있었다.

원소는 모신 봉기의 건의에 따라 기주를 손에 넣어 확실한 기반을 잡았다. 그는 기주목이 되어 저수와 심배, 전풍, 허유 등을 참모로 삼았다. 이들 모두 명성이 높았다. 곧이어 기주를 바탕으로 힘을 길러 유주와 청주, 병주 등 광대한 지역을 손에 넣어 하북 일대의 패자로 등장했다. 군웅들 사이에 최강의 세력이 된 것이다.

그러나 원소는 동탁 사후 한헌제가 장안을 빠져나와 안읍(安邑: 산서성 하현)으로 파천(播遷)할 때 '협천자'를 주장한 저수의 건의를 따르지 않았다. 이는 뒷날 원소가 조조에게 패하게 된 결정적 배경이 되었다. 커다란 실착이 아닐 수 없다.

관동에서 동탁토벌군이 일어난 지 9년이란 세월이 흐르자, 조조는 연주와 예주를 기반으로 천자를 등에 업고 천하를 호령하게 되었다. 이때 원소의 운명을 결정짓는 이른바 '관도대전'(官渡大戰)이 일어났다. 당시 모든 면에서 원소 쪽이 압도적으로 유리했다. 실제로 모든 사람이 원소의 승리를 점쳤다. 원소는 10만 명을 동원한 데 반해, 조조군은 2만 명도 못 되었다. 군사력에서 다섯 배나 차이가 날 경우에는 아무리 상대방이 뛰어난 전략가라 할지라도 승리하기는 어려운 일이다.

객관적으로 볼 때 원소가 패할 리 없는 전투였다. 그러나 결과는 정반대로 나타났다. 이를 두고 진수는 《삼국지》〈원소전〉에서 이같이 평했다.

> 원소는 인재가 있어도 등용하지 않고, 좋은 말을 듣고도 받아들이지 않았다.

여러 차례 전풍과 저수가 간했음에도 이를 좇지 않고 자신의 고집을 밀고 나간 것이 패배의 결정적인 원인이다. 원소는 '4세5공'이라는 가문의 정통성에 대한 자부심이 너무 강해 남의 말을 잘 듣지 않았다. 당초 원소 휘하에는 당대의 내로라하는 재사들이 대거 모여들었다. 이들은 천하가 원소에게 귀속될 것임을 의심하지 않았다. 대표적인 인물이 바로 전풍과 저수였다. 조조의 핵심참모 역할을 수행한 순욱과 순유 등에 비해 손색이 없는 인물이다.

그럼에도 원소는 이런 인재를 제대로 쓸 줄을 몰랐다. 너무 쉽게 모든 것을 소유한 그는, 정작 결정적으로 중요한 시기에 스스로 쳐놓은 한계를 넘지 못하고 자멸의 길로 나아간 셈이다. 난세의 시기에 정통성에 얽매일 경우 결정적인 승리를 거두기 어렵다는 생생한 증거가 아닐 수 없다. 터무니없는 자부심의 후과이다.

원소에 앞서 패망한 원술 또한 비슷한 경우에 속한다. 원소와 종형제 사이인 그는 사치하고 방탕하기까지 했다. 사서에 따르면, 당초 원술이 남양을 얻었을 때만 하더라도 호구수가 수백만 명에 이르러, 잘 만 관리했다면 천하를 거머쥘 가능성이 높았다. 그러나 그는 사치를 위해 가혹한 징렴(徵斂)을 마다하지 않았다. 백성들이 고통을 참지 못해 하나 둘 흩어져 떠돌게 되었다. 이는 패망의 전조였다.

《삼국연의》는 원술의 교만한 모습을 생생하게 그려놓았다. 이에 따르면, 당시 동탁의 부장 화웅이 동탁토벌군의 장수들을 잇달아 격파하자 제후들이 모두 대경실색했다. 이때 이름도 없는 관우가 자청해 나왔다.

"원컨대 소장이 화웅의 목을 베어 와 군막(軍幕) 아래 바치겠습니다."

원술이 다짜고짜 큰 소리로 꾸짖었다.

"일개 궁수 주제에, 어디 감히 함부로 지껄이는가?"

그러나 조조의 성원으로 출전한 관우는 나는 듯이 말을 달려 순식간에 화웅의 목을 베었다.

《삼국연의》의 이 대목은 말할 것도 없이 허구이지만, 원술의 교만한 모습이 적나라하게 묘사되어 있다. 사실 원술은 좌우에 있는 현령과 졸개 따위는 그야말로 일고의 가치도 없는 존재인 것처럼 치부했다. 원술은 뒷날 유비가 자신의 주현을 병탄하려 한다는 소식을 듣자, 노발대발하여 유비에게 이같이 욕을 퍼부었다.

"돗자리나 짜고 짚신이나 삼던 놈이, 지금 제법 큰 군을 차지하더니 제후들과 같은 반열에 서려 하는구나!"

원술이 이같이 방자한 모습을 보이게 된 근원은 무엇이었을까? '4세5공'의 명문가 자제인 그 역시 원소와 마찬가지로 정통성에 대한 지나친 자부심 탓에 패망했다. 그는 집안 배경이 좋았다는 것을 빼놓고는 털끝만한 재주나 학문도 없는 주제에 헛된 꿈만 한없이 부풀어 있었다. 이른바 전형적인 '고량자제'(膏粱子弟)에 해당한다. 기름진 음식을 먹고, 사람들을 턱으로 지휘하는 식의 방자한 생장과정을 거친 것이다. 그는 실제로 식견이 좁은데다 사람들을 얕잡아보는 결정적인 문제를 안고 있었다.

원래 그가 차지한 회남 일대는 비옥한 땅이 많아 양식이 풍부한 곳이다. 초기에 강력한 군사력을 보유하게 된 배경이다. 그럼에도 그는 한 번도 천하를 통일해 보겠다는 원략(遠略)을 세워본 적도 없고, 백성들을 부강하게 만들어 정치를 맑게 한다는 계책을 수립한 적도 없다. 목에 힘을 주며 다른 사람들 위에 군림하는 것만 즐겼다. 인마는 훨씬 많은데도 전쟁을 치를 때마다 패한 이유이다.

용인술에서 보아도 그는 의심이 많은데다 능력 있는 자를 시기했다. 고집불통으로 남의 말을 잘 듣지 않았다. 현명하고 능력 있는 사람을 천거해 기용할 방도가 없었고, 아랫사람의 사정을 돌볼 줄도 몰랐다. 일찍이 북해태수 공융이 유비를 찾아와 그에게 서주를 맡을 것을 강력히 권하면서 이같이 말한 바 있다.

"원술이 어찌 국가를 위해 집안일을 잊을 만한 인물이라고 하겠소? 무덤 속에 있는 원씨 조상의 해골이 무슨 가치가 있겠소!"

《삼국연의》에 따르면, 조조도 유비와 함께 술을 데우며 영웅을 논하는 자리에서 원술을 영웅이라고 내세우는 유비의 말을 이같이 일축한 바 있다.

"그는 무덤 속의 해골일 뿐이오. 내가 조만간 사로잡고 말 것이오."

그럼에도 원술은 가문의 영광과 위엄에 의지하면 모든 사람들을 휘하에 귀순시킬 수 있다고 생각했음에 틀림없다. 난세의 속성을 전혀 이해하지 못한 셈이다. 게다가 그는 편의에 따라 함부로 약속하고 배신하는 일을 밥 먹듯 했다. 휘하에서 가장 용맹하기로 이름이 높았던 손견과 손책 등이 그에게서 떨어져 나간 것도 이 때문이다. 기본적으로 의심이 많고 그릇이 작아, 손견과 같은 호걸을 휘하에 둘 만한 인물이 못 되었다.

원술은 휘하 부장에게 신의를 얻지 못한 데만 그친 게 아니다. 군웅들로부터도 신의 없는 사람으로 낙인찍혔다. 그가 종형제인 원소와 틈이 생긴 것도 이 때문이다. 당시 그는 공손찬과 관계를 맺은 반면, 원소는 유표와 연결되어 있었다. 원씨 가문의 정통성을 놓고 두 사람이 다투자, 군웅들 대부분이 원소 쪽 손을 들어주었다. 원술이 크게 분노했다.

"풋내기들이 나를 좇지 않고 나의 가노(家奴)에게 붙는구나!"

그는 공손찬에게 서신을 보내 원소를 이같이 비난했다.

"원소는 원씨 집안의 자손이 아니다!"

원래 원소의 어머니는 부비(傅婢: 시비) 출신이다. 원술은 원소의 가장 아픈 부분을 찌른 셈이다. 청류와 탁류의 구분이 엄격했던 당시에는 오직 아버지의 출신만 문제 삼았다. 어머니가 부비 출신이라는 것은 조금도 문제가 되지 않았다. 그런 점에서 원소를 '가노'로 폄하한 것은 분명 악의적이다. 원술이 스스로를 원씨 일문의 정통 직계로 자부한 이유가 바로 여기에 있다.

원소가 부비 소생이라는 사실은 원소의 정적이었던 공손찬에 의해 공표되었다. 《후한서》〈공손찬전〉에 따르면, 공손찬은 원소의 죄를 열 개 조목으로 나누어 그가 저지른 모든 죄상을 일목요연하게 나열한 뒤, '토소'(討紹: 원소 토벌)의 의병을 일으킬 것을 다짐하는 표문을 올린 바 있다. 공손찬이 올린 표문은 삼국시대에 나온 표문 가운데 원소를 성토한 것으로는 유일하다. 내용 또한 매우 상세하기 그지없다. 《후한서》에 실려 있는 표문의 뼈대는 대략 다음과 같다.

거기장군 원소는 누대에 걸쳐 두터운 황은을 입었음에도 본성이 음란하고 행동이 부박(浮薄)하기 그지없습니다. 일찍이 사례교위로 있을 때 숱한 국란을 야기했으니, 하태후가 섭정할 때 원소는 바른 얘기로 보정(輔政)키는커녕 간사한 행위를 일삼아 불궤를 꾀하고 사직을 위태롭게 만들었습니다. 그의 죄는 모두 열 가지인데, 정원에게 가짜 조서를 보내 맹진을 불태우게 함으로써 동탁군이 몰려와 난이 시작하는 원인을 제공했으니, 이것이 하나입니다. 동탁이 무례하기 그지없어 황제를 인질로 삼고 있는데도, 원소는 권모로써 이를 구할 생각을 하지 않고 몰래 도주하여 관직을 더럽히고 주상을 버렸으니, 이것이 둘입니다. 원소는 발해태수가 되어 동탁을 공격할 때 은밀히 군마를 모으면서도 이를 부형에게 알리지 않아, 태부 원외를 비롯한 일족이 모두 잡혀 죽게 만들었으니, 이것이 셋입니다. 원소는 군사를 일으킨 지 두 해가 넘었는데도 국난을 구할 생각은 아니하고 멋대로 영역을 넓히면서 백성들을 강압함으로써, 이를 통분해하지 않는 사람이 없으니, 이것이 넷입니다. 한복을 핍박하여 기주를 탈취하고 임의로 옥새를 새겨 거짓 조서를 뿌리고 있습니다. 전에 왕망이 거짓 조서를 이용해 마침내 보위를 찬탈했는데, 원소의 이런 소행 역시 필경 난을 불러오고

야 말 것이니, 이것이 다섯입니다. 원소는 천문을 보는 사람들에게 명하여 재이(災異)를 관찰하게 하면서 뇌물을 받고 이웃 군현들을 침공하고 있으니, 이것이 어찌 대신이 할 일이겠습니까? 이것이 여섯입니다. 원소는 도위 유훈(劉勳)이 장양을 항복시키는 등 여러 차례에 걸쳐서 큰 공을 세웠음에도, 작은 잘못을 꼬투리 삼아 가혹한 벌을 내리고 참소하는 말을 믿고 무도한 행위를 일삼으니, 이것이 일곱입니다. 전 상곡태수 고언(高焉)과 감릉상(甘陵相) 요공(姚貢)은 원소의 탐람한 요구를 좇기 위해 재물을 마구 횡령했다가 이를 채우지 못해 도주하게 되었으니, 이것이 여덟입니다. 원소의 모친은 원래 부비(傅婢) 출신으로 근본이 미천하기 그지없습니다. 그런데 원소는 높은 자리에 올라 오직 앞으로만 나아가려 하고 뒤로 물러나려는 마음이 전혀 없으니, 이것이 아홉입니다. 장사태수 손견이 동탁을 쫓아낸 뒤 능묘(陵廟)를 정비하여 근왕(勤王)의 공이 막대한데도 불구하고, 그 틈을 노려 휘하 장수를 보내 그 자리를 도둑질하고, 손견의 군량을 끊어 더 이상 진격하지 못하게 만들었으니, 이것이 열입니다. 신이 비록 탑용(闒茸: 잘고 어리석음)하나 황은을 입어 중임을 맡고 있으니, 곧 각 주군과 힘을 합쳐 원소를 토벌함으로써 제환공과 진문공의 충성을 이어받고자 합니다.

공손찬의 표문에는 다른 사서에서는 전혀 안 나오는 몇 가지 내용이 열거되어 있다. 하나는 원소의 어머니가 부비 출신이라는 점이다. 다른 사서에는 원소의 아버지가 태위 원탕의 큰아들인 원성이라는 사실만 나올 뿐, 그의 어머니에 대해서는 아무런 기록을 남기지 않았다. 원탕의 세 아들 가운데 둘째 원봉과 셋째 원외는 모두 젊었을 때부터 이름을 날려 고위관원이 되었다는 기록이 있으나, 원성만큼은 아무런 기록이 나오지 않는다. 이로 미루어 원소의 아버지 원성의 경우는 특이하게도 제대로 학문을 닦지 않은 것으로 짐작된다.

이런 여러 정황을 종합해 볼 때, 원소의 어머니가 부비 출신이라는 공손찬의 주장은 사실에 기초한 것이라고 보아야 한다. 공손찬이 일면 원소에 대해 과장되게 표현했다 할지라도, 조정에 올리는 표문에 터무니없는 내용을 담기는 어려웠을 것이라는 점에서 특히 그렇다. 원술이 원소와 틈이 벌어진 뒤, 원소를 '가노'로 표현하며 깔보는 태도를 보인 것도 원소의 출신과 무관하지 않다고 보아야 한다.

당시에는 오직 아버지의 출신이 문제였을 뿐, 어머니가 부비 출신이라는 것이 출사하는 데 큰 문제가 되지는 않았다. 조조가 뛰어난 능력을 가졌지만 늘 탁류로 분류된 이유도 여기에 있다. 그러나 청류와 탁류의 구분이 엄격했던 당시에, 어머니가 부비 출신이라는 것이 전혀 문제가 안 되는 것은 아니었다. 특히 정략결혼이 성행하던 당시, 겉으로는 이를 크게 문제 삼지 않았으나 내면적으로는 더 큰 문제로 간주했을 공산이 크다.

또 하나는, 기주자사로 봉직하면서 돈을 횡령했다는 점이다. 이 또한 다른 사서에는 전혀 나오지 않는 내용이다. 이런 내용이 사실이라면, 원소가 관인한 장자(長者)의 풍모를 지녔다는 사서의 기록도 상당 부분 과장된 표현이라고 볼 수 있다.

사실 공손찬이 지적한 바와 같이, 기주를 손에 넣는 과정과 몰래 부하 장수를 시켜 손권의 본거지를 탈취하게 한 것 등을 보면, 원소의 행동은 비열하기 그지없다. 이는 병법에서 말하는 궤도(詭道)의 차원이 아니었다. 대의명분을 상실했기 때문이다. 공손찬이 이런 내용의 표문을 올린 뒤 대군을 일으켜 원소를 칠 때, 기주 내의 각 군현이 분분히 공손찬에게 귀부한 것도 이와 무관하지 않았을 것이다.

원술도 크게 나을 바가 없었다. 오히려 더한 면이 있다. 당시 그는 바로 공손찬이 지적한 바와 같이, 원소를 원씨 가문을 대표할 인물이 아니라고 생각했다. 난세에는 최고 가문의 적통인 자신만이 새로운 왕조를 세울 만한 자격이 있다는 식의 허황된 생각을 품고 있었다. 이는 그가 허황된 도참설(圖讖說)을 신봉한 사실과 무관하지 않다. 공교롭게도 당시 낙양에는 이런 참언(讖言)이 나돌았다.

"한나라를 대신할 자는 도고(途高: 길이 높음)에 해당하는 자이다."

원술은 자신의 이름 '술'(術)의 글자 요소인 '출'(朮) 자와 자(字)인 '공로'(公路)의 '로'(路) 자를 합치면 길을 뜻하는 '도'(途) 자가 된다고 생각했다. 또 원씨는 춘추시대의 진국(陳國)에서 나왔으니, 자신이 천자가 되어야만 오행상의 이치에 부합한다는 식으로 생각했다. 견강부회의 전형이다. 그는 자신만이 하늘의 뜻에 응하고 백성들의 여망에 부응할 수 있다고 자부했으나 사태는 정반대로 진행되었다.

그가 천자를 자칭하면서 교외에서 천제(天祭)를 올릴 때, 휘하의 장병들은 추위와 굶주림에 시달렸다. 강회 지역의 백성들이 굶주림을 견디지 못해 서로 잡아먹는 일까지 나타났다. 그럼에도 그는 수백 명이 넘는 후궁들과 함께 화려한 비단옷을 걸치고 고량진미(膏粱珍味)를 즐겼다. 무리들이 줄지어 그를 배반하고 곁을 떠난 것은 물어볼 것도 없다.

결국 원술은 칭제한 지 간신히 2년을 버텼고, 더 이상 버틸 수 없게 되자 자신이 그토록 멸시했던 원소에게 손을 벌리는 비참한 지경에 처하게 되었다. 원술은 원소에게 다음과 같은 서신을 보냈다.

"한실이 천하를 잃은 지 이미 오래되었소. 원씨가 천명을 받아 응당 군왕이 되어야 하니, 상서로운 징조가 이미 명백히 드러났소. 지금 그대는 4개 주를 거느리고 민호가 100만이나 되니, 가히 대명(大命)을 받을 만하오. 내가 삼가 제호(帝號)를 그대에게 바치니, 그대가 이를 실현토록 하시오."

원소가 기뻐하며 원담에게 군사를 이끌고 가 원술을 맞이하게 했다. 이런 황당한 이야기에 환호작약하는 모습을 보인 원소 또한 그릇이 작기는 마찬가지이다. 공교롭게도 당시 원담은 청주에서 원술을 영접한 뒤 함께 하비를 출발해 북쪽의 원소가 있는 곳으로 가려고 했다. 그런데 이게 원술에게 치명타로 작용했다. 조조가 유비를 보내 그들을 공격하도록 명한 것이다. 결국 원술은 더 이상 북쪽으로 나아갈 길이 없게 되자 다시 수춘으로 달아날 수밖에 없었다. 당시 그의 곁에 남아 있는 군사라고는 단지 1천여 명뿐이었고, 그나마 모두 노약자들이었다.

무더운 여름날에 남은 보리 30곡마저 군사들에게 나누어 주고 나자 굶어죽는 자가 속출했다. 이런 상황에서도 그는 허세를 잃지 않았다. 험한 곡식으로 지은 밥이 목구멍으로 넘어가지 않자 주방장에게 꿀물을 가져오라고 했다. 숙수가 고개를 내저으며 말했다.

"남은 것은 핏물뿐인데 어디서 꿀물을 얻을 수 있겠습니까?"

원술이 할 말을 잃었다.

"원술이 끝내 이 지경이 되고 말았구나!"

그는 울분을 참지 못하고 울컥 피를 토하고 말았다. 병을 얻어 자리에 누운 그는, 건안 4년(199) 6월에 피를 토하며 죽었다. '고량자제' 출신인 그는 애초부터 난세와는 인연이 없는 인물이다. 진수는 《삼국지》에서 원술을 이같이 평해 놓았다.

원술은 사음방사(奢淫放肆: 사치하고 음탕하며 오만방자하여 함부로 행동함)했다. 이에 영화가 오래가지 못했다. 이는 그가 자초한 것이다.

삼국시대의 여러 인물 가운데 원술처럼 '사음방사'한 인물은 거의 없었다고 해도 과언이 아니다. 난세의 시기에 '사음방사'가 뭇사람들의 비난의 표적이 될 것은 뻔하다. 그가 조조와 유비, 손책, 여포 등으로부터 사면으로 공격을 받고 이내 패망한 배경이 여기에 있다.

원소도 원술이 죽은 지 3년 뒤에 똑같이 피를 토하며 생을 마쳤다. 휘하의 허유와 장합 등이 조조에게 투항한 데 이어, 오소(烏巢)에 쌓아둔 양초가 불타면서 '관도대전'에서 대패한 게 분사(憤死)의 결정적인 배경이 되었다. 당시 여양까지 도주한 그는, 부장 장의거의 군영을 찾아가 그의 손을 잡고 처량한 목소리로 이같이 말했다.

"내 목을 그대에게 맡기고자 하오!"

장의거가 울면서 군영을 원소에게 넘겨주고 자신의 군사들을 호령하게 했다. 이때 흩어졌던 원소의 장병들이 원소가 군영에 있다는 이야기를 듣고 모여들기 시작했다. 원소에게는 세 아들, 원담과 원희, 원상이 있었다. 원희가 유주에서 6만 명, 원담이 청주에서 5만 명, 고간이 병주에서 5만 명을 이끌고 기주로 싸움을 도우러 왔다. 원소가 기뻐하며 군마를 정돈하기 시작했다. 패전을 설욕하고자 한 것이다. 이때 잘만 했으면 역전의 계기를 마련할 수도 있었다. 조조의 세력이 아직 크게 우려할 수준으로 성장하지는 못했기 때문이다. 그러나 그는 후계자 문제를 제대로 관리하지 못해 마지막 기회마저 무산시키고 말았다.

조조는 건안 6년(201) 봄에 양식이 비교적 풍부한 곳으로 군사들을 이동시켜 충분한 휴식을 취하게 했다. 기력을 회복한 원소가 조만간 다시 도전해 올 것을 내다본 조치였다. 막상 싸움이 시작되어 원희 등이 조조군의 공격을 받고 일거에 무너지자, 원소는 황망히 말에 뛰어올라 간신히 포위망을 빠져나왔다. 참패였다. 원희와 고간은 모두 화살에 맞아 상처를 입었다. 원소가 세 아들을 얼싸안고 한바탕 목 놓아 울더니 그만 기절하여 쓰러졌다. 여러 사람이 달려들어 바로 눕히자, 피를 한없이 토한 뒤 장탄식을 했다.

"내가 그 동안 싸움을 수십 차례나 해왔으나, 오늘처럼 이 지경으로 낭패한 적은 없었다. 이는 하늘이 나를 망하게 하는 것이다. 너희들은 각기 본주로 돌아가 맹세코 조조와 다시 한 번 자웅을 결단토록 하라!"

그는 곧 신평과 곽도에게 명해 원담을 따라 청주로 가 군사를 정돈하게 하고, 원희와 고간도 각기 유주와 병주로 돌아가 인마를 수습하여 유사시에 대비하게 했다. 이어 원상을 데리고 기주로 돌아간 그는 몸조리를 하면서, 원상에게 명하여 심배와 봉기 등과 함께 잠시 군무를 대리하게 했다. 그러나 원소는 처참하게 몰락한 자신의 처지를 한탄하다가, 이듬해인 건안 7년(202) 5월에 병이 나 자리에 누웠다. 얼마 안 되어 원술처럼 피를 토하고는 세상을 하직했다. 자멸하고 만 셈이다.

일찍이 초한전(楚漢戰) 당시 항우는 모든 면에서 유방보다 유리했다. 그도 원소와 마찬가지로 유방에게 질 이유가 없었다. 그러나 항우역시 유방에게 패하고 말았다. 이 또한 벌문에 대한 터무니없는 자부심 때문이다. 결과적으로 원소는 항우의 전철을 밟은 셈이다. 원소는 기본적으로 그릇이 작았다고 할 수 있다. 치세에는 이런 흠이 잘 드러나지 않지만, 난세에는 기량의 진면목이 드러나기 마련이다.

게다가 원소는 죽기 직전까지 후사 문제를 결정짓지 못했다. 이는 난세의 시기에 우유부단의 극치에 해당하는 일이다. 원소가 관도에서 패할 당시 오직 원상만이 원소와 함께 있었다. 그는 후처 유씨의 소생이다. 유씨는 원소 사후 원소의 애첩 다섯 명을 모두 죽여 버릴 정도로 포악한 인물이다. 원상 또한 죽은 자의 가족을 모두 죽이는 참혹성을 드러냈다. 당시 적자인 원담은 청주, 원희는 유주를 지켰다. 원소사후 이들 3형제가 모두 조조에게 격파당한 것은, 원소가 생전에 후계자를 제대로 정해 놓지 못한 후과였다. 이를 두고 진수는 다음과같이 비판했다.

적자를 내쫓고 서자를 세웠으니, 사직이 뒤엎어졌어도 결코 불행한 일이 아니었다.

난세에 후계자 문제를 제대로 정리하지 못한 것은 치명적인 실수였다. 만일 원소가 후계자 문제만 제대로 정리해 놓고 죽었더라도 사태가 어떻게 전개되었을지는 모를 일이었다. 그러나 원소는 이 문제를 만연히 대처해 자멸하고 말았다.

원소와 원술은 기본적으로 치세와 난세의 차이를 몰랐다고 평할 수밖에 없다. 치세와 난세는 마치 계절이 순환하듯 도는 법이다. 여름에는 반바지와 반소매 차림으로 대처해야 한다. 그런데도 두 사람은 겨울에 입었던 화려한 겨울용 모피 옷을 입고 말 위에 올라 군사들을 지휘한 것이다. 국가총력전으로 전개되고 있는 21세기의 경제경영 환경은 삼국시대 상황과 조금도 다를 바가 없다. 지금도 원소와 원술의 전철을 밟는 초일류 글로벌 기업이 수두룩하다.

한때 세계의 내로라하는 기업 최고경영자들이 벤치마킹하던 노키아는 2010년 말까지만 해도 21세기를 이끌어 갈 부동의 세계 최고 기업으로 존경받았다. 그러나 그 뒤 몇 달 지나지 않아 회사가 넘어질지도 모른다는 절체절명의 위기에 빠졌다. 이에 앞서 2007년 말까지 부동의 세계 1위 자동차업체로 군림하던 지엠(GM)도 그로부터 겨우 1년 만에 주가가 250달러에서 1달러로 곤두박질치며 급기야 파산을 선언하는 지경에 이르고 말았다.

바로 과거의 화려한 성과에 안주한 후과라 하겠다. 안방과 문밖의 경계가 사라진 글로벌 시장은 분초를 다투는 기술개발의 경연장이다. 어제와 오늘의 성과가 내일로 이어지지 않는 것이다. 끊임없이 노력하는 자만이 글로벌 시장의 '정글'에서 살아남을 수 있다. 《주역》에서 역설하는 '자강불식'(自强不息)의 이치가 그대로 적중하는 것이다.

그럼에도 노키아와 지엠 등 내로라하는 초일류 글로벌 기업들이 어제와 오늘의 성과가 내일로 연결될 것이라는 근거 없는 낙관론을 펴다가 자멸의 길로 나아간 셈이다. 분초 단위로 새로운 제품이 등장하는 시장 상황은 모든 것이 수시로 변하는 전쟁터 상황과 조금도 다를 바가 없다. 경계근무를 소홀히 했다가는 이내 적의 기습공격으로 전멸할 수 있다.

적의 기습에 대비한 경계근무와 적정을 살피는 첩보전의 이치는 21세기 경제경영 환경에 예외 없이 적용된다. 과거와 현재의 성과는 모두 잊어버리고, 냉철하고도 객관적인 분석을 바탕으로 유사시를 대비하는 미래지향적인 전략전술을 짜야만 한다. 최종 공격목표는 적의 아성(牙城)이다. 아성 주변의 몇 개 보루를 함몰시킨 것에 자족했다가는 설욕을 벼르는 적의 역공을 당할 수밖에 없다.

고금을 가릴 것 없이 국가의 명운을 건 총력전 상황에서는 치열한 군비경쟁이 전개될 수밖에 없다. 그래서 신무기가 속출하는 것이다. 최고의 상품으로 기존 시장을 휩쓸고 있을지라도 언제 이를 압도하는 새로운 상품이 나올지 모른다. 황금의 알을 안겨주는 제품을 다수 보유하고 있을지라도, 더 뛰어난 기술을 토대로 한 신제품이 시장에 나오는 순간 이내 패퇴할 수밖에 없다.

이른바 '초경쟁'(超競爭)이 21세기 경제경영 환경의 가장 큰 특징으로 거론되는 이유이다. 애플의 스마트폰이 노키아의 피처폰을 일거에 무력화시킨 게 그 증거이다. 구글과 페이스북이 순식간에 세계시장을 석권한 것도 같은 맥락이다. 늘 스스로를 채찍질하며 창조적 혁신에 매진한 결과라 하겠다. G20 운운하며 자축할 때가 아니라는 이야기다. 델컴퓨터의 창업자인 마이클 델 회장의 경고를 귀담아 들을 필요가 있다.

"21세기의 '초경쟁' 환경에서는 아무리 초일류 글로벌 기업이라 할 지라도 현재의 성과를 자축하며 축배를 들 시간은 1000분의 1초밖에 없다."

굳이 21세기를 들먹이지 않더라도 '자강불식'을 외면한 채 과거와 현재의 성과에 만족했다가는 이내 패망할 수밖에 없다. 모든 게 끊임 없이 변하기 때문이다. 《서경》〈채중지명〉 편에서 '민심무상'(民心無常)을 역설한 것도, 《도덕경》이 제49장에서 성인은 늘 백성들의 마음을 자신의 마음으로 삼는다는 취지에서 '성인무상'(聖人無常)을 언급한 것도 다 같은 맥락이다.

그런 점에서 원소와 원술 모두 '민심무상'의 간단하면서도 엄연한 이치를 간과했다. '고량자제'의 생장과정이 두 사람을 그같이 만든 것이다. 결정적인 것은 '4세5공'의 후신이라는 자부심이다. 두 사람의 패망은 노키아와 지엠처럼 과거와 현재의 성과에 안주하며, 자신들도 전혀 의식하지 못하는 사이 패망의 늪에 빠진 후과로 해석할 수 있다.

원소는 그나마 비록 겉모습에 지나지 않았지만 최소한 사대부의 예양(禮讓)이라도 보여주었으나, 원술은 이런 모습도 보여주지 못했다. 원소의 경우는 원술과 달리 사대부들의 중망(衆望)을 받았다는 점에서 더욱 안타까운 경우에 속한다. 진수는 《삼국지》〈위서 원소전〉에서 원소의 패망 이유를 이같이 분석해 놓았다.

원소는 위용(威容)과 기관(器觀: 그릇과 식견)이 있어 당세에 이름을 날렸다. 그러나 겉으로는 관대해 보였으나 내심 능력 있는 사람을 미워했고, 일을 꾸미기는 좋아해도 결단력이 없었다.

이는 일면 높이면서도 일면 깎아내리는 이른바 '일포일폄'(一褒一
貶)에 해당한다. 그러나 진수의 이런 평가는 '포'(褒)보다는 '폄'(貶)에
무게를 둔 것이다. 난세의 군웅에게 가장 치명적인 약점은 이른바 '호
모무결'(好謀無決)이다. 일을 꾸미기만 좋아하고 결단력이 없는 것을
말한다.

원소는 체격이 당당하고 잘 생긴데다가, 같은 또래의 선비들에게
깍듯이 예를 갖추어 교만한 티가 없었다. 이는 예나 지금이나 동양에
서 흔히 사람을 논할 때 이야기하는 이른바 '풍도'(風度)에서 높이 평
가하는 모습이라고 할 수 있다. '풍도'는 '신언서판'(身言書判)으로 풀
어쓸 수 있다. 그러나 통치자에게는 '신언서판'보다도 더욱 중요한 덕
목이 있다. 바로 '결'(決)이다. 난세의 상황일수록 과감한 결단이 필요
한 것은 더 말할 것도 없다.

원소는 한마디로 말해 '신언서판'을 고루 갖춘 뛰어난 '풍도'를 지녔
음에도, 가문의 정통성에 대한 지나친 자부심과 '결'을 갖추지 못한
우유부단으로 패망했다고 해도 과언이 아니다. 아무리 뛰어난 '배경'
과 '풍도'를 갖추었을지라도 타인을 얕잡아보고 중차대한 시기에 우
유부단한 모습을 보일 경우 결국 패배자로 전락할 수밖에 없다. 원소
와 원술을 통해 뛰어난 '배경'과 '풍도'를 지닌 인물이 난세에는 오히
려 더 쉽게 무너질 수 있다는 사실을 확인할 수 있다.

# 공손찬

德義 소인배와 어울리며
고식적인 덕의를 외치다

《삼국연의》는 동탁의 '장안정권'에 맞선 관동의 군웅들을 크게 미화시켜 놓았다. 대표적인 예가 공손찬이다. 원래 공손찬은 중원에서 멀리 떨어져 있는 요서 출신이다. 당시 고구려는 요동을 완전히 장악하지 못한 까닭에, 요서와 요동 일대에는 흉노족과 선비족, 오환족 등이 뒤섞여 살고 있었다. 뒷날 이들이 남북조시대 때 북조를 형성한 민족이 된다. 공손찬은 젊었을 때 요서 군현의 문하서좌(門下書佐)로 있었다. 이는 문서를 베끼는 일을 전문으로 하는 군 태수의 말단 관리에 해당한다. 그는 변설에 능하고 지략이 있어, 일을 보고할 때 개별적으로 설명하기보다는 총괄적으로 설명해, 듣는 이로 하여금 빠뜨리거나 잊지 않게 했다. 태수가 이를 높이 평가해 그를 사위로 삼았다.

공손찬은 어렸을 때 유비와 함께 저명한 경학자인 노식 밑에서 경전을 배운 것을 토대로 군의 서리가 되었다. 마침 모시던 태수가 법을 어겨 정위(廷尉: 사법총책)에게 소환되는 일이 일어나자, 그는 수레몰이가 되어 스스로 고된 일을 도맡았다. 당시는 윗사람이 죄를 범했을 경우 아랫사람이 가까이 가는 것이 금지되어 있었다. 그는 법에 저촉되는 것을 마다하지 않고 충성스런 모습을 보인 것이다. 태수가 마침내 지금의 베트남 북부인 일남군(日南郡)으로 유배를 가게 되자, 그는 쌀과 고기를 준비해 북망산에 올라가 선조들에게 제사를 지냈다. 술잔을 들어 스스로 이같이 다짐했다.

"옛날에 저는 집안의 아들이었지만, 지금은 다른 사람의 신하가 되었으니 마땅히 일남군으로 가야 합니다. 그곳에는 장독(瘴毒)이 가득하여 제가 돌아오지 못할 수도 있기에, 이곳에서 선조들에게 미리 작별을 고합니다."

옆에서 지켜보던 사람들이 모두 그의 충성심과 기개를 칭송했다. 난세에 보기 드문 '왕도'의 행보이다. 이는 이내 보상을 받았다. 공교롭게도 태수가 일남군으로 유배를 가던 도중 사면을 받게 되자, 곧 그를 '효렴'에 천거했다. 이에 그는 유주에 속하면서 여섯 개의 성을 관할하는 요동속국(遼東屬國)의 장사(長史) 자리에 오르게 되었다. 아전 출신이 일거에 몸을 일으키게 된 배경이 여기에 있다. 왕도 행보 덕분이다.

《후한서》와 《삼국지》〈공손찬전〉에는 그의 충용(忠勇)에 관해 다음과 같은 일화가 수록되어 있다.

하루는 공손찬이 수십 명의 기병을 이끌고 요새를 순시하러 갔는데, 도중에 선비족 기병 수백 명과 만나게 되었다. 그러자 그는 급히 부하기병들을 이끌고 사람들이 없는 마을로 물러난 뒤 부하 기병들에게 이같이 하령했다.

"지금 우리가 이들을 뚫고 나가지 못하면 모두 죽고 말 것이다."

그러고는 직접 창을 들고 양쪽의 날을 날카롭게 하여 곧바로 말을 몰아 선비족 기병들 사이로 달려 나갔다. 비록 부하 기병의 절반가량을 잃었으나 선비족 기병을 물리치고 사지에서 빠져나올 수 있었다. 이때 선비족은 큰 타격을 입고 두 번 다시 국경을 넘어 침입하려고 하지 않았다. 나름 북변을 안정시키는 대공을 세운 셈이다. 탁현의 현령으로 영전된 것은 바로 이 덕분이다.

당시 후한제국은 주변 이민족의 잦은 침공과 각지에서 잇달아 일어난 반란 때문에 매우 어지러웠다. 서쪽에서는 흉노족 추장 왕국이 무리를 이끌고 와 진창(陳倉)을 포위하고, 동쪽에서는 오환족의 추장 구력거 등이 청주와 서주, 유주, 기주 등 네 개 주를 약탈하는 일이 동시에 일어났다. 이에 영제는 황보숭을 좌장군으로 삼아 전장군(前將軍) 동탁과 함께 4만 명의 군사를 이끌고 가 흉노족을 치게 했다. 또 공손찬에게도 양주(涼州) 일대의 도적들을 토벌하게 했다.

공손찬이 곧바로 오환족 돌기(突騎: 돌격기병대)를 이끌고 양주를 향해 나아갔다. 그러나 계중(薊中: 하북성 북부)에 도착했을 때 군량 보급이 제때 이루어지지 않자 군사들이 동요했다. 결국 오환족 돌기 대부분이 대오를 이탈해 본국으로 돌아가자 명을 수행할 수 없게 되었다. 이에 전 태산태수 장거가 구력거 등과 함께 반기를 들었다. 북방 변계가 일시에 혼란스러워졌다.

공손찬은 얼마 남지 않은 부하들을 이끌고 가 이들을 쳐 부분적으로 승리를 거두었다. 조정이 그의 충용을 높이 사 기도위로 승진시켰다. 마침 오환족의 탐지왕이 구력거와 갈등을 빚다가 부중을 이끌고 공손찬에게 투항해 왔다. 공손찬이 이를 조정에 보고하자, 영제가 크게 기뻐하며 공손찬을 다시 중랑장으로 승진시켰다. 중랑장은 대략 지금의 사단장 급에 해당한다.

이때 장거는 스스로 천자를 칭하면서 각 주군에 포고문을 돌렸다. 자신이 이제 한나라를 대신하게 되었으니 영제는 천자의 자리에서 물러나야 한다는 내용이다. 그는 또 포고문에서 한나라의 모든 공경들은 성 밖으로 나와 새 천자인 자신을 맞이하라고 명했다. 비록 황당하기 그지없었으나, 일개 군수에 지나지 않던 인물이 천자를 자칭한 사실에서 알 수 있듯이, 한제국의 붕괴는 시간 문제였다.

유주와 기주 일대에서 장거가 천자를 칭하며 북변 일대를 시끄럽게 만들자, 조정은 종정관(宗正官: 황족사무 관장)으로 있는 유우를 유주목으로 임명해 이들을 제압하게 했다. 이는 유우가 전에 유주자사로 있을 때 오랑캐들이 그에게 복종하며 추종한 사실을 높이 평가한 결과였다. 이때 조정은 중랑장 공손찬 등에게 명해 군사들을 이끌고 가 장거를 토벌하게 했다. 이들의 싸움은 이후 5, 6년에 걸쳐 계속되었다. 이 와중에 청주와 서주, 유주, 기주 일대가 크게 피폐해졌다.

당시 공손찬은 석문(石門)에서 대승을 거둔 뒤 크게 고무된 나머지 적진에 너무 깊이 들어갔다가 곤경에 처한 적이 있었다. 후속부대와 연결이 끊어져 곧바로 고립되었다. 대치한 지 200여 일이 지나자 양식이 다 떨어졌고, 절반 이상의 병사가 기아 등으로 사망했다.

이때는 마침 유주목 유우가 임지에 부임했을 때였다. 유우는 부임하자마자 사자를 선비족에게 보내 이들을 설득했다. 구력거 등은 유우가 다시 부임해 왔다는 소식을 듣고 크게 기뻐하며 자진하여 철군했다. 장거는 유우가 구력거 등을 설득해 자신들을 해치려고 한다는 사실을 알고 두려워한 나머지 이내 변경으로 도망갔다. 반란에 참여했던 무리 대부분이 유우에게 항복하거나 사방으로 도주했다.

유우는 곧 상서해 둔병의 해산을 청하면서, 오직 항로교위(降虜校尉) 공손찬이 이끄는 군사만 남겨두었다. 이는 황건적 잔당의 침공을 막기 위해 취해진 조처였다. 이에 공손찬은 보기(步騎) 1만 명을 이끌고 우북평으로 가 주둔하면서 황건적 잔당을 막았다.

당시 공손찬은 유우에게 오환족을 일거에 쓸어 없앨 것을 주장했다. 그러나 유우는 은덕과 신의로 그들을 항복시키자고 주장했다. 이를 계기로 두 사람은 틈이 벌어졌다. 당시 영제는 북변을 진정시킨 두 사람의 공을 높이 사 즉배(卽拜: 사자를 현지로 보내 제수함) 형식으로 유우를 태위, 공손찬을 분무장군에 임명했다.

얼마 뒤 어린 황제가 보위에 오르고, 동탁이 권력을 장악하는 과정에서 이를 반대하는 군웅들이 관동에서 동탁토벌군을 일으켰다. 궁지에 몰린 동탁이 장안으로 천도하면서 유우를 태부에 임명했다. 그러나 동탁토벌군에 의해 길이 막힌 까닭에 조명(詔命)이 전달되지 못했다. 이때 원소는 명망이 높은 유우를 새 황제에 추대하고자 했다. 새 황제를 세워 장안의 동탁정권과 맞설 생각이었다. 이는 하늘에 두 개의 태양이 떠 있는 것이나 다름없다.

이를 모를 리 없는 유우는 거절했다. 이는 당시 유우가 동탁의 '장안정권'에 상당히 우호적인 반응을 보인 사실과 무관하지 않았다. 실제로 그의 아들 유화는 장안에서 시중이 되어 한헌제를 모시며 총애를 받고 있었다.

당시 한헌제는 비록 동탁의 강압 때문에 장안으로 오기는 했으나 마음속으로는 늘 낙양으로 돌아가고픈 생각뿐이었다. 이에 은밀히 유화에게 명하여, 동탁의 눈을 피해 빠져나간 뒤 유우를 만나 낙양으로 돌아가는 방안을 상의하게 했다. 한헌제는 낙양으로 들어갈 때, 유우로 하여금 군사를 이끌고 나와 자신을 맞이하게 할 생각이었다.

그러나 유화는 유주로 가기 위해 멀리 우회하던 중 남양군에서 원술에게 억류되고 말았다. 원술은 유화를 인질로 삼아 유우를 지원세력으로 삼으려 했다. 곧 유화를 안심시키기 위해 유우가 군사를 이끌고 도착하면 자신도 그와 함께 서쪽 장안으로 갈 것이라고 설득했다. 이 말을 곧이들은 유화는 원술이 지시하는 대로 좇았다. 유우는 유화의 편지를 받고 곧바로 기병 수천 명을 유화가 있는 곳으로 보냈다.

당시 공손찬은 원술이 장차 한나라를 뒤엎고 보위에 오르려는 야심이 있음을 미리 간파했다. 이에 사람을 보내 원술의 속셈을 알려주면서 유우의 파병을 막고자 했으나 유우가 듣지 않았다. 공연히 원술을 적으로 삼게 된 공손찬은 혹여 원술이 이 일로 자신에게 원한을 품을까 두려워한 나머지, 종제(從弟)인 공손월에게 명하여 기병 1천 명을 이끌고 원술이 있는 곳으로 가게 했다. 이는 공손월을 시켜 은밀히 원술을 사주하려는 생각에 따른 것이다.

원술을 만난 공손월은 유우가 보낸 군사를 병탄하도록 사주하는 한편, 유우를 마음대로 조정하기 위해서는 유화를 계속 억류해 둘 필요가 있다고 설득했다. 원술이 이를 받아들이자 유우와 공손찬 사이에 커다란 틈이 벌어지게 되었다. 유화는 원술의 속셈을 읽고 몰래 빠져 나와 북쪽으로 도주하다가 원소에게 붙잡히고 말았다.

다시 유화를 인질로 잡게 된 원술은 곧 사자를 원소에게 보내 말 1천 필을 보내달라고 요청했다. 그는 호마(胡馬)를 손쉽게 얻을 수 있는 기주를 원소가 거저 손에 넣었으니, 말 1천 필 정도는 기꺼이 보내 줄 것으로 생각했다. 그러나 결과는 정반대였다. 말 1천 필이 적은 숫자는 아니었지만, 원소는 원래 인색한 면이 있었다. 원술은 원소의 인색한 소행에 크게 분노했다. 이로써 드디어 원소와 원술 사이에도 틈이 벌어지게 되었다.

손견이 동탁군을 대파하고 철수하기 직전에, 원소는 휘하의 주앙을 예주자사로 삼은 뒤 손견의 대본영이 있는 양성을 기습하도록 했다. 얕은꾀를 내어 기주를 손에 넣은 바 있는 원소는, 이참에 손견이 없는 틈을 타 예주마저 손에 넣으려 한 것이다. 손견의 처지에서 볼 때에는 참으로 황당하기 그지없는 일이었다. 이에 손견이 크게 탄식하며 말했다.

"함께 의병을 일으킨 것은 사직을 구하려고 한 것이다. 그런데 역도들이 막 타도되려는 이때 모두 이와 같이 행동한다면, 나는 과연 누구와 힘을 합쳐 싸워야 한다는 말인가!"

원소의 행동에 분노한 손견은 곧바로 군사를 이끌고 가 주앙을 쳤다. 이때 원술도 자신을 도와준다는 명목으로 와 있던 공손찬의 사촌 동생 공손월을 보내 손견을 도와 주앙을 치게 했다. 공교롭게도 손견을 지원하려고 급히 달려가던 공손월은 도중에 원소의 부장 주흔과 마주쳐 접전하던 중 화살을 맞고 말에서 떨어져 죽고 말았다. 소식을 접한 공손찬이 크게 노했다.

"원소가 나를 꾀어 군사를 일으켜 한복을 치게 한 뒤 저 혼자 슬그머니 기주를 먹어치우더니, 이제는 내 아우마저 죽였단 말인가?"

이에 조정에 원소의 죄상을 낱낱이 적은 표문을 올렸다. 원소는 크게 당황한 나머지, 자신이 차고 있던 발해태수의 인수(印綬)를 끌러 공손찬의 사촌동생인 공손범에게 넘겨주고, 그로 하여금 기주 안에 있는 발해군을 다스리게 했다. 이 또한 급한 불부터 끄고 보자는 얄팍한 수법일 뿐이었다. 공손범도 원소의 이런 속셈을 읽고 오히려 발해군의 군사를 이끌고 가 공손찬을 도와 주었다. 이들의 도움으로 청주와 서주의 황건적을 격파한 뒤 공손찬의 군사는 더욱 강성해졌다. 원소는 혹을 떼려다가 붙인 셈이다.

당시 공손찬의 위세는 볼만했다. 그는 휘하의 엄강에게 기주, 전해에게 청주를 다스리게 했다. 원소는 대장 국의를 선봉으로 내세워 공손찬을 쳤다. 원소군의 승리였다. 엄강이 적에게 사로잡히는 등 참패를 당하자 발해까지 달아난 공손찬은 공손범과 함께 지금의 북경 부근인 계현 일대에 여러 성을 쌓고 원소와 대치했다. 이때 공손찬이 난을 일으킬 것을 두려워한 유우가 군대를 움직여 공손찬을 공격했다가 도리어 패해 거용으로 도주했다. 공손찬은 거용을 공격해 유우를 사로잡은 뒤 의기양양하게 근거지인 계현으로 돌아왔다.

마침 동탁이 죽자 한헌제가 황족인 유우를 생각해냈다. 곧 사자 단훈을 보내 유우의 식읍을 넓혀 주고 여섯 개 주를 감독하도록 했다. 공손찬은 전장군으로 승진해 역후(易侯)에 봉해졌다. 이때 공손찬은 유우가 황제를 칭하려 했다고 무고한 뒤 단훈을 협박해 유우를 참수했다. 이어 단훈을 천거해 유주자사로 임명했다. 이로써 그는 자신의 최대 정적인 유우를 간단히 제거하면서 원소와 더불어 하북 일대의 강자로 떠올랐다.

유주를 모두 차지한 공손찬은 이후 기고만장해졌다. 그는 자신의 재능과 힘을 믿고 백성들은 돌보지 않았다. 사람의 단점만 기억하고 장점을 잊는 것은 물론, 눈을 치뜨는 사람에게는 반드시 보복을 가했다. 선비 가운데 자신보다 명망이 높은 자가 있으면 반드시 법으로 얽어 넣어 해를 가했고, 재간 있는 자들은 모두 억압해 궁지에 몰아넣었다. 어떤 사람이 그 까닭을 묻자 공손찬이 이같이 말했다.

"선비들은 다 자신이 당연히 귀하다고 생각해 남이 베푸는 은혜에 대해 고마워할 줄을 모르기 때문이다."

그의 총애를 받는 자는 모두 장사꾼과 범용한 자, 또는 그들과 형제 결연을 맺거나 인척들뿐이었다. 이들이 가는 곳마다 백성들에 대한 침탈이 극심해 원성이 날로 높아만 갔다. 스스로 무덤을 판 꼴이다.

이때 유우의 종사(從事)로 있던 선우보가 유주의 병사들을 이끌고 가 억울하게 죽은 유우를 대신해 설욕전을 펼치고자 했다. 이에 그는 평소 신의가 있는 염유를 오환사마로 추천했다. 염유가 곧 휘하의 호인과 한인 수만 명을 불러들여 공손찬이 임명한 어양태수 추단을 비롯해 4천여 명의 목을 베었다. 오환족의 초왕(峭王)도 오환족과 선비족으로 이루어진 7천여 명의 기병으로 선우보를 좇아 남하했다. 이들이 유우의 아들 유화와 원소의 부장 국의와 합세하자 어느새 10만 명의 군세(軍勢)가 형성되었다. 공손찬의 군사는 거듭 패할 수밖에 없었다. 당시 유주 일대에는 다음과 같은 동요가 나돌고 있었다.

"연나라 남쪽 구석, 조나라 북쪽 경계, 중앙은 맞지 않고, 크기가 숫돌 같아 오직 이곳에 있으니, 가히 피세(避世)할 만하네."

이는 도참(圖讖)에 나오는 것으로, 후한의 패망을 예고한 것이다. 공손찬은 역현(易縣)이 바로 동요에 나오는 곳으로 생각해, 드디어 본거지를 그곳으로 옮겨갔다. 사방에 열 겹의 참호를 판 뒤 그 안에 언덕을 쌓아 높이가 모두 5, 6장이 되게 한 다음, 언덕 위에 누대를 세웠다. 공손찬은 중간의 참호 가운데 특별히 높은 언덕을 쌓아 높이가 10장이 되게 만들었다. 이어 중간의 참호 가운데 특별히 10장 높이의 언덕을 쌓아 쇠대문을 만들어 붙인 뒤, 일곱 살 이상의 남자는 그 문 안으로 들어오지 못하게 했다. 참호 안에는 오직 그와 처첩들밖에 없었다. 사서의 기록에 따르면, 보고문서는 모두 새끼줄을 이용해 위로 올라가게 했다. 부녀들에게 크게 소리 지르는 것을 연습시킨 뒤 목소리가 멀리 수백 보까지 들리게 하는 식으로 명령을 전달했다.

자폐화의 극치이다. 찾아오는 손님의 발길이 끊기고, 휘하의 참모들과 장수들이 차례로 등을 돌려 달아났다. 어떤 사람이 이를 한심하게 여겨 그 연고를 묻자 그는 이같이 말했다.

"나는 예전에 황건적을 쓸어낸 후 천하를 쉽게 평정할 수 있을 것으로 생각했다. 그러나 오늘 돌이켜 생각해 보니, 천하 평정은 내가 능히 결정할 것이 아니라는 생각이 든다. 차라리 군사를 쉬게 하여 열심히 경작하며 흉년을 넘기느니만 못하다. 병법에 따르면 100층이나 되는 높은 누각은 공격할 수 없다고 했다. 지금 나의 각 영내의 망루는 이미 수십 층이나 된다. 곡물을 300만 석이나 쌓아두었다. 족히 천하가 평정될 때를 기다릴 수 있을 것이다."

그의 이런 주장은 원소가 공손찬을 크게 버거워하며 더 이상 싸우려 하지 않았을 때에만 의미가 있었다. 원대한 포부를 지닌 원소가 자신의 배후에서 세력을 확장하는 공손찬을 그냥 둘 리 만무했다. 이를 두고 진수는 〈공손찬전〉에서 이같이 분석했다.

공손찬은 성 안에 곡식을 쌓아두는 방법으로 원소를 지치게 할 생각이었다.

그의 졸렬한 발상을 비판한 것이다. 그는 자신이 처해 있는 상황조차 제대로 파악하지 못한 셈이다. 병법에서 가장 기본이 되는 것은 말할 것도 없이 '지피지기'(知彼知己)이다. 싸움은 상대적인 까닭에, 자신과 적이 처해 있는 현황을 정확히 분석하는 데서 출발할 필요가 있다. 그럼에도 그는 적 또한 자신이 생각하는 바대로 움직여줄 것으로 멋대로 예단하는 어리석음을 보인 것이다.

크게 보아 이는 변화무쌍한 난세의 시기에 '왕도'를 추구한 결과로 볼 수 있다. 원소 역시 궁극적으로 '왕도'를 내세우다가 패망한 경우에 속하나, 공손찬에 비하면 상대적으로 '패도'의 색채가 짙었다.

원소는 초평 3년(192) 봄에 공손찬과 일전을 위해 대군을 이끌고 나왔다. 다급해진 공손찬은 아들을 흑산적에게 보내 구원을 청했다. 구원병이 도착하자 공손찬은 드디어 원소를 협공하려 했다. 그는 몰래 사람을 시켜 아들에게 편지를 보냈다. 기일을 정하고 군대가 도착하면 불을 들어 알려줄 것을 당부하는 내용이었다. 그러나 이 서신은 이내 염탐꾼에 의해 원소의 손에 들어가고 말았다. 원소가 약속한 기일에 불을 들자 공손찬은 응원군이 온 줄 알고 병사를 내보내 싸움을 시작했다. 이들 모두 원소의 복병에 걸려 전멸하고 말았다.

대패한 공손찬은 황급히 성 안으로 들어와 성을 굳게 지켰다. 원소가 땅굴을 파기 시작했다. 누각이 무너지는 등 패색이 짙어지자 공손찬은 마침내 처자식을 모두 죽인 뒤 자진하고 말았다. 뛰어난 충용(忠勇)으로 입신해 원소와 겨눌 정도로 성장했던 공손찬의 비참한 최후였다.

난세에 군량미를 쌓아두고 거대 누각을 짓는 일은 우선 안정을 취하는 게 유리하다는 판단에서 나온 것이나, 이는 평천하를 전제로 해야 의미가 있다. 도참설에 따른 고루거각(高樓巨閣)보다 사방의 인재를 발탁해 군비확충에 나서는 게 우선이다. 그럼에도 그는 무위(無爲)의 자세로 기회가 오기를 기다리며 300만 석을 쌓아두는 미신적인 방책을 택한 것이다. 난세의 시기에 이는 '무책'(無策)이나 다름없다.

동탁의 경우는 서량이라는 자신의 지지기반을 내던지고 낙양 입성이라는 승부수를 던졌다. 나름대로 천하를 호령코자 하는 포부가 있었던 것이다. 그러나 공손찬은 뜻만 높았을 뿐 이런 승부수를 던지지 못했다. 자신의 지지기반에 틀어박힌 채 상황이 유리해지기를 마냥 기다린 것이다. 《한비자》〈오두〉 편에 나오는 이른바 '수주대토'(守株待兔)의 어리석음을 범한 셈이다.

게다가 그는 원소를 포함한 다른 군웅들처럼 뛰어난 참모를 두지 못했다. 〈공손찬전〉에는 충성스런 휘하 장수인 관정의 일화가 실려 있으나, 그 역시 수비에 충실한 일개 무부(武夫)에 지나지 않았다. 공손찬이 원소의 근거지인 기주의 배후를 치려는 당초의 생각을 거두는 바람에 끝내 패배한 데에는, 관정의 잘못된 건의가 결정적인 배경으로 작용했다.

자신의 손으로 가족을 몰살시키고 동반자살 하는 모습은, 19세기 중엽에 '태평천국'을 세운 홍수전(洪秀全)의 몰락과 사뭇 닮아 있다. 홍수전은 기병할 당시 모든 차별이 사라진 '지상낙원'을 구축하고자 했다. 비록 한때나마 성공을 거두기는 했으나 허망한 구상이 아닐 수 없다.

삼국시대 당시 공손찬과 비슷한 말로를 걸었던 인물로 도겸을 들 수 있다. 그는 어려서부터 학문을 좋아해 '효렴'에 준하는 무재(茂才)로 천거되어 노현(盧縣)의 현령에 임명되었다. '무재'는 원래 '수재'(秀才)로 불렸으나, 후한을 세운 광무제 유수(劉秀)의 '수' 자를 피해 '무재'로 바뀌었다. 도겸은 이후 유주자사를 거쳐 황건적 토벌의 공을 인정받아 서주자사에 제수되었다. 그는 동탁의 '장안정권'이 성립되었을 때 사자를 샛길로 보내 천자에게 공물을 바친 바 있다. 당시 상황에서 천자에게 자발적으로 공물을 바친 사람은 손으로 꼽을 만했다. 그는 그 공을 인정받아 안동장군 겸 서주목으로 승진했다.

당시 서주는 백성들이 부유하고 곡물을 충분히 비축한 까닭에 천하를 도모할 만했다. 그럼에도 그는 패망하고 말았다. 1차 원인은 조조의 부친인 조숭이 살해된 데 있었다. 당초 조조가 진류 땅에서 크게 번성할 당시, 조숭이 서주를 지난다는 소식을 접한 도겸은 조조에게 잘 보일 생각으로 조숭을 극진히 대접하고자 했다. 그러나 조숭은 그가 보낸 장개 일당에게 몰살당하고 말았다. 전혀 예기치 못한 일이 빚어진 것이다.

원래 장개는 도겸이 조숭을 영접하기 위해 엄선한 인물이다. 그럼에도 장개는 조숭을 죽이고 만 것이다. 장개는 왜 조숭을 죽였을까? 장개는 조숭을 영접해 도겸으로부터 칭송을 받느니, 차라리 조숭을 죽인 뒤 그의 재물을 갖고 도주하는 것이 낫다고 판단했다. 이는 도겸이 얼마나 부하들에게 인색하게 굴었는지를 반증하는 것이다. 당시 도겸 휘하의 누가 영접에 나섰을지라도 비슷한 일이 빚어졌을 공산이 컸다. 진수는 《삼국지》에서 도겸의 행태를 이같이 비판해 놓았다.



주변의 인사들만 골라 쓰는 도겸의 '코드 인사'를 지적한 것이다. 난세일수록 인재의 발탁과 등용이 중요한 것임은 말할 것도 없다. '코드 인사'와 '회전문 인사'는 패망의 길이다. 이를 경계하는 이야기가 《순자》〈왕제〉 편에 나온다.



그는 사방의 인재를 끌어 모아 천하를 도모할 만한 웅지와 역량이 없었다. 한마디로 그릇이 작았다고 볼 수밖에 없다. 결국 조조의 공격을 받은 도겸은 흥평 원년(194)에 조조의 군사가 동정에 나서 낭야와 동해의 여러 현을 평정할 때 이리저리 쫓겨 다니다가 곧 병사하고 말았다. 그의 사후 유비가 그의 유언을 좇아 서주를 차지하게 되었다.

당시 도겸에게는 진등과 진규, 미축 등 재사들이 모여 있었다. 도겸이 죽기 직전에 유언으로 서주의 앞날을 이들에게 부탁했다면 능히 서주를 보전할 수도 있었다. 그러나 그는 그리하지 않았다. 부하들을 믿지 못한 것이다. 이에 반해 손책의 경우는 죽기 직전에 손권에게 유언하기를, "안의 일은 장소에게 묻고, 밖의 일은 주유에게 물어라"고 주문했다. 유비 역시 죽음을 앞두고 제갈량에게 주문하기를, "유선의 재능이 미치지 못하면 그대가 나라를 가지라"고 유언했다. 도겸이 서주를 유비에게 넘겨준 것을 두고 《삼국지》〈촉서 선주전〉은 "서주는 유비가 아니면 다스릴 자가 없었다"고 기록해 놓았으나, 이를 액면 그대로 믿을 수는 없다.

대략 도겸의 경우는 군신(君臣)의 의리에 적잖은 문제가 있었다고 보아야 한다. 도겸은 내심 '너희들에게 주느니 유비에게 주는 게 낫다'고 생각했을 공산이 크다. 신하들도 '도겸의 일족이 서주목이 되느니 차라리 유비가 낫다'고 여겼을 가능성이 높다.

실제로 당시 도겸의 신하들은 적잖은 불만을 품고 있었다. 그 가운데 미축의 불만이 가장 컸다. 도겸은 거상(巨商)인 미축에게 강제로 서주의 재정을 담당하게 한 뒤, 자신의 사치스런 생활을 뒷받침하기 위한 자금조달을 명했다. 아무리 거상일지라도 이를 감당하기는 쉬운 일이 아니었다. 진등과 진규 등은 백성들의 피폐한 모습을 지켜보면서 주군에 대해 적잖은 회의를 품었다. 결과적으로 유비는 어부지리를 취한 셈이다.

입신양명한 대다수의 소인배들이 그렇듯이, 그 역시 그릇이 작았다. 그는 공손찬과 마찬가지로 자신의 영지인 서주에 안주하며 때가 오기를 기다리는 '수주대토'의 어리석음을 범했다고 볼 수밖에 없다. 생전에 소인배들을 가까이 하며 고식적인 '덕의'(德義)를 외친 게 그 증거이다. 그는 삼국시대의 대표적인 '위군자'(僞君子)였다. 난세에 겉으로만 '왕도'를 외치며 현실에 안주하는 것은 곧 패망을 자초하는 길이다.

# 3. 패도

覇道

# 조조

應變 난세의 시기를
임기응변으로 넘다

삼국시대 당시 오나라 사람이 쓴
《조만전》은 조조를 시종 경박하고 잔인한 인물로 기술해 놓았다.
《삼국연의》는 《조만전》의 내용을 대거 인용했다. 조조를 '난세의 간웅'으로 그려 놓은 게 그 증거이다. 서진의 장화는 《박물지》에서 조조가 양생술(養生術)을 좋아해 짐주(鴆酒) 등을 장기간 복용한 것으로 기록해 놓았다. 불로장생을 꾀했다고 지적한 것이다. 조조처럼 현실적인 인물이 불로장생을 꾀해 도가의 양생술을 추종했을 리 없다. 의도적인 폄훼로 볼 수밖에 없다. 《삼국지》와 《자치통감》 등에는 조조는 탁월한 군사전문가이자 정치가인 동시에 시문에 능한 문학가로 묘사되어 있다. 하늘과 땅만큼의 차이를 보여준다.

일찍이 후한제국을 세운 광무제 유수(劉秀)는, 사대부들에게 유가의 통치이념을 좇아 충효(忠孝)와 명절(名節)을 숭상토록 장려했다. 효행과 청렴 등으로 미명(美名)을 떨친 인물들에게는 임관의 은전이 베풀어졌다. 이 때문에 후한제국의 사대부들은 관직을 구하기 위해 지나치게 딱딱하고 의례적이며, 때로는 위선적인 협량(狹量)의 소인배로 왜소화되었다. 이런 상황에서 능력보다는 출신성분에 따라 관원의 종류를 청류(淸流)와 탁류(濁流)로 가르는 퇴행적인 풍조가 만연했다.

조조는 환관 집안 출신이다. 당시 비록 환관들이 권력을 장악하고 있기는 했으나, 조야의 사대부들은 탁류의 본류인 환관 출신을 아주 천시하였다. 《조만전》은 바로 이런 관점에서 조조를 기술한 대표적인 저서라고 할 수 있다.

명대 말기에 《분서》(焚書) 등을 저술한 기인(奇人) 이지(李贄: 이탁오)는 기존의 성리학에 통렬한 비판을 가한 탓에 '명교(名敎: 지켜야 할 바의 가르침으로 유교의 별칭)의 죄인'이라는 죄명을 얻었다. 한무제가 유학을 유일한 관학으로 인정한 이른바 '독존유술'(獨尊儒術)을 표방한 이래 수천 년 동안 명교의 윤리가 지배하던 중국 사회에서, 명교에 대한 반항은 개인적 배덕 차원을 넘어 국가에 대한 반역으로 해석되었다. 이지는 결국 명교를 해친 혐의로 투옥되자 이내 자진하고 말았다.

그러나 조조는 '명교의 죄인'으로 몰리기는커녕, 의연(毅然)히 기존의 틀을 깨고 위나라 창업의 개국조가 되었다. 이는 기본적으로 삼국시대라는 난세가 존재했기에 가능했다. 난세가 영웅을 만든다고 하는 속언이 조조의 경우에 그대로 맞아떨어진 셈이다. 조조는 난세에 태어나 후한제국을 억누르고 있던 고식적인 명교의 틀을 깨고, 시대의 흐름을 타 특유의 재능을 유감없이 발휘함으로써 '초세(超世)의 영웅'

으로 우뚝 선 경우에 해당한다.

사실 제갈량과 유비, 손권도 비슷한 경우로 볼 수 있다. 이들 또한 삼국시대라는 난세를 만나지 못했다면 초야에 묻힌 선비와 짚신장수, 지방토호로 살다가 생을 마쳤을 공산이 컸다. 조조를 비롯한 삼국시대 인물들을 분석할 때, 반드시 난세라는 시대적 맥락을 감안해야 하는 이유가 여기에 있다.

난세와 치세의 서로 다른 환경은 당대의 성격을 좌우하는 것은 물론, 그 시대를 살아가는 모든 사람들의 삶을 결정하는 구속요건이기도 하다. 실제로 치세에 왕도를 펼침으로써 '명군'의 칭송을 듣는 군주가, 난세에서조차 고집스럽게 왕도를 구사할 경우 '암군'의 오명을 뒤집어쓸 공산이 크다. 마찬가지로 난세에 패도를 펼침으로써 '현군'의 칭송을 받은 군주가 치세가 도래했는데도 고집스럽게 패도를 구사할 경우 말 그대로 '폭군'이라는 비난을 받기 십상이다.

일찍이 삼국시대 당시, 허소(許邵)는 종형인 허정(許靖)과 더불어 인물평으로 명망이 높았다. 두 사람은 당시의 호걸들을 대상으로 품평하는 것을 즐기면서 매월 품평의 대상을 바꿨다. 이 때문에 이들이 머물던 여남 땅에는 매월 초에 사람들을 품평하는 풍속이 생겼다. 사람들은 이를 '월단평'(月旦評)이라고 불렀다. 인물평을 뜻하는 '월단평'의 성어는 여기서 만들어졌다.

허소의 인물평은 사대부들 사이에 정평이 나 있었다. 조조는 젊었을 때 그를 찾아가 인물평을 청한 바 있다. 이에 허소는 조조가 장차 '난세의 영웅'이 될 것이라고 예견했다. 《후한서》〈허소전〉의 해당 기록이다.

조조가 젊은 시절 허소를 찾아가 자신의 사람됨을 묻자 허소는 그를 비루하게 보고 대답하지 않았다. 이에 조조가 틈을 보아 협박하자 허소가 마지못해 말하기를, '그대는 치세의 간적(奸賊)이고 난세의 영웅(英雄)이오'라고 했다.

《후한서》는 정통론에 입각해 역사를 서술한 사서이다. 조조를 우호적으로 보았을 리 없다. '비루하게 보고' 운운의 문맥이 그 증거이다. 그럼에도 허소의 말만큼은 그대로 인용해 '난세의 영웅'이라고 기록해 놓았다. 그런데도 《삼국연의》는 왜 조조를 '난세의 영웅'이 아니라 '난세의 간웅'으로 기술한 것일까?

《삼국지》〈무제기〉에 나오는 배송지의 주석에는 손성(孫盛)의 《이동잡어》(異同雜語)가 대거 인용되어 있다. 손성은 어렸을 때부터 박학하여, 삼국시대를 기술한 《위씨춘추》(魏氏春秋)를 비롯해 점복이나 의학 등과 관련한 많은 책을 저술한 바 있다. 《이동잡어》도 그 가운데 하나였다. 이에 따르면, 조조는 젊었을 때 허소를 찾아가 이같이 물었다.

"나는 어떤 사람이오?"

허소가 대답하지 않았다. 조조가 끝내 대답을 요구하자 허소가 마지못해 이같이 대답했다.

"당신은 치세의 능신(能臣)이고, 난세의 간웅(奸雄)이오."

《이동잡어》는 조조가 이 말에 파안대소하며 크게 만족해했다고 기록해 놓았다. 조조를 '난세의 간웅'으로 기록한 최초의 인물이 바로 손성이다. 뒷날 나관중은 《삼국연의》를 저술하면서 《이동잡어》에 나오는 이 일화를 그대로 인용했다. 많은 사람들이 조조를 '난세의 영웅'이 아닌 '난세의 간웅'으로 여기게 된 배경이 여기에 있다.

그렇다면 당시 손성은 무엇을 근거로 《후한서》에 나오는 '난세의 영웅'을 '난세의 간웅'으로 둔갑시켜 놓은 것일까? '난세의 간웅'과 '난세의 영웅' 사이에는 천양지차가 있다.

본래 '웅'(雄)은 영웅을 가리키는 말이다. '웅략'(雄略)과 '웅심'(雄心), '웅지'(雄志) 등의 의미에서 짐작할 수 있듯이 '웅' 자체가 바로 영웅을 뜻한다. '영웅'과 유사한 뜻을 지닌 말로는 《맹자》에 나오는 '대장부'(大丈夫)를 들 수 있다. 당시에도 '간적'을 비롯해 '난신'(亂臣), '용부'(庸夫), '졸장부'(拙丈夫) 등은 영웅이나 대장부에 대칭되는 말로 사용되었다. '능신'의 '능'을 결코 '현'(賢)이나 '명'(明)의 뜻으로 새길 수는 없는 일이다. 특히 '능'이 '신'(臣) 자와 결합해 '능신'으로 쓰일 경우, '현신'(賢臣)이나 '명신'(明臣)과 대비되는 '간신'(姦臣)의 의미에 가까워진다.

그런 점에서 손성이 말한 '치세의 능신'과 '난세의 간웅'의 대비는 잘못되었다. 《이동잡어》의 표현은 허소가 치세와 난세를 엄밀히 구분하여 조조를 '치세의 간적'이자 '난세의 영웅'으로 평가한 것과 대비된다. 《이동잡어》의 조조에 관한 기록이 시종 폄훼(貶毀) 일색인 사실에 주목할 필요가 있다. 손성이 의도적으로 '영웅'을 '간웅'으로 개작한 것으로 해석할 수밖에 없다. 배송지가 진수의 《삼국지》에 주석을 붙이면서 손성과 《이동잡어》를 혹평한 게 그 증거이다.

무릇 손성은 글을 쓰면서 《춘추좌전》을 이용해 옛 글을 임의대로 적잖이 바꿔놓았다. 이런 저서가 한둘에 그친 것이 아니었다.

배송지도 손성이 멋대로 역사적 사실을 개작한 것에 대해 매우 못마땅해 했음을 쉽게 알 수 있다. 사실 허소가 조조를 평하면서 '치세의 간적'이자 '난세의 영웅'이라고 언급한 것은, 같은 인물이 치세와 난세에 따라 전혀 다른 평가를 받을 수 있음을 전제로 한 것이다. 치세와 난세를 불문하고 똑같은 평가를 받는다고 생각했다면, 굳이 치세와 난세를 구분해 다른 평가를 받을 것이라고 말할 이유가 없기 때문이다.

본래 치세와 난세를 대비시키는 것은, 주어진 상황이 전혀 다르기 때문에 선악의 평가가 달라질 수밖에 없다는 상식에 기초한 것이다. 이를 통치에 대입하면 난세에는 '패도'를 구사하고, 치세에는 '왕도'를 구사해야 치세와 난세를 가리지 않고 칭송을 받을 수 있다는 논리가 성립한다. 덕치를 내세우는 치세의 명군이 난세에서조차 덕치로 일관할 경우 암군으로 평가받을 수밖에 없다. 정반대의 경우로, 법치를 내세우는 난세의 현군이 치세에서조차 법치로 일관할 경우 폭군으로 지탄받을 수밖에 없다.

그렇다면 허소가 말한 '난세의 영웅'은 구체적으로 어떤 사람을 가리키는 것일까? 농경을 위주로 한 동양에서는 합리적이면서도 지혜로운 처신으로 민심을 수습한 인물이 제왕의 재목으로 칭송된 적은 있어도, 바다를 지팡이로 가르는 모세와 같은 초인적인 영웅이 숭배된 적은 없다. 동양에서는 비록 폭군의 '폭정'이 등장한 적은 있어도 전제군주의 '전제정'이 나타난 적은 전무했다는 사실을 주지할 필요가 있다. 이를 두고 중국의 저명한 역사가 전목(錢穆)은 이같이 갈파한 바 있다.

> 동양에서는 전통적으로 군주에게 신하를 자유자재로 부릴 수 있는 관용을 요구했다. 한고조 유방, 후한 광무제 유수, 촉한의 유비, 송태조 조광윤, 명태조 주원장은 하나같이 이러한 관용을 발휘해 성공을 거둔 인물들이다.

전목은 비록 조조를 거론하지 않았지만 조조도 예외가 아니었다. 그가 휘하의 장상들을 자유자재로 부릴 수 있는 관용을 베풀지 않았다면, 천하에서 구름처럼 몰려든 수많은 인재가 그를 위해 충성을 바쳤을 리 없다.《삼국연의》에서 조조가 '난세의 간웅'으로 그려진 것은 제갈량과 관우 등을 좀 더 극적으로 그리기 위해 조조를 소도구로 이용한 결과였다. 그러나 사서에 나오는 실제의 조조는 이와 전혀 달랐다. 그는 모신들의 지략(智略)과 장수들의 효용(驍勇)을 가장 잘 이용한 인물이다. 그가 독단적인 모습으로 일관했으면 결코 '난세의 영웅'으로 우뚝 서는 것 자체가 불가능했다.

삼국시대에는 수많은 군웅과 책사, 장수 등이 우후죽순 격으로 나타났다. 이들은 초기의 군웅할거(群雄割據) 시기를 거쳐 조조와 유비, 손권이 대립하는 삼국정립(三國鼎立)의 시기에 천하통일을 위해 자신이 지닌 모든 지략과 용력을 총동원했다. 원래 조조도 이들 가운데 한 사람이었다. 조야의 신망을 한 몸에 받고 있던 원소가 그릇이 큰 인물이었다면, 동료인 조조를 휘하에 두고 부릴 수도 있었다. 그러나 정반대였다. 조조가 뒷날 유비와 만나 '영웅론'을 이야기하면서, 천하의 영웅은 자신과 유비 단 두 사람밖에 없다고 언급한 게 증거이다.

그릇이 크려면 식견이 넓어야 한다. 천하를 두루 살펴본 사람과 그렇지 못한 사람을 생각하면 될 것이다. 《장자》〈추수〉편에 이를 경계하는 유명한 일화가 나온다.

가을에 물이 때맞춰 불어나자 온갖 하천의 물이 황하로 흘러들었다. 출렁이는 물결의 광대함이 양쪽 기슭에서 반대편 물가에 있는 소와 말을 구분할 수 없을 정도였다. 황하의 신 하백(河伯)이 흔연(欣然)히 기뻐하며 천하의 영화와 아름다움이 모두 자신에게 집중되어 있다고 생각했다. 그는 흐름을 따라 동쪽으로 흘러 북해에 이른 뒤 동쪽을 바라보았다. 그러나 아무리 보아도 망망대해만 보일 뿐 물의 끝을 볼 수 없었다. 하백이 비로소 얼굴을 돌려 멍한 눈으로 북해의 신 약(若)을 바라보고 크게 탄식했다.

"나는 일찍이 공자의 견문이 적다고 지적하는 이야기를 들었을 때 처음에는 그것을 믿지 않았습니다. 그러다가 지금 그대의 끝을 헤아리기 어려운 광대함을 보고서야 비로소 그 이야기의 취지를 알게 되었습니다."

북해의 신 약이 말했다.

"우물 안 개구리에게 바다에 관한 이야기를 해줄 수 없는 것은 이들이 머무는 곳에 얽매여 있기 때문이다. 여름날 곤충에게 얼음에 관한 이야기를 해줄 수 없는 것은 이들이 사는 때에 제약되어 있기 때문이다. 큰 지혜를 갖춘 사람이라야 원대한 도리와 비근한 일상의 사물을 두루 볼 수 있고, 과거와 현재를 밝게 안다. 미래의 일이 명백히 드러나지 않을지라도 근심하지 않고, 지금의 일이 빨리 지나갈지라도 발돋움하며 허둥대지 않는 이유이다. 이는 시간에 멈춤이 없다는 것을 알고 있기 때문이다!"

조조가 바로 북해의 신 약이 말한 '대지'(大智)의 인물이었다. 그는 비록 천하통일의 대업을 완수하지 못하고 숨을 거두기는 했으나, 40여 년 동안 전장을 누비며 뛰어난 지략을 발휘해 '제폭구민'(除暴救民)의 위업을 이루었다. 당시 그는 한시도 책을 손에서 놓지 않는 수불석권(手不釋卷)의 모습을 보였다. 그가 이른바 '건안문학'(建安文學)으로 불리는 새로운 문학시대를 개창한 것도 바로 이런 호학(好學)의 풍도가 있기에 가능했다.

동시에 그는 뛰어난 정치가였다. 그가 구사한 리더십의 특징은 왕도와 패도를 상황에 따라 겸용하는 '왕패병용'(王覇竝用)과, 법치와 덕치를 동시에 구사하는 '덕법상보'(德法相輔)의 행보에서 찾을 수 있다. 사상사적으로 볼 때 이는 춘추시대의 관자와 전국시대의 순자와 맥을 같이 하는 것이다. 조조를 단순한 법치주의자나 패도주의자로 규정하는 기존의 견해는 일정 부분 수정될 필요가 있다. 조조는 삼국시대라는 난세 속에서 오로지 법가적 패도주의에 입각한 통치만 구사하지는 않았다. 가장 패도적인 행보를 보인 그는 역설적으로 자신의 사상적 뿌리만큼은 왕도와 덕치에 두고 있었다.

원래 치세에 왕도만 구사하고 패도의 이치를 망각하면 난세를 자초하게 된다. 치세를 오랫동안 유지시키기 위해서 때로는 패도에 따른 쾌도난마(快刀亂麻)의 결단이 필요하다. 반대로 난세에 오로지 패도만 구사하고 왕도의 이치를 잃게 되면 상황을 더욱 어지럽게 만들 뿐이다. 난세를 빨리 치세로 변환시키기 위해서는 때로 왕도에 입각한 관용이 필요하다. 치란(治亂)은 화복(禍福)처럼 서로 맞물려 있기 때문이다.

시대적 상황과 유리된 통치이념은 공허할 뿐만 아니라 오히려 사태를 더욱 악화시킬 소지가 크다. 난세일수록 치세에 대한 인민들의 열망은 더욱 높아질 수밖에 없고, 왕도에 대한 갈망 또한 매우 커지기 마련이다. 난세의 진정한 영웅은 패도를 기본으로 삼으면서도 왕도를 추구할 줄 알아야 한다. 치세의 진정한 영웅 또한 왕도를 기본으로 삼으면서도 패도를 구사할 줄 알아야 한다.

조조는 허소가 평했듯이 왕·패와 덕·법을 겸용(兼用)한 탁월한 사상가이자 정치가였다. 사서에 나오는 유비와 손권 또한 《삼국연의》의 기록과 달리 정도의 차이는 있어도 비슷한 리더십을 발휘했다. 이들이 삼국정립의 당사자가 된 것도 결코 우연이 아니었다.

그러나 이들 가운데 후대에 가장 왜곡된 대표적인 인물을 들라면 단연 조조를 꼽을 수 있다. 사실 이는 후대인들만 탓할 것도 아니다. 조조가 활약했던 당시에도 그에 대한 평가는 극명하게 엇갈리고 있었다. 그를 추종하는 인물들은 예외 없이 그를 '난세의 영웅'으로 간주한 데 반해, 그와 대적한 사람들은 어김없이 그를 '난세의 간웅'으로 폄하했다.

그를 폄하한 근본 이유는 그의 집안 배경에 있었다. 중국의 사서는 어떤 인물을 서술하기에 앞서 반드시 출신가계와 고향 등을 서술하는 것으로 시작한다. 진수의 《삼국지》〈위서 무제기〉도 조조의 출신을 다음과 같이 기술해 놓고 있다.

환제 때 조등은 중상시 우두머리가 되어 비정후에 봉해졌다. 양자인 조숭이 대를 잇고 관직은 태위에 이르렀다. 조숭이 출생한 본말은 잘 알 수 없다. 조숭이 태조 무황제를 낳았다.

조조의 부친 조숭은 후한 말기의 대환관인 조등의 양자로 들어갔다. 조등은 환관이었음에도 일을 공평하게 처리해 사대부들의 칭송을 받았다. 조숭은 바로 이런 명망가의 양자가 된 것이다. 조숭의 본래 성씨는 하후(夏侯)다. 전국 각지를 전전하며 많은 무공을 세운 명장 하후돈은 조숭의 조카, 즉 조조의 사촌형제였다는 게 정설이다. 〈무제기〉에 인용된 《세어》의 기록이 이를 뒷받침한다.

조숭은 하후씨의 아들이며 하후돈의 숙부이다. 그러므로 태조는 하후돈과 사촌형제가 된다.

하후돈은 조조의 사촌동생이고, 하후연은 족제(族弟)가 되는 셈이다. 뒷날 하후돈의 아들 하후무는 조조의 딸인 청하공주에게 장가들어 열후에 봉해졌다. 하후연의 장남 하후형 또한 조조의 질녀를 아내로 맞아들였다. 진수가 《삼국지》를 저술하면서 하후돈과 하후연, 조인, 조홍 등을 묶어 〈제하후조전〉(諸夏侯曹傳)에 수록한 것도 이 때문이다.

조숭의 출신이 불분명한 것을 보면, 그가 양자로 들어갈 무렵 상당히 재정적으로 몰락해 있었던 것이 아닌가 짐작된다. 조숭이 조등의 양자로 들어간 시점은 정확히 밝혀지지 않았으나, 조숭의 큰아들 조조가 태어난 것이 영수 원년(155)인 점을 감안하면 대략 150년 전후로 추정된다. 동성불혼의 원칙 아래 혈연을 중시한 당시의 윤리관에서 볼 때, 이성을 양자로 맞아들인 것은 특이한 사례에 속했다. 이성 양자는 종족의 순수성을 잃게 하고 종족의 유대를 희박하게 만드는 것으로 간주되었기 때문이다.

청의(淸議)를 중시한 당시 상황에서 조조는 청의지사들이 멸시하는 탁류 출신이라는 사실을 감추고자 해도 감출 수가 없었다. 《후한서》〈환자열전〉에는 그의 부친 조숭이 태위의 자리를 1억 전을 주고 산 사실이 기록되어 있다. 매관매직이 극성했던 당시, 3공의 공식 가격은 1천만 전이다. 조숭이 태위의 자리에 오르기 위해 공식가격의 열 배에 해당하는 1억 전을 바쳤다는 것은 과장된 표현이기는 하나, 거액의 돈을 주고 벼슬을 산 것만은 분명하다.

당시 조조는 탁류 출신이라는 신분적 한계 속에서 나고 자랐다. 이는 조조가 아무리 커다란 업적을 세울지라도 결코 쉽게 미화시킬 수 없는 치명적인 약점이기도 했다. 조조가 원소와 천하를 놓고 다툴 때, 조조가 탁류 출신임을 역설한 진림의 〈토조조격문〉(討曹操檄文)이 그 증거이다.


그의 조부 조등은 포악한 환관들과 한통속이 되어 한나라 사직의 심복대환이 되었고, 극악무도한 짓을 자행해 백성을 수탈하고 나라를 망친 악당이다. 그의 아비 조숭은 본래 비렁뱅이로 문전걸식을 하다가 환관의 양자가 되었다. 그는 돈으로 관직을 사고 금은보화를 수레에 싣고 권문세가의 뒷문으로 뇌물을 바쳐 3공의 지위까지 도적질한 자이다. 췌엄(贅閹: 쓰레기 환관)의 못난 자식인 조조는 본래 인덕도 없는 교활한 무뢰한으로, 혼란을 좋아하고 재앙을 즐기는 자이다.

비록 과장된 것이기는 하나 사실 조조의 가장 아픈 곳을 찌른 것이기도 했다. 〈토조조격문〉에 나오는 조조 집안에 대한 성토는, 탁류인 환관과 이성 양자에 대한 이중 멸시의 뜻이 담겨 있다. 《삼국연의》는 조조가 마침 두통으로 누워 있다가 진림의 격문을 보고 벌떡 일어나는 것으로 그려 놓았다. 이는 이성 양자로 들어간 조조 집안에 대한 당시 사람들의 멸시가 어느 정도였는지 잘 보여준다. 당시의 기준에서 볼 때 조조는 아무리 뛰어난 지략을 지녔을지라도 탁류의 굴레에서 벗어날 수 없었다. 비록 패망하기는 했으나 '4세5공'이라는 찬연한 배경을 가진 원소와 대비되는 대목이다.

조조는 삼국시대와 같은 난세를 만나지 못했다면 영원히 세인들의 손가락질을 받는 탁류에서 벗어나지 못했을 공산이 컸다. 그런 의미에서 삼국시대는 조조에게 기존의 모든 관행과 질서에서 해방될 수 있는 무한한 가능성을 열어준 셈이다. 실제로 이런 신분상의 약점은 오히려 조조로 하여금 탁월한 리더십을 발휘하도록 만드는 동인으로 작용했다. 수많은 인재를 휘하에 그러모아 천하를 평정한 게 그 증거이다. 진림이 조조의 발탁으로 중국 문학사에서 빛나는 금자탑을 쌓은 '건안7자'(建安七子) 가운데 한 사람이 된 것도 우연이 아니다. 조조가 '난세의 영웅'으로 손색이 없다는 사실을 이런 행보를 통해서도 쉽게 확인할 수 있다.

조조는 삼국시대 동안 인사(人事)에 가장 성공한 인물로 꼽힌다. 그 요체는 무엇일까? 바로 '유재시거'(唯才是擧)에 있었다. 이는 오직 재능만 있으면 이전의 잘못을 묻지 않고 과감히 발탁하는 인사정책을 말한다. 실제로 그는 인재를 발탁할 때 출신배경을 전혀 따지지 않았다. 오직 그 사람의 능력만 보았다. 기존의 관례에 얽매이지 않는 그의 이런 행보는 그가 탁류 집안 출신이라는 사실과 무관하지 않을 것이다.

더욱 높이 살 것은, 그가 스스로를 부단히 채찍질하며 근면히 노력하는 모습을 보인 점이다. 그는 자신이 이루어 놓은 현재의 성과에 만족한 적이 없다. 이는 천하통일을 전제로 한 난세의 평정을 자신의 목표로 삼은 데서 비롯되었다. 그는 자신의 목표를 완성할 때까지 근검한 생활을 영위하며, 매사에 성실히 임하는 자세를 잃지 않았다. 실제로 당시의 군웅 가운데 그만큼 책을 많이 읽은 인물은 없었다. 30년에 걸친 전쟁 중에도 밤낮으로 병서와 경서, 사서를 손에서 놓은 적이 없다. 문무를 고루 갖춘 그는, 산에 오르거나 감흥이 일 때면 으레 시를 지었다. 그의 재능은 아들 조비와 조식에게도 그대로 이어졌다.

평생을 전장에서 보낸 그는, 숱한 위기상황을 맞았다. 고비 때마다 생사를 건 결단을 수없이 내려야 했다. 그가 난세를 평정할 수 있는 인물로 성장하게 된 것은, 바로 기존의 강고한 신분질서와 관행 속에서 좌절하지 않고 스스로를 끊임없이 채찍질한 결과이다. 삼국시대라는 난세의 상황을 최대한 활용한 셈이다. 북송대의 사마광이 《자치통감》에서 그를 높이 평가한 것도 바로 이 때문이다.

그러나 남송대에 들어와 정통론을 극도로 숭상한 성리학이 등장하면서, 조조에 대한 평가는 또다시 폄훼(貶毁)가 주를 이루게 되었다. 명대 초기에 등장한 《삼국연의》는 바로 이런 시대적 분위기를 반영한 것이기도 했다. 이 때문에 청대 말기에 이르기까지 조조에 대한 평가는 칭예(稱譽)와 폄훼가 교차하는 양상이 빚어졌다.

조조를 비난하는 사람들은 사소한 내용을 근거로 삼는 모습을 보였다. 이는 본말이 뒤집힌 것이다. 조조가 인재를 아끼고 검소한 생활을 영위한 것 등을 두고, 조조는 비록 인재를 아끼기도 했지만 사실은 어질고 재능 있는 사람을 시기하는 모습을 보였다는 토를 달아놓는 식으로 비판을 가한 것이다. 이들은 대표적인 사례로 순욱의 죽음을 들고 있다. 그러나 순욱의 죽음은 당시의 시대상에 대한 견해 차이에서 비롯된 것으로 보는 게 옳다.

역사를 평가할 때 동기주의에 함몰된 나머지 결과를 과소평가하거나, 결과주의에 빠져 동기의 불순까지 미화하는 일이 있어서는 안 된다. 사안별로 나누어 개별적인 평가를 내린 뒤, 이를 종합해 평가하는 것이 바람직하다. 조조에 대한 평가도 그의 '공과'(功過)를 나누어 판단한 다음, 이를 종합해 최종 평가를 내릴 필요가 있다.

조조는 뛰어난 재능과 원대한 웅략을 지닌 걸출한 정치가였다는 사실을 부인할 수 없다. 그는 집안 배경과 '풍도' 등 외양적인 '신언'(身言)에서는 원소의 상대가 되지 못했으나, 내면의 '서판'(書判) 등에서는 원소가 도저히 추종할 수 없는 뛰어난 재능을 보였다.

《세설신어》는 조조의 체모를 '자모단소'(姿貌短小)로 표현해 놓았다. 나관중의 《삼국연의》에는 키가 '7척'이라고 되어 있다. 7척은 대략 165센티미터에 해당한다. 당시 '1척'은 23센티미터가량이었다. 유비가 7척5촌, 제갈량이 8척, 장비 8척, 관우 9척으로 되어 있는 점에 비추어, 조조는 삼국시대의 인물 가운데 외양만큼은 결코 원소나 여타 인물의 상대가 되지 못했음을 알 수 있다.

그럼에도 조조에게는 남다른 면이 있었다. 그것은 바로 뛰어난 지략과 결단력이다. 역사와 고전에 대한 해박한 지식, 사람의 속마음과 사물의 정곡 등을 정확히 읽어내는 안목, 결정적인 시기를 놓치지 않는 결단력과 강력한 추진력 등이 그의 장기였다. 이는 치세의 경우에도 필요한 덕목이지만, 난세에는 더욱 절실히 요구되는 최고의 덕목이기도 하다.

조조가 난세를 평정하기 위해 노력한 모습은 대략 세 가지 측면에서 관찰할 수 있다. 하나는 누구보다 인재를 구하기 위해 노력한 점이다. 또 하나는 나라와 인민을 앞세운 진정한 패도주의자였다는 점이다. 마지막으로 그는 인생을 관조할 줄 아는 인문주의자였다. 진수는 〈무제기〉에서 이같이 평해 놓았다.

한나라 말기는 천하가 크게 어지러워 영웅호걸이 한꺼번에 일어났다. 조조는 책략을 이용하고 계략을 세워 무력으로써 천하를 정복했다. 재능이 있는 자에게 관직을 주고, 각 사람이 갖고 있는 기능을 이용했다. 자신의 감정을 자제하고 냉정한 계획에 따랐으니, 옛날의 악행은 염두에 두지 않았다. 마침내 국가의 큰일을 완전히 장악해 대사업을 완성시킬 수 있었던 것은, 오로지 그의 명석한 책략이 다른 사람에 견주어 가장 우수했기 때문이다. 그를 두고 어찌 비범한 인물이 아니며, 시대를 초월한 영웅이 아니라고 할 수 있겠는가!

조조에 대한 극찬이다. 그의 인재를 구하기 위한 노력은 건안 15년
(210)에 내려진 구현령(求賢令)이 뒷받침한다. 그는 이 포고문에서,
유능한 인재라면 설령 '불인불효'(不仁不孝)한 자일지라도 그 죄를 묻
지 않겠다고 공언했다. 실제로 그는 자신을 배반했던 사람일지라도
유능한 자일 경우, 지난 일을 따지지 않고 기꺼이 받아들이는 모습을
보였다. 그는 이 포고문에서 군웅이 할거하는 시절에 의탁할 만한 주
인을 찾지 못한 인재를 둥지를 찾아 헤매는 새에 비유하면서, 스스로
그들이 보금자리를 틀 수 있는 큰 나무가 될 것을 약속했다.

그는 평소 주나라의 개국공신인 주공(周公)의 이른바 '토포악발'(吐
哺握發) 행보를 높이 평가했다. 이는 머리를 감는 동안에도 세 번이나
머리를 손으로 거머잡은 채 손님을 만나고, 식사를 하는 동안에도 세
번이나 입에 문 밥을 뱉어버리고 손님을 만난 구현 행보를 말한다.
그는 일련의 자작시 등을 통해 주공을 좇아 인재를 그러모으겠다는
취지를 거듭 밝힌 바 있다. 단순히 자신의 지략만을 토대로 천하를
평정하는 것이 아니라, 뛰어난 천하의 인재들을 모아 난세를 구하겠
다는 대지를 품고 있었던 것이다.

조조의 사고와 행동을 규율한 것은 기본적으로 법가의 통치사상이
다. 유가의 통치사상은 도덕적인 감화를 우선으로 삼고 있기에 법치
를 매우 소극적으로 인정할 수밖에 없다. 한무제가 '독존유술'(獨尊儒
術)을 표방한 이후, 중국의 역대 왕조는 모두 유가의 통치사상을 기본
적인 통치이념으로 내세웠다. 그러나 삼국시대와 같은 난세에는 수시

로 정치적 결단을 내려야만 한다. 덕치를 기본으로 하는 유가사상이 난세에 한계를 드러내는 이유이다. 냉철한 판단과 힘을 기반으로 하는 법가사상이 훨씬 적의할 수밖에 없다.

조조가 내놓은 법령을 보면, 사적인 복수를 금지하고 유가에서 중시하는 '후장'(厚葬)의 관행을 금지하는 등의 조치가 들어 있다. 유가에서는 '효'를 지나치게 강조한 나머지 부모의 원수에 대한 사적인 복수에 대해 매우 관대한 자세를 취했다. 그러나 난세에는 이를 방관할 경우 혼란을 부추길 수밖에 없다. 조조는 유가의 윤리에 어긋날지라도 치국안민(治國安民)의 실리를 취한 것이다.

후장을 금한 것도 같은 맥락에서 이해가 간다. 원래 유가의 후장 풍습은 춘추전국시대에 묵가(墨家)에 의해 통렬하게 비판당했다. 그럼에도 유가의 후장 풍습은 '독존유술'이 선포된 뒤 더욱 강화되는 모습을 보였다. 조조는 천하가 잇따른 전란으로 피폐해진 정황을 고려해 백성에게 커다란 부담을 강요하는 후장을 일절 금지시켰다.

법가사상에 입각한 조조의 통치행위는 이런 조치 말고도 신상필벌(信賞必罰)을 강조한 엄정한 군율에서도 잘 드러난다. 조조는 건안 8년(203)에 퇴각한 장수를 사형에 처하는 내용을 뼈대로 하는 법령을 포고했다. 이는 춘추시대 말기 제나라 사마양저(司馬穰苴)가 저술한 《사마법》(司馬法)을 원용한 것이다. 《삼국지》〈위서 고유전〉을 보면, 다음과 같이 왜 조조가 엄한 군율을 적용하려 했는지 대략 짐작할 수 있다.

당시 조조는 병사들의 도주가 그치지 않자 형벌을 더욱 엄하게 하여 부모와 형제 등을 연좌시키고자 했다. 이에 법에 밝은 고유(高柔)

를 이조연(理曹掾: 법률담당 관원)으로 삼았다. 고유가 이같이 간했다.

"병사가 탈영하는 것은 확실히 악한 일이나, 형벌을 가중할 경우 일족이 잇달아 도망갈 터이니 다시는 벌을 가할 수조차 없게 될까 우려됩니다. 형벌을 가중하는 것은 도망을 멈추게 할 수 없을 뿐 아니라 오히려 도망을 부채질할 뿐입니다."

조조가 이를 받아들여 형벌을 가중하는 당초의 조치를 그만두게 했다. 손자를 비롯한 병가(兵家)는 전쟁을 단순히 '정치의 연장' 차원으로 본 것이 아니라 '통치' 자체로 보았다. 전쟁과 외교는 국가 존립을 위한 불가결한 요소이다. 국가 통치를 크게 내치(內治)와 외치(外治)로 나눌 경우, 내치는 '치국치민'(治國治民)의 방략, 외치는 '화전보국'(和戰保國)의 방략이라고 할 수 있다. 전쟁은 외교의 또 다른 한 면이다. 《손자병법》은 첫 편인 〈계편〉의 앞머리에서 이같이 주장한 바 있다.

> 전쟁은 백성을 살리느냐 죽이느냐 판가름하는 마당이며, 나라의 존망을 결정짓는 갈림길이다. 그러기에 다음의 다섯 가지를 기본요소로 하여 자국과 적국의 실정을 자세히 검토해야만 한다. 하나는 도(道), 둘은 천(天), 셋은 지(地), 넷은 장(將), 다섯은 법(法)이다.

부득이한 경우에 한해 전쟁을 하라고 주문한 것이다. '도 · 천 · 지 · 장 · 법'(道天地將法)의 '도'는 바로 치도의 가장 높은 단계인 '도치'(道治)를 의미한다. 이는 천지운행의 이치에 좇은 것으로, 노자가 설파한 '무위지치'(無爲之治)를 말한다. 순자가 말한 '제도'(帝道)는 바로 이를 가리킨 것이다. 《손자병법》이 내세운 최고의 이념은 바로 '도치', 즉 '무위지치'인 셈이다.

두 번째로 중요한 '장'의 요체는 병사들을 사랑하는 '애사'(愛士)에 있다. 원래 공자가 《논어》에서 역설한 군자는 백성을 사랑할 줄 하는 '애인'(愛人)을 실천하는 인물을 말한다. 《손자병법》은 '애인'을 '애사'로 바꿔 놓은 것이다. 아무리 장수가 지략과 군략이 뛰어나 비록 승리를 거둘지라도, '애사'가 결여된 승리는 바람직하지 못하다는 취지를 담고 있다. 조조는 《손자병법》을 새롭게 편제하면서 주석을 단 탁월한 군략가(軍略家)였다. 사실상의 저자나 다름없다. 그는 《손자병법》을 펴내면서 서문에서 이같이 언급한 바 있다.

칼의 힘에만 의지해 다스리려는 자는 망한다. 그러나 붓으로만 이를 행하려는 자도 망한다. 오왕 부차와 서언왕이 바로 그들이다. 서언왕은 백성들을 너무나 사랑해 맞붙어 싸우지 않았다. 결국 왕은 목숨을 잃었고 서나라는 크게 패배하고 말았다. 그들은 백성을 사랑하기만 할 뿐 지켜내지는 못한 어리석은 군주였다.

그가 산은 토석(土石)을 가리지 않고, 강해(江海)는 흘러드는 물의 청탁을 따지지 않는다고 역설하면서, 왕도와 패도의 겸용을 중시한 이유가 여기에 있다. 실제로 그는 숱한 전투를 벌이면서 '임기응변'(臨機應變)을 가장 중시했다. 정병(正兵)과 기병(奇兵)을 섞어 쓴 것이다. 이는 모든 병서의 요체인 '허허실실'(虛虛實實)을 달리 표현한 것이기도 하다. 이를 통치에 적용할 경우는 왕도와 패도의 겸용으로 풀이할 수 있다.

마지막으로, 그는 뛰어난 인문주의자로서의 면모를 유감없이 보여주었다. 이는 조비가 자신의 부친을 두고, 학문과 문학을 좋아해 야전 중에도 학문에 힘쓰면서 자식들도 공부시켰다고 술회한 사실을 통해 쉽게 확인할 수 있다. 북송대의 소동파는 〈전적벽부〉에서 조조의 문학 애호를 이같이 칭송한 바 있다.

> 술을 걸로 강가에 가고 창을 옆에 끼고 시를 읊었다. 진실로 일세의 영웅이다.

조조가 지은 시문들은 본래 《위무제집》에 수록되었다. 《수서》〈경적지〉에는 《위무제집》이 20권이라고 기록되어 있다. 그러나 그 뒤에 대부분이 흩어져 지금 남아 있는 것은 30여 편의 시와 단편적인 것을 포함해 100여 편의 문장뿐이다.

조조는 휘하에 '건안7자'로 대표되는 우수한 문인들을 모아들였다. 이는 조조 주위에 중국 문학사상 보기 드문 화려한 문인집단이 형성된 배경으로 작용했다. 중국문학사에서 유협의 《문심조룡》과 더불어 불멸의 시평으로 칭송받고 있는 《시품》(詩品)의 저자 종영은 조조의 시풍에 대해 "조공은 고직(古直)하고 매우 비량(悲凉)한 구절을 많이 쓰고 있다"고 평한 바 있다.

이는 그의 웅혼한 삶과 무관하지 않았다. 그의 삶은 호방하면서도 비량한 느낌을 주고 있다. 간웅과 능신, 교활하고 음험했던 장군, 정치가 등으로 불리면서 난세를 살다 간 그는, 사실 인간세상의 고뇌와 아픔을 자기 일처럼 짊어지고 살았다. 그는 백성을 사랑하고 헐벗고 굶주린 자들의 모습에서 연민을 느끼고, 냉혹하고 잔인한 권력의 세계에 살면서 무위자연을 역설한 장자처럼, 천지자연에 몸을 내맡긴 무위의 삶을 살고자 했다.

실제로 그의 시에서는 난세를 평정하고자 하는 경세가(經世家)의 진취적인 자세, 임기응변에 밝은 군략가(軍略家)의 단호한 결단, 인민의 애환을 애틋해하는 은일자(隱逸者)의 탈속적인 모습이 겹쳐 나타난다. 이를 한마디로 표현하면, 기존의 기준이나 가치 등에 얽매이지 않는 '통탈'(通脫)이 적당할 것이다. 사실 이는 무상하기 짝이 없는 민심과 천변만화로 요약되는 난세의 시기에, 응변(應變)에 능한 '난세의 영웅'만이 구사할 수 있는 최고의 리더십이기도 하다.

# 유비

假仁 겉으로는 관인한 모습,
사실은 냉혹히 판별하다

《삼국연의》에 나오는 유비는
교악(狡惡)의 상징으로 묘사된 조조와는 대조적으로 관인(寬仁)의 표
상으로 그려져 있다. 입만 열면 '인의'와 '한실 부흥'을 언급한 게 그
증거이다. 이는 오직 불경을 얻겠다는 일념으로 수만 리 떨어진 천축
국(天竺國)을 향해 쉬지 않고 나아가는 《서유기》의 삼장법사와 사뭇
닮았다. 삼장법사가 눈물을 자주 흘렸듯이, 《삼국연의》에는 유비가
눈물을 흘리는 모습이 자주 나온다. 많은 사람들이 '유비는 눈물로 촉
한의 강산을 얻었다'는 말을 우스갯소리처럼 말하는 것도 이와 무관
하지 않다.

그러나 유비는 결코 눈물로 강산을 얻은 자가 아니었다. 난세의 시
기에 눈물을 잘 흘리는 용렬한 인물이 삼국정립의 한 축을 이룰 수
있다는 발상 자체가 어불성설이다. 원래 《삼국연의》에도 유비의 진
면목을 읽을 수 있는 대목이 곳곳에 나온다. 유비는 자신의 부인이

적군에게 끌려갔다는 말을 듣고도 그저 묵묵히 입을 다문 채, 결코 눈물을 보이지 않았다. 또한 조조에서 패해 관우와 장비와 헤어지고 처자식의 생사조차 알 길이 없는 상황에서도 눈물 한 방울 흘리지 않았다. 조조와 손권 등이 유비를 두고 '천하의 효웅(梟雄)'으로 지칭한 데서 알 수 있듯이, 눈물을 흘리는 것 자체가 그의 본래 모습과 동떨어진 것이다. 오히려 풍부한 시정(詩情)을 갖고 있던 조조가 눈물을 더 자주 흘렸을 가능성이 높다.

난세의 시기에 조조·손권과 함께 천하를 삼분한 유비는 객관적으로 볼 때 크게 내세울 게 없는 인물이다. 그러나 그에게도 남다른 장점이 있었다. 그것은 바로 인재를 알아보고 적절히 이용할 줄 아는 능력이다. 인재를 알아보고 적재적소에 등용하는 능력은 제갈량도 그를 따르지 못했다. 그가 천하의 쟁쟁한 호걸들과 자웅을 겨룰 수 있었던 이유이다.

위연이 황충을 구한 뒤 귀순해 왔을 때, 제갈량은 그를 참수하려고 했다. 그러나 유비는 이를 허락지 않고 한중태수로 삼았다. 이에 위연은 촉한을 위해 많은 전공을 세울 수 있었다. 또 마속이 제갈량의 중시를 받았지만, 유비는 '말이 행동에 비해 지나치게 과장되니 높이 등용하지 말라'고 당부하기도 했다. 확실히 그의 지인지감(知人之鑑)은 제갈량보다 한 수 위였다.

《세설신어》〈식감〉(識鑑) 편에 따르면, 일찍이 조조가 형주를 장악했을 때, 유비의 동료였던 배잠(裴潛)에게 그의 인물됨을 물은 바 있다. 배잠은 이같이 평했다.

만일 중원에 있으면 다른 나라를 어지럽힐 만하지만, 치세를 이룰 정도는 못 된다. 만일 변경에 거점을 두고 험난한 요충지를 지키면, 한쪽의 주인이 되는 정도는 가능할 것이다.

‘한쪽의 주인’은 바로 서촉과 같이, 한 지역을 장악할 정도의 수준은 된다는 것을 뜻한다. 당대의 유비에 대한 평가는 대략 이런 수준이라고 보아도 좋을 것이다. 그럼에도 유비는 정통론을 숭상한 성리학자 등의 노력에 힘입어 이상적인 명군으로 미화되었다. 특히 《삼국연의》는 유비를 성군으로 각인시키는 데 결정적인 역할을 했다.

《삼국연의》에 나오는 유비는 뚜렷한 재능이 없음에도 다음과 같은 두 가지 이유로 삼국정립의 한 축을 맡는 것으로 되어 있다. 하나는 관인애민(寬仁愛民)의 자세이다. 이는 그가 너그러운 태도로 인심을 널리 얻었음을 의미한다. 사서의 기록과 거의 일치하는 까닭에 크게 문제 삼을 게 없다. 다른 하나는 한실의 후예를 자처한 점이다. 그러나 이는 액면 그대로 믿을 수가 없다. 당시 그가 황숙(皇叔)을 자처한 것은 사실이나, 사람들이 근거가 불확실한 그의 이런 주장을 믿고 추종했다고 볼 수는 없다.

그는 15세 되던 해에 구강태수를 지낸 노식의 문하에서 글을 배운 바 있다. 노식은 엄당(閹黨: 환관파)의 횡포에 반대한 청류파 관료로서 그 명성이 자자했다. 그는 관군을 이끌고 가 황건적 토벌에 적잖은 공훈을 세우기도 했다. 당시 유비는 당대의 명사 밑에서 학문을 닦은 셈이다.

그럼에도 유비는 열심히 공부하는 모습을 보이지 않았다. 전쟁터에서도 책을 읽었던 조조와 대비되는 대목이다. 유비의 이런 모습은 《춘추좌전》에 감화를 받았던 관우에게도 뒤떨어진다. 당시 유비에게 는 단지 노식이라는 당대 명사 밑에서 공부했다는 것이 하나의 자산 으로 남아 있었을 뿐이다.

그러나 그는 학문을 열심히 연마하지 않은 대신, 나름대로 난세의 시대 상황을 읽고 인재를 알아보는 식안(識眼)을 지니고 있었다. 타고난 자질로 해석할 수밖에 없다. 진수의 평이 이를 뒷받침한다.

> 유비는 홍의관후(弘毅寬厚: 도량이 넓고 의지가 강하며 마음이 너그러움)하며 지인대사(知人待士: 인물을 알아보고 선비를 예우함)할 줄 알았다. 그는 한고조 유방의 풍모를 갖고 있었으니, 실로 영웅의 그릇이다.

유비의 인간적인 매력이 어디에 있는지 짐작하게 해준다. 유비는 자신의 의중을 드러내지 않는 신중함과 함께, 사람의 마음을 사로잡 는 인간적인 매력을 지니고 있었다. 이는 유비가 신분과 상관없이 모 든 사람을 거의 친구처럼 사귄 사실에서 쉽게 알 수 있다. 전국시대 당시, 제나라의 맹상군(孟嘗君)이 계명구도(鷄鳴狗盜: 그다지 효용이 없는 재주를 지닌 자)의 무리까지 식객으로 둔 것과 사뭇 닮았다.

원래 삼국시대와 같은 난세에는, 주류에 편입되지 못한 협기(俠氣) 를 지닌 유협(遊俠)의 무리가 횡행하기 마련이다. 의리를 중시했던 관우와 장비 등이 이에 해당한다. 유비가 이들과 의형제를 맺은 것은 바로 유협의 의리를 좇은 결과였다.

난세의 협객(俠客)은 자신을 알아주는 사람을 위해 목숨을 던지며 지우지은(知遇之恩)을 갚고자 하는 게 일반적이다. 대표적인 예로 《전국책》〈조책〉편에 나오는 예양(豫讓)을 들 수 있다. 당초 예양은 진(晉)나라의 권신인 범길석과 순인을 섬겼으나 제대로 인정을 받지 못했다. 이에 곧 또 다른 권신인 지백(知伯)에게 몸을 의탁했다. 지백은 그를 총애했다. 그러던 중 진나라가 마침내 권신들에 의해 3분되어 전국시대가 개막되는 과정에서 지백이 조양자(趙襄子) 등에게 죽임을 당했다. 당시 조양자는 지백에게 극도로 원한을 품은 나머지, 그의 두개골로 술잔을 만들었다. 이때 예양은 산속으로 도망치며 이같이 다짐했다.

"선비는 자신을 알아주는 사람을 위해 목숨을 바치고, 여인은 자신을 사랑해주는 사람을 위해 화장을 하는 법이다. 나는 지백의 은혜에 보답하지 않으면 안 된다."

이에 이름을 바꾼 뒤 형인(刑人: 유죄판결을 받고 복역하는 사람)이 되어 조양자의 저택으로 들어갔다. 그는 변소를 수리하며 기회를 보아 조양자를 척살하려 했으나 이내 신분이 발각되어 실패했다. 그러나 조양자는 예양의 충성심에 감복해 풀어주었다. 예양은 다시 몸에 옻칠을 하는 등 문둥병자처럼 가장한 뒤, 조양자가 지나가는 다리 밑에 몸을 숨겼다. 조양자가 다리에 이르렀을 때 조양자의 말이 갑자기 크게 놀랐다. 조양자가 말했다.

"예양이 이 근방에 있는 것이 틀림없다!"

그러고는 사람을 시켜 주변을 뒤지게 하자, 과연 다리 밑에 예양이 있었다. 조양자가 예양을 불러 놓고 책망했다.

"그대는 당초 범씨 등을 섬기지 않았는가? 지백이 범씨 등을 멸망시켰을 때 그대는 주군을 위해 지백에게 복수하지 않고 오히려 지백을 섬겼다. 그런데 지백이 죽자 이번에는 무슨 이유로 그토록 고집스럽게 지백을 위해 복수하려는 것인가?"

그러자 예양이 이같이 대꾸했다.

"범씨 등을 섬길 때 그들은 나를 중인(衆人)으로 대접했소. 그래서 나도 중인으로서 보답했을 뿐이오. 그러나 지백은 나를 국사(國士)로 대우했소. 이에 나 또한 국사로서 보답하고자 하는 것이오."

조양자가 탄식했다.

"그대는 이미 지백을 향한 충성으로 충분히 그 명성을 이루었다. 더 이상 그대를 용서해 줄 수 없다."

"내가 듣건대 '명군은 사람의 의를 감추지 않고, 충신은 목숨을 아끼지 않고 그 이름을 이룬다'고 했소. 군은 이미 나를 관대히 용서해 군의 덕망을 칭송하지 않는 자가 없소. 원컨대 군의 옷에라도 일격을 가하고 싶소. 그리 되면 죽어도 한이 없겠소."

조양자가 이를 수락하자 예양이 칼을 빼들고 옷을 향해 세 번 도약해 달려들어 찌른 뒤 큰소리로 이같이 외쳤다.

"이로써 나는 지백의 은혜에 보답하게 되었다!"

그리고는 칼 위에 엎어져 자결했다. 이 일화에서 이른바 '사위지기자사(士爲知己者死), 여위열기자용(女爲說己者容)'이라는 천고의 명구가 나오게 되었다. 선비는 자기를 알아주는 사람을 위해 목숨을 바치고, 여인은 자기를 사랑하는 사람을 위해 화장을 한다는 뜻이다. 예양은 전국시대 말기에 진시황 척살에 나섰던 연나라의 형가(荊軻)와 더불어 수천 년 동안 협객의 전형으로 칭송되었다.

관우와 장비도 예양 등과 같이 의협심이 강한 동시에 주류에서 밀려난 경우에 해당한다. 이들 협객들에게는 조조와 같이 지략이 뛰어난 인물보다는, 유비처럼 자산도 없고 지략도 부족한 사람이 오히려 더욱 인간적으로 비추어졌을 공산이 크다.

원래 유비는 대기만성의 인물에 해당한다. 대부분의 대기만성 인물이 그렇듯이, 그도 젊었을 때 숱한 좌절을 겪어야만 했다. 그는 그럴 때마다 오히려 자신의 의지를 더욱 굳히는 전화위복의 계기로 삼았다.

그의 좌절 행보는 의형제인 관우나 장비와 함께 황건적 토벌에 나서, 가까스로 미관말직인 안희현의 현위(縣尉) 자리를 얻을 때부터 시작되었다. 당시 그는 스스로 분을 참지 못해 독우(督郵)에게 지독한 매를 가한 뒤 관직을 물러났다. 이는 자신의 처량한 신세에 대한 화풀이이기도 했다. 《삼국연의》는 유비를 시종일관 관인한 군주로 묘사하기 위해 독우에게 매를 가하는 악역을 장비에게 떠넘겼다. 유비는 이런 독한 기질을 지녔기에 적수공권(赤手空拳)으로 삼국정립의 한 축을 이루었다고 할 수 있다.

실제로 유비는 조조나 손권과 달리 내세울 만한 게 아무것도 없었다. 조조는 비록 탁류라고는 하나 3대에 걸쳐 영달한 가문의 지원이 있었다. 손권 역시 토반(土班)에 불과했으나 부형 2대에 걸친 기본적인 자산이 있었다. 그러나 유비는 이런 것도 없었다. 입만 열면 중산정왕의 후예라고 떠벌렸으나, 당시 이를 그대로 믿은 사람은 거의 없었을 것이다. 설령 이를 믿었다 할지라도 난세의 상황에서 이를 믿고 유비를 좇으려고 했던 사람은 전무했다고 보는 게 옳다. 군웅들이 보위에 앉아 있는 황제조차 인정하지 않으려는 상황에서, 근거도 확실하지 않은 '한실 후예' 운운은 설득력이 없다.

게다가 그는 조조처럼 뛰어난 지략도 없었다. 그에게는 오직 불굴의 의지만 있었을 뿐이다. 그가 젊어서 잇달아 실패한 것은 필연지사였다. 아무런 밑천도 없고 재주도 없는 사람이 흔히 뜻만 높을 경우에 겪을 수밖에 없는 험한 길을 그 또한 걸어야만 했다. 그러나 이게 오히려 약이 되었다. 대기만성의 인물들이 대개 그렇듯이, 그도 젊어서 온갖 고생을 거치면서 점차 자신을 추종하는 사람들을 거둘 수가 있었다. 그의 타고난 품성이 주어진 여건과 절묘하게 맞아떨어진 결과이다.

그의 약점이 시간이 지나면서 오히려 강점으로 작용한 덕분이다. 실제로 주변 사람들은 그의 무산(無産)을 오히려 무사심(無私心)의 징표로 간주했고, 무략(無略)을 관인(寬仁)의 풍모로 인식했다. 관우와 장비를 비롯해 미축과 간옹 등이 초기부터 유비를 따라다니며 생사고락을 같이하게 된 배경이 여기에 있다. 약점이 오히려 인간적인 매력으로 간주된 데 따른 것이다.

사실 조조처럼 뛰어난 인물들은 그보다 못한 사람들에게는 두려움의 대상으로 비추어질 소지가 크다. 인간적인 매력을 느끼기가 어렵기 때문이다. 그러나 유비의 경우는, 사람들에게 오히려 안도감을 주는 동시에 무언가 도와주고 싶다는 충동을 일으키는 동인으로 작용할 여지가 많다. 실제로 유비는 이를 최대한 활용했다. 그의 리더십을 '가인'(假仁)으로 요약하는 이유가 여기에 있다. 이는 겉으로 관인한 모습을 보이면서, 사실은 사람과 사물을 냉혹히 판별하는 자세를 말한다.

일찍이 《후흑학》(厚黑學)을 저술한 이종오(李宗吾)는, 소인배들이 오직 사익을 위해 후흑술을 구사함으로써 '후흑구국'(厚黑救國)의 대의를 훼손한다고 신랄하게 비판한 바 있다. 그는 삼국시대의 영웅인 조조와 유비, 손권, 사마의 모두가 시커먼 마음과 두꺼운 낯짝의 후흑술로 세상을 평정하고자 하는 후흑구국을 시도했다고 주장했다.

《삼국연의》에 나오는 온갖 궤계(詭計)도 원래 《손자병법》에서 말하는 '병불염사'(兵不厭詐)의 본의가 '구국'에 있듯이, 영웅들의 '후흑구국'의 뜻을 기리려는 것이다. 그런데도 한국의 위정자들은 《삼국연의》를 읽으면서 오직 사리사욕과 당리당략의 못된 휼궤만 머릿속에 입력시키고 있는 듯하다. 감사기관인 금융감독원은 말할 것도 없고, 심지어 공직자 감찰의 최후보루인 감사원까지 비리에 연루되어 전 국민을 경악시킨 2011년의 부산저축은행사건이 그 증거이다. 똑같은 무기가 '구국'을 위해 사용될 때와 '사익'을 위해 사용될 때 전혀 다른 결과가 초래된다.

이종오는 '후흑'이라는 두 글자로 중국의 역대사에 등장하는 인물을 모두 평가했다. 그는 초한전 당시의 인물들을 후흑의 이론을 도입해 분석하면서, 난세에는 왜 후흑이 왜 필요한지를 다음과 같이 밝히고 있다.

항우는 '역발산기개세'(力拔山氣蓋世)의 영웅이다. 그러나 그는 왜 모든 사람들이 흐느끼며 만류하는데도 불구하고 오강에서 죽어 천하의 웃음거리가 되었을까? 그가 실패한 원인은 한신이 지적한 바와 같이 '부인지인'(婦人之仁)과 '필부지용'(匹夫之勇)이라는 두 마디 말에 함축되어 있다. 부인지인이란 곧 불인(不仁)을 참지 못하는 것으로 그 병의 근원은 속마음이 시커멓지 못한 데 있다. 필부지용이란 수모를 참지 못하는 것이니, 그 병의 근원은 뻔뻔하지 못한 데 있다.

그는 항우의 '부인지인'과 '필부지용'을 질타하면서, 유방을 얼굴이 두꺼운 면후(面厚)와 마음이 음흉한 심흑(心黑)의 달인으로 평가한 것이다. 유방은 군신과 부자, 형제, 부부, 붕우의 오륜은 말할 것도 없고, 예의염치 따위를 깨끗이 버렸기 때문에, 군웅을 능히 평정하고 천하를 통일할 수 있었다는 게 그의 주장이다. 그의 이런 분석을 토대로, 삼국시대에 활약한 인물들의 면후와 심흑의 수준을 표로 나타내면 다음과 같다.

| 面厚 | | | | 유비 | | 사마의 |
|---|---|---|---|---|---|---|
| | | | 주유 | | 손권 | |
| | | | | 동탁 | | 조조 |
| | | | 하후돈 노숙 | | 제갈량 | |
| | | 원소 유표 | | | | |
| 面薄 | 여포 | | | | | |
| 행동/의지 | 心白 | | | | | 心黑 |

유비는 이종오의 분석과 같이, 면후의 달인이라고 할 수 있다. 《삼국연의》는 유비가 얼마나 면후에 뛰어난 인물인지를 생생하게 묘사해 놓았다. 《삼국지》와 《자치통감》을 보면 유비는 면후의 달인이었음을 쉽게 확인할 수 있다. 면후와 대칭되는 말은 '체통'(體統)이다. 체통은 자존심의 표현이다. 학식이 많고 지위가 높거나 출신배경이 뛰어날 경우, 체통 때문에 남 앞에 고개를 숙이는 데 익숙하지 않다. 지나치게 체통을 생각하기 때문이다.

유비는 상대가 뛰어난 인물이라고 인정될 때에는 기꺼이 자신을 낮추는 미덕을 지니고 있었다. 이는 유비가 지닌 가장 큰 매력이다. 조조는 '공의'(公義)에 입각한 '구현'(求賢)을 추구했다. 조조의 휘하에 모인 인재들은 모두 조조의 웅략과 그가 내세운 '공의'에 감복한 인물들이다. 뒷날 순욱과 순유 등이 조조와 뜻을 달리해 죽음에 이르게 된 것도 '공의'에 대한 해석 차이에 따른 것이다.

이에 반해 유비는 '사의'(私義)에 입각한 '인현'(引賢)을 구사했다. 그는 인재를 보면 덥석 손부터 잡은 뒤 자신의 어려운 처지를 절절히 토로하면서 도움을 청하는 방식으로 제갈량과 같은 당대의 인재들을 휘하에 그러모았다. 공적인 '구현'과 사적인 '인현'의 가장 큰 차이가 여기에 있다. 실제로 유비 휘하에 모인 인물들은 모두 유비 개인에 대한 사적인 의리에 이끌린 자들이다. 단지 이들의 결합이 '대의'로 포장되었을 뿐이다.

객관적으로 볼 때 '한실 부흥'은 이미 설득력을 잃은 낡은 구호에 지나지 않았다. 그럼에도 유비는 이를 '대의'로 포장해 사람들을 끌어들이는 놀라운 수완을 발휘한 것이다. 하드웨어의 약점을 소프트웨어의 장점으로 보완해 단숨에 스마트폰 시장을 석권한 애플의 스티브 잡스를 연상시키는 대목이다. 유비는 삼국시대라는 난세의 글로벌 시장에서 소비자들의 '니즈'(needs)를 정확히 읽고 이를 최대한 활용해서 성공을 거둔 '감성경영'의 대표적인 성공사례에 속한다. 그러나 엄밀히 말해서 유비에게 충성을 바친 인물들 모두 유비의 인간적인 매력에 감복한 나머지, '시의에 뒤떨어진 낡은 명분'에 매달린 것이나 다름없다.

'공의'를 앞세운 조조의 행보는 이와 대비된다. 그는 비록 탁류 출신이었지만 당대 최고의 청의지사(淸議之士)와 같은 길을 걸었다. 손권도 비록 청의지사의 길을 걷지는 않았으나 나름 당대의 명사들을 참모로 두고 천하를 호령했다. 장소와 주유, 노숙 등이 대표적인 인물들이다. 그 역시 손견과 손책이라는 뛰어난 부형이 마련해 놓은 기반 위에서 출발했기에, 관우나 장비 등과 같은 협객들이 끼어들 여지가 거의 없었다. 오직 유비만이 이들을 포용했다. 손권으로부터 거부당한 방통이 그의 휘하로 들어온 게 그 증거이다.

결과적으로 유비는 소외된 협객들과 지식인들에게 하나의 탈출구로 작용했던 셈이다. 이들 협객들이 유비에게 무조건적인 충성을 바친 이유가 여기에 있다. 이들 모두 협객의 의리에 휩싸여 자신을 알아준 유비를 위해 목숨을 바치고자 것이다. 절묘한 용인술이 아닐 수 없다.

본래 짚신과 돗자리를 짜서 팔던 유비는, 남에게 고개 숙이는 데 이미 익숙해 있었다. 난세에 필요한 면후를 자신도 모르는 사이에 깊이 연마했던 셈이다. 유비가 삼국시대에 삼국이 정치(鼎峙)하는 한 축을 이룰 수 있었던 것도 바로 이런 면후 때문에 가능했다. 그러나 그는 상대적으로 심흑에 밝지 못했다. 어렸을 때 잠시 노숙 밑에서 공부한 것을 빼고는 학문을 깊이 연마하지 못한 탓이다. 심흑은 곧 계략을 말한다. 이는 조조처럼 높은 수준의 지식이 전제되어야 가능한 것이다.

병법에서는 심흑을 '궤계'(詭計)로 표현해 놓았다. 《손자병법》의 사실상의 저자에 해당하는 조조가 심흑에 밝았던 게 결코 우연이 아니다. 그러나 그는 사마의처럼 무시로 심흑을 구사하지는 않았다. 오직 생사를 가르는 전쟁터에서만 심흑의 온갖 궤계를 구사했을 뿐이다. 《삼국연의》는 조조가 평시에도 사마의처럼 무시로 궤계를 구사한 것으로 묘사해 놓았으나 이는 사실과 다르다.

전쟁터에서 궤계를 구사하기 위해서는 적과 아군의 병력을 정확히 파악한 가운데, 적이 생각하고 있는 것까지 헤아려 '출기불의'(出其不意: 뜻하지 못한 곳을 침) 등의 계책을 구사할 줄 알아야 한다. 이는 학문적 소양이 없이는 불가능하다. 유비의 한계가 바로 여기에 있다. 이로써 알 수 있듯이, 이종오가 말하는 '후흑술'은 삼국시대의 각 인물이 과연 시대를 어떻게 읽고 어떤 자세로 임했는지를 평가하는 매우 유용한 잣대라고 할 수 있다.

유비에 앞서 '면후'로 천하를 거머쥔 인물이 있다. 바로 한고조 유방이다. 그는 전국시대의 유풍인 의협이 위세를 떨치던 진시황 시절에 이들 협객의 무리들을 모아 대업을 이룬 경우에 속한다. 그가 사상 최초의 평민 출신 황제가 된 배경이다.

당초 유비는 노식의 문하에서 공부한 까닭에, 사서를 어느 정도 읽었다고 보는 게 옳다. 《사기》 등의 사서를 통해 유방을 알게 된 뒤, 의식적으로 그를 닮고자 했는지도 모를 일이다. 실제로 떠돌이 유협의 우두머리일 뿐이었던 그가 삼국정립의 당사자가 된 것도 유방을 철저히 흉내낸 사실과 무관하지 않다. 진수의 유비에 대한 평이 이를 뒷받침한다.

> 유비는 기권간략(機權幹略: 임기응변의 계략) 등에서는 조조에 미치지 못했으나 절이불요(折而不撓: 좌절해도 흔들리지 않음)의 굳건한 웅지가 있었다.

실제로 유비는 적벽대전이 일어난 이듬해인 건안 14년(209)에 형주에 기반을 마련할 때까지 무려 25년 동안 숱한 역경을 겪어야만 했다. 그는 여러 번 좌절을 겪으면서도 늘 '인의'와 '한실 부흥'을 외쳐댔다. 아무것도 가진 것이 없었던 그로서는 이것 말고 다른 명분을 찾기도 쉽지 않았을 것이다.

그는 비록 한실의 후예를 자처하며 '한실 부흥'을 내세웠으나, 행적만큼은 결코 일관되게 대의에 입각한 것도 아니다. 《자치통감》에 나오는 사마광의 다음과 같은 비평이 그 증거이다.

> 유비는 비록 중산정왕의 후예임을 자처했으나 족친관계가 너무 소원하여 몇 세 후손인지와 신분이 어떠했는지 등에 관해 전혀 알 길이 없다. 이는 마치 남조 송나라 고조인 유유(劉裕)가 한나라 때의 초원왕의 후예임을 자처하고, 남당(南唐)의 열조 이승(李昇)이 당나라 때

의 오왕 이각의 후예임을 자처한 것과 같다. 그 시비를 가리기가 매우
어려운 것이다. 그를 두고 감히 전한을 이은 후한의 광무제와, 서진을
이은 동진의 원제 등에 비유해 한나라의 정통을 이었다고 말할 수는
없는 일이다.

명대 말기의 명유 왕부지(王夫之)도 유비를 후한의 광무제와 동렬
로 보려는 당사의 풍조에 반대했다. 그는 《독통감론》에서 유비를 이
같이 비판해 놓았다.

유비는 형주를 영유하기까지 여러 장수 사이를 전전했을 뿐이고, 애
초부터 한실의 원수인 동탁을 무찌를 자세도 갖추지 못했다. 영토의
확장에 얽매여 한실의 부흥 따위는 염두에 두지도 않았다. 그는 조조
가 위왕을 칭하자 자신도 멋대로 한중왕이라고 칭하고, 조비가 한헌제
를 폐하고 제호를 칭하자 자신도 늦었다는 듯이 곧바로 제위에 올랐
다. 그는 즉위할 당시 대의에 반하는 것이라고 간한 신하에게 크게 화
를 내며 좌천시키기도 했다.

사마광과 왕부지는 유비의 실체를 정확히 통찰한 것이다. 사실 유
비는 젊었을 때 난세의 혼란을 틈타 군사를 일으켰으나, 나이 50이
될 때까지 거의 20년 동안 이렇다 할 만한 세력을 형성하지 못했다.
유비는 형주의 유표에게 몸을 의탁했을 때, 비록 유표로부터 상객(上
客)의 대우를 받았으나 엄밀하게 보면 일종의 용병에 지나지 않았다
고 할 수 있다.

《삼국연의》는 당시 유비가 '비육지탄(髀肉之嘆)'을 하면서 한나라 왕실을 부흥시키지 못한 것을 한탄했다고 묘사해 놓았으나, 이 또한 자신의 처량한 용병 신세를 한탄한 데 지나지 않았다. '비육지탄'이라는 일화는 원래 《삼국지》〈선주전〉의 배송지 주에 인용된 《구주춘추》에 나온다. 이는 뒷날 자신의 능력을 제대로 발휘할 기회를 얻지 못해 불우한 처지에 놓인 것을 일컫는 성어로 널리 사람들의 입에 오르내렸다.

제갈량을 얻기 위한 '삼고초려'(三顧草廬) 또한 허구가 아니냐는 의심을 받고 있다. 실제로 사마광은 《자치통감》에서 이를 빼 버렸다. 다만 제갈량이 〈전출사표〉에서 '삼고초려'를 언급하고 있는 까닭에, 아직까지도 역사적 사실로 여기는 견해가 우세하다. 그러나 삼고초려를 역사적 사실로 본다 할지라도 그 본질은 '사의'에 의한 '인현'에 지나지 않았다.

당시 제갈량은 스물일곱 살의 백면서생이었다. 제갈량으로서는 조조의 '공의'에 입각한 '구현'에 응할 수도 있었으나, 그렇게 해서는 크게 빛을 내기 어려웠다. 조조 자신이 워낙 뛰어난 인물이기도 했지만, 이미 그의 휘하에는 기라성 같은 인재들이 즐비하였다. 제갈량이 '공의'에 입각해 조조의 '구현'에 응할 경우, 이들과 다투어가며 조조의 총애와 신임을 받는 것은 매우 어려운 일이다. 삼고초려를 통한 유비와 제갈량의 결합은, 비슷한 처지에 놓여 있던 비주류 인물들의 의기투합으로 보는 게 옳다.

일각에서는 유비가 인현에 성공한 예로, 신하들에게 두터운 신뢰와 배려를 아끼지 않은 점을 들고 있으나, 이 또한 한쪽 면만 지나치게 부각시켰다는 지적을 면하기 어렵다. 유비는 자신을 따르는 어떤 사람에게도 절대적인 신임을 주지 않았다. 제갈량도 예외가 될 수는 없었다. 이릉대전에서 참패한 다음 영안성에서 '탁고유명'을 남기면서, 유사시에 유선을 대신해서 나라를 직접 다스릴 것을 당부한 점을 반박하는 논리로 내세울 수 있으나, 이는 고도로 계산된 발언에 지나지 않는다. 만고풍상을 겪은 유비의 탁고유명을 액면 그대로 해석해서, 신하에게 무한한 신뢰를 보인 군주로 간주하는 것은 너무 나이브하다.

당시 유비가 임종 직전에 가장 우려했던 것은, 자신의 유일한 혈육인 유선이 과연 자신의 뒤를 이어 촉한의 군위(君位)를 확고히 다질 수 있는가 하는 점이었다. 촉한은 앞서 이릉대전의 참패로 나라의 위상이 많이 손상되고 민력이 피폐해진 상황이다. 게다가 이전부터 자신을 따랐던 세력과, 유장을 모시다가 자신에게 귀부한 세력 사이에는 보이지 않는 알력이 존재했다. 유비가 제갈량을 임종의 자리에 부르면서, 새로 귀부한 세력의 대표로 이엄도 부른 이유가 바로 여기에 있었다.

당초 이엄을 비롯한 촉한의 신민들 대부분은 유언과 유장을 2대에 걸쳐 군주로 모셨던 사람들이다. 이들이 단순히 유비의 덕성 등에 감복해 유선에게도 충절을 바칠 것으로 간주할 수는 없다. 유비는 제갈량에게 힘을 실어줌으로써 이들을 견제하려 했을 공산이 크다. 그러나 제갈량의 힘이 무한히 커지는 것을 방치할 수도 없다. 이엄은 바로 제갈량의 견제하기 위한 지렛대였다.

원래 유비의 인재를 알아보는 지감(知鑑)은 나름대로 평가할 만하기는 하나 결코 최상의 수준은 아니었다. 진수는 유비가 '지인대사'(知人待士)에 능했다고 평했지만, 이는 과장된 것이다. 방통과의 첫 대면이 그 증거이다. 당시 유비는 방통의 그릇을 제대로 보지 못하고, 현령이 되어 뇌양현을 다스리도록 했다. 현령을 맡은 방통은 아무런 치적을 올리지 못해서 파면을 당하고 말았다. 유비는 방통을 기껏해야 일개 현령 수준의 '백리지재'(百里之才)로밖에 파악하지 못했음에 틀림없다.

조조는 인재를 보면 모든 방법을 다해서 휘하에 거두어들였다. 그렇지만 유비는 사람을 보는 눈이 밝지 못한 까닭에, 이런 모습을 보여주지 못했다. 그럼에도 《삼국연의》는 유비가 인재 구하기를 가뭄에 비를 기다리듯 했다고 묘사해 놓았다. 말할 것도 없이 이는 허구이다.

그렇지만 유비에게는 나름대로 뛰어난 면모가 있었다. 남의 충고를 들으면 곧바로 이를 받아들일 줄 아는 미덕이 그것이다. 그런 점에서 한고조 유방과 사뭇 닮았다. 노숙과 제갈량의 충언을 듣고 나서 방통을 불러 독대한 다음 그를 중용한 게 그 증거이다. 만일 유비에게 이런 면모마저 없었더라면, 아무리 그가 인간적인 매력이 넘쳐났을지라도 결코 조조·손권과 더불어 삼국정립의 한 축을 맡지는 못했을 것이다. 실제로 그는 방통의 계책을 채택한 덕분에 익주를 손에 넣을 수 있었다.

그러나 유비는 명민하지 못했다. 익주를 점거할 당시 무진 고생을 하면서 방통마저 잃은 것은, 방통의 계책을 곧바로 받아들이지 않았기 때문이다. 방통은 유비가 건안 16년(211)에 유장의 청을 받고 익주로 들어갈 때, 이 기회를 이용해 서촉을 빼앗을 것을 권했다. 그러나 유비는 이를 거부했다. 《삼국지》〈방통전〉의 배송지 주에 인용된 《구주춘추》에 나오는 다음 기록을 보면, 당시 유비가 무슨 생각을 갖고 있었는지 대략 짐작할 수 있다.

> 지금 나와 물과 불처럼 상극인 자는 바로 조조이다. 그는 엄려(嚴厲)하나 나는 관후(寬厚)하고, 그는 법력(法力)을 이용하나 나는 인애(仁愛)를 이용하고, 그는 궤사(詭詐)를 쓰나 나는 충신(忠信)을 쓴다. 작은 것을 취해서 천하에 신의를 잃는 짓은 내가 할 수 없다.

그럴 듯한 말이지만 이후의 발걸음을 보면 사실 온통 헛말임을 쉽게 알 수 있다. 유장으로부터 병사까지 지원받아 한중으로 가던 중, 가맹관에 머물며 1년 동안 아무 행동도 취하지 않다가, 유장 세력 내부에 이탈자가 나오자 문득 억지 구실을 만들어 익주를 탈취한 게 그 증거이다. 표리부동한 행보이다.

그의 이런 행보가 가장 적나라하게 나타난 것은, 유장의 군사를 물리친 직후에 열린 승리 축하연 자리였다. 당시 유장의 군사들이 다투어 항복하자 크게 기뻐한 유비는 주연을 베풀고는 대취한 나머지 방통에게 이같이 물었다.

"오늘 이 자리가 가히 즐겁다고 할 수 있지 않겠소?"

"남의 나라를 치고도 즐겁다고 하는 것은 어진 사람의 도리가 아닙니다."

유비가 갑자기 안색이 변하면서 노기 띤 목소리로 말했다.

"내가 듣건대, 옛날 무왕이 은나라의 주(紂)를 치고 나서 풍악을 잡혀 전공을 축하했다고 하던데, 그것도 어진 사람의 도리가 아니란 말이오? 군사(軍師)의 말이 오히려 도리에 맞지 않소. 어서 물러가도록 하시오."

천하의 한 구석을 차지한 데 만족한 나머지, 스스로를 주무왕에 비유한 것이다. 그릇이 작다고 말할 수밖에 없다. 방통이 크게 웃고 일어나자, 좌우에서 유비가 대취한 것을 알고 이내 유비를 부축해 후당으로 들어갔다. 밤중에야 술이 깬 그는, 좌우에서 방통을 내쫓던 당시의 상황을 고하자 크게 후회했다. 이튿날 아침, 유비는 일찌감치 일어나 옷을 입고 당상으로 나아가 방통을 불러들인 뒤 이같이 사죄했다.

"어제 그만 술에 취해 말을 함부로 했으니, 부디 언짢게 생각 마시오."

방통이 태연히 웃자 유비가 다시 한 번 사죄했다.

"어제 저녁의 말은 나의 큰 실수였소."

"군신이 다 함께 실수했는데, 어찌 주공뿐이겠습니까!"

방통이 이같이 말하며 웃자 유비도 또한 크게 웃었다. 이를 두고 배송지는 이같이 평했다.

주흥이 절정에 이르렀을 때 마땅함을 잃어 마치 남의 재난을 즐기려는 듯한 태도를 보이며, 나아가 자신을 무왕에게 비교하면서 조금도 부끄러워하지 않았다. 이는 유비의 잘못이다. 방통이 '군신이 함께 잘못한 것이다'라고 말한 것은 유비에게 전가될 비난을 분담하려는 것이다.

오랫동안 좌절을 겪어온 유비는 서촉을 점거하는 상황에 이르자 취중에 자신도 모르게 진면목을 드러내 보인 셈이다. 그가 천하를 거머쥐었으면, 그간 가슴 깊이 묻어 두었던 여러 사원(私怨)을 풀기 위해 거침없이 행동했을 공산이 컸다. 그 경우 유방 때와 유사한 토사구팽의 참극이 빚어졌을 수밖에 없다. 유비는 바로 진수가 지적한 바와 같이 유덕(有德)을 가장한 효웅(梟雄)이다. 실제로 그는 여러모로 매우 노회했다.

원래 난세에는 가진 자산도 없고 뛰어난 지략이 없음에도 나름 비상한 수완으로 사람을 끌어들여 창업에 성공하는 인물들이 나오기 마련이다. 그 대표적인 예가 바로 한고조 유방이다. 유방은 모든 면에서 항우보다 못했다. 그럼에도 그의 밑에는 한신과 장량, 소하 등 뛰어난 신하가 즐비했다. 송태조 조광윤도 인물 자체는 크게 볼 것이 없었으나, 죽음을 같이하려는 열 명의 공신이 그의 뒤를 받쳐주었다. 명태조 주원장도 유기와 송렴 등과 같은 유학자를 막하에 초빙해 예악제도를 정비할 수 있었다. 무엇보다 정략과 지모가 풍부한 이선장 등을 휘하에 두어 제국의 기틀을 닦았다.

이 점에서 유비도 이들과 비슷한 행로를 걸은 셈이다. 실제로 지략이나 인품 등 여러 면에서 유방이나 조광윤, 주원장보다 못할 것도 없었다.

그러나 유비의 경우는 조조와 같은 인물을 만난 것이 불운이었다. 만일 유비도 항우와 별반 다를 게 없는 원소하고만 쟁패(爭霸)했다면 틀림없이 승리를 거두어 천하를 거머쥐었을 것이다. 그가 조조와 같은 인물을 만난 것은 불운의 차원을 넘어 악운이라고 평할 수밖에 없다. '가인'의 달인인 유비가 끝내 천하통일의 대업을 이루지 못한 이유가 여기에 있다.

# 손권

堅忍 변화무쌍한 시변을 따라
치욕을 굳게 참고 견디다

손권이 강동을 장악해 삼국정립의 한 축을 이룰 수 있었던 것은 대부분 부형인 손견과 손책 덕이다. 두 사람 모두 젊은 나이에 강동을 기반으로 터를 닦았다. 이는 조조보다도 훨씬 빨랐다. 다만 두 사람은 불행히도 일찍 죽었기 때문에 웅지를 펼치지 못했다. 만일 이들이 오래 살았다면 삼국시대사는 전혀 다른 방향으로 전개되었을 가능성이 높았다.

《삼국연의》는 강동에서 호랑이처럼 웅크리고 있는 손권을 용인술에 뛰어난 인물로 묘사해 놓았다. 그러나 이는 《삼국연의》가 삼국시대의 후반부를 제대로 그리지 않은 데 따른 착시현상일 뿐이다. 역사 속에서 손권은 수많은 역대 군주와 다른 것이 없었고, 통치행위 또한 많은 모순으로 점철되어 있다.

손권의 뛰어난 면모는 수성(守成)에 있었다. 창업자인 손견과 손책이 이룩한 기업(基業)을 지켜나가는 데 성공한 것이다. 손권이 대업을 인수받았을 때, 강동은 이미 손씨 일문에 의해 기틀이 잡혀 중원에서도 무시할 수 없는 존재가 되어 있었다. 그런 면에서 손권은 유비나 조조에 견주어 유복한 축에 들었다. 여기에는 말할 것도 없이 인재들을 과감히 발탁해 적재적소에 배치하는 손권의 뛰어난 용인술이 작용했다.

손책이 죽었을 때 손권의 나이는 18세였다. 《삼국지》〈장소전〉의 주에 인용된 《오력》(吳歷)을 보면, 손책이 죽기 전에 장소를 불러 이같이 신신당부한 대목이 나온다.

만약 중모(仲謀: 손권)가 일을 맡을 수 없는 재목이면, 그대가 곧 스스로 권력을 취하도록 하시오.

손책은 장소가 그러지 않을 것이라는 것을 알았기에 이같이 말한 것이다. 유비가 제갈량에게 '탁고유명'을 내릴 때의 속셈과 조금도 다를 바가 없다. 당시 장소는 손책의 유명(遺命)을 충실히 받들었다. 손권을 말에 태워 전군의 사열을 받도록 배려하면서, 각지의 장교들에게 맡은 바 직무에 충실할 것을 명했다. 침체 국면이 신속히 안정된 배경이다. 장소는 이후 수십 년 동안 충심으로 손권을 보좌함으로써 동오에서 가장 위엄과 명망이 있는 대신이 되었다. 원래 장소는 강동의 호족을 대표하는 인물이다. 강동 호족의 위세는 주유가 손책에게 한 충고에 극명하게 나타난다.

"강동의 2장(二張: 장소와 장굉)을 모시지 않고는 강동을 손에 넣을 생각은 하지 말라!"

손책이 장소를 장사(長史), 장굉을 정의교위로 삼은 이유이다. 두 사람 가운데 한 사람이 출정하면 다른 한 사람은 남아서 영채를 지키는 식으로 손책을 보좌했다. 그러나 장소의 충성은 손씨에 대한 충성이라기보다 강동 지역에 대한 충성에 가깝다. 적벽대전 직전 손권에게 투항을 강권한 게 그 증거이다. 좋게 해석하면 《맹자》〈진심 하〉 편에서 "백성이 귀하고, 사직은 다음이고, 군주는 가볍다"는 구절에 합당한 행보를 보인 셈이다. 장소가 생존해 있을 때 강동이 한 번도 전화(戰禍)를 입지 않다가, 그의 사후 전란에 휘말린 것도 이와 무관하지 않다.

당시 손책의 지우였던 주유는 파구(巴丘)에서 군사들을 이끌고 와 분상(奔喪)한 뒤 곧 오군에 머물면서 중호군(中護軍)의 자격으로 장소와 함께 군정사무를 처리했다. 만일 당시 장소나 주유와 같은 인물이 없었으면 손권이 부형의 기업을 제대로 잇지 못했을 것이다. 많은 사람들이 손권을 두고 부형과 같은 웅지가 없었기 때문에 줄곧 강동에 틀어박혀 오직 지키는 데 열중했다고 보는 것도 같은 맥락이다.

그러나 이에 대한 유력한 반론이 있다. 동오 내부의 문제로 발목이 잡힌 까닭에 천하통일의 사업에 적극 나설 수가 없었다는 분석이 그것이다. 이들은 《삼국지》〈오주전〉에 나오는 다음 대목을 그 근거로 제시하고 있다.

손씨의 지배는 겨우 회계와 오군, 단양, 예장, 여릉에 미치고 있을 뿐이다. 오지의 험준한 지역에는 복종을 거부하는 세력이 있었고, 또 여러 지역에 할거하는 힘 있는 호족들과 망명한 인재들은 정세를 관

망하며 거취를 분명히 하지 않고 있었다. 오나라에는 견고한 군신관계
가 아직 확립되어 있지 않았다.

동오가 시종 수세적인 입장을 취한 원인을 내부에서 찾는 이 견해
는, 당시 손권에게 두 가지 시급한 현안이 남아 있었다고 주장한다.
하나는 산월(山越) 또는 산구(山寇)로 불리는 소수민족을 평정하는
문제였고, 다른 하나는 강동에서 대를 이어 단단한 세력을 형성하고
있는 호족들을 평정하는 문제였다. 당시 '오군의 8족4성' 또는 '회계의
4성' 등으로 불린 호족들은 여러 차례 산월을 선동하여 손씨의 지배
에 타격을 가하려고 했다는 것이다.

손권은 비록 삼국정립의 한 축을 형성했음에도 천하통일에 적극적
인 자세를 취하지 못한 게 사실이다. 《삼국지》〈오서〉에는 손권이
산월족을 평정하기 위해 쉼 없이 힘을 소진하는 대목이 나온다. 설령
손권이 손책과 같은 웅지를 지니고 패업을 이루려 했다고 하더라도,
반드시 산월족을 먼저 제압해야만 했다. 이들을 잠재우지 않고 출격
에 나설 경우, 자칫 협격에 걸릴 소지가 컸다. 이들의 지적은 나름 일
리가 있다.

원래 산월족은 중국의 절강성에서 인도차이나 반도에 걸친 넓은
지역에 걸쳐 살던 해양민족을 이르는 말이다. 그들은 문신과 단발의
풍습이 있었고, 춘추시대에는 회계를 중심으로 하는 지역에 월(越)이
라는 나라를 세우고 한민족인 오(吳)와 장강 하류지역의 패권을 다툰
바 있다. 기원전 4세기 초에 월나라가 망하자 각지에 흩어져 살았다.
부역이나 포박에서 벗어나기 위해 산간에 숨어 산 한민족 농민이거

나 범죄자가, 토착 월인과 섞여 살면서 형성된 이들 산월족이 할거한 곳은 회계와 단양, 예장, 여릉 등 장강 중하류 지역이다.

동진의 도연명이 《도화원기》에서 이상향으로 기록한 '무릉도원'(武陵桃源)도 사실 이들 산월족의 일종인 무릉만이(武陵蠻夷)가 살던 곳을 그린 것이다. 무릉은 호남성 서부에서 귀주에 걸친 벽지에 흩어져 살던 땅이다. 손권은 적벽대전의 공신 황개를 무릉태수로 임명하고, 자칫 불온한 행동으로 나가는 무릉만이의 활동을 진압하는 데 부심한 바 있다. 도연명 자신이 무릉에 가까운 구강(九江) 출신이라는 점도 무릉도원이 무릉만이의 거주지를 이상화한 것이라는 주장을 뒷받침한다.

삼국시대 당시, 이들 산월족은 지방 호족의 지배 아래에 있었다. 이는 후한 말기부터 두드러진 호족들의 대토지 소유 풍조가 산간 지방에까지 미친 결과였다. 호족들은 스스로 권익을 지키고 오나라 정권의 지배를 거부하기 위해, 그들을 무장시켜 자신들의 부곡(部曲)으로 만들었다. 부곡은 휘하에 있는 부락민을 말한다. 당시 오나라 정권의 영향력은 산간 유곡에 숨은 산월족에게까지는 미치지 못했다. 지방 호족과 산월족을 제압하기에 여념이 없었던 손권이 밖으로 눈을 돌리기는 어려웠을 것이다.

그러나 손권 자신이 부형만한 웅지와 자질을 지니지 못한 점 또한 부인할 수 없다. 그렇지 않다면 오히려 이들 호족을 제압한 뒤 이들을 이용해 더욱 쉽게 중원을 도모할 수도 있었기 때문이다. 예로부터 강남은 물산이 풍요했다. 손권이 동오 내부의 문제 때문에 천하통일의 위업을 제대로 이행하지 못했다는 주장은 한쪽 면만 지나치게 강조한 것이다.

실제로 손권은 조조나 유비와 비교할 때, 그 존재가 상대적으로 희미하다. 조조나 유비처럼 생사를 넘나드는 숱한 우여곡절 끝에 건국의 기틀을 세운 경험을 갖지 못한 측면이 크다. 이는 부형의 기업을 이어받은 한계이기도 했다.

그렇다고 그가 강동을 보전한 것을 폄훼해서는 안 된다. 수성은 창업 못지않게 중요하기도 하고 쉽지 않은 일이기 때문이다. 그렇다면 그가 과연 수성에 성공한 비결은 무엇일까? 손권은 비록 창업 면에서는 조조나 유비에 미치지 못하지만, 부형이 남긴 기업을 유지하는 수성 면에서는 남다른 점이 있었다. 그는 비록 웅지와 군략(軍略) 면에서는 조조나 유비 등과 같이 뛰어나지는 못했으나, 변화무쌍한 시변(時變)을 좇아 능굴능신(能屈能伸)하는 데에는 귀신도 놀랄 만한 재주를 보여주었다. 요체는 치욕을 굳게 참고 견디는 '견인'(堅忍)에 있었다. 이는 명분보다 실리를 취한 결과였다. 손권의 강점이 바로 이것이었다.

삼국시대에 '응변'의 상징인 조조가 법가와 병가사상을 대표하고, '가인'의 달인인 유비가 유가를 대표했다면, '견인'으로 요약되는 손권은 종횡가(縱橫家)의 후신에 해당했다. 전국시대에 종횡가의 대표 격인 소진(蘇秦)과 장의(張儀)는 능굴능신의 연횡술(連橫術)을 자유자재로 구사했다. 손권 또한 조조의 위나라와 유비의 촉한을 사이에 두고 자주 우적(友敵)을 바꿨다. 손권이 부형의 뒤를 이어 보위에 오른 뒤 멀리 떨어진 중원의 조정에 꼬박꼬박 조공을 보낸 것도 같은 맥락에서 이해할 수 있다. 탁월한 외교책략이 아닐 수 없다. 연횡술에 관한 한 조조와 유비는 손권보다 한 수 아래였다.

손권의 이런 재주는 타고난 것이다. 실제로 후한 말기에 동오에 사신으로 갔던 유완(劉琬)은 손권을 두고 이같이 평한 바 있다.

손씨네 자제들은 모두 준수하고 활달한데, 유감스럽게도 타고난 운세가 좋지 않다. 다만 둘째 손권만은 용모를 보나 체격을 보나 범상한 인물이 아니다. 크게 귀해질 기품으로 수명 또한 타고났다.

손권이 조조나 유비와 달리 50여 년 동안 보위에 있었던 것도 창업이 아닌 수성에 전념한 보답으로 볼 수 있다. 격렬한 항쟁의 시대에 교묘히 위기를 피하면서 살아남는 데 성공한 손권의 연횡술은 크게 두 가지 측면에서 분석할 수 있다.

하나는 인재등용이다. 그는 우선 모든 것을 신하들에게 맡기는 원칙을 엄수했다. 부형 이래의 원로공신인 장소를 사부로 대접하고, 주유와 정보 및 여범 등에게 군사를 맡기면서 나머지 번잡한 문서처리 또한 모두 아랫사람에게 일임했다. 이것이 조조의 인재등용을 공의(公義)에 입각한 '구현'(求賢), 유비는 사의(私義)에 기초한 '인현'(引賢)이라 한다면, 손권의 경우는 시의(時宜)를 좇은 '용현'(用賢)이라 요약할 수 있는 이유이다. 그의 용현은 일정한 선을 넘지 않았다. 그 비결은 "상대의 장점을 높여주고 상대의 단점을 곧 잊어버린다"는 그의 말에 잘 나타나 있다.

그는 상대의 단점에 눈을 감아 버리고 장점을 발휘할 수 있도록 유도했다. 한번 일을 맡긴 뒤에는 전폭적인 신임을 아끼지 않았다. 적벽대전에서 주유에게 모든 것을 맡기고, 이릉대전에서 육손을 탁용한 데 이어, 제갈근에게 끝없는 믿음을 보낸 게 그 증거이다.

예로부터 용인의 요체는, 흔히 '지용임신'(知用任信)이라는 넉 자로 요약되었다. 인재가 있다는 사실을 알게 되면 그를 불러들이고, 일단 불러들인 이상 임무를 맡기고, 임무를 맡긴 이상 믿으라는 것이다. 삼국시대 당시 지용임신을 철저히 수행한 인물로 손권을 꼽을 수 있다. 손권이 수성에 성공하여 50여 년 동안 재위할 수 있었던 것도 이와 무관하지 않다.

다른 하나는 연횡술이다. 연횡술은 원래 천하를 거머쥐는 비책이 아니다. 그래서 진시황도 연횡술을 매우 제한적으로 썼다. 그는 기본적으로 '법술세'(法術勢)로 요약되는 법가 이론을 활용해 천하를 평정했다. 연횡술은 법술세에 기초한 천하통일에 저항하기 위해 나온 것으로, 강국에 대항하여 스스로를 보전하기 위한 일종의 자구책이라고 할 수 있다.

유비는 관인(寬仁)을 상징하는 유가의 덕정(德政)을 앞에 내세워, 마치 자신만이 백성과 부하를 사랑하는 군자인 척하는 가인(假仁)의 방략을 구사했다. 이는 지략 등에서 조조를 당할 수 없던 유비가 천하를 거머쥐기 위해 취할 수밖에 없는 술책이기도 했다. 만일 유비가 조조와 같은 '법술세'를 구사했다면 일찍이 조조에게 먹히고 말았을 것이다. 그가 나름 버틸 수 있었던 것은 '인의'와 '한실 부흥'을 내세웠기 때문이고, 천하통일을 꿈꾼 유비가 자구책에 지나지 않는 연횡술을 구사하지 않은 것도 바로 이 때문이다.

손권은 삼국 가운데 가장 늦게 황제를 칭한 데서 알 수 있듯이, 끝까지 치욕을 참아내는 '견인'의 달인이었다. 이를 두고 진수는 '굴신인욕'(屈身忍辱)으로 표현했다. 이는 한고조 유방을 좇아 천하를 거머쥐려고 한 유비와 달리, 강동을 지키겠다는 취지를 살려 연횡술로 발전시킨 결과였다. 몸을 굽혀 치욕을 참아내는 굴신인욕은 원래 월나라의 구천이 구사한 술책이다. 그러나 손권의 굴신인욕은 유비와 같은 '가인'으로 나아가지 않았다. 이는 생장배경이 확연히 다른 데 따른 유비와 손권의 체질상의 차이에서 비롯된 것이기도 하다. 그의 연횡술에 자유자재의 유연성이 두드러지게 나타나는 이유이다. 손권이 구사한 연횡술은 전국시대에 나타난 '합종연횡'의 술책을 한 단계 발전시킨 것으로 볼 수 있다.

손권의 외교책략이 겉으로는 일면 일관성이 없는 듯 보이면서도 나름 '수성'의 원칙에 충실했던 것도 이와 무관하지 않다. '강동의 보전'이라는 단일목표를 확고히 유지하기 위해 연횡술을 구사한 취지가 선명히 드러난다. 그의 수성전략을 시기별로 대략 4기로 크게 나눌 수 있다.

제1기는 '손유연합'(孫劉聯合) 시기이다. 건안 13년(208)에 조조가 형주를 손에 넣은 뒤 대군을 이끌고 쳐들어오자, 손권은 겨우 3만의 수군으로 이에 대적했다. 당시 손권은 유비와 손을 잡고 적벽에서 조조의 대군을 물리침으로써 기적적인 승리를 거두었다. 적벽대전에서 승리한 손권은 형주를 유비에게 빌려주고 기각지세를 유지하면서 조조의 재침에 대비한다.

제2기는 '위오연합'(魏吳聯合) 시기이다. 건안 22년(217)에 손권은 일시적으로 위나라와 손을 잡았다. 이는 위나라의 압력이 날로 거세지는 상황에서 부득이 이를 제지하기 위한 연횡술의 일환이다. 당시 유비와 맺은 손유연합이 별다른 효력을 발휘하지 못한 것이 한 이유가 되었다. 손권은 드디어 건안 24년(219)에 위오연합을 토대로 여몽의 계책을 받아들여 형주의 관우를 토벌했다. 이로써 손유연합은 완전히 깨지고 말았다.

제3기는 '위주오신'(魏主吳臣) 시기이다. 이때 손권은 위나라의 조비에게 칭신을 하며 살 길을 도모했다. 이는 이릉대전의 발발로 인한 유비의 대대적인 침공을 막기 위해 취한 불가피한 선택이기도 했다. 손권은 이런 관계를 토대로, 관우와 장비의 원수를 갚기 위해 파죽지세로 밀고 들어오던 유비의 대군을 격퇴할 수 있었다.

제4기는 '촉오결맹'(蜀吳結盟) 시기이다. 손권은 유비가 죽고 제갈량이 실권을 쥐게 되자, 그의 요청을 받아들여 위나라와 관계를 끊고 촉한과 긴밀한 결맹관계를 유지했다. 이후 이런 관계는 지속적으로 유지되었다. 이 또한 강대한 위나라의 침공을 막기 위한 불가피한 선택이었다.

이를 통해 손권이 강동을 지키기 위해 얼마나 다양한 외교책략을 구사했는지 알 수 있다. 이는 '강동의 보전'이라는 단일목표를 이루기 위한 것이다. 그의 연횡술이 수성을 위주로 한 굴신의 책략으로 나타난 것을 두고, 천하통일이라는 대의 차원에서 비판을 가할 수는 있다. 그러나 난세의 시기에 탁월한 지략을 지닌 조조를 포함해 천하의 효웅인 유비와 대치하기 위해서는, 우선 부형이 물려준 기업을 잘 보존할 필요가 있다. 손권을 두고 강동에 웅크려 있기만 했다고 탓해서는 안 되는 이유가 여기에 있다. 나름 주어진 상황에서 최선을 다했기 때문이다. 춘추시대 말기 오왕 부차는 기반을 확고히 다지지 않은 채 천하의 패권을 장악하기 위해 대군을 이끌고 북상했다가 월왕 구천의 기습공격을 받고 끝내 패망하고 말았다. ‘강동의 보전’에 성공한 손권과 대비되는 대목이다.

손권의 ‘수성’은 뛰어난 용인술에서 비롯된 것이기도 했다. 그는 태화 3년(229)에 황제로 즉위하기 전까지만 해도 인재를 발탁해 적재적소에 배치하는 데 탁월한 능력을 보여주었다. 이는 그의 나이 마흔여덟이 되기 전의 일이다. 그는 거의 30년 가까운 세월 속에서 늘 내우외환에 시달려야만 했다. 여러 곤경을 거치면서 훌륭한 인재를 얻기가 얼마나 어려운지를 잘 알았다. 일단 한 번 등용한 인재에게는 어떤 결함이 있다 하더라도 억지로 그것을 들추어내려고 하지 않았다. 이 덕분에 강동에는 인재들이 들끓었다. 이에 재위 후반 20여 년 동안은 삼국의 정립으로 천하의 정세가 비교적 안정된 까닭에 외침의 위협을 덜 받았다.

손권은 인재를 단박에 알아보았을 뿐 아니라, 그가 어떤 점에 뛰어난지를 파악해 적당한 자리에 배치할 줄 아는 안목을 지니고 있었다. 무엇보다 동오의 안위와 존망이 걸린 시기에 이러한 우수한 점이 두드러지게 나타났다. 그가 주유와 노숙, 여몽, 육손 등을 차례로 등용해 통수를 맡긴 게 그 실례이다.

실제로 주유는 적벽대전 당시 막강한 조조군을 격파해 삼국정립의 기초를 다지는 데 결정적인 공헌을 했다. 노숙은 유비와 연맹을 맺고 조조에게 항거한다는 전략을 일관되게 견지해 동오의 기업을 공고히 했다. 여몽은 몰래 형주를 습격해 동오의 세력범위를 대폭 확장시켰다. 육손은 이릉대전 당시 유비군을 대파한 데 이어, 이후에도 여섯 차례에 걸쳐 위나라 군사를 격파해 동오의 강산을 보전했다.

당시 손권은 이들을 전폭 신뢰하며 모든 것을 맡겼다. 이는 인재등용의 화룡점정(畵龍點睛)에 해당한다. 아무리 뛰어난 인재를 적재적소에 배치할지라도 전폭적인 신뢰를 보내지 않으면 아무 소용이 없다. 그는 휘하의 인재들로 하여금 자신의 능력을 남김없이 발휘할 수 있도록 최대한 배려한 것이다.

나아가 격식 따위에 구애받지 않고 은혜로운 예우로 극진히 대했다. 주유에 대해서는 친형처럼 대한 까닭에 그 정분이 특히 두터웠다. 주유가 죽었을 때 그는 소복을 입고 통곡을 하여 주위 사람들을 감동시키기도 했다. 《삼국지》〈주유전〉의 주에 인용된 《강표전》에는, 손권이 황제가 된 뒤 "주유가 아니었다면 나는 황제가 되지 못했을 것이다"라고 발언한 대목이 나온다.

노숙에게는 시종일관 각별한 예의로 대하여 세인들로부터 전한의 개국공신인 등우의 위치와 비교될 정도라는 평을 들었다. 황제의 자리에 올랐을 때도 그는 노숙을 잊지 않고 여러 공경들에게 말했다.

"노숙은 일찍이 내가 제위에 오를 것을 예견한 적이 있는데, 가히 대세에 밝은 인물이라고 할 만하다."

여몽에 대해서는 탁월한 재주가 주유에 버금간다고 하며 높이 칭송했다. 여몽이 중병에 걸려 자리에 누웠을 때 천하의 명의를 모두 찾아 나섰다. 육손에 대해서도 손권은 그를 간성(干城)과 같이 의지하며 신뢰했다. 자신의 어새(御璽)를 육손에 주고 촉한과 서신을 주고받을 때마다 그에게 먼저 보이며, 타당하지 못한 부분이 있으면 곧바로 고친 뒤 직접 날인해 보내도록 조치한 게 그 증거이다.

신하들을 이토록 신뢰하며 후대하기란 쉬운 일이 아니다. 재위 전반기에 인재들을 발탁하고 적재적소에 배치하는 모습은 단연 빼어났다. 난세의 통치자로서 손색이 없는 모습이다.

그러나 그는 황제로 등극한 다음, 점차 독선적으로 변해갔다. 오랜 세월 동안 권력을 장악함으로써 자연히 유아독존적인 권세를 누린 결과였다. 겸손한 모습으로 선비를 대하던 태도가 문득 사라지고, 마침내는 인재를 시기하고 해치는 일까지 나타났다. 교만한 것도 모자라 나태한 모습까지 보였다.

그의 리더십에서 가장 문제가 되는 것은 바로 제위에 오른 이후에 나타나는 만년의 어지러운 행보이다. 이는 먼저 외교면의 실책에서 나타나기 시작했다. 대표적인 사례로 태화 6년(232)에 요동의 공손연에게 기망을 당한 것을 들 수 있다.

당시 요동에서 반(半) 독립적인 세력을 구축한 공손연은 손권에게 칭신하면서 동오를 이용해 위나라의 위협을 견제하려 했다. 이에 고무된 그는, 이듬해에 어마어마한 선물을 실은 사절을 보냈다. 장소를 비롯한 중신들이 모두 이를 반대했음에도, 그는 자신의 고집대로 밀고 나갔다. 결국 공손연이 위나라의 보복을 두려워한 나머지, 동오 사신들의 목을 베어서 위나라로 보냄에 따라 큰 낭패를 보고 말았다.

집권기간 내내 신중한 연횡술을 구사했던 그가 이같이 무모한 일을 벌인 가장 큰 이유는, 지나친 자만심 때문이었다. 이는 곧 인사 실수로 이어졌다. 그는 중신들의 반대 속에서도 여일이라는 혹리(酷吏)를 발탁해 중신들과 틈이 벌어졌다. 이후 여일은 죄적이 드러나 주살을 당했지만, 이 와중에 많은 대신들이 목숨을 잃었다.

이런 어지러운 행보는 진수가 〈오주전〉에서 평했듯이, 고난은 함께 할지언정 안락함은 함께 할 수 없었던 월왕 구천의 모습과 닮았다. 이는 후사 문제와 뒤엉켜 더욱 혼란스런 모습으로 나타났다. 건국공신을 비롯한 여러 공신들이 편안히 최후를 맞지 못하는 경우가 가끔 나타나는 배경이 이런 데에 있다.

대표적인 경우로 장소를 들 수 있다. 장소는 동오 최고의 개국공신으로 일컬을 만했다. 그러나 그는 지나치게 강직했다. 윗사람의 안색 따위는 개의치 않고 자신의 견해를 그대로 피력한 까닭에, 가끔 손권을 난처하게 만들었다. 손권은 이러한 그가 그다지 탐탁지 않았다. 결국 손권은 그를 한직으로 내보냈다.

손권이 처음으로 승상직을 두기로 하자, 여러 사람들이 장소를 주목했다. 그러나 손권은 손소를 승상으로 임명했다. 손소가 죽자 백관들은 또다시 장소를 추천했다. 그러나 손권은 이번에도 그를 제쳐놓은 채 고옹을 등용했다. 장소를 승상으로 등용하지 않은 것은 그렇다 치더라도, 손권은 장소에게 태부(太傅) 등의 명예직도 내리지 않았다. 보오장군(輔吳將軍)이란 직함이 고작이다. 장소에게 지나치게 박정하게 대했다는 평을 면하기 어렵다.

장소에 이어 손권의 미움을 받은 사람으로 우번을 들 수 있다. 우번은 동오의 대학자로 학문에 정진하여 많은 저술을 남겼다. 그러나 우번은 천성적으로 지나치게 소탈하고 정직했다. 상대방의 눈치를 살펴 의중을 알아차리는 재주가 없었다. 그는 손권이 권력을 장악한 뒤 기도위가 되었으나, 거듭 바른 말을 하다가 동료들의 비방을 듣고 지방으로 좌천되고, 이내 금고 처분을 받았다.

이후 형주를 습격해 탈취한 여몽의 도움으로 비로소 금고에서 풀려날 수 있었다. 이는 우번이 의술에도 능하다는 사실을 안 여몽이 자기 곁에서 수행할 수 있도록 배려해 달라고 청한 결과였다. 그러나 우번은 손권이 오왕이 되었을 때 술에 취한 척하며 술잔을 받지 않았다가 노여움을 사 멀리 교주로 쫓겨나고 말았다. 손권의 노여움은 그가 죽은 뒤에야 겨우 풀렸다.

후한 말기의 대장군 장온과 동명이인인 장온은 동오의 인재였다. 장소와 고옹 등은 장온을 매우 높이 평가했다. 손권은 처음에 그를 의랑으로 임명했다가, 얼마 뒤 선조상서(選曹尙書: 이부상서)와 태자태부로 승진시킬 만큼 그에 대한 신임이 매우 두터웠다.

그러나 촉한에 사신으로 갔다 온 뒤 상황이 일변했다. 그가 제갈량의 국정 운영능력을 극찬하자, 장온의 명성에 과민해진 손권은 칭송의 저의를 의심하는 소심한 모습을 보였다. 결국 손권은 장온이 천거한 인물이 죄를 짓자 이를 기화로 장온에게 죄를 날조해 덮어씌웠다. 일을 제대로 처리하지 않고 다른 마음을 품고 있다는 등의 여러 이유를 붙여 그를 고향으로 내쫓았다. 영특한 그는 웃음을 잃고 지내다가 곧 병들어 죽었다.

육손은 손권의 총애를 받는 태자 손화와 노왕 손패가 후사 자리를 놓고 신경전을 펼치자, 원칙에 입각해 손패를 비판하며 손화를 옹호하다가 책망을 받았다. 손권의 암군 행보는 후사 문제에 대한 우유부단한 태도에서 두드러지게 나타난다. 당시 질책을 받은 육손은 이를 통분해하다가 얼마 안 가 병으로 죽었다. 손권은 눈물을 흘리며 육손의 아들 육항에게 자신의 잘못을 토로했으나 이미 늦었다.

손권은 정시 3년(242)에, 장남과 차남이 이미 요절했기에 열아홉 살의 셋째아들 손화를 태자로 세웠다. 손화는 매우 총명했다. 그는 열 네 살 때부터 당대의 저명한 학자인 감택을 스승으로 삼은 까닭에, 문무에 두루 뛰어났다. 대신들의 칭찬이 자자했다. 그러나 손화를 태자로 세운 지 반 년이 지나 넷째아들 손패를 노왕으로 봉하면서 일이 꼬이기 시작했다. 손화와 손패를 똑같이 대우하며 손패를 총애한 결과였다.

손패가 부황의 총애를 믿고 오만방자한 모습을 보이자, 그의 주변에 이록(利祿)에 눈이 먼 무리들이 모여들어 쉴 새 없이 손패를 부추기고 나섰다. 손화와 그를 따르는 신하들도 이에 대한 방비를 하지 않을 수 없었다. 두 진영의 암투는 날이 갈수록 심해졌다. 국본(國本: 태자 등의 후계자)은 말 그대로 나라의 근본에 해당하기에 국가통치의 중대 사안이다. 당시 그가 이에 대한 기본 입장을 확고히 했으면 아무 탈이 없었을 것이다.

그러나 그는 우유부단했다. 그저 두 아들에게 학문에만 정진하라는 명만 내렸을 뿐이다. 이는 손패의 요행심리를 더욱 부추기는 결과를 낳았다. 손화가 태자 자리를 잃을지도 모른다는 근심에 쌓이자, 두 진영의 갈등은 더욱 심해졌다.

당시 승상 육손과 대장군 제갈각, 태상 고담, 표기장군 주거 등은 태자 편에 섰다. 그러나 표기장군 보즐과 진남장군 여대, 대사마 전종 등은 노왕을 추종했다. 오나라 조정이 두 쪽으로 갈려 심각한 분열 양상을 드러낸 것은 말할 필요도 없다. 손권은 원소의 멸망을 타산지

석으로 삼고자 했음에도, 자신도 모르는 사이에 원소의 전철을 밟고 있었던 셈이다. 이미 그의 총기가 크게 흐려져 있었다고 할 수밖에 없었다.

당시 손권의 총애를 받고 있던 장녀 전공주(全公主)가 이 문제에 깊숙이 개입하면서 싸움이 더욱 치열해졌다. 전공주는 손화의 생모 왕부인과 갈등이 있었기 때문에 손화를 매우 꺼려했다. 그녀가 양쪽에 말을 옮기면서 싸움을 붙이는 모습을 보이자, 기회를 틈타 교묘히 이득을 챙기려는 소인배들이 이 싸움에 끼어들었다.

결국 손권은 한쪽 말만 곧이듣고 황후로 세우려고 했던 왕부인을 죽음으로 몰아넣었다. 전공주가 여러 차례 참언을 하자 두려움을 느낀 왕부인이 이내 병을 얻어 죽고 만 것이다. 손화에 대한 부황의 총애와 신임마저 줄어들자 손패의 전횡이 더욱 극심해졌다. 당시 태자태부 오찬은 태자 손화를 정통으로 내세우고 싸움을 말리려다가 결국 하옥되어 죽임을 당했다. 태상 고담도 서열에 따른 중재안을 제시했다가 교주로 쫓겨났다. 육손도 태자의 입장을 두둔하다 이내 손권의 미움을 받고 속 태우다 세상을 뜨고 말았다.

그럼에도 손권은 자신의 우유부단한 태도에서 모든 문제가 발생했다는 사실에 대해서는 여전히 눈을 감은 채, 양쪽 다 나쁘다는 쪽으로 결론을 내렸다. 태자 손화는 폐위되어 귀양 가고, 손패와 그의 일당은 죽음을 맞았다. 이후 그는 겨우 여덟 살 된 어린 아들 손량을 태자로 세웠다. 그의 사후 동오의 국기가 크게 흔들리게 된 근본 배경이 여기에 있다.

8년 동안에 걸친 동오의 후계자 다툼은, 손화와 손패는 물론 대신들을 일거에 몰락시킨 뒤 겨우 가라앉은 셈이다. 이 사이 조정의 기강이 엉망이 된 것은 말할 것도 없다. 당시 손권의 나이는 이미 일흔이었다. 그에게 남겨진 것이라고는 부자간의 반목과 형제의 질시라는 처참한 상처뿐이었다. 모든 것이 자업자득이다.

국본을 둘러싼 비극이 동오에서만 빚어진 것은 아니다. 위나라에서도 조조의 두 아들인 조비와 조식이 치열하게 다투었다. 보위를 차지하기 위해 형제간의 다툼은 늘 있었다. 그러나 당시는 삼국시대라는 난세의 상황이다. 이미 원소와 유표는 후계자 문제를 제대로 처리하지 못해 몰락한 바 있다. 손권도 이를 잘 알고 있었다. 그럼에도 그는 이들의 전철을 밟고 만 것이다.

그의 말년 행보에 대한 평가는 《삼국지》에 나오는 '참설진행'(讒說殄行)과 '윤사폐폐'(胤嗣廢斃)라는 두 구절에 잘 나타나 있다. '참설진행'은 참언이 나돌아 군자의 행보가 끊어졌다는 의미이다. 전반기에 보여준 탁월한 '용인술'과 '연횡술'의 행보가 사라졌다는 뜻이다. '윤사폐폐'는 후계자 문제 때문에 국정이 피폐해지고, 여러 조정대신들이 죽임을 당하거나 쫓겨났다는 뜻을 담고 있다.

그는 비록 전반기에 뛰어난 연횡술을 구사해 수성에 성공했다는 평가를 받았음에도, 후반기에 빚어진 암군 행보 탓에 조조와 유비에 비해 한 수 떨어지는 인물로 평가받는다. 부형이 남겨준 기업을 지키는 데 성공한 수성의 리더십이 제대로 평가받지 못하는 것도 이와 무관하지 않다. 대표적인 예로 원대 호삼성의 평을 들 수 있다. 그는 《자치통감》을 주석하면서 동오 정권을 이같이 평했다.

강동의 군신 상하는 단지 강동 한 모퉁이에 치우쳐 편안한 것을 바랐을 뿐이다.

왕부지는 《독통감론》에서 약간 다른 시각에서 접근하기는 했으나 결론만큼은 대동소이하다.

애석하게도 손권의 오나라에는 촉나라의 정통성도 없고 위나라의 강대함도 없었으므로 한 구석에 할거하는 것만으로 끝났다. 만일 이 조건이 충족되었다면 오나라는 천하를 평정하기에 충분한 힘이 있었을 것이다.

이런 평가는 손권의 계획이 장대하지 못한 점에 깊은 실망을 느낀 결과로 볼 수 있다. 그러나 이는 지나친 바가 있다. 동오와 손권이 처했던 당시 상황을 제대로 감안하지 않았기 때문이다. 강동은 결코 천하의 한 모퉁이가 아니었다. 그는 최대의 적인 위나라의 침공을 막아내기 위해 취할 수 있는 모든 수단을 강구했다. 여기서 그의 현란한 연횡술이 구사된 것이다. 게다가 동오에는 천하통일의 행보에 발목을 잡았던 호족과 산월족의 평정과 같은 심각한 국내 문제가 있었다는 점을 감안하면, 그의 리더십에 대한 평가는 다소 수정될 필요가 있다.

그의 전반기는 난세의 통치자다운 행보로 손색이 없다. 그의 연횡술 또한 고금에 없는 탁월한 외교책략이기도 했다. 그러나 후반기는 암군 행보로 점철되었다고 평할지라도 달리 변명할 길이 없다. 이는 그가 나이를 먹으면서 총기를 잃은 결과로 해석할 수 있다. 그러나 그보다는, 그가 오랜 집권을 통해 자신도 모르게 유아독존식의 자만심이 가득 찬 결과로 보는 게 타당하다.

　손권의 리더십을 종합적으로 관찰할 때, 웅략도 없이 초라하게 강동에 틀어박혀 수성에 급급했다고 평하는 것은 지나치다. 이릉대전에서 알 수 있듯이, 그의 연횡술은 조조나 유비보다 한 수 위였다. '견인'의 구체적인 표현인 '굴신인욕'에 관한 한 그는 당대 최고의 인물이다. 부형이 남겨 준 기업을 어떻게 지켜나갈 것인지에 대한 수성의 책략이 '견인'에 있었다고 해도 과언이 아니다. 단지 안팎의 여러 제한 때문에 제대로 뜻을 펴지 못한 것이 아쉬움으로 남는다.

# 사마의

待時 때가 올 때까지
참고 기다린다

삼국시대의 난세를 평정한 주인공은 사마씨 일족이다. 최종 작업은 사마염에 의해 이루어졌으나 기반을 닦은 인물은 사마의였다. 적잖은 사람들이 사마의를 장수의 범주에 넣고 있으나, 이는 잘못이다. 그는 장상(將相)보다는 군후(君侯)의 일원으로 평가하는 게 옳다.

사마의의 집안은 당대의 명문가였다. 그는 8형제 가운데 둘째로, 형제들 모두 당대의 준재였다. 이는 사람들이 이들을 통틀어 '사마8달(司馬八達)로 부른 데서도 알 수 있다. 건안 13년(208)에 조조는 중앙관제에 대한 대대적인 정비를 하면서, 최염과 모개가 추천한 인사들을 모두 중요한 자리에 배치했다. 여기에 '사마8달' 가운데 일부가 발탁되었다. 원성현령 사마랑은 주부, 그의 동생 사마의는 문학연(文學掾)이 되었다. 이것이 뒷날 사마씨가 위나라를 찬탈하는 단초가 되었다.

문학연이 된 사마의는 어릴 때부터 총명한데다 커다란 뜻을 지니고 있었다. 일찍이 최염은 사마의의 총명함을 보고 사마랑에게 "그대의 동생은 총명하고 성실한데다 결단력이 있고 영특하니, 그대가 따라갈 수 없을 것이다"라고 말한 적이 있었다.

조조가 사마의가 인재라는 이야기를 듣고 곧바로 그를 징소(徵召)했다. 그러나 그는 풍비(風痺: 관절염)를 이유로 거절했다. 그는 내심 탁류 출신의 조조 밑에서 머리를 숙이는 것이 싫었을지도 모른다. 이에 조조가 크게 노여워하자, 사마의는 해를 입을까 두려워한 나머지 직위를 받았다. 《진서》〈선제기〉에 나오는 일화에 따르면, 사마의가 조비의 부관으로 있을 때 조조는 세 필의 말이 한 말구유에 머리를 처박고 있는 꿈을 꾸었다. 조조는 꿈속의 말 한 필이 사마의와 같다는 생각이 들어 이내 조비에게 이같이 말했다.

"내 꿈을 꾸었는데 아무래도 이상하다. 생각건대 사마의는 인신(人臣)으로 끝날 사람이 아니다. 앞으로 그를 조심하도록 하라."

이는 뒷날 사마씨의 진나라가 들어선 뒤 호사가들이 만들어 이야기로 보이나, 당시 조조가 사마의를 손에 넣고도 마음이 놓이지 않아 그를 매우 경계했음을 알려준다. 실제로 조조와 달리 조비는 사마의에 대한 경계를 소홀히 했다. 이것이 사마의에게 딴 마음을 품게 만든 직접적인 원인이 되었다.

원래 그는 전장에서 적을 쳐부술 때뿐만 아니라, 일상적인 처신에서도 시종일관 '궤도'(詭道)로 일관했다. 그러한 사마의를 고량자제(膏粱子弟)에 지나지 않는 조상(曹爽)이 대적하는 것 자체가 무리였다. 사마의의 본색이 드러난 것은 조조를 만난 지 40여 년이 지난 뒤

였다. 그 사이 그는 조조와 조비, 조예, 조방 등 4대를 섬기며 국가
최고의 권력자로 부상했다. 조예가 죽은 뒤 여덟 살의 어린 조방이
위나라의 3대 황제로 등극하면서, 사마의는 조예의 유조에 따라 조상
과 함께 어린 황제를 보필하는 보정대신(輔政大臣)이 되었다. 조조의
조카인 조상은 위나라 건국에 큰 공을 세운 조진의 아들이었다. 사마
의는 조상을 제거한 뒤 실권을 장악했다. 위나라 찬탈의 서곡은 여기
에서 비롯되었다.

사마의가 자신의 목소리를 내기 시작한 것은 조조가 한중을 점거
할 때였다. 당시 승상주부로 있던 그는 조조에게 이같이 건의한 바
있다.

"유비는 거짓과 폭력으로 유장을 잡았기 때문에 촉인(蜀人)들이 아
직 귀부하지 않고 있습니다. 그런데도 오히려 멀리 가서 강릉을 쟁탈
하려고 하니 이 기회를 놓칠 수 없습니다. 지금 한중을 치자 익주가
진동하고 있으니 진군하면 그들의 세력이 반드시 와해될 것입니다.
성인은 천시를 위배하지도 않고 실기하지도 않습니다."

조조가 씁쓸히 웃으며 말했다.

"사람의 욕심은 끝이 없다고 하더니, 이미 농(隴)땅을 얻자 또 다시
촉(蜀)땅을 넘본다는 말인가?"

대부분의 사람들은 큰 이익을 얻게 되었는데도 분수에 넘치게 더
큰 이익을 바라는 뜻의 '득롱망촉'(得隴望蜀)의 성어를 이런 뜻으로
사용하고 있다. 그러나 원래 '등록망촉'의 뜻은 이와 달랐다. 이 말은
후한의 광무제 유수(劉秀)가 처음으로 언급한 것이다. 조조는 유수의
말을 차용해 자신의 심경을 밝히면서 원래의 뜻을 완전히 뒤바꿔 놓

은 것이다.

《후한서》〈잠팽전〉(岑彭傳)은 건무(建武) 8년(32)에 대장군 잠팽이 군사를 이끌고 유수의 뒤를 좇아서 천수군(天水郡)을 격파하면서 오한과 함께 서성(西城)에서 외효를 포위할 때의 상황을 자세하게 기록해 놓았다. 당시 유수는 동쪽으로 돌아가면서 잠팽에게 이같이 명했다.

"만일 서성이 함몰되면 곧 병사들을 이끌고 남쪽으로 가 서촉의 적들을 칠 만하다. 사람의 욕심은 만족할 줄 모르는 법이다. 이미 농 땅을 얻었으니 다시 서촉을 넘볼 만하다."

이는 유수가 잠팽에게 농 땅의 외효를 격파하면 곧이어 서촉으로 들어가 오랫동안 서촉을 지배하고 있는 공손술을 치라고 격려한 것이다. 유수가 언급한 원래의 뜻은 '사람의 욕심은 끝이 없으니, 하나를 얻은 김에 또 하나를 얻자'는 의미이다. 인간의 욕심을 적극 수용하는 일종의 현실론인 셈이다.

이런 현실론은 '사람의 욕심은 끝이 없으니, 하나를 얻었으면 만족할 줄 알아야 한다'는 조조의 '득롱망촉'과는 정반대되는 뜻을 지니고 있다. 조조는 인간의 제욕(制欲)과 과욕(寡欲)을 강조하는 당위론을 편 셈이다. 당위론의 관점에서는 조조가 말한 취지가 타당하나, 천하통일을 이루기 위한 현실론의 관점에서는 유수의 언급이 옳다고 하겠다. 유수가 천하통일을 이루어 후한제국을 세운 것과는 달리, 조조는 끝내 천하통일을 이루지 못한 채 숨을 거둔 사실이 이를 뒷받침해 준다.

결국 당시 조조는 곧바로 군사를 한중에 주둔시킨 뒤, 움직이지 않았다. 이로부터 7일 뒤 서촉에서 투항한 자가 조조에게 이같이 보고했다.

"서촉 사람들이 하루에도 수십 번씩 놀라자 수장(守將)들이 경동(驚動)하는 자를 참수하는 등 강력히 대처하고 있으나 능히 안정시키지 못하고 있습니다."

이에 다시 마음이 움직인 조조가 곧 유엽에게 물었다.

"지금이라도 진격할 수 있겠소?"

유엽이 고개를 저었다.

"지금은 서촉이 이미 조금씩 안정되어 가고 있어서 진격할 수 없습니다."

이를 두고 《삼국지》를 주석한 배송지는 이같이 평해 놓았다.

위무제가 한중의 장로를 평정하자 서촉의 사람들이 하루에도 수십 번씩 놀라게 되었다. 유비가 비록 경동하는 자를 참수하는 등 강력히 대처했으나 이를 막을 길이 없었다. 위무제는 유엽의 계책을 채택하지 않음으로써 서촉을 석권할 수 있는 기회를 놓치고 말았다.

그러나 원대의 호삼성은 《자치통감》을 주석하면서 정반대의 해석을 했다. 그는 진격 불가를 주장한 유엽의 두 번째 언급을 거론하면서 이같이 분석해 놓았다.

고작 7일 사이에 어떻게 갑자기 조금씩 안정되어 간다고 말할 수 있는가? 유엽은 대략 유비의 방어태세를 엿보고 범할 수 없다고 판단한 듯하다. 그래서 조조에게 그같이 말했을 뿐이다.

호삼성의 이야기인 즉, 유엽도 서촉으로 쳐들어갈 수 없다는 사실을 잘 알았기 때문에 그같이 대답했다는 것이다. 이는 조조의 판단을 뒷받침한 것이다. 후대의 모든 논의는 대략 배송지와 호삼성의 대립된 평가에서 크게 벗어나지 않는다.

최근에는 많은 사람들이 호삼성의 견해에 동조하는 모습을 보인다. 이들이 내세우는 논거는 크게 세 가지로 요약할 수 있다. 첫째, 조조는 서촉으로 진격하는 것이 매우 어렵다는 사실을 잘 알고 있었다. 촉도(蜀道)는 통과하기가 어려운데, 이를 통과하려다가 병사들만 지치게 만들 뿐이고, 설령 성공할지라도 어떻게 지친 병사들을 이끌고 서촉을 석권할 수 있겠는가라고 반문하고 있다. 더구나 깊이 들어갈 경우 촉군이 험요지에 의지해 저항하면 조조군은 진퇴양난의 위험에 빠질 수밖에 없는데, 조조가 이를 고려하지 않았을 리 없다는 것이다. 둘째, 후고지우가 만만치 않았던 점을 들고 있다. 강동의 손권과 형주의 관우 모두 조조의 배후를 엿보고 있는 상황에서, 만일 서촉으로 진격하게 되면 틀림없이 이들의 협공을 받을 수밖에 없었다는 것이다. 셋째, 농우가 평정된 지 얼마 안 되어 강족이 아직 귀복하지 않았고, 이제 막 한중을 점거하여 근거가 불안한 상황에서 갑자기 서촉으로 진격할 경우, 뒷감당을 하기 어렵다는 것이다. 조조가 언급한 '득롱망촉'은 나름대로 이유가 있는 셈이다.

그러나 설령 이를 모두 감안할지라도, 과연 당시 서촉으로 진격하는 게 불가능했는가 하는 점은 여전히 의문으로 남는다. 오히려 사마의가 주장한 것처럼, 서촉으로 진격하는 것이 훨씬 타당했다고 평가할 만한 근거가 매우 많다.

첫째, 사마의를 비롯하여, 조비가 칭제한 뒤 여러 차례에 걸쳐 큰 계책을 제시한 바 있는 유엽 모두 유수가 말한 의미의 '득롱망촉'을 충심으로 간했다. 이들의 충간은 당시의 정황을 정확히 분석한 것이었다.

"조조가 일거에 장로를 항복시키고 한중을 평정했음에도 승세를 몰아 파촉을 도모하지 않고 하후연과 장합만을 남겨둔 채 자신은 급히 북쪽으로 돌아갔습니다. 이는 그의 지모가 이에 이르지 못한 것도 아니고 그의 역량이 부족한 것도 아닙니다. 반드시 내부에 우환이 있어 상황이 급박했기 때문일 것입니다."

둘째, 조조가 한중을 정복하여 남정에 입성했을 때 익주는 진동하고 있었다. 당시 조조군과 벌어진 접전에서 궁지에 몰린 유비가 급하게 익주 군사의 징발을 명하는 서신을 제갈량에게 보냈을 때, 제갈량이 종사 양홍(楊洪)을 불러 이를 문의하자 양홍은 이같이 건의한 바 있다.

"한중은 익주의 인후이니 존망의 관건입니다. 만일 한중이 없으면 촉 땅은 없는 것이나 마찬가지입니다. 이는 대문 앞에 있는 화근이니 징병을 머뭇거릴 이유가 어디 있겠습니까?"

당시 조조는 익주의 인후를 틀어쥐고 있었다. 건안 20년(215) 7월에도 조조가 남정에 입성하자 유비가 이 소식을 듣고 곧바로 손권과 형주를 반으로 나누기로 합의하고, 급히 군사를 이끌고 강주(江州: 사천성 중경시)로 돌아간 것도 바로 이 때문이다. 이는 그해 11월의 일이다. 불과 4개월 사이만 하더라도 조조가 군사적 우위를 장악하고 있었던 것이다.

유엽이 고작 7일 만에 서촉 진격의 불가를 말한 것은 조조의 대군이 한중에 머물며 진격하지 않았기 때문이다. 만일 조조군이 여세를 몰아 계속 진격했다면 서촉은 결코 7일 만에 서서히 안정을 찾아가기 어려웠을 것이다.

셋째, 비록 촉도가 험고하다고 하나, 이는 조조가 근본적으로 우려했던 것은 아니다. 당시 한중은 익주자사의 관할 아래 있었다. 한중은 익주의 북쪽 관문이고, 양평관은 남정의 관문인 동시에 익주로 통하는 길목이다. 양평관을 평정하고 한중을 취한 것은 곧 익주의 인후를 움켜 쥔 것이나 다름없었다. 당시 조조군은 미창산과 대파산 등의 험로를 피해 가릉강(嘉陵江)의 계곡을 따라 남하해 서촉으로 진격할 수 있었다. 촉도가 험난하여 서촉으로 진격할 수 없었다는 것은 설득력이 약하다.

넷째, 조조에게 후고지우가 있었다고는 하나 그리 두려워할 만한 것은 아니었다. 조조가 장로를 정벌할 때 손권과 유비 사이의 갈등도 나날이 커지고 있었다. 조조가 의연(毅然)히 한중으로 출병할 수 있었던 것도 이와 무관하지 않았다. 조조가 한중으로 출병하기에 앞서 손권의 움직임을 미리 예측해 장료 등에게 밀교를 보낸 것이 그 증거이다.

당시 손권은 합비성을 공격하다가 오히려 대패한 까닭에, 곧바로 중원으로 진군할 입장이 아니었다. 실제로 조조는 한중을 장악한 이듬해인 건안 21년(216) 2월에 업성으로 환군한 뒤, 건안 22년(217) 정월에 손권을 치러 나설 때까지 약 1년 반 동안 손권은 별다른 행동을 보이지 않았다. 나아가 당시 유비와 손권 사이의 갈등이 상존했기 때문에 손권이 관우 등과 손을 잡고 조조의 배후를 치는 최악의 상황이 빚어질 가능성은 거의 없었다고 보아야 한다. 조조 또한 이를 크게 염려하지도 않았다.

다섯째, 강족이 아직 완전히 귀복하지 않아 관롱(關隴: 섬서와 감숙) 지역이 불안하기는 했으나, 이것이 후방의 위협이 될 수는 없었다. 사서의 기록에 따르면, 당시 강족과 저족이 비록 일찍이 마초와 한수 등을 지원하며 조조에 대항했다고는 하나, 대부분은 피동적으로 전쟁에 나섰다. 더구나 당시 대부분의 부족이 조조에게 귀부하여 통일된 저항세력으로 성장할 가능성이 희박했다.

이를 보고 알 수 있듯이, 조조가 서촉으로 진격하지 않은 것은 자만으로 말미암은 적벽대전에서의 패배에 버금가는 커다란 실착이라는 평가를 받을 만하다. 조조가 이런 실책을 저지른 가장 큰 이유로 꼽을 수 있는 것은 조정에서 권력 기반을 더욱 강화하려는 조바심에서 찾을 수 있다. 당시 유비의 최고 책사로 있던 법정의 언급이 이를 뒷받침한다.

"조조가 일거에 장로를 항복시키고 한중을 평정했음에도, 승세를 몰아 파촉을 도모하지 않고 하후연과 장합만을 남겨둔 채 자신은 급히 북쪽으로 돌아갔습니다. 이는 그의 지모가 이에 이르지 못한 것도 아니고 그의 역량이 부족한 것도 아닙니다. 반드시 내부에 우환이 있어 상황이 급박했기 때문일 것입니다."

당초 조조는 사마의를 크게 경계하며 중용하지 않았다. 이는 그의 눈매가 매처럼 먹이를 응시하듯 날카로운 모습을 띠고 있는데다가, 말을 할 때에도 몸을 돌리지 않은 채 고개를 뒤로 돌리며 늘 주변을 경계하는 모습을 보인 데 따른 것이다. 이는 관상학에서 말하는 '응시낭고'(鷹視狼顧)의 상으로, 장차 권력을 장악하게 되면 반역을 저지를 상이기도 했다. 《삼국연의》를 보면 조조가 화흠에게 이같이 말한 대목이 나온다.

"중달이 한중을 얻자마자 바로 이어서 파촉을 취하자고 하는 것은 그의 관상이 '응시낭고'의 상인 것과 무관하지 않다. 이는 늘 매처럼 먹이를 가로채 먹으면서도 이리처럼 허기를 느끼는 상이라고 할 수 있다."

조조가 살아 있는 한 사마의는 일개 모신에 지나지 않았을 것이다. 그러나 조조가 죽은 뒤 조비와 조예는 사마의를 중용했다. 사마의처럼 무략이 뛰어난데다 큰 뜻을 지닌 인물은 난세에 결코 자신보다 못한 인물의 신하로 남아 있기 어렵다. 사마의의 뛰어난 군략(軍略)은 우금이 패해 관우의 포로가 되었을 때 다음과 같이 언급한 사실을 통해 쉽게 알 수 있다.

"우금 등의 패배는 작전의 실수에 따른 것이 아니기에 국가대계에 큰 손해를 끼친 것은 아닙니다. 관우의 득세를 손권은 반드시 원하지 않을 것입니다. 사람을 보내 손권에게 관우의 후방을 견제하도록 권하면서 장강 이남을 떼어 열후에 봉하면, 번성의 포위는 저절로 풀릴 것입니다."

사마의의 뛰어난 용병술은 맹달을 포획하는 데에서 그 절정을 이룬다. 《삼국연의》는 제갈량이 북벌에 나서서 농우를 빼앗은 직후 사마의가 맹달의 목을 벤 것으로 묘사해 놓았으나, 사실 맹달은 그 이전에 죽었다. 제갈량의 1차 북벌 때부터 사마의를 제갈량의 상대로 묘사하고 있는 것 또한 사실과 다르다. 당시 사마의는 맹달을 참한 뒤 곧바로 주둔지인 완성으로 돌아갔다. 사마의가 제갈량과 직접 부딪친 것은 제갈량의 5차 북벌 때부터이다.

원래 사마의는 병법 가운데 궤도(詭道)의 달인이다. 그는 조조와 달리 용병 때는 물론 평시에도 이를 무시로 구사했다. 이종오가 사마의를 면후와 심흑의 최고 달인으로 평가한 이유이다. 궤도의 핵심은 '허허실실'(虛虛實實)이다. 이는 상황에 따른 '임기응변'(臨機應變)을 요체로 삼는다. 병법의 일반 이론만으로는 그 의미를 제대로 파악하기 어렵다.

사마의는 적을 제압하기 위해 취할 수 있는 모든 수단을 동원하여 필승지세를 만들어 나갔다. 사마의의 전술이 상황에 따라 속전속결과 지구전을 병용하는 변화무쌍한 모습으로 나타난 이유가 여기에 있다. 맹달의 목을 벨 때 사용한 전술은 전광석화와 같은 쾌속전(快速戰)이다. 요동의 공손연을 토벌하고 제갈량과 접전할 때에는 정반대로 지구전(持久戰)을 구사했다. 공손연을 토벌할 당시 여러 장수들이 이의를 제기하자 사마의는 이같이 말했다.

"전쟁이란 처음부터 끝까지 변법(變法)을 쓰는 것이다. 정황이 다르면 작전 또한 달라져야 한다. 지금 상대는 수가 많은데다가 날씨는 악천후로 비까지 내리고, 식량 부족에 허덕이고 있다. 이때는 꼼짝도 하지 못하고 있는 모습을 보여서 상대방을 안심시키는 것이 상책이다. 눈앞의 이익에 끌려 덤비다가는 아무 성과도 거두지 못하고 말

것이다."

이는 '허허실실'의 묘리를 통달한 사람만이 할 수 있다. 공손연이 궤멸당한 것은 말할 것도 없다. 사마의가 구사한 지구전 술책은 제갈량과의 접전에서 절정에 달했다. 사마의는 두 차례에 걸친 제갈량과의 접전에서 시종 지구전을 구사했다. 공격하는 입장에 서 있던 제갈량은 결전을 서둘렀지만, 번번이 사마의의 지구전에 의해 좌절되고 말았다. 결국 제갈량은 6차 북벌 당시 뜻을 이루지 못하고 오장원에서 병으로 쓰러져 진중에서 죽고 말았다. 제갈량은 사마의의 지구전에 휘말려 제풀에 죽고 만 셈이다. 때가 올 때까지 참고 견디는 그의 '대시'(待時) 리더십이 빛을 발한 대목이다.

사마의는 전쟁터뿐만 아니라 평소 사람을 대할 때에도 '허허실실'의 궤도를 구사했다. 시기가 불리하면 온갖 모욕을 견디며 때가 오기를 기다렸다. 이 와중에 그는 상대방을 한 번에 거꾸러뜨리기 위한 치밀한 계획을 세워 나갔다. 드디어 때가 왔다고 판단되면 졸지에 상대방을 궁지로 몰아넣어 궤멸시키는 전광석화의 전격전을 구사했다. 그가 조상을 제거하고 위나라의 권력을 거머쥔 것은 바로 전쟁터에서 구사한 '허허실실'의 궤도였다.

당초 사마의가 조상을 궤멸시킬 만한 위치에 오르게 된 것은 조비와 조예의 탁고유명에 따라서였다. 삼국시대에 나타난 대표적인 탁고유명을 들라면 유비와 조예의 경우를 꼽을 수 있다. 두 사람의 탁고유명은 전혀 다른 결과를 낳았다. 제갈량이 어린 유선을 끝까지 돌보며 갈충보국(竭忠報國)의 행보를 보인 것과는 달리, 사마의는 어린 조방을 폐위하고 시군찬위(弑君篡位)의 길을 열었다.

제갈량은 찬위를 꿈꿀 처지에 있지 못했다. 유비로부터 지우지은
을 입은 그로서는, 갈충보국하는 길만이 그가 할 수 있는 유일한 길이
기도 했다. 이와 달리 사마의는 출발 자체가 제갈량과 정반대였다. 그
는 억지로 출사했다. 그의 흉중에는 청류 사대부 출신이라는 것과 뛰
어난 지략 등에 대한 자부심이 가득 차 있었다. 그는 내심 난세가 계
속 이어질 경우 자신이 세상을 평정하겠다는 웅심을 품고 있었던 것
이다. 조예가 그를 고명대신(顧命大臣)에 임명함으로써 그 디딤돌을
놓아준 셈이다.

사서를 살펴보면, 사마의는 본래 음험하고 교활하며 냉혹하고 무
자비한 인물로 묘사되어 있다. 다음은 《진서》〈선제기〉의 해당 대목
이다.

속으로는 꺼리면서도 겉으로는 너그러운 척했고, 의심과 시기가 많
았으나 임기응변에 능했다.

이어 〈선제기〉는 다음과 같이 덧붙여 놓았다.

동진의 명제(明帝) 때 왕도(王導)가 명제를 모시고 앉자, 명제가 전
대에 천하를 얻게 된 까닭을 물었다. 왕도가 이에 위나라 때부터 문제
(文帝: 사마소) 말기의 고귀향공에 관한 일에 이르기까지 모두 이야
기를 했다. 그러자 명제가 얼굴을 책상 위에 묻으며 말하기를, '만약
공이 말한 것과 같다면 진나라의 왕업이 어찌 오래갈 수 있겠는가'라
고 했다.

이를 통해 후손들조차 사마의 부자가 위나라를 찬탈할 때 저질렀던 잔혹한 행위에 대해 크게 수치스럽게 생각했음을 알 수 있다. 나관중은 《삼국연의》에서 사마의가 모든 신의를 저버리고 정적을 가차없이 제거한 뒤, 그 시체를 밟고 권력의 보좌에 오르는 과정을 적나라하게 묘사해 놓았다. 이는 사실과 부합한다.

당초 사마의와 함께 고명대신에 임명된 조상은, 부친 조진의 후광에 힘입어 최고의 자리에 올랐을 뿐, 그 자신은 평범하기 그지없는 황족의 한 사람에 지나지 않았다. 그러나 사마의는 오랜 세월동안 전쟁터를 누비며 온갖 궤계를 구사한 노회하기 그지없는 인물이었다. 그가 사마의와 맞설 때부터 모든 결과는 이미 정해진 것이나 다름없었다.

이들의 연합정권은 출발부터 불길한 조짐을 보였다. 사마의는 병이 났다고 속이는 이른바 사병계(詐病計)를 구사해 조상의 경계심을 늦춘 뒤, 때가 오자 전광석화 같은 반격을 가해 삼족을 멸한 다음, 위나라의 권력을 완전히 장악했다. 이후 사마의와 사마사, 사마소 등 사마씨 부자로 이어지는 16년의 세월 속에 두 차례의 폐립과 살육전이 전개되었다. 그 결과 조씨의 위나라는 사마씨의 진나라로 바뀌고 말았다.

조씨의 위나라는 사마사와 사마소가 황제를 폐립할 때 이미 끝났다고 할 수 있다. 사마씨의 진나라는 사마소가 조모를 척살하고 조환을 옹립할 때 사실상 창업의 깃발을 올렸다고 보아야 한다. 위나라의 마지막 황제인 조환은 후한의 한헌제가 그렇듯이 허수아비 황제에 불과했다. 조선조의 이성계가 고려조의 창왕을 신돈의 자식이라는 이유로 쫓아낸 뒤 멋대로 공양왕을 옹립해 놓고, 사실상의 건국 작업에 착수한 것에 비유할 수 있다.

사마사와 사마소의 전횡은 말할 것도 없이, 사마의가 간교한 술책을 써서 조상 등을 제거하고 군사대권을 장악한 데서 비롯되었다. 사마의는 임종에 앞서 두 아들을 병상 앞으로 불러놓고 이같이 당부한 바 있다.

"나의 벼슬이 태부에 이르렀으니, 남의 신하로서 그 지위가 더할 나위 없이 높다. 사람들이 모두 나에 대해 두 마음을 품고 있는 게 아닌지 의심하고 있으므로, 나는 일찍이 두려운 마음으로 지내야만 했다. 내가 죽은 뒤에라도 너희 형제들은 힘을 합해 국정을 잘 다스리되, 부디 삼가고 또 삼가기 바란다."

액면 그대로 고명대신의 충언으로 해석할 수도 있으나, 이후 사마사 등이 보여준 행태를 보면, 사실 이는 두 자식에게 '허허실실'의 진수를 터득하라고 당부한 것이나 다름없다. 사마사가 관구검을 제거한 과정이 그 실례이다. 당초 관구검 등이 동오를 치러갔다가 실패하자 조정에서는 여러 장수들을 폄출(貶黜)하자는 의논이 일어났다. 이때 사마사가 이같이 말했다.

"내가 제갈탄의 계책을 받아들이지 않아 이리 된 것이니, 이는 모두 내 잘못이오. 장수들에게 무슨 죄가 있겠소?"

사마사는 감군(監軍)으로 간 사마소의 작위만 빼앗는 것으로 이 일을 마무리 지었다. 이는 고도로 계산된 조치였다. 장수들로 하여금 자신의 넓은 아량에 감읍하게 만들면서도 자신의 군사대권을 강화시켰기 때문이다. '가인'(假仁)의 달인인 유비가 익주를 탈취할 때 써먹은 간계와 하등 다를 바가 없다.

옹주자사 진태가 호인들에 대한 토벌에 나설 것을 주청했을 때, 이를 재가한 사마사의 태도도 같은 맥락에서 이해할 수 있다. 당시 안문 일대의 호인들이 원역(遠役)에 차출된 것에 반발해 반기를 들자, 사마사는 관원들에게 이같이 사죄했다.

"이는 오로지 내 잘못으로 빚어진 일일 뿐이니, 옹주자사의 책임이 아니오."

사서는 당시의 상황과 관련해 '이로써 사람들이 모두 부끄러워하며 사마사에게 심복했다'고 기록해 놓았다. 사마사가 부친인 사마의의 '허허실실' 계책을 얼마나 정교하게 받아들였는지를 극명하게 보여준다. 습착치가 《한진춘추》에서 사마사의 이런 언행을 액면 그대로 해석해 놓은 게 그 증거이다.

> 만일 실패를 감추고 책임을 남에게 미루고자 했다면 상하로부터 신망을 잃고 인재들이 도망가는 일이 벌어졌을 것이다. 사마사가 두 번의 실패를 모두 자신의 책임으로 돌리자, 잘못이 해소되고 업적은 오히려 융성해졌으니, 이를 가리켜 명지(明智)라 할 만하다. 군주가 이러한 이치로 나라를 다스리면 실수를 하고도 이름을 날리고, 전투에 지고도 전쟁에 이겼다고 할 것이니, 비록 백 번 실패한들 무슨 문제가 있겠는가?

사마사의 뒤를 이은 사마소도 부형 못지않은 '허허실실'의 계책을 구사했다. 사마사는 관구검의 반기를 제압한 뒤 이내 병이 깊어져 죽을 지경에 이르자, 병상 앞으로 동생 사마소를 불러 이같이 유언한 바 있다.

"내가 이제 권세가 워낙 중해 벗어놓으려 해도 할 수가 없다. 너는 내 뒤를 이어 중임을 맡되 행여 대사를 남에게 함부로 맡기지 마라. 이는 멸문지화(滅門之禍)를 자초하는 길이다."

이는 일단 찬위(簒位)를 위해 호랑이 등에 올라탔으니, 여기서 내려오는 순간 멸문지화를 당한다고 경고한 것이기도 하다. 호랑이 등에 올라타면 그 선택은 호랑이가 지쳐 죽을 때까지 버티고 살아남거나, 그렇지 않으면 힘이 달린 나머지 호랑이 등에서 떨어져 호랑이 밥이 되거나 둘 중의 하나밖에 없다. 말 그대로 '호미난방'(虎尾難放) 이다.

실제로 사마소는 부형의 유언을 명심해 더욱 절묘한 '허허실실'의 계책을 구사했다. 당시 진왕(晉王)으로 있던 그는, 촉한을 정벌한 뒤 민심이 귀복하기를 기다리고 있다가 갑자기 중풍에 걸려 말을 못하게 되었다. 그는 자신이 죽은 뒤를 대비하여 이미 아들 사마염을 위나라의 상국으로 세워 국정을 전담하도록 조치를 취해 놓은 것은 말할 것도 없고, 무군대장군(撫軍大將軍)에 임명해 군사대권을 장악하게 만들었다. 이어 태시 원년(265) 5월에는 왕비의 명호를 '왕후', 세자를 '태자'로 부르도록 했다. 이는 황제와 제후왕의 차이를 없앤 것으로, 진나라가 언제든지 선양 받을 수 있도록 만반의 준비를 갖춘 것이나 다름없다.

천하통일은 비록 사마염 때 이루어졌으나, 그 단초는 조부인 사마의에 의해 열린 것이다. 사마의는 병법에서 말하는 '허허실실'의 달인이다. 이는 '궤도'의 진수에 해당한다. 그의 '대시'(待時) 행보가 모두 속에는 칼을 감추고 겉으로는 어리석게 행동하는 '약우'(若愚)의 사술 (詐術)과 결합되었다고 보는 이유이다. 실제로 그는 결정적인 순간이 올 때까지 어리석음을 가장하며 칼을 가는 모습을 보였다. 이는 아무나 구사할 수 있는 것이 아니다. 그가 오래전부터 천하를 틀어쥐려는 웅심을 품고 있었음을 뒷받침하는 대목이다.

# 2부

# 신하의 도

臣道

# 1. 문도

文道

# 왕 윤

**決死** 죽음을 각오한 결사 행보를
보여주다

《삼국연의》에 나오는 왕윤은
초선을 이용해 연환계로 동탁을 죽이는 탁월한 지략의 소유자로 묘사되어 있으나, 사서는 정반대로 후한을 소란의 도가니로 몰아가는 장본인으로 기록하고 있다. 그럼에도 그는 후한 말기에 나타난 매우 드문 책사 가운데 한 명이다. 당시 천자를 끼고 천하를 호령한 동탁을 간단히 처치한 게 그 증거이다.

황건적의 난이 일어날 당시 왕윤은 예주자사로 있었다. 황건적 토벌에 나선 그는, 이 와중에 중상시 장양의 빈객이 황건적과 교신한 서신을 손에 넣게 되었다. 크게 놀란 왕윤은 이를 바로 영제에게 올렸다. 영제의 질책에 장양은 백배사죄해 간신히 화를 면할 수 있었다.

이 일로 장양은 왕윤에게 앙심을 품고 다른 사건으로 왕윤을 참소했다. 어리석은 영제는 그의 참소를 믿고 이내 왕윤을 하옥시켰다. 이후 대사령 덕으로 간신히 살아났으나, 그를 제거하려고 혈안이 된 장양의 무함에 또다시 걸려, 사면된 지 10일 만에 다시 하옥될 위기에 처했다. 이번만큼은 살아날 수 없을 것으로 생각한 주변 사람들이 독약을 가지고 와 자진을 권하자, 그는 오히려 이같이 꾸짖었다.

"나는 신하 된 몸으로 군주에게 죄를 얻어 죽는 것이니, 먼저 정식 처결을 받은 뒤 그 사실이 천하에 공표되어야만 한다. 어찌 독약으로 자살할 수 있겠는가?"

왕윤의 의연한 모습은 청류 사대부의 기개를 유감없이 보여준 것이라 할 수 있다. 후한제국이 외척과 환관의 발호 속에서도 그나마 200년 가까이 유지될 수 있었던 것은, 청류 사대부의 이런 절의 덕분이다.

그러나 군주가 혼암한데다 환관들이 전횡을 하는 상황에서, 이는 헛된 죽음을 자처하는 것이나 다름없다. 당시 대장군 하진 등이 상소문을 올려 구원에 나서지 않았으면 그리 되었을 공산이 컸다. 왕윤은 이들의 도움으로 간신히 사지에서 빠져나올 수 있었다.

당시 하진은 원소와 결탁해 환관들을 일거에 제거하려는 계획을 세우고 있었다. 이에 원소를 사례교위로 삼아 궁내 소식의 외부 유출을 차단하게 하고, 환관들과 원수지간이 된 종사중랑장 왕윤에게는 하남윤의 직책을 맡기면서 낙양의 치안을 담당하게 했다. 이때 하진이 머뭇거리자, 원소는 하진을 부추겨 동탁의 평락관 진주를 허락하도록 청하는 상주문을 올리게 했다.

동탁이 집권하게 된 단초는 원소가 열었다. 동탁이 군사들을 이끌고 와 권력을 장악하자, 태산에서 군사를 모은 기도위 포신이 원소에게 독자적인 동탁 토벌을 권했다. 원소가 동탁을 두려워한 나머지 감히 군사를 움직이려 하지 않자, 포신이 다시 왕윤을 찾아가 같은 제의를 했다. 왕윤이 말했다.

"아직 때가 아닌 듯하니, 차차 의논해 보기로 합시다."

이때 결단해 동탁을 쳤으면 결과가 어찌되었을지 모를 일이다. 당초 동탁이 낙양에 들어왔을 때 병사는 겨우 3천 명이었다. 왕윤 또한 원소와 마찬가지로 결단력이 부족했다. 두 사람 모두 안전한 길을 찾으려 했을 공산이 크다. 아무런 저항도 받지 않고 낙양을 점거해 어린 황제를 옆에 끼고 권력을 장악하게 된 동탁은 왕윤을 사도로 임명했다. 동탁도 왕윤을 이용해 자신의 취약한 기반을 보완하고자 했다.

왕윤이 몸을 굽혀 동탁을 섬기자 동탁도 그를 신임했다. 동탁은 조정의 크고 작은 일을 모두 왕윤에게 일임했다. 왕윤은 밖으로는 각 주군(州郡)과 협조하고, 안으로는 황실을 안정시키는 데 노력했다. 이에 천자 이하 백관들이 모두 그에게 의지했다. 왕윤이 동탁 거세를 결심한 것은, 동탁이 원소 문제로 태부 원외와 태복 원기 등 원씨 일족 50여 명을 도륙한 다음이었다.

이에 사도 왕윤과 사례교위 황완, 복야 사손서, 상서 양찬 등이 은밀히 모여 동탁을 제거할 계책을 논의했다. 문제는 과연 어떤 식으로 동탁을 제거하는가 하는 방법론이었다. 이들은 구체적인 실행방법을 놓고 뾰족한 해답을 찾아내지 못했다. 애초부터 동탁을 죽이기 위해 치밀한 계획을 세운 뒤 여포를 도구로 이용한 것으로 묘사된 《삼국연의》와 달리, 그가 동탁 거세에 여포를 이용하기로 마음을 먹은 것은 여포의 말을 듣고 난 뒤였다.

왕윤은 여포의 말을 듣고 곧바로 복야 사손서와 사례교위 황완을 불러 동탁을 제거할 계책을 마련했다. 그러고는 자신들이 마련한 계책을 여포에게 전해주면서 내용을 부탁했다. 여포를 이용해 동탁을 척살하는 구체적인 방안은 복야 사손서의 머리에서 나왔다. 여포는 동탁을 간단히 제거했다. 결과적으로 왕윤은 여포를 이용해 황실을 안정시키고 나라를 도탄에서 구하는 대공을 세운 셈이다.

당시 왕윤은 동탁 제거의 일등공신이 되어 녹상서사(錄尙書事)에 임명되고, 행동대장으로 활약한 여포는 분위장군에 임명되어 온후(溫侯)에 봉해졌다. 두 사람은 함께 동탁을 대신해 조정을 장악했다. 이때 왕윤이 대처만 잘했으면 후한의 역사는 다르게 진행되었을 것이다.

그러나 왕윤은 이같이 중차대한 시기에 두 가지 결정적인 잘못을 저질렀다. 하나는, 조야의 신망을 잃은 오만함을 노골적으로 드러낸 점이다. 당시 최고의 문신으로 알려진 채옹을 죽인 게 그 증거이다. 원래 채옹은 당고지화(黨錮之禍)로 10여 년 동안 삭방에서 망명생활을 하다가 동탁의 발탁으로 다시 관직에 복귀한 인물이다. 동탁은 채옹을 크게 신임했다. 채옹이 동탁의 죽음 소식을 듣고 크게 탄식하며 애도한 사실이 이를 뒷받침한다. 이 소식을 들은 왕윤이 대로했다.

"동탁은 나라의 대적이다. 그대는 마땅히 적개심을 가져야 함에도 오히려 그가 베푼 사은(私恩)을 못 잊어 그의 죽음을 비통해 하니, 어찌 함께 역적 노릇을 한 것이 아니라고 하겠는가?"

왕윤이 곧바로 채옹을 정위에게 넘겨버렸다. 채옹은 동탁에 협력한 적이 없었기에 그의 탄식 정도는 가볍게 넘길 수도 있는 문제였다. 그럼에도 왕윤은 그를 억지로 옭아 넣은 것이다. 사서의 기록을 토대로 보면, 왕윤 또한 시종일관 강직한 길만 걸어온 것은 아니다. 엄밀히 따지면, 왕윤도 채옹과 마찬가지로 동탁으로부터 지우지은(知遇之

恩)을 입은 사람이다. 그럼에도 그는 채옹을 사지로 몰아넣은 것이다.

채옹을 질시했거나 지나친 자만심에 차 있었던 결과로 해석할 수밖에 없다. 당시 채옹이 죄를 자청하며, 진행 중인 사서 저술을 완결하게 해달라고 청한 사실이 이를 뒷받침한다.

"내가 고금의 군신대의(君臣大義)를 늘 귀로 들으며 입으로 외웠는데, 어찌 나라를 배반하고 동탁을 향할 수 있겠는가? 나는 경월(黥刖: 얼굴에 먹을 뜨고 발꿈치를 자르는 형)의 형을 당한 뒤 한나라의 역사서를 계속 써 이를 완성시키고자 하오."

사마천이 궁형(宮刑)을 당하고 나서 《사기》를 완성했듯이, 자신도 《한서》 저술을 완결할 수 있도록 배려해 달라고 간청한 것이다. 이 이야기를 전해들은 사대부들이 모두 채옹을 동정하며, 왕윤에게 채옹을 살려줄 것을 탄원했다. 그러나 왕윤은 들은 척도 하지 않았다. 당시 태위 마일제도 채옹을 동정하여 왕윤에게 이같이 말했다.

"채옹은 세상에 둘도 없는 일재(逸才)이오. 그는 한나라의 역사를 두루 아니, 마땅히 그로 하여금 사마천의 뒤를 이어 사서를 완성하게 해야 하오. 사소한 잘못을 저지른 것 때문에 그를 죽이면 천하인을 크게 실망시키는 것이오."

그러자 왕윤은 이같이 반박했다.

"한무제는 사마천을 죽이지 않고, 그가 자신을 비방하는 글을 써 후세에 전하도록 허락했소. 그러나 지금은 국가가 쇠약한데다 해내(海內)의 싸움이 그치지 않고 있으니, 간신배들이 어린 황제 옆에서 붓을 잡도록 할 수는 없소. 또한 우리들이 그의 비방 대상이 되도록 방치할 수도 없는 일이오."

이를 보고 마일제가 물러나와 사람들에게 이같이 말했다.

"왕윤은 후사가 끊어질 것이다. 착한 사람은 국가의 기강(紀綱)이고, 사서를 쓰는 것은 국가의 전범(典範)이다. 기강을 없애고 전범을 폐하려 드니, 그의 후대가 어찌 오래갈 수 있겠는가?"

채옹이 끝내 옥사하자 사람들은 왕윤의 처사가 가혹했다고 비난했다. 왕윤이 죽음을 무릅쓰고 동탁을 제거한 공훈은 높이 평가할 만하나, 사소한 일로 당대의 인재를 죽음으로 몰아간 것은 적잖은 문제가 있다. 그는 난세를 광정할 만한 인물이 못 되었다. 이후 이각과 곽사 등 동탁의 부하들에 대한 대처를 잘못해 제2의 동탁정권을 자초한 사실이 이를 뒷받침한다. 그는 나라를 편히 할 수 있는 길을 두고도 오히려 사직을 위태롭게 만든 어리석음을 저질렀던 셈이다.

당시 여포는 왕윤에게 동탁의 재물을 공경과 장교들에게 상으로 나누어 달라고 청했으나, 왕윤은 받아들이지 않았다. 왕윤의 이런 태도는 나름 일리도 있었지만 문제가 되었다. 《삼국지》와 《자치통감》은 왕윤을 이같이 묘사해 놓았다.

왕윤의 성정이 매우 강직하고 모가 나, 악을 미워하기를 원수같이 했다.

왕윤이 동탁을 제거한 뒤 여포를 검객 정도로 대우한 것도 청류 사대부로서의 자부심이 지나친 결과였다. 이는 여포의 불만을 사는 결정적인 배경으로 작용했다. 사려 깊지 못한 행동이 아닐 수 없다. 당시는 아직 동탁의 잔당이 남아 있던 까닭에 유연함이 필요했다. 왕윤은 동탁을 제거한 뒤 다시는 재난이 없을 것으로 생각해 점차 교만

해지기 시작했다. 이에 여포뿐만 아니라 휘하조차 점차 왕윤에게 등을 돌리기 시작했다.

당초 그는 여포가 후환을 없애기 위해 동탁의 부하들을 제거할 것을 제안했을 때 이를 거부했다. 그들에게는 죄가 없다는 게 이유였다. 왕윤의 판단이 옳았다. 자칫 섣불리 동탁의 부하들을 거세하려 들 경우 화란을 불러올 소지가 컸다. 이에 그는 곧 사손서와 이 문제를 상의하면서, 특별히 조서를 내려 동탁의 부하들을 사면하는 방안을 생각했다. 그러나 이내 의구심이 들어 방침을 번복했다.

"그들을 역적으로 규정한 뒤 사면하면 오히려 더욱 의심받게 되지나 않을지 걱정이다. 이는 그들을 회유하는 방법이 아니다."

이는 지나친 것이다. 당시 동탁의 부하들은 동탁이 난신적자로 몰려 죽임을 당했기 때문에 운신의 여지가 없었다. 그들은 오직 자신들의 사면 여부에 모든 관심을 기울이고 있었다. 그들을 회유하기 위해서라도 명분에 얽매이지 말고 사면령을 내렸어야 했다. 그러나 그는 사면령을 내리려 한 당초의 방침을 철회하고 말았다. 그렇다고 예상되는 동탁 휘하의 반발에 대한 대비책을 강구해 놓았던 것도 아니다.

당시 동탁 휘하는 막강한 무력을 지니고 있었다. 이들이 동요할 경우 어떤 일이 벌어질지 삼척동자도 알고 있었다. 그럼에도 그는 아무런 후속조치도 취하지 않은 채 만연히 대처한 것이다. 이때 어떤 사람이 그에게 동탁의 군사들을 교묘히 해산하는 방안을 제시했다.

"동탁 휘하의 양주(凉州) 출신 군인들은 평소 원소를 꺼린 데다 관동군을 두려워합니다. 지금 문득 동탁의 군사를 해산해 함곡관을 열어두면 화를 자초하는 것입니다. 우선 황보숭을 장군으로 삼은 뒤 그로 하여금 동탁의 부대를 통솔하여 섬현에 머물며 백성을 다독이도록 하는 게 좋을 듯합니다."

이는 동탁 군사를 소리 없이 해체할 수 있는 묘안이었다. 그럼에도 그는 오히려 관동군의 의심을 살 우려가 크다며 이를 거부했다. 당시 동탁 토벌을 기치로 내건 관동군은 이미 동탁이 제거된 상황이었기 때문에 크게 문제 삼을 일이 아니었다. 그보다는 장안에서 가까운 양주 백성들의 동향을 면밀히 파악할 필요가 있었다.

당시 양주 안에서는 조정이 양주 사람들을 모두 죽이려는 음모를 꾸미고 있다는 유언비어가 나돌았다. 사면령을 받지 못한 동탁의 부하들은 이를 사실로 믿고 크게 두려워했다. 이들은 대비하며 서로 이런 말을 주고받았다.

"채옹은 단지 동공으로부터 두터운 신임과 대우를 받았다는 이유만으로 연좌되어 죽었소. 지금 우리를 사면하지 않는 것은 곧 우리 군사를 해산한 뒤 죽이려는 심산임에 틀림없소. 군대가 해산되는 즉시 우리는 다음날 어육(魚肉)이 되고 말 것이오."

이때 여포는 부장 이숙을 섬현으로 보내 조명을 내세워 동탁의 사위 우보를 죽이도록 했다. 우보가 심복 호적아와 함께 황금 등을 챙겨 도주했다가 호적아에게 죽임을 당했다. 호적아는 황금과 주옥을 가로챌 욕심으로 우보를 죽이고 그의 수급을 여포에게 바쳤다. 여포는 호적아를 죽여 버렸다. 양주로 돌아온 동탁의 심복 이각 등은 우보가 이미 죽어 기댈 곳이 없게 되자 사자를 장안으로 보내 사면을 청했다. 왕윤이 단호히 거절했다.

"한 해에 두 번 사면할 수 없다."

이각 등이 더욱 두려워한 나머지 어찌할 바를 몰라 각자 흩어져 샛길을 통해 고향으로 돌아가려고 하자, 토로교위 가후가 강력 만류하며 장안을 공략할 것을 권했다. 이각 등이 이를 좇아 장안을 공격하자, 왕윤은 양주의 명문 출신 호문재 등을 불러 이각 등을 설득해 줄 것을 청했다. 왕윤은 그들과 접견하면서 이같이 말했다.

"관동의 쥐새끼들은 지금 무엇을 하고 있는 것인가? 경들은 가서 그들을 불러오도록 해 주시오."

이는 오히려 이각 등을 더욱 자극하는 결과를 낳았다. 이각 등이 장안으로 가는 도중에 수시로 병사들을 불러 모아, 장안에 도착할 때에는 10여 만 명에 이르렀다. 여포를 이용해 동탁을 제거하는 등 우선 급한 불을 끄기는 했으나, 결과적으로 더 큰 화를 불러들인 셈이다.

여포가 군사들을 이끌고 가 이각 등과 시가전을 벌였으나 결국 패하고 말았다. 그는 수백 명의 기병을 이끌고 동탁의 머리를 말안장 위에 묶은 채 성 밖으로 도망가다가, 왕윤을 불러 같이 도망갈 것을 권했으나 왕윤이 거절했다.

"사직의 신령이 도와주면 위로 나라를 평안하게 만드는 것이 나의 평소 바람이었소. 만일 실현되지 못하면 나는 목숨을 바칠 뿐이오. 지금 황제가 유충하여 오직 나만 믿고 있으니, 위난을 당해 도망가는 짓을 나는 차마 할 수 없소."

그는 청류 사대부의 마지막 자존심을 지키고자 한 것이다. 높이 평가할 만한 것이기는 하나, 사태를 미연에 방지할 수 있었는데도 그리하지 못한 것은 오로지 그의 책임이다. 그는 장안 시내가 온통 시체로 뒤덮이자, 급히 한헌제를 부축해 선평문으로 올라가 병난을 피했다.

이각 등이 문루 위에 있는 한헌제를 쳐다보며 말했다.

"동태사가 무고히 여포에게 살해되어 신 등은 동태사의 복수를 하려 한 것이지, 감히 역모를 하려 한 것이 아닙니다. 일이 끝난 뒤 정위에 가서 달게 벌을 받겠습니다."

이각 등이 문루를 포위한 뒤 일제히 표문을 올려 사도 왕윤이 밖으로 나와 질문에 답해 줄 것을 요구하자, 왕윤이 부득불 문루 아래로 내려가 그들과 접견했다. 다음날 한헌제가 천하에 대사령을 내린 뒤, 이각을 양무장군, 곽사를 양렬장군, 번조 등을 중랑장에 임명했다.

이각 등은 곧바로 사례교위 황완을 잡아 죽였으나 왕윤은 손대지 못했다. 《삼국연의》는 이때 왕윤이 척살당한 것으로 묘사해 놓았으나, 사실과 다르다. 왕윤의 은덕을 입은 그의 동향인 좌풍익(左馮翊) 송익과 우부풍(右扶風) 왕굉 등이 기병하여 복수할까 두려웠기 때문이다. 얼마 뒤 이각 등은 송익과 왕굉 등을 불러 곧바로 하옥시켰다. 그리고는 왕윤도 잡아들인 뒤 이들을 처자식과 함께 모두 주륙했다.

왕윤은 동탁을 제거하는 데 결정적인 공헌을 한 인물이다. 이는 죽음을 각오하지 않으면 안 되는 것이다. 그의 결사(決死) 행보는 높이 평가할 만하다. 그러나 이후 자만심에 빠진 나머지, 오히려 국가에 더 큰 화를 불러오고 말았다. 그는 후한 말기에 흔히 볼 수 있는 속 좁은 '위군자'(僞君子)에 지나지 않았다. 청류 사대부의 전형이다. 실제로 그는 대세를 읽는 안목도 없었고, 그릇 또한 작았다. 그의 비명횡사는 난세에 명분 등에 지나치게 얽매일 경우 오히려 더 큰 화를 불러올 수 있다는 사실을 잘 보여준다.

# 진 궁

**崇義** 의를 좇으면서도,
지나치게 사의에 집착하다

《삼국연의》가 조조를 '난세의
간웅'으로 묘사하는 데 결정적인 공헌을 한 인물은 누구일까? 바로
조조의 모신으로 있다가 그를 배반하고 여포의 핵심 책사로 활약한
진궁이다. 그가 조조를 배반한 배경과 과정 등이 턱없이 미화된 게
그 증거이다. 원래 그는 스스로 조조를 찾아와 그의 휘하에 몸을 의탁
했다가, 조조를 배반하고 여포에게 의탁한 인물이다. 그가 조조를 배
반한 배경을 파악하는 것은 삼국시대를 이해하는 데 커다란 도움을
준다.

《삼국연의》는 조조가 동탁을 살해하려다 실패하고 은밀히 도주하
던 중 중모현에서 체포되었으나, 공조(功曹)로 있던 진궁의 도움을
받아 함께 달아난 것으로 묘사해 놓았다. 문제는 진궁이 무고한 여백
사를 죽이는 조조의 모습을 보고 실망한 나머지, 그의 곁을 떠나는
것으로 그려놓은 부분이다. 이는 사실과 다르다.

진궁이 조조에게 실망해 그의 곁을 떠난 것은 사실이다. 그러나 이는 조조가 달아날 때 일어난 일이 아니라, 뒷날 그가 제 발로 찾아와 조조의 책사 노릇을 하다가 빚어진 일이다. 조조의 주변 인물 가운데 밀접한 관계를 유지하다가 적대관계로 바뀐 사람은 진궁이 유일했다. 사서를 보면, 진궁은 청주의 황건적이 연주로 쳐들어 올 때 조조의 모신으로 등장한다. 그가 어떤 이유로 조조의 휘하에 있게 되었는지는 알 길이 없다. 당시 연주자사 유대가 제북상(濟北相)으로 있던 포신의 만류를 물리치고 황건적과 교전하다가 전사하자, 진궁이 조조에게 이같이 건의했다.

"연주는 지금 주인도 없고 조명(詔命)도 끊어졌으니 제가 연주에 가서 주요 관원들에게 유세를 하겠습니다. 그대는 주목(州牧)이 된 뒤 이를 바탕으로 천하를 거두도록 하십시오. 이것이 바로 패왕의 사업입니다."

조조가 매우 기뻐하며 진궁을 보내 유대의 부장들을 설득하게 했다. 진궁이 곧 연주의 관원들을 만나 이같이 유세했다.

"지금 천하는 분열되어 있고, 연주에는 주인이 없소. 조조는 그 이름을 세상에 널리 떨칠 만한 재간이 있소. 그를 맞이하면 반드시 백성들을 평안하게 만들 것이오."

포신 등이 이를 좇아 동군(東郡)으로 가 조조를 연주자사로 맞아들였다. 조조가 연주를 차지한 데에는 연주의 관원들을 적극 설득하고 나선 포신의 역할이 가장 컸으나, 이를 가능하게 한 진궁의 역할 또한 결코 낮게 평가할 수 없다. 이를 통해 진궁은 당초 조조를 위해 헌신적으로 노력한 탁월한 모신이었음을 알 수 있다.

그런데도 진궁은 왜 조조를 떠나 적대관계를 맺은 것일까? 여기에
는 조조 자신의 책임이 컸다. 당시 연주자사로 있던 조조는 구강태수
를 지낸 변양이 자신을 기롱(譏弄)했다는 이유로 그와 그의 처자식을
죽였다. 사서는 평소 변양의 재주와 명성을 높이 사던 연주의 사대부
들이 이 일로 조조를 매우 두려워하게 되었다고 기록해 놓았다. 조조
는 왜 변양을 죽였을까?

《후한서》〈문원열전 · 변양전〉은 변양이 사마상여의 〈상림부〉(上
林賦)를 흉내내 〈장화부〉(章華賦)를 지을 정도로 시문에 능했고 변론
에도 뛰어난 인물이라고 기록해 놓았다. 대장군 하진이 그의 명성을
듣고 징소하자 의랑 채옹 등이 그를 높은 자리에 천거했고, 이후 승진
을 거듭해 구강태수 자리에까지 올랐다. 그러나 초평 연간에 천하가
소요스러워지자 이내 관직을 내놓고 고향으로 돌아왔다.

《후한서》는 그의 죽음과 관련해 자신의 재주를 지나치게 믿고 조
조에게 굽히지 않은 것은 물론, 여러 차례에 걸쳐 조조를 경모(輕侮)
하는 말을 했다가 건안 연간에 고발당한 것으로 기록해 놓았다. 당시
대로한 조조는 진류태수에게 명하여 그를 죽이게 했다. 변양이 조조
를 크게 기롱한 이유로 끝내 죽음에 이르렀던 점 등을 감안할 때, 일
차적인 잘못은 변양에게 있었던 듯하다. 자신을 기롱했다는 이유로
그의 일족을 죽인 조조의 처사가 상식 수준을 벗어난 것임은 말할 것
도 없다.

당시 조조와 그의 집안에 대한 기롱으로 진림의 격문보다 더한 것
은 없었을 것이다. 조조의 조상을 모두 들먹여 가차 없이 매도한 진림
의 격문은 매우 격했다. 그러나 조조는 이를 문제 삼지 않았다. 이에

준하거나 미진했던 것으로 짐작되는 기롱에 대해 당사자와 그의 일
족을 죽인 데에는 다른 이유가 있었을 것으로 보인다. 기롱을 넘어
무함의 차원에 이른 게 아닌가 짐작된다.

  사서의 기록에 비추어, 조조의 핵심 모신으로 활약하던 진궁이 이
를 계기로 조조에게 실망한 나머지 그를 떠난 것만은 확실하다. 사서
의 다음 기록이 이를 뒷받침한다.


  진궁은 성정이 강직하고 장렬(壯烈)한 나머지, 조조가 변양을 죽인
  일로 인해 조조에 대해 내심 크게 의구심을 갖게 되었다.


  진궁과 같이 강직한 인물들은, 사실 이런 사태를 보고 당연히 조조
에 대해 의구심을 가졌을 만했다. 사서의 기록으로 미루어, 당시 연주
의 사대부들 모두 변양의 죽음을 보면서 조조의 출생 등에 관해 많은
이야기를 했을 공산이 크다. 조조는 비록 지략이 출중한 난세의 영웅
이기는 했으나 이는 뒷날의 이야기이고, 초기만 하더라도 청류 사대
부들로서는 탁류 출신인 조조에 대해 내심 커다란 경멸감을 가지고
있었다. 진궁도 겉으로 내색은 하지 않았으나 변양 사건을 보면서 잠
재해 있던 청류 사대부로서의 강고한 자존심이 표면화했을 것으로
짐작된다.

  이는 그가 조조에게 커다란 위협으로 작용하고 있던 여포를 끌어
들여 조조를 제거하려고 시도한 사실에서 쉽게 확인할 수 있다. 청류
사대부로서 자의식이 강했던 진궁이 자진해 조조를 찾아왔다가 자의
로 떠나는 자신의 행보를 변명하기 위해서는, 나름대로 명분을 축적

할 필요가 있었을 것이다.

그렇다면 청류 사대부들에게 용납된 것도 아니고 오히려 조조보다 더 큰 비난을 받고 있던 여포를 주군으로 선택한 그의 행동을 어떻게 이해해야 할까? 진궁은 조조를 배반하면서 종사중랑(從事中郎) 허사와 왕해, 장막의 동생 장초 등을 끌어들였다. 진궁은 조조를 제거하기 위해 나름 치밀한 계책을 세워놓았던 셈이다. 당시 진궁은 장초와 함께 장막을 찾아가 이같이 설득한 바 있다.

"지금 천하가 무너져 영웅호걸이 사방에서 일어서고 있습니다. 그대는 천리에 걸쳐 많은 백성을 거느린 채 요충지를 차지하고 있으니 호걸이 될 만합니다. 그런데도 오히려 다른 사람의 제압을 받고 있으니 어찌 비루한 모습이 아니겠습니까? 지금 연주는 군사들의 동정(東征)으로 비어 있고, 여포는 힘이 장사로 싸움을 잘해 당할 자가 없으니, 잠시 그를 맞아들여 함께 연주를 장악해 다스리기 바랍니다. 이후 천하 형세를 관찰하면서 시변(時變)을 기다린다면, 그것이 바로 한 시대를 종횡하는 계책이 될 것입니다."

장막이 그의 말을 듣고 크게 기뻐하며 곧 여포를 시켜 연주를 점거하게 했다. 이로써 여포는 연주를 점거하고 독립적인 세력을 형성하게 되었다. 진궁은 장막을 이용해 여포에게 독립할 수 있는 결정적인 전기를 마련해 준 셈이다. 진궁은 당초부터 여포를 끼고 대사를 도모하려고 했던 게 확실하다.

여기에는 여포의 뛰어난 용력(勇力)과 자신의 지략(智略)을 합치면 천하에 두려울 것이 없다는 판단이 크게 작용한 듯싶다. 이는 진궁 자신의 스스로에 대한 과신이 작용한 것이지만, 당시 기준에서 볼 때 전혀 터무니없지도 않았다.

주목할 점은 그가 스스로 조조를 찾아갔다가 또다시 자신의 판단에 따라 조조를 떠나 여포를 선택하는 등 천하를 흉중에 품고 있었다는 점이다. 그는 처음부터 겉으로 드러내지만 않았을 뿐 커다란 야심을 지니고 있었다. 그러나 모시던 주군인 정원과 동탁을 잇달아 척살한 여포를 선택한 것은, 당시 청류 사대부의 일반적인 행보와는 앞뒤가 맞지 않는다. 만일 지조를 숭상하는 청류 사대부라면, 오히려 노식과 같은 길을 걷는 게 옳았다. 그의 행보가 청류 사대부로서의 일관성이 없다는 점만큼은 지적해 둘 필요가 있다.

당시 진궁의 배신은 조조에게 커다란 타격을 가했다. 조조에게 우호적인 입장에 섰던 여러 사람들이 한꺼번에 반기를 들었기 때문이다. 도덕적으로도 조조에게 적잖은 상처를 입혔다. 순욱 등이 기민하게 대처하지 않았다면 조조는 완전히 근거를 상실할 뻔했다.

당초 조조는 진궁에게 명하여 군사를 이끌고 동군에 머물게 했다. 그러나 진궁은 장막과 내통하여 비밀히 여포를 맞아들였다. 여포가 도착했을 때 조조는 자신이 거느리는 거의 모든 군사를 동원하여 도겸을 치고 있었기 때문에 동군을 지키던 수비 병력이 매우 적었다. 게다가 상당수의 장수와 고위 관원들이 장막과 진궁에게 포섭되어 반기를 들기로 되어 있었기 때문에, 동군은 매우 위험한 상황이었다. 하후돈이 도착하여 그날 밤 반란을 공모했던 장령 수십 명을 처형하면서 간신히 평온을 되찾을 수 있었다.

조조는 여포와 대치할 때 진궁의 계략에 빠져 거의 죽을 고비에 이른 적도 있다. 당시 진궁은 다음과 같은 계책을 냈다.

"복양성 안에 전씨라는 부자가 있습니다. 가동이 1천여 명이나 되니 가히 1군의 부호라 할 만합니다. 그를 시켜 '여포가 잔학무도해 백성들이 크게 원망하고 있고, 고순만 남겨둔 채 군사를 여양으로 옮기려 하니, 밤을 이용해 쳐들어오면 내응하겠습니다'라는 내용의 비밀 서신을 조조에게 보내십시오. 조조가 오면 성 안으로 끌어들인 뒤 4대문에 불을 지르고, 밖에는 군사들을 매복시켜 두십시오. 조조가 아무리 경천위지(經天緯地)의 재주를 지녔다 할지라도 이를 빠져나가지는 못할 것입니다."

여포가 이를 좇았다. 조조는 과연 크게 기뻐하며 곧 하령하여 쳐들어갈 준비를 마치게 했다. 조조가 드디어 군사들을 이끌고 성문 안으로 들어가려고 하자, 여러 장수들은 불현듯 의구심이 들어 이같이 말했다.

"주공께서는 밖에 계십시오. 저희들이 먼저 성 안으로 들어가 보겠습니다."

"내가 직접 들어가지 않는다면 누가 앞으로 나아가려 한다는 말이오?"

의기양양한 조조가 초경 무렵에 복양성에 진입해 성의 동문을 불태우고 다시 돌아올 뜻이 없음을 내비쳤다. 이때 문득 서문 위에서 나각 소리가 울리고, 갑자기 함성이 진동하며 횃불이 어지럽게 타오르는 가운데 성문이 활짝 열렸다. 조조가 계교에 빠진 것을 깨닫고 급히 말머리를 돌리며 큰 소리로 외쳤다.

"군사를 물려라!"

조조의 군사들이 크게 놀라 사방으로 흩어지자, 자욱한 연기와 불속에서 서로 밟히며 죽는 자가 매우 많았다. 조조는 사방에서 적군이 길을 막고 몰려드는 바람에 남문으로 나가지 못하고 다시 돌아 북문으로 향했다. 이때 화광 속에서 자신을 쫓는 여포의 기병들을 만나게 되었다. 여포의 기병들이 조조를 향해 물었다.

"조조가 어디에 있는가?"

"저기 누런 말을 타고 도망하는 자가 조조입니다."

여포의 기병이 그 뒤를 쫓는 사이에 조조는 불이 나는 쪽으로 뛰어들어갔다. 급히 불길을 빠져 나오다가 말에서 떨어져 왼쪽 손바닥에 화상을 입었으나 간신히 사지에서 탈출할 수 있었다. 조조가 다시 군마를 정비해 여포를 치자, 여포는 군사를 이끌고 정도(定陶)로 도주했다. 형세가 기울어진 것을 눈치 챈 진궁이 급히 동문을 열고 여포의 가족을 보호해 성을 빠져 나갔다.

복양을 손에 넣은 조조는 일부 장수를 남겨두고 복양을 지키게 한 뒤, 직접 장병들을 이끌고 여포를 뒤쫓았다. 조조는 정도에서 40리 떨어진 곳에 영채를 세웠다. 마침 들판에 밀이 익어 조조가 군사들에게 밀을 베어 먹게 했다. 이 소식을 접한 여포가 군사들을 이끌고 왔으나 영채 왼편에 무성한 숲이 있는 것을 보고 혹여 복병이 있을까 염려해 그대로 돌아가 버렸다. 조조는 여포의 군사가 돌아간 것을 알자 곧 장수들을 소집해 계책을 일러 주었다.

"여포가 숲속에 복병이 있을까 의심하고 있으니 거기에 깃발을 많이 꽂아 두도록 하고, 영채 서쪽 일대의 긴 둑에는 물이 말라 있으니 군사들을 매복시키도록 하라. 내일 여포가 와서 반드시 숲에 불을 지를 것이다. 그때 둑 아래 매복시켜 둔 군사를 내닫게 해 그의 뒤를 끊으면 사로잡을 수 있을 것이다.”

여포가 돌아가 진궁에게 정황을 이야기하자 진궁이 안심이 안 되어 주의를 주었다.

“조조는 궤계가 많은 사람이니 경솔히 대해서는 안 될 것입니다.”

여포는 호언했다.

“내가 화공을 쓰면 복병을 깨뜨릴 수 있을 것이오.”

다음날 여포는 진궁과 함께 1만 명의 군사를 이끌고 진공해 왔다. 이때 조조의 군사는 모두 보리를 베러 나가 군영에는 1천 명도 채 안 남아 있었다. 마침 군영의 서쪽에 커다란 제방이 하나 있었고, 제방 남쪽에는 수림이 무성했다. 조조가 부대의 반을 제방 안에 매복시키고 반은 제방 밖에 두었다.

여포가 바짝 다가오자 조조가 경장부대를 내보내 진격을 막도록 했다. 쌍방이 교전하는 사이, 조조의 복병이 전부 제방 위로 올라가 기병과 함께 일제히 출격하자 여포의 군사가 사방으로 도주했다. 조조의 군사가 여포의 군영이 있는 곳까지 추격했다가 귀환했다. 이때 여포는 군사의 3분의 2를 잃었다. 진궁이 결단을 촉구했다.

“빈 성을 지키기 어려우니 속히 피하는 것이 나을 것입니다.”

여포가 이를 좇았다. 얼마 뒤 조조가 군사를 나누어 각 현을 평정하자, 청주 일대가 모두 조조의 수중에 들어가게 되었다. 여포가 대책을 논의하자 진궁이 건의했다.

“듣자하니 유비가 지금 서주를 다스리고 있다고 하니, 그에게 가서 몸을 의탁하는 것이 좋을 듯합니다.”

진궁의 예측대로 유비가 여포를 반가이 맞아들였다. 여포는 이내 유비를 내쫓고 서주를 차지했다. 사서에는 자세한 기록이 나오지 않으나, 이때 진궁이 여포에게 서주 탈취의 계책을 진언했을 것으로 추정된다. 여포가 서주를 장악한 뒤 군웅들과 어깨를 나란히 한 사실이 이를 뒷받침한다. 천하를 경략하고자 하는 진궁의 계책이 아니었다면 불가능했을 것이다.

당시 진궁은 여포가 자신의 계책을 좇아 군웅의 일원으로 우뚝 선 사실을 보고 내심 크게 기뻐했을 것으로 짐작된다. 이는 조조와 같은 인물에게서는 느낄 수 없는 보람이었을 것이다. 실제로 서주 점령으로 자신감에 넘친 여포는, 원술의 배신에 대로한 나머지 군사를 이끌고 가 원술을 치려고 했으나 진궁이 만류했다.

"원술은 수춘을 차지하고 앉아 군사도 많고 군량도 넉넉하니 만만히 대할 수 없습니다. 차라리 유비를 청해 소패에 머물게 하면서 우리의 우익으로 삼느니만 못합니다. 뒷날 유비를 선봉으로 삼아 먼저 원술을 취하고, 그 다음에 원소를 취하면 천하를 종횡할 수 있을 것입니다."

그러나 장수들이 이구동성으로 반대했다.

"유비는 자주 태도를 바꾸므로 그를 받아들여서는 안 됩니다."

진궁이 반박했다.

"유비의 반복(反覆)은 충분히 예측하여 대비할 수 있으니, 그리 크게 염려할 필요가 없습니다. 지금은 우선 원술을 견제하는 일이 시급하니 유비를 끌어들이지 않을 수 없습니다."

여포가 진궁의 계책을 받아들였다. 이때 유비의 군사들은 굶주림을 견디지 못해 여포에게 투항할 것을 권했다. 이에 유비는 여포에게 몸을 의탁하게 되었다. 이때를 기준으로 보면, 여포는 유비에 대해 확실히 우위를 점하고 있었다. 유비에게는 관우와 장비 같은 맹장만 있었고 모신이 없었던 게 가장 큰 이유였다. 이에 반해 여포는, 비록 지략이 없기는 했으나 진궁과 같은 탁월한 모신을 옆에 두고 있었다.

그러나 결국 여포는 조조에게 쫓겨 서주를 버리고 하비성 안으로 들어가게 되었다. 이때 조조는 직접 대군을 이끌고 하비성을 치러 갔다. 당시 여포는 하비성에 식량이 넉넉한데다 사수(泗水)라는 천혜의 방어막이 있는 것만 믿고, 가만히 앉아서 지키려고 했다. 진궁이 여포에게 건의했다.

"마땅히 지금 출격해 적들을 깨뜨려야 합니다. 적들이 먼 길을 왔으니 미처 영채를 세우기 전에 편히 쉬고 있던 우리 군사들을 내보내 적들을 깨뜨려야 합니다. 이일대로(以逸待勞: 휴식을 취하며 적이 피곤해지길 기다림)하여 이기지 못한 적이 없습니다."

여포가 반대했다.

"적이 가까이 오기를 기다리는 것만 못하오. 사수 중간에 올 때까지 지켜보는 것이 옳을 것이오."

결국 여포는 조조의 군사가 숨을 돌린 뒤에야 직접 군사를 이끌고 여러 차례 조조와 교전했으나 모두 패하고 말았다. 조조가 여포에게 서신을 보내서 투항을 권유했다. 여포가 투항하려 하자 진궁이 만류했다.

"조조는 멀리서 왔으니 그 세가 반드시 오래갈 수 없습니다. 장군이 군사를 이끌고 성 밖으로 나가 주둔하면, 제가 나머지 부대를 이끌고 안에서 문을 잠그고 방비하겠습니다. 그가 장군을 공격하면 제가 군사를 이끌고 그의 배후를 치고, 그가 오직 성만 공격하면 장군이 밖에서 저를 구원하면 됩니다. 그리 되면 한 달이 안 되어 조조군의 양식이 다 떨어질 것입니다. 이때 우리 군사가 힘을 합쳐 재차 공격하면 깨뜨릴 수 있습니다."

여포가 이를 받아들여 기병(騎兵)을 이끌고 나가 조조군의 양도를 끊으려고 하자 아내 엄씨가 만류했다. 우유부단한 여포가 머뭇거리며 결단하지 못해 3일의 시간이 그대로 흘러갔다. 진궁이 여포를 찾아와 거듭 간했다.

"조조의 군사가 사면으로 성을 에워싸고 있으니, 빨리 나가지 않다가는 반드시 곤경에 처하고 말 것입니다. 조조가 군량이 부족해 허현으로 사람을 보내 가져오게 했다고 합니다. 장군이 정병을 이끌고 가 그들의 양도를 끊으십시오. 필경 조조가 견디지 못하고 퇴각하게 될 것입니다."

여포가 이 말을 옳게 여기고 다시 안으로 들어가 엄씨와 상의하자, 엄씨가 울면서 만류했다. 한 달여가 지나자 여포가 더 이상 버티지를 못하고 마침내 성 위로 올라가 조조의 군사에게 소리쳐 말했다.

"경들은 나를 포위할 필요가 없소. 나는 명공에게 투항하고자 하오."

진궁이 황급히 만류했다.

"그에게 투항하는 것은 계란으로 바위를 치는 것과 같아, 설령 투항할지라도 목숨을 부지할 수 없습니다."

이에 여포가 투항할 생각을 거두었다. 결국 건안 3년(198) 12월에 여포의 부장 후성 등이 진궁과 고순에게 먼저 상의할 일이 있다고 유인하여 곧바로 생포한 뒤, 부하들을 이끌고 조조에게 투항했다. 여포도 이내 조조에게 투항했다. 조조가 먼저 진궁에게 물었다.

"경은 평생 스스로 지모에 남음이 있다고 자부했는데, 오늘 결국 어찌된 일이오?"

진궁이 여포를 가리키며 대답했다.

"이 사람이 내 말을 듣지 않았기 때문에 지금 이 지경에 이르렀소. 내 의견을 받아들이기만 했어도 이런 꼴은 당하지 않았을 것이오!"

"경의 모친은 어찌할 셈이오?"

진궁이 의연히 말했다.

"듣건대, 효로써 천하인을 교회(教誨)하는 자는 다른 사람의 양친을 해치지 않는다 했으니, 노모의 생사는 명공에게 있지 나에게 있지 않소!"

"경의 처자는 어찌할 셈이오?"

"듣건대, 천하에 인정(仁政)을 베푸는 자는 다른 사람의 후사를 끊지 않는다 했으니, 처자의 생사는 명공에게 있지 나에게 있지 않소!"

조조가 입을 다물어 버렸다. 진궁이 이내 형장으로 나아갈 것을 자청하여 일어선 뒤, 뒤도 돌아보지 않고 앞으로 나아갔다. 조조가 자리에서 일어나 눈물을 흘리며 그의 마지막 길을 배웅했다. 진궁이 죽자 조조가 곧 좌우에 이같이 분부했다.

"즉시 진궁의 노모와 처자를 허도로 보내 부양하게 하되, 태만하게 대하는 자는 참할 것이다."

사서에는 당시 조조가 이후 진궁의 모친을 불러 종신토록 모실 것을 약속하고 진궁의 딸이 출가하는 것을 보살폈다고 기록해 놓았다. 조조는 자신을 배반한 진궁에게 오히려 은혜로 보답한 셈이다. 난세

에는 '공의'(公義)가 '사의'(私義)의 영역을 침범할 공산이 크다. 애매
한 사람이 죽어나가는 것이다. 난세의 특징이다. 조조가 변양을 제거
한 것은 '사의'에 어긋난 것이기는 하나, '공의'의 관점에서 보면 사소
한 것에 불과했다. 결과적으로 진궁이 조조를 버리고 여포를 선택한
것은 잘못이다. 지나치게 '사의'에 집착한 결과가 아닐 수 없다.

# 순 욱

 대의와 명분을 내세우며
지나치게 청의에 얽매이다

조조의 모신 가운데 청류 사대부
의 기품이 완연한 인물을 꼽으라면 단연 순욱과 순유를 들 수 있다.
두 사람은 촉한의 제갈량에 버금할 정도로 유자(儒者)의 풍도가 넘쳐
났다. 사서가 이들 두 사람을 묶어 '이순'(二荀)으로 칭한 것도 두 사
람의 고고한 풍도를 높이 평가한 결과이다. 유자로서의 풍도는 순욱
이 순유보다 훨씬 짙었다. 그가 후반에 가서 조조와의 이견으로 죽음
에 이른 것도 이와 무관하지 않다.

당초 순욱은 제갈량과 달리, 조조가 연주를 점거했을 때 자진하여
조조를 찾아갔다. 그가 난세의 평정에 매우 적극적이었음을 짐작할
수 있다. 원래 그의 조부 순숙(荀淑)은 박학하고 품행이 단정하여 그
명망이 높았다. 사람들이 그를 '신군'(神君)으로 부르면서 그의 덕을
높이 칭송한 게 그 증거이다. 사대부의 추앙을 받던 왕창과 이응 등과
같은 인물이 모두 순숙의 문인이다.

순숙은 생전에 여덟 명의 자식을 두었다. 이들 모두 출중했다. 사람들이 이들을 두고 '순가8룡'(荀家八龍)으로 칭했다. 이들 가운데 여섯째아들인 순상이 가장 뛰어났다. 실제로 그는 동탁의 부름을 받고 사공이 되어 3공의 반열에 올랐다. 순욱의 부친 순곤은 순숙의 둘째아들로 제남상(濟南相)을 지낸 바 있다. 순욱은 어릴 때부터 재주가 뛰어나 명사들의 주목을 받았다. 당대의 명유 하옹이 그를 만난 뒤 크게 칭송한 대목이 그 증거이다.

"참으로 왕좌지재(王佐之才: 군왕을 보좌할 만한 인재)이다."

순욱은 일찍이 효렴에 추천되어 수궁령(守宮令)이 되었으나, 곧이어 동탁의 난이 일어나자 밖으로 나가기를 자원하여 항부현령이 되었다. 얼마 뒤 이내 관직을 버리고 고향인 영천으로 돌아왔다. 이때 순욱은 고향의 부로(父老)들에게 이같이 말했다.

"영천은 사면으로부터 적의 침입을 받기 쉬운 지역입니다. 천하에 정변이 있으면 이곳은 늘 군사가 출동하는 곳이 될 것이니, 빨리 피해야 합니다. 이곳은 오랫동안 머물 곳이 아닙니다."

마침 기주목으로 있던 동향인 한복이 기병을 보내 그들을 영접하려고 했다. 그러나 마을 사람들 대다수가 고향 땅에 대한 집착으로 결단을 내리지 못했다. 결국 순욱 혼자만 일족을 이끌고 한복에게 가 몸을 의탁했다. 당시 동탁은 이각 등을 시켜 관동(關東: 함곡관 동쪽)으로 진출하게 했다. 이각 등은 거쳐 가는 곳마다 노략질을 했다. 순욱의 말을 듣지 않고 고향에 남아 있던 사람들 대다수는 이각 등에게 살해되거나 포로가 되었다.

순욱이 기주에 도착했을 때에는 원소가 이미 한복의 자리를 빼앗은 뒤였다. 원소는 순욱의 명성을 익히 들은 까닭에, 그를 상빈(上賓)의 예로 대접했다. 이때 순욱의 동생 순심을 비롯해 동향 출신 신평과 곽도 등이 모두 원소에게 임용되었다.

그러나 원소는 순욱을 껴안을 만한 그릇이 아니었다. 순욱은 원소가 이내 대업을 이룰 수 없을 것으로 생각해 원소를 떠나 조조에게 갔다. 조조가 웅략(雄略)이 있다는 이야기를 들었기 때문이다. 순욱이 조조에게 갈 때 동생 순심은 따라가지 않았다. 이 때문에 관도대전 때 형제가 서로 적으로 갈려 싸우는 일이 빚어졌다. 당시 순심은 크게 두각을 내보이지 못했다. 순심이 순욱 형제 가운데 상대적으로 처지는 인물이었거나, 원소가 그를 쓸 줄 몰랐거나, 둘 가운데 하나였을 것이다.

순욱이 조조를 찾아갈 때에는 마침 조조가 천하의 인재를 얻기 위해 절치부심하고 있을 때였다. 조조는 순욱과 이야기를 나누고는 크게 기뻐하며 이같이 말했다.

"이는 나의 장자방(張子房)이다!"

극찬이 아닐 수 없다. 순욱은 곧바로 분무사마에 임명되었다. 당시 그의 나이는 스물아홉이었다. 조조가 동탁이 이끄는 장안정권의 전망을 묻자 순욱은 이같이 대답했다.

"동탁의 포악함이 이미 극에 이르렀으니, 반드시 화를 자초해 목숨을 잃을 것입니다. 그가 할 수 있는 게 아무것도 없습니다."

결국 그의 말대로 이루어졌다. 그의 식견이 매우 폭이 넓고도 깊이가 있었음을 보여주는 대목이다. 순욱의 진면목은 조조에게 협천자를 권할 때 뚜렷하게 드러났다. 당시 휘하 장수들은 이를 반대하고 나섰다. 순욱이 이같이 반박하며 조조를 설득했다.

"옛날 진문공은 주양왕을 맞아 제후를 복종시켰고, 한고조도 의제(義帝)를 위한 상복을 입어 천하인을 성심으로 귀부시켰습니다. 지금 거가(車駕)가 낙양으로 돌아올지라도 낙양은 황폐해져 있으니, 충의지사는 근본을 보존하고픈 마음이 간절하고, 백성들은 옛날을 그리는 아픔에 젖을 수밖에 없습니다. 이때 천자를 맞이해 백성의 바람을 따르는 것이 시의에 맞습니다. 지공(至公)으로 천하인을 심복시키는 것이 가장 좋은 계책이고, 대의(大義)를 널리 일으켜 천하영재를 부르는 것이 가장 큰 덕행입니다."

조조가 이를 받아들였다. 그가 대업을 이룰 만한 명분을 독보적으로 확보하게 된 배경이 여기에 있다. '협천자'의 위력은 사서에 대한 기본 소양이 있는 사람이라면 대략 이해할 수 있다. 조조가 원소 등을 패퇴시키고 천하를 호령하게 된 것도, 따지고 보면 순욱의 '협천자' 계책을 따른 결과이다. 순욱의 계책은 득천하(得天下) 차원에서 나온 것이다. 일찍이 왕부지는 《독통감론》에서 조조가 순욱의 건의를 받아들여 성사시킨 '협천자'의 공능(功能)을 이같이 분석한 바 있다.

> 삼국시대 초기에는 군웅이 서로 각축을 벌였다. 그러나 조조가 '협천자'를 통해 사방으로 대응함으로써 마침내 이들을 모두 궤멸시키고 말았다.

당시 순욱은 언제나 치우침이 없이 매사를 엄정하게 처리했다. 조조가 늘 순욱과 상의한 뒤 일을 처리한 이유이다. 한번은 조조가 순욱에게 견성을 맡긴 뒤, 대다수 군사들을 이끌고 서주의 도겸을 치게 되었다. 진궁은 이때를 노려 반기를 들었다. 진궁은 내심 순욱을 낮게 평가했는지도 모를 일이다.

순욱은 동군태수 하후돈에게 급히 사람을 보내 구원을 요청했다. 당시 동군을 지키던 병사는 얼마 안 되었다. 게다가 대다수 장수와 관원들이 장막과 진궁에 포섭되어 있었다. 하후돈이 도착 즉시 반란을 공모했던 장령 수십 명을 처형하자 이내 평온을 되찾았다. 순욱의 계책을 좇은 결과였다.

순욱은 지략뿐만 아니라 담략도 뛰어났다. 그의 담략은 진궁이 반기를 든 것을 계기로 예주자사 곽공이 군사 수만 명을 이끌고 와서 면회를 요청했을 때 극명하게 드러났다. 곽공이 성 아래로 왔을 때, 어떤 사람이 그가 여포와 공모한 사람이라고 말하자 모두들 그를 두려워했다. 곽공의 요청으로 순욱이 나가려고 하자 하후돈이 만류했다.

"그대는 1주(州)를 진정시켜야 하는 사람이오. 가면 반드시 위험에 처하게 될 것이오."

순욱이 말했다.

"곽공과 장막은 평소에 서로 교결을 맺은 적이 없소. 그가 지금 이렇게 빨리 왔으니 계책 또한 아직 정해지지 않았을 것이오. 이 기회에 그를 설득하면 설령 실패한다 하더라도 최소한 그를 중립으로 만들 수 있소. 우리가 먼저 그를 의심하면 그는 노하여 적 편으로 갈지도 모르오."

곽공은 순욱의 얼굴에 전혀 두려운 표정이 없는 것을 보고 견성을 쉽게 공략할 수 없다고 판단하고는, 이내 군사들을 이끌고 떠났다. 이무렵 연주의 대부분 군현들이 여포에게 기울어졌으나, 순욱의 담략과 지략으로 견성현과 범현, 동아현 등 3개 현은 아무런 동요도 없었다.

당시 승씨현에 주둔하던 조조는 도겸이 죽었다는 소식을 뒤늦게 듣고는, 우선 서주를 취한 뒤 다시 돌아와 여포를 평정하려고 했다. 순욱이 반대했다.

"예전에 한고조는 관중을 지켰고, 광무제는 하내를 지켰습니다. 모두 근본을 공고히 한 후 천하를 제압한 것입니다. 만일 여포를 놓아둔 채 서주를 쳤다가, 여포가 허를 찔러 쳐들어오면 민심이 놀라 오직 견성과 범현, 복양만 보전할 수 있을 뿐, 다른 지역은 우리 소유가 되지 못할 것입니다. 그러면 연주를 잃게 됩니다. 게다가 서주를 평정하지 못할 경우 장차 군사를 어디로 돌릴 것입니까? 도겸이 비록 죽었다고 하나 서주는 그렇게 쉽게 평정될 수 없습니다."

실제로 조조가 후고지우(後顧之憂)인 여포를 놓아둔 채 서주를 칠 경우, 순욱의 예언대로 여포 등에게 협격을 당할 공산이 컸다. 이런 탁월한 헌책은 큰 시야로 전체 국면을 읽는 능력이 없으면 불가능한 일이다. 순욱의 이런 장기는 조조가 매우 중요한 갈림길에 섰을 때마다 유감없이 발휘되었다. 가장 대표적인 사례가 관도대전이다. 관도대전의 승리는 순욱의 웅대하고도 시기적절한 구상에 따른 것이다. 조조의 패업도 순욱이 없었다면 불가능했다.

《삼국연의》는 순욱이 '이호경식지계'(二虎競食之計)나 '구호탄랑지계'(驅虎呑狼之計)와 같은 궤계를 많이 건의한 것으로 그려놓았다.

그러나 이는 사실과 다르다. 순욱은 조조의 모신 가운데 가장 정도를 걸었던 인물이다. 《삼국연의》는 촉한을 미화하기 위해 순욱마저도 궤계를 일삼는 모신으로 그려놓은 것이다. 조조가 유표를 칠 때의 모습을 보면 순욱의 진면목을 쉽게 알 수 있다. 당시 조조는 유비가 유표에게 몸을 의탁했다는 소식을 듣고는 이내 유표를 치려고 했다. 순욱이 만류했다.

"원소가 이미 전쟁에서 패해 부중의 인심이 반드시 흩어졌을 것이니, 응당 이를 틈타 그를 완전히 평정해야 합니다. 만일 원소가 잔여 부대를 모아 이 틈을 노려 우리의 뒤를 치게 되면 명공의 사업도 끝나는 것입니다."

이에 조조는 원소군 소탕전에 총력을 기울였다. 조조가 패업을 이룰 수 있었던 배경이 여기에 있다. 그는 우선 근거지를 확고히 한 뒤 주변 지역을 차례로 공략한 것이다. 순욱의 장기는 제갈량이나 노숙 등과 마찬가지로 대세를 총체적으로 읽어내는 데 있었다. 이는 그가 청류 사대부 출신인 사실과 무관하지 않다.

그러나 이는 동시에 조조와 순욱을 헤어지게 만든 배경으로 작용했다. 청류와 탁류의 갈등이 그것이다. 이는 후한제국의 앞날에 대한 견해 차이에서 비롯된 것이다. 순욱은 조조가 춘추시대의 제환공과 같은 패자로 머물기를 간절히 바랐다. 이에 대해 조조는 천하통일의 대업을 이룬 뒤 새 왕조를 건국하려는 생각을 가지고 있었다. 시간이 지나면서 서로간의 지향점이 다르다는 사실이 점차 표면화했다. 갈등은 불가피했다.

조조가 중원을 평정한 뒤 열후와 장수들을 모아놓고 앞으로의 대책을 논의하게 하자, 이들은 조조의 작위를 국공(國公)으로 올리고 구석(九錫) 등을 내려 그의 공훈을 표창해야 한다고 의견을 모았다. 순욱이 이를 반대했다.

"조공이 본래 의병을 일으킨 것은, 조정을 구하고 나라를 평안하게 만들고자 한 것이다. 그는 가슴에 충정(忠貞)의 성심을 담고 있고, 실제로 퇴양(退讓)하려는 뜻을 지니고 있다. 군자는 덕으로써 백성을 사랑하는 것이지 이같이 하는 것이 아니다."

조조가 이 이야기를 전해 듣고는 안색이 변했다. 천하대세는 새로운 왕조의 개창이다. 순욱은 이를 인정하지 않으려 한 것이다. 조조가 구석을 받아 국공의 자리에 오르는 것과 상관없이, 한나라 조정은 이미 오래전에 왕조의 면모를 상실하고 있었다. 각지에 군웅들이 할거해 전국시대를 방불하게 하는 상황을 보여준 게 그 증거이다. 그럼에도 순욱은 끝까지 조조가 한실에 충성을 다해줄 것을 기대한 것이다. 이는 정통 청류 사대부인 순욱의 한계와 고집으로 해석할 수밖에 없다.

두 사람의 갈등은 조조가 위공(魏公)의 자리에 오르면서 표면화했다. 조조는 순욱이 자신을 돕지 않는 것으로 여기고 내심 크게 섭섭해하며 언짢은 마음을 품었다. 이후 그는 손권을 치러 나갈 때 한헌제에게 표문을 올려, 순욱으로 하여금 초현으로 가 군사들을 위무토록 조치했다. 이는 장차 순욱과는 일정한 거리를 두겠다는 뜻을 내비친 것이다.

조조의 군사가 유수수를 향해 진군할 때, 순욱은 병을 칭탁하고 수춘에 머물러 있었다. 《삼국연의》에 따르면, 이때 조조가 순욱에게 먹을 것을 보내주었다. 순욱이 뚜껑을 열어보니 속에 아무것도 없는 빈 그릇이었다. 순욱은 이내 조조의 뜻을 읽고 독약을 먹고 자진했다. 이 때 그의 나이 쉰이었다.

조조의 사위인 순욱의 장남 순운이 곧 부고를 보내 조조에게 알리 자, 조조가 크게 애통해하며 후하게 장사지내 주라고 명하고 시호를 경후(敬侯)라고 했다. 순운이 순욱의 작위를 이어받았다. 이를 두고 진수는 이같이 평했다.

순욱은 인품이 청아하고 수려하며 학식이 통달하고 아정(雅正)해 제왕을 보필할 만한 풍모를 지녔다. 그는 기민하게 헤아리고 먼저 식 별하는 능력은 있었으나 그의 뜻을 충분히 살리지는 못했다.

순욱의 죽음을 애석해한 것이다. 사실 당시 사대부들은 행의(行義) 가 단정하고 지략 또한 풍부한데다, 늘 현사들을 추천하기 좋아한 순 욱의 죽음을 크게 애도했다. 그러나 배송지는 《삼국지》를 주석하면 서 진수의 평에 반론을 폈다.

세상의 많은 논자들이 순욱이 조조에게 협력했기 때문에 한나라가 무너지고 군신간의 관계도 뒤바뀌었다고 비판한다. 그러나 당시는 이 미 왕도가 쇠락하고 사악한 풍조가 극도에 달해, 영웅호걸이 호시탐 탐 기회를 노리고 사람마다 딴마음을 먹고 있던 때였다. 난세를 바로 잡고 시세에 따른 계획을 세울 수 없었다면 한나라는 멸망에 빠지고 백성들 또한 모두 진멸(殄滅)해 버렸을 것이다. 순욱과 같은 인물이

시대의 영웅을 보좌하여 기울어져 가는 나라의 운명을 바꿔놓으려고
할 때, 과연 선택할 수 있었던 인물로 조조를 빼놓고 그 누가 있었겠
는가?

진수는 총체적으로 높이 평하면서 그의 죽음을 아쉬워한 것이고,
배송지는 당시의 시대상황에 초점을 맞추면서 순욱의 죽음이 잘못되
었다는 취지를 밝힌 것이다. 한나라의 패망을 기정 사실로 간주할 경
우, 배송지의 해석이 타당할 수밖에 없다. 사마광은 《자치통감》에서
훨씬 꼼꼼한 논리를 펼쳤다.

제환공의 행동은 개와 돼지를 닮았으나 관중은 이를 수치로 생각
지 않고 그를 도왔다. 제환공을 돕지 않으면 백성을 구원할 수 없다
고 생각한 것이다. 한나라 말기의 천하대란으로 백성들이 도탄에 빠
져 있을 때, 난세를 구할 인물이 아니면 이들을 구원할 수 없었다. 그
런즉 순욱은 위무제(魏武帝)를 버리고 과연 누구를 섬기려고 했던
것인가?

제환공의 시대는 주나라 왕실이 비록 쇠약했다고는 하나 건안(建
安)의 초기보다는 나았다. 건안의 초기는 사해가 온통 뒤집히고 동요
하여 한 뼘의 땅과 한 명의 백성도 모두 한나라 소유가 아니었다. 이
와중에 순욱은 조조를 보좌하여 한실을 부흥시키는 대공을 세웠다.
현능한 인재를 추천하고, 병사들을 엄히 훈련시키고, 중요한 순간마
다 뛰어난 계책을 낸 결과이다. 가히 약함을 강함으로 바꾸고 난세를

치세로 바꾸기에 충분했다고 평할 만하다. 사마광도 조조가 천하의 10분의 8을 얻은 것은 오로지 순욱의 공이라며, 공훈 면에서 볼 때 결코 관중에 뒤지지 않았다고 평했다.

관중은 모시던 주군인 공자 규(糾)를 위해 죽지 않았으나, 순욱은 한실을 위해 죽었다. 의리 면에서는 관중보다 한 수 위였다. 그러나 과연 그것만이 최상의 길이었을까? 관중의 길을 걸을 수도 있었다. 그게 더 높은 평가를 받을 수도 있었다. 조조를 도와 대업을 이룸으로써 한고조 유방의 일등공신이 된 소하와 장량의 길을 걷는 게 그것이다. 그러나 그리하기에는 순욱의 청류 사대부로서의 자부심이 너무 강했다. 결정적인 순간에 조조와 갈라서게 된 이유이다.

순욱의 죽음은 예로부터 많은 사람들의 논란거리가 되어 왔다. 순욱이 죽게 된 구체적인 정황에 대해서는 자세히 알 길은 없다. 다만, 천하평정에 관한 조조와의 이견으로 자진한 것만은 확실하다. 순욱이 한실의 정신(貞臣)으로서 삶을 마감하고자 했다면, 이는 사마광이 지적한 바와 같이 청류 사대부의 한계를 벗어나지 못한 것이다.

삼국시대는 기본적으로 난세였다. 한고조를 도와 최고의 훈신이 된 소하나 장량과 같은 길을 걷는 것이 도리에 맞았다. 이미 천명이 끝난 후한제국을 붙들고 최후의 정신이 되고자 했다면, 대의를 잃어버린 처신이라는 비판을 면하기 어렵다.

삼국시대의 모신 가운데 지략과 지조를 고루 갖춘 인물로 제갈량에 버금하는 인물을 고르라면 단연 순욱을 들 수 있다. 그러나 순욱과 제갈량이 생을 마감한 모습은 전혀 다르게 나타난다. 모시는 주군의 유형이 뚜렷하게 다른 데 따른 결과로 해석할 수 있다. 그러나 그보다는 두 사람의 천하관의 차이에 가장 큰 이유가 있다고 보는 게 옳을 것이다.

　제갈량은 스스로를 관중에 비유했고, 순욱은 후세의 사가들에 의해 관중의 인(仁)을 이룬 것으로 비유되었다. 스스로 관중을 자처한 제갈량은 난세를 평정하는 위업을 이루지는 못했다. 이에 반해 순욱은 스스로를 관중에 비유한 적이 없음에도 조조를 도와 난세를 평정하는 위업을 이루었다. 실제로 그가 세운 업적은 관중이 제환공을 도와 첫 패업을 이룬 것에 비유할 만하다.

　만일 순욱이 일관된 행보를 보이고자 했다면 관중의 길을 걷는 게 옳았다. 관중은 제환공을 도와 흔들리는 주나라 왕실을 바로 세우는 데 진력했다. 그러나 이는 표면적인 것에 불과하다. 만일 관중이 삼국시대에 살았다면, 이미 천명이 끝난 한실을 부흥시키기 위해 노력하지는 않았을 것이다. 그런 의미에서 순욱은 일관된 모습을 보이지 못한 셈이다. '한실 부흥'을 위해 국궁진력(鞠躬盡力)한 제갈량 또한 시대의 흐름을 거스르기는 마찬가지이다.

　관중과 유사한 공을 세운 순욱은 한실의 존속을 위해 조조가 패자로 존재하기만을 바랐다. 외양상 나름 일관성을 유지한 것처럼 보이나, 사실 이는 제갈량과 마찬가지로 천하대세의 도도한 흐름에 역행한 것이다. 사마광이 《자치통감》에서 순욱의 최후를 비판적으로 평한 것도 이런 맥락에서 나온 것이다. 그렇다면 순욱과 늘 함께 거론되는 순유는 어떤 길을 걸었을까? 진수는 《삼국지》에서 순유를 가후와 비교해 이같이 평해 놓았다.

순유와 가후는 거의 잘못된 계획을 세운 적이 없었다. 이 두 사람은 권모에 빈틈이 없었고 임기응변에 능했으니, 가히 장량과 진평에 버금한다고 할 수 있을 것이다.

초한전 당시 명문가 출신인 장량은 권모에도 밝고 임기응변에도 밝아 전한제국 건국의 일등공신이 되었다. 여러 모로 순유와 닮아 있다. 이와는 달리 평민 출신인 진평은 뛰어난 능력을 바탕으로 자수성가한 경우에 속한다. 진평의 진면목은 유방 사후 척족 세력인 여씨 일족을 궤멸시켜 한실의 기반을 튼튼히 한 데 있다. 진평 역시 가후처럼 병법에 밝았다. 배송지는 《삼국지》에 주석을 달면서 반론을 제기해 놓았다.

장량과 진평은 비록 한고조의 탁월한 모신이었으나, 장량은 청운지사(靑雲之士)로 진평과는 질적으로 다른 인물이다. 진수가 가후를 정욱이나 곽가 등과 묶지 않고 순유 등과 함께 분류한 것은 잘못이다. 두 사람은 마치 달빛과 촛불과 같아, 비록 어둠을 비추는 것은 같았다 할지라도 질적으로 차이가 있었다. 진수가 두 사람을 평가하면서 같은 대열에 둔 것은 구별의 적절성을 잃었다고 할 수 있다.

엄밀히 보면 배송지의 평이 역사적 사실에 가깝다. 순욱은 태생적으로 가후와 달랐다. 여기서 주목할 인물은 순유이다. 그는 순욱을 거론할 때 반드시 언급되는 인물이다. 순욱의 당질로 순욱보다 여섯 살위인 그는, 젊었을 때는 오히려 순욱보다 뛰어난 면이 있었다. 그는 하진이 널리 인재를 모을 때 하옹과 정태 등과 함께 발탁되기도 했다. 황문시랑이 되어 하진의 심복으로 활약하던 무렵에 동탁의 난이 일어나자, 그는 상서 정태 등과 밀모하면서 이같이 말했다.

"동탁은 교만 방자한 데다가 잔인하여 가까운 사람이 없다. 그가 비록 강한 군사를 갖고 있으나 실제로는 일개 필부에 지나지 않는다. 지금 우리들이 직접 그를 죽여서 백성들을 위로한 뒤, 천자를 보좌하면서 제후를 호령한다면, 곧 제환공이나 진문공과 같은 패업을 이룰 수 있을 것이다."

그러나 일이 성사되기도 전에 발각되어 그는 하옹과 함께 투옥되었다. 하옹은 근심과 두려움 때문에 자살했으나, 순유는 말하는 것이나 음식을 먹는 것이 전과 다름없었다. 동탁이 여포에게 척살된 뒤 석방된 그는, 곧바로 관직을 버리고 집으로 돌아왔다. 그의 능력을 아는 사람들의 천거로 다시 징소되어 임성의 재상에 임명되었으나 가지 않고, 촉군의 태수로 가겠다고 자원했다. 당시 사람들은 중앙의 좋은 자리를 버리고 굳이 벽촌으로 가겠다는 그를 의아하게 생각했다. 그는 촉군으로 가던 중 길이 끊겨 부임을 못하고 형주에 머물렀다. 이때 조조가 편지를 보내왔다.

"지금 천하가 크게 어지러워 지모 있는 선비라면 마땅히 노심초사할 때이거늘, 공은 어찌하여 관망만 하는 것이오?"

이는 조조 진영에 가담한 당숙 순욱이 천거한 때문이라고 한다. 조조는 순유를 여남태수로 제수했다가 다시 허도로 불러들여 상서에 임명했다. 상서는 천자와 조신 사이에 왕래하는 문서를 관장하는 직책이다. 이는 순욱의 천거를 감안할지라도 파격이다. 당시 조조는 순유와 이야기를 나눈 뒤 크게 기뻐했다.

"순유는 비상한 인물이다. 내가 그와 일을 논의할진대 천하에 그 무엇을 우려할 것인가?"

그러고는 그를 군사(軍師)로 발탁했다. 순유가 조조의 군사가 된 지 얼마 안 되어 조조가 친히 군사들을 이끌고 여포를 치려고 했다. 이에 장수들 모두 유표와 장수가 뒤에 있어 협격을 당할 것을 우려하자 순유가 말했다.

"유표와 장수는 방금 패하여 감히 경거망동하지는 못할 것이나, 여포는 효용(驍勇)하기 그지없소. 만일 그가 회하와 사수 일대에서 종횡무진하게 되면 호걸들이 모두 그에게 호응할 것이오. 군심이 통일되어 있지 않은 틈을 노려 서둘러 공격한다면 반드시 그를 깨뜨릴 수 있소."

조조가 그의 계책을 좇았다. 그러나 포위기간이 길어지자 병사들은 피로한 기색이 역력했다. 조조가 장수들을 불러놓고 잠시 허도로 돌아가 쉴 뜻을 밝히자 순유가 만류했다.

"지금 여포의 예기가 회복되지 못하고, 진궁의 계책이 아직 마련되지 않은 틈을 타 급히 공격하면, 여포를 굴복시킬 수 있습니다."

조조가 순유의 계책을 좇아 드디어 하비성에 수공을 펼쳤다. 이에 여포가 한 달여 만에 더 이상 버티지 못하고 마침내 항복했다. 조조가 여포를 격파한 것은 순유의 계책을 따랐기 때문이다. 순유의 뛰어난 지략이 빛을 발한 것은 관도대전 때이다. 당시 순유는 조조에게 이같이 건의했다.

"공의 병력이 적어 적을 당할 수 없으니, 반드시 그들의 세력을 분산시켜야 합니다. 공이 연진(延津)에 이르러 만일 황하를 넘어 원소의 후방을 치는 것처럼 하면, 원소는 반드시 병력을 분산시켜 서쪽으로 나아가 응전하게 할 것입니다. 이때 공은 경병(輕兵)을 몰아 백마(白馬) 쪽을 엄습하면 안량을 사로잡을 수 있습니다.”

이는 《36계》에서 말하는 성동격서(聲東擊西)의 대표적인 계책인 ‘양성계’(揚聲計)를 언급한 것이다. 삼국시대의 대전 가운데 양성계가 가장 빛을 발한 것은 말할 것도 없이 관도대전 때였다. 이 계책은 원소군의 잔당을 토벌할 때에도 주효했다. 조조는 여러 차례 순유의 결단을 좇아 승패의 갈림길에서 승리를 낚았다. 조조는 그를 이같이 칭송했다.

“그는 겉모양은 우둔하지만 내면은 지혜롭다. 자신의 장점을 드러내려 하지 않고 공적을 내세우지도 않는다. 그의 기지는 따를 수 있지만 겉모양의 우둔함은 따를 수 없다. 큰 지혜를 가지고 있으면서도 우둔한 모습을 보인 안자(顏子: 공자의 제자 안연)조차 그를 따르지 못할 것이다.”

순유의 계책은 상황에 따른 완급조절이 자유로웠다는 데 특징이 있다. 그는 적을 밀어붙일 때에는 급공(急攻)을 주장했지만, 필승지세를 위해서는 지공(遲攻)을 마다하지 않았다.

그러나 순유 역시 말기에 가서는 순욱과 마찬가지로 패업의 궁극적인 모습에 대한 이견으로 조조와 대립하였다. 조조가 천하를 평정한 뒤, 시중 왕찬과 두습 등이 모여 조조를 ‘위왕’으로 받들려고 하자 중서령 순유가 반대했다.

“승상께서는 벼슬이 위공에 이르고 영예가 구석을 더했으니 지위

가 이미 지극할진대, 이제 또 왕위에 오르는 것은 도리에 맞지 않소
이다.”

조조가 그 말을 듣고 내심 언짢아했다. 결국 순유는 이 일이 있은
다음 몸져눕더니 10여 일 만에 세상을 떠났다. 사서는 당시 조조가
순유를 후히 장사지내게 하고, ‘위왕’이 되려는 생각을 버렸다고 기록
해 놓았다. 조조는 순욱에 이어 순유마저 반대하고 나선 데 대해 적
지 않은 충격을 받았을 것이다. 이후 조조가 ‘위왕’의 자리에 오르기
는 했으나, 순유의 죽음으로 ‘위왕’이 되겠다는 생각을 늦춘 것만은
사실이다. 뒷날 부현은 《부자》(傅子)에서 순욱과 순유를 이같이 평
한 바 있다.

> 누가 근세의 대현(大賢)을 묻는다면, 나는 ‘순욱의 인(仁)과 순유의
> 지(智)는 가히 군자의 면모라고 할 수 있다’고 대답할 것이다.

《부자》는 위나라 말기에서 서진 초기에 활약한 부현의 저작으로,
치평에 관한 이론들을 기술해 놓은 책이다. 어려서부터 군서박람(群
書博覽)하며 예순두 살로 죽을 때까지 쉬지 않고 저술한 부현의 인물
평은 당시 정평이 나 있었다.

그의 평에 따르면, 대의를 내세워 명분을 선점하는 데에는 순욱이
탁월했다. 그러나 대세를 읽고 결단을 내리는 데에는 순유가 가장 뛰
어났다. 조조의 패업을 도운 두 사람이 조조를 끝까지 돕지 않은 것은
지나치게 청의(淸議)에 얽매인 결과로 볼 수 있다. 그러나 이와 정반
대로, 청류 사대부의 마지막 자존심을 지키기 위한 행보로 해석할 수

도 있다. 같은 청류 사대부 출신이었던 사마의가 위나라의 권신이 된
다음, 궤계(詭計)를 구사해 찬탈의 기반을 닦은 것과 대조를 이루는
대목이다.

# 곽가

智慮 식견이 뛰어나고
지혜와 사려가 남달리 깊다

조조가 가장 총애했던 참모를 고르라면 단연 곽가를 들 수 있다. 그는 단순히 지략만 뛰어난 게 아니라 조조의 마음을 헤아리며 죽을 때까지 헌신적인 충성을 바쳤다. 조조가 적벽대전에서 패한 뒤 곽가의 요절을 크게 탄식한 사실이 이를 뒷받침한다. 당시 조조는 커다란 자만심에 빠져 있었다. 그러나 패전 이후 이내 자신의 지나친 자신감이 대사를 그르쳤다는 사실을 깨닫게 되었다. 이때 비로소 그는 천하통일에 대한 자신의 조급한 마음을 억제해 줄 수 있었던 인물로 곽가를 떠올리며, 그의 부재를 크게 애석해한 것이다.

원래 곽가는 어렸을 때부터 앞을 내다보는 예견(豫見)과 사람을 알아보는 지감(知鑑)이 뛰어났다. 나라가 어지러워 장차 천하에 큰 난리가 일어날 징조를 미리 내다보고, 이름과 자취를 숨긴 채 은밀히 영웅호걸과 사귀며 잡배들과는 어울리지 않았다. 그의 자가 봉효(奉

孝)인 점과 관련해, 어렸을 때 부모에게 효도하라는 차원에서 지어주었다는 일설이 있으나, 명확한 근거가 있는 것도 아니어서 신뢰하기 어렵다.

조조 진영의 참모와 장수들 가운데 대부분은 처음부터 조조를 섬긴 사람들이 아니다. 그 역시 처음에는 원소를 모셨다. 당시 그의 명성을 잘 알았던 원소는 매우 두텁게 예우했다. 그러나 그가 원소를 만나본 것은 아마도 자기가 몸을 의탁할 만한 사람인지 아닌지를 탐색하기 위함이었을 것이다. 첫 대면에서 원소에게 낙제점을 준 게 그 증거이다. 곽가는 원소를 만난 뒤 원소의 모신 신평 등에게 이같이 권한 바 있다.

"무릇 지혜로운 자는 신중하게 자신의 주인을 선택해야만 만사를 온전히 할 수 있고 공명도 세울 수 있소. 원소는 한낱 현사에 대한 예우만 모방하려 들 뿐 용인의 요체를 모르고 있소. 잡무에 바빠 요점이 없고, 계획 세우는 것을 좋아하나 결단하지 못하오. 그와 함께 천하대란을 구하여 패왕의 공업을 이루는 것은 지극히 어려운 일이오. 나는 장차 새로운 주인을 찾아 나서려고 하니, 그대들도 같이 가지 않겠소?"

신평 등이 반대했다.

"원소가 천하에 은덕을 베풀자 백성들 대다수가 그에게 귀순하고 있소. 더구나 지금 세력이 강성한데 그를 떠나 장차 어디로 간다는 말이오?"

곽가는 재차 말하지 않고 고향으로 돌아갔다. 그가 조조를 만났을 때에는 조조가 중원의 패권을 놓고 원소와 맞서고 있을 때였다. 당시 조조는 신진세력에 불과해, 원소와 비교가 안 될 만큼 열세에 있었다. 원래 조조에게는 곽가의 동향인인 희지재라는 최고 참모가 있었다. 조조는 그를 매우 중시했으나 요절하고 말았다. 이에 조조가 순욱에게 글을 보내 '희지재'와 같은 참모를 천거해 줄 것을 청했다. 이때 순욱이 곽가를 천거했다.

그는 조조의 부름을 받자 주저하지 않고 응했다. 이때 그는 겨우 스물일곱 살이었다. 이는 제갈량이 유비에게 몸을 의탁했을 때의 나이와 같다. 조조는 곽가를 만나 천하대사를 의논한 뒤 크게 기뻐했다.

"나에게 대업을 이루게 해 줄 인물은 반드시 이 사람일 것이다!"

곽가는 제갈량과 마찬가지로 식견이 뛰어나고 지혜와 사려가 남달리 깊었다. 당시 곽가도 조조와 이야기를 나눈 뒤 크게 감격해했다.

"조공이야말로 참으로 나의 주군이다!"

곽가는 의리에도 밝았다. 한번은 유비가 패주하여 조조에게 의탁했을 때였다. 어떤 사람이 조조에게 유비를 얼른 제거하라고 권했다. 조조가 이를 곽가에게 묻자 곽가는 이같이 대답했다.

"지금 유비는 비록 영웅의 칭호가 있으나 갈 데가 없어 몸을 의탁했는데, 그를 해치면 현인을 죽였다는 악명을 얻게 될 것입니다. 그리되면 천하의 인재들이 의심을 하고 마음을 돌려 새로운 주인을 찾을 것이니, 공은 누구와 더불어 천하를 평정할 것입니까? 장차 화근이 될 만한 인물을 제거하여 천하인의 기대를 저버린다면, 이는 존망과 관련된 중대 사안입니다."

조조가 크게 웃으며 곽가의 건의를 좇았다. 이에 유비에게 병력과 군량을 공급해 여포를 도모할 수 있게 해 주고, 표문을 올려 유비를 예주목으로 천거했다. 유비가 뒷날 패업을 이룬 데에는 곽가의 보이지 않는 도움이 있었다. 곽가는 이토록 대세를 읽는 안목도 뛰어났지만, 명분을 앞세우는 대의를 추구한 면에서도 남다른 점이 있었다.

그의 이런 면모는 관도대전을 벌일 때 조조를 격려한 이른바 '십승십패지의'(十勝十敗之議)에 잘 나타나 있다. 당시 조조가 원소의 편지를 보여주며 중과부적을 염려했다. 이에 그는 그 유명한 '십승십패지의'를 펴며 조조를 격려했다.

"항우가 비록 강대했다고는 하나 결국 유방에게 잡히고 말았습니다. 지금 원소에게는 열 가지 패배할 요인이 있고, 공에게는 열 가지 승리할 요인이 있습니다. 첫째, 원소는 비록 강대하기는 하나 힘을 쓸 수가 없습니다. 원소는 예의가 번다하기 그지없으나, 공은 이를 자연에 맡깁니다. 이는 치도(治道: 통치의 이치)에서 그를 이긴 것입니다. 둘째, 원소는 천자에 대항하여 순리를 거스르고 있으나, 공은 천자를 모시고 순리를 받들어 천하를 이끌고 있습니다. 이는 치의(治義: 통치의 명분)에서 이긴 것입니다. 셋째, 원소는 관유(寬柔)로써 관유를 구하려고 하여 어지러운 국면을 정돈할 수가 없으나, 공은 엄맹(嚴猛)으로써 국면을 바르게 정비하니 상하에 절제가 있습니다. 이는 치법(治法: 통치의 법제)에서 그를 이긴 것입니다. 넷째, 원소는 겉으로는 관유를 내세우면서도 내심 시기하고 사람을 쓰면서도 의심을 잘하니, 그가 임용한 자들은 오직 친척과 그의 자제들일 뿐입니다. 공은 밖으로는 간략하면서도 편하게 사람을 대하나, 심중에는 요체를 꿰고 있어 사람을 쓰되 의심치 않고, 오직 그 재능에 근거해 적합한지 여부를 따지며 친소원근을 가리지 않습니다. 이는 치기(治器: 통치자의 그릇)

에서 그를 이긴 것입니다. 다섯째, 원소는 계획하는 것은 많으나 결단을 내리는 것이 적어 좋은 기회를 놓치고 있습니다. 공은 계책이 서면 곧바로 행동에 옮기고 시의에 좇는 임기응변에 능합니다. 이는 치모(治謀: 통치의 계책)에서 그를 이긴 것입니다. 여섯째, 원소는 고상한 이야기를 즐기면서 사람을 대할 때 겸양하는 자세로 명예를 낚으려고 하니, 선비들 가운데 말과 외양을 잘 꾸미는 헛된 자들이 그에게 의탁합니다. 공은 성심으로 사람을 대하고 허미(虛美)를 좇지 않으니, 선비들 가운데 충직하며 실력이 있는 자들이 멀리서도 발탁되기를 바라고 있습니다. 이는 치덕(治德: 통치자의 덕성)에서 그를 이긴 것입니다. 일곱째, 원소는 사람이 춥고 배고픈 것을 보면 이를 구제하면서 가슴에 담으니 연민의 정이 얼굴에 나타납니다. 그는 자신이 보지 못하는 일에는 충분히 고려하지 못하고 있습니다. 공은 눈앞의 작은 일에는 때로 소홀함이 있습니다. 그러나 대사에는 해내의 각지와 연결하여 은혜를 베푸니 그 은혜가 모두 기대를 넘고, 눈에 보이지 않는 일조차 소홀함이 없습니다. 이는 치인(治仁: 통치의 어짊)에서 그를 이긴 것입니다. 여덟째, 원소의 대신들은 권력을 쥐려고 서로 무함하여 시비혼란이 일어나나, 공은 치도로써 부하를 다스리니 참언과 무함이 통하지 않습니다. 이는 치지(治智: 통치의 지혜)에서 그를 이긴 것입니다. 아홉째, 원소는 시비가 불명하나, 공은 옳은 것은 예로 대하여 승진을 시키고 옳지 않은 것은 법으로써 징치합니다. 이는 치문(治文: 통치의 문화)에서 그를 이기는 것입니다. 열째, 원소는 허장성세(虛張聲勢)만을 구사할 줄 알아 용병의 요체를 모릅니다. 그러나 공은 적은 군사로써 대군을 이겨 용병이 신과 같고 공의 군사가 모두 공을 믿고 적들은 공을 두려워합니다. 이는 치무(治武: 통치의 힘)에서 이기는 것입니다."

조조가 호탕하게 웃으며 말했다.

"경이 말하는 것을 내 무슨 덕으로 감당할 수 있겠소."

곽가의 '십승십패지의'는 결코 조조에게 아부하기 위해 한 말이 아니다. 원소와 조조라는 두 인물에 대한 철저한 분석에서 나온 것이다. 비록 원소가 겉으로는 우위를 차지하고는 있으나 이는 허상에 불과할 뿐, 그 내막을 보면 오히려 조조가 훨씬 유리하다는 사실을 통찰한 결과이다. 곽가가 '십승십패지의'를 언급한 것은, 기본적으로 원소 정벌을 뒤로 미루고 여포를 먼저 쳐야 한다는 주장을 펴기 위한 것이다. 이 계책은 곧바로 실행에 옮겨졌다.

관도대전이 한창 진행되던 도중 유비가 반기를 들자 상황이 꼬이게 되었다. 곽가가 조조를 이같이 격려했다.

"원소는 의심이 많고 결단력이 없어, 오더라도 신속히 오지는 못할 것입니다. 유비는 지금 흥기하고 있다고는 하나, 아직 부중의 인심이 완전히 그에게 귀복하지 않고 있습니다. 서둘러 그를 치면 반드시 패배시킬 수 있을 것입니다."

조조가 매우 기뻐하며 곧바로 대군을 일으켜 서주에 있던 유비를 쳤다. 이로써 '후고지우'(後顧之憂)를 없앤 조조가 병력을 총동원하여 원소와 맞설 수 있게 되었다. 만일 이때 머뭇거리며 결정을 미루었을 경우, 좌우협공을 받아 위기에 처할 수도 있었다. 조조가 서주의 유비를 칠 때 원소가 머뭇거리며 조조의 후방을 공격하지 않은 것은 큰 잘못이다. 이는 원소가 몰락하게 된 직접적인 원인이 되었다. 원소는 결정적인 순간에 결단력이 부족했다. 이는 난세의 리더로서 치명적인 결격사유이다.

곽가의 탁월한 지략은 원소의 자식들을 격파할 때에도 그대로 나타났다. 당시 여러 장수들은 조조에게 여세를 몰아 업성으로 진공할 것을 권했다. 그러나 곽가가 이를 반대했다.

"원소는 이 두 아들을 사랑했으나 누구를 후사로 세워야 좋을지를 몰랐습니다. 지금 그들의 권력이 비등하니 각자 추종세력이 있을 것입니다. 상황이 위급하면 서로 보호하게 되나, 완화되면 서로 다툴 것입니다. 남쪽으로 내려가 형주의 유표를 치면서 변화의 추이를 지켜보느니만 못합니다. 형제간의 내홍(內訌)이 생긴 다음에 공격하면 일거에 평정할 수 있을 것입니다."

과연 곽가가 예측한 대로 조조군이 후퇴하자 원소의 자식들 사이에 내분이 일어나, 원담이 조조에게 구원을 요청하는 사태가 빚어졌다. 이에 조조는 곧 군대를 돌려 업성을 공략한 뒤, 여세를 몰아 기주를 평정했다. 하북이 이같이 평정되자 조조는 청주와 기주, 유주, 병주에서 명망이 높은 인재들을 모두 초빙해 수하에 두었다. 조조가 이를 틈타 원소의 자식들을 차례로 격파한 것은 말할 것도 없다. 이 모든 것이 곽가의 계책에 따른 것이다.

이때 원상이 북쪽으로 도망가 오환족에게 의탁하자 조조가 이를 치려고 했다. 여러 장수들이 유표가 허도를 급습할까 걱정하며 오히려 유표를 칠 것을 권했다. 곽가가 반대했다.

"저들을 그대로 둔 채 남정을 하면, 원상이 틀림없이 오환족의 세력을 이용하여 사람들을 그러모을 것입니다. 이들이 한 번 출동하면 청주와 기주가 우리 소유가 아니게 될지 두렵습니다. 유표는 단지 좌담을 좋아하는 일개 청객(淸客: 현실을 모르는 선비)에 불과할 뿐입니다. 그는 스스로 자신의 재능으로 유비를 제어할 수 없음을 잘 알고 있습니다. 우리가 온 힘을 기울여 나라를 비운 채 원정을 갈지라도, 결코 공은 걱정할 일이 없습니다."

조조가 이를 받아들여 마침내 군사 수만 명을 이끌고 북정(北征)에 나섰다. 이는 조조의 생애에서 가장 위대한 원정으로 손꼽을 만한 사건이다. 조조는 이 원정에서 장차 중원을 위협할 소지가 가장 컸던 오환족을 제압해 후고지우를 완전히 없앴다.

당시 조조는 이 원정길에서 크게 고생을 했다. 광풍이 사방에서 일어나고, 길까지 험악해 행군에 커다란 어려움을 겪었다. 이때 곽가는 풍토병으로 수레에 누워 있었다. 역현(易縣)에 이르자 곽가의 병이 더욱 위중해졌다. 조조가 눈물을 흘리며 말했다.

"공을 멀리 데리고 나와 온갖 고생을 시킨 끝에 이같이 병까지 나게 했으니, 마음이 얼마나 불안한지 모르겠소."

"제가 승상의 크나큰 은덕을 입었으니, 비록 죽는다 해도 그 만 분의 일도 보답하지 못했습니다."

조조가 자신의 생각을 털어놓았다.

"북쪽 땅이 이같이 험악하니 그만 회군할까 하는데, 공의 생각은 어떻소?"

곽가가 극구 만류했다.

"군사는 신속하게 이동하는 것이 가장 중요합니다. 지금 우리는 천리를 달려와 기습하기에는 치중이 많고 유리한 전기(戰機)를 잡기도 쉽지 않은 터에, 적들은 이미 소식을 듣고 엄히 방비하고 있을 것입니다. 치중을 남겨 두고 경병으로 속히 달려가 급습하느니만 못합니다.”

조조가 이를 받아들여 곽가를 역현에 남겨둔 채 진군을 계속해 오환족을 대파했다. 곽가는 병이 위중해 사경을 헤맸다. 조조가 급히 군사들을 몰아 허도로 돌아온 뒤 자주 문병을 갔다. 병세가 더욱 악화되어 얼마 뒤 그는 숨을 거두었다. 그의 나이 서른여덟이었다. 조조를 모신 지 꼭 11년 만이다. 조조가 대성통곡했다.

“이는 하늘이 나를 망하게 하는 일이다!”

조조와 곽가의 관계는 유비와 제갈량의 수어지교(水魚之交)와 닮았다. 비록 요절했지만 곽가는 자신을 알아주는 주인을 만나 행복한 일생을 살았다. 곽가는 깊은 통찰력이 있었고, 모략을 세우는 데 탁월했다. 나아가 사리와 인정에 대해서도 통달했다. 배송지는 순욱과 순유를 한 부류로 떼어놓은 뒤, 곽가를 가후와 정욱과 같은 부류로 분류했다. 그러나 이는 잘못이다. 곽가는 학식의 깊이 등을 감안할 때 순욱이나 순유와 같은 부류로 분류하는 것이 타당하다. 그의 행보 역시 청류 사대부의 전형에 해당한다.

그는 비록 요절하기는 했으나, 죽을 때까지 조조에게 충성을 다한 점에서 순욱이나 순유와 차이가 있다. 천하대세에 대한 판단이 달랐던 셈이다. 한나라의 천명이 다해 새로운 세상이 전개될 수밖에 없다고 판단한 까닭이다. 계략에 뛰어날 뿐더러 세상물정에 통달한 사실이 이를 뒷받침한다. 그의 리더십을 ‘지혜’(智慧)와 ‘사려’(思慮)를 겸한 ‘지려’로 정리하는 까닭이 여기에 있다.

조조의 모신 가운데 곽가와 가장 비슷한 인물을 고르라면 정욱을 들 수 있다. 그는 키가 8척이 넘는데다, 아름다운 수염을 가지고 있었다. 황건적의 난이 일어났을 때 그의 고향인 동아현이 별다른 피해를 입지 않은 것은 오로지 그의 공이다. 기록에 나오지는 않지만, 당시 그는 벼슬자리에 없었던 듯하다. 현령이 도망가고 온 성이 뒤죽박죽이 된 판에, 관원도 아닌 처지에 이를 수습한 임기응변은 높이 평가할 만하다. 이때 그의 나이는 죽은 나이를 거꾸로 계산해 보면 갓 마흔을 넘었다. 정욱은 곽가와 달리 대기만성의 인물에 속한다.

정욱 또한 자부심이 대단했다. 초평 연간에 연주자사 유대가 정욱의 명성을 듣고 여러 차례 예를 갖추어 불렀으나, 그는 병을 핑계로 응하지 않았다. 그는 순욱의 천거로 조조의 부름을 받게 되었을 때 산속에 들어가 글을 읽고 있었다. 조조가 정중히 초청하자 즉각 받아들였다. 당시 마을 사람들이 이를 의아해하며 물었다.

"당신은 지난번에 유대가 불렀을 때에는 병을 핑계로 사양하더니, 이번에는 왜 아무것도 묻지 않고 곧바로 따라나서려는 것입니까? 앞뒤의 태도가 이같이 상반된 이유가 무엇입니까?"

그러나 정욱은 빙긋이 웃기만 할 뿐, 아무 대답도 하지 않았다. 이윽고 정욱이 조조를 찾아가자 조조가 반가이 맞이하면서 그와 이야기를 나누었다. 그러고는 크게 기뻐하며 곧바로 정욱을 수장현령으로 임명해 그곳을 지키게 했다. 정욱은 조조가 서주의 도겸을 칠 때 그 진면목을 드러냈다.

당시 조조는 순욱과 정욱에게 군사 3만 명을 주어 견성현과 범현, 동아현 등 3개 현을 지키게 한 뒤, 자신은 하후돈 등을 선봉으로 삼아 나머지 군사들을 이끌고 곧바로 서주로 진격했다. 이때 순욱은 정욱이 본래 동아현 사람임을 알고 이같이 말했다.

"지금 연주의 거의 모든 군현이 반기를 들고, 단지 세 성만 남았소. 진궁이 대병을 거느리고 올 터인데, 주민들의 마음을 꽉 붙잡을 수 있는 계책이 없다면 세 성의 민심마저 반드시 동요할 것이오. 그대는 동아현 주민이 모두 추앙하는 사람이니, 마땅히 돌아가서 그들을 위무해야 하오."

정욱이 순욱의 건의를 받아들여 동아현으로 떠났다. 정욱은 가던 도중에 범현에 들렀다. 당시 여포가 범현의 현령인 근윤의 모친과 동생, 처자식을 잡아놓고 투항을 요구하고 있었다. 정욱이 근윤에게 당부했다.

"들건대 지금 천하대란으로 영웅이 사방에서 일어나고 있으나, 좋은 주인을 만나는 쪽은 흥하지만 그렇지 못하면 멸망할 수밖에 없소. 여포는 조야하고 인간미가 없는데다, 고집이 세고 예의가 없어 일개 용맹한 무부에 지나지 않소. 그들의 군사가 비록 많다고는 하나 결국에는 반드시 성공하지 못할 것이오. 그러나 조조는 지혜롭고 지모가 출중하니 참으로 하늘이 내린 인물이오. 충정을 배반하고 악한 자를 좇는 것과 모자가 살육되는 것 가운데 어느 것이 낫다고 보시오?"

근윤이 눈물을 흘리며 말했다.

"어찌 감히 두 마음이 있겠습니까!"

당시 정욱이 기병을 보내 창정진을 봉쇄하자, 진궁은 강을 건널 수가 없었다. 정욱이 동아현에 도착하자 동아현령 조지가 이미 군사를 이끌고 와 관민을 격려하며 성을 굳게 지키고 있었다. 결국 이 3성은 조조의 대군이 돌아올 때까지 지켜질 수 있었다. 조조가 돌아온 뒤 정욱의 손을 굳게 잡고 말했다.

"그대의 도움이 없었다면 나는 돌아갈 곳이 없을 뻔했소!"

이에 조조는 곧바로 표문을 올려 정욱을 동평군의 책임자로 천거한 뒤, 군사들을 이끌고 가 범현을 지키게 했다. 조조가 견성과 동아, 범현 등 세 고을을 토대로 다시 연주를 회복할 수 있게 된 데에는 순욱과 정욱의 공이 컸다.

원래 정욱은 성격이 강직했다. 이 때문에 다른 사람과 교유하는 데 여러 번 어그러졌다. 고집이 세고 타협심이 적어 다른 사람들과 어긋나는 일이 많았다. 그래서 정욱은 역모를 꾸미고 있다는 참소를 당한 적도 있었다. 조조는 이를 믿지 않고 오히려 그를 더욱 후대했다. 그런 성격이었지만 순욱이나 순유와는 지적 수준이 같아서인지 잘 맞았다. 조조가 뒷날 패업을 이룬 뒤 정욱의 등을 두드리며 이같이 말했다.

"연주에서 패했을 때 그대의 말을 듣지 않았다면, 내 어찌 오늘에 이르렀겠소!"

정욱은 위나라가 세워진 뒤 위위(衛尉)에 제수되었다. 이때 중위(中尉)인 형정과 의례 문제로 다투다가 면직되기도 했다. 많은 공을 세우고도 공후(公侯)에 이르지 못한 채 여든의 나이로 죽었다. 고집이 세고 타협심이 적어 다른 사람과 잘 융화하지 못한 게 주요 원인이다. 청류 사대부의 한계로 해석할 수밖에 없다. 그러나 청류 사대부라고 해서 반드시 이런 모습을 보이는 것도 아니다. 곽가가 그 실례이다. 그런 점에서 정욱은 같은 청류 사대부인 곽가와 달리, 남에 대한 배려 등 '사려'가 상대적으로 부족했다는 지적을 면하기 어렵다.

# 가후

權變 순간의 기지에 기초한
임기응변에 능하다

가후는 삼국시대의 여러 모신 가운데 매우 특이한 경우에 속한다. 탁월한 지략도 지략이지만 가장 눈길을 끄는 것은 처세술이다. 그는 처세의 달인이었다. 그래서 그는 죽을 때까지 부귀영화를 누릴 수 있었다. 이 때문에 그는 순욱과 순유 등과 달리 오랫동안 많은 비판을 받아왔다. 이는 그가 생전에 여러 사람을 섬기며 보신(保身)을 꾀한 사실과 무관하지 않다. 삼국시대의 모신 가운데 그처럼 여러 명의 주군을 섬긴 이도 없다. 조조의 휘하에 들어올 때까지 섬긴 주인이 모두 네 명이나 되었다.

그는 먼저 동탁이 권력을 장악하자 동탁을 섬겼다. 이어 동탁이 살해되자 그의 수하에서 부장으로 있던 이각의 참모로 들어갔다. 그러나 이각에게 별로 기대할 것이 없음을 알고 장군 단외를 찾아가 섬겼다. 얼마 뒤 다시 단외를 떠나 장수에게로 갔다. 이어 또다시 장수를 설득해 마침내 조조의 휘하로 들어갔다. 많은 시행착오 끝에 드디어 제대로 된 주군을 만난 셈이다.

가후와 같이 명석한 사람이 애초부터 주군을 제대로 만나지 못한 것은 일면 불가사의한 일이기도 하다. 이는 여러 가지 원인이 있었겠지만, 무엇보다도 그가 순욱이나 순유와 달리 이름 없는 가문 출신인 사실과 무관하지 않을 것이다. 그에게는 자신을 천거해줄 지인도 없었다.

그럼에도 그는, 그야말로 적수공권으로 세상에 나서 오직 자신의 능력만으로 자수성가해, 세상을 뒤흔들 정도에 뛰어난 계책을 많이 진언했다. 그가 언제 병서에 능통했는지는 알 길이 없으나, 그는 삼국시대 인물 가운데 조조와 더불어 병서에 주석을 단 유일한 인물이다. 젊었을 때 큰 뜻을 두고 병서를 독파한 게 확실하다.

불행하게도 그의 주석서는 현재 전하지 않는다. 다만 사서에 나오는 그의 군략에서, 그가 얼마나 병법에 능통했는지를 짐작할 수 있다. 단순히 병서를 통달한 데서 비롯된 것이라기보다는, 그 자신이 천성적으로 기지가 넘치는 인물인 데서 비롯되었다고 보는 게 옳을 것이다. 진수는 《삼국지》에서 이같이 평해 놓았다.

계책이 거의 완벽에 가깝고, 권변(權變)에 통달해 진평에 비길 만했다.

이는 가후와 순유를 같은 반열에 놓고, 순유를 장량, 가후를 진평에 비유한 것이다. 나름대로 타당한 비유이다. 초한전 당시 장량은 전략에 강했고, 진평은 전술에 강했다. 순간적인 기지와 임기응변의 대처 능력에서 가후는 가히 천하무적이다. 권변은 순간의 기지에 기초한 임기응변에 능하다는 뜻으로, 병법에서는 궤사(詭詐)와 비슷한 뜻으로 새기고 있다.

가후가 권변에 능할 수 있었던 것은 사물에 대한 깊은 통찰력 덕분이다. 그가 얼마나 권변에 능했는지는 다음 몇 가지 사례를 보면 쉽게 짐작할 수 있다. 동탁의 사위 중랑장 우보가 섬현에 주둔할 때 그는 우보와 함께 있었다. 그는 동탁이 패하고 우보 또한 죽게 되자 이각과 곽사를 이같이 회유했다.

"장안의 사람들은 동탁 수하에 있는 양주(凉州) 사람을 모두 죽여야 한다고 하는데, 제군들은 오히려 병사들을 버리고 홀로 달아나려고만 하니 참으로 한심하기 그지없소. 제군들이 만일 군사를 버리고 홀로 떠나면 일개 정장(亭長: 파출소장)조차 능히 제군들을 잡을 수 있을 것이오. 이는 서로 군사를 이끌고 장안으로 진공해서 동탁의 원수를 갚느니만 못하오. 성사되면 곧 천자를 옹호해 천하를 다스릴 수 있을 것이고, 실패하면 그때 가서 다시 도주할지라도 결코 늦지 않을 것이오."

이각과 곽사 등이 권력을 장악한 것은 바로 가후의 계책을 따랐기 때문이다. 이각 등이 여포와 왕윤을 물리치고 천하를 호령하면서 가후의 공을 높이 사 그를 열후에 봉하려고 했다. 그러나 가후가 사양을 했다.

"저의 계책은 목숨을 구하고자 한 것일 뿐인데, 무슨 공로가 있겠습니까?"

끝내 고사하며 받지 않았다. 다시 상서복야에 임명하려고 하자 이 또한 사양했다.

"상서복야는 백관의 우두머리로 천하인의 기대를 떠안는 자리입니다. 저의 명성은 평소 높지 않으니 사람들을 심복시킬 수 없습니다. 아무리 영예와 이익에 눈이 멀었다 할지라도 어찌 조정 중신의 자리에 함부로 나아갈 수 있겠습니까?"

이각 등은 곧 그를 상서에 임명해 관리의 선발을 관장하도록 하고 많은 일들을 바로잡아 구제하도록 했다. 마침 그가 모친상을 당해 관직을 내놓자, 얼마 뒤 다시 불러 광록대부에 제수했다. 이각과 곽사 등이 군사를 이끌고 가 마등과 한수를 대파한 것도 가후의 계책을 좇은 결과이다.

그러나 이각 등은 난세의 통치자가 되기에는 기본적인 소양이 부족했다. 그는 이내 이각을 떠나 가족들과 함께 회음에 둥지를 튼 동향인 단외을 찾아가 몸을 의탁했다. 단외의 군사들이 그를 흠모하며 따르자 단외 역시 그에 대한 예우에 만전을 기했다. 그러나 단외는 그릇이 작은 인물이다. 겉으로는 가후를 정중하게 대하면서도 내심 가후의 명성을 두려워했다. 자칫 군사들을 가후에게 빼앗길 것을 우려해 줄곧 경계하는 모습을 보였다. 가후가 장수를 찾아가 의탁하려고 하자 어떤 사람이 의아하게 생각해 물었다.

"단외가 후하게 대해주고 있는데, 군은 어디로 가려는 것이오?"

가후가 말했다.

"단외는 의심이 많고 나를 시기하는 뜻이 있으니, 예우가 비록 후하나 오래 있을 수 없소. 오래 머물러 있으면 장차 그에게 모해 받을 것이나, 내가 지금 떠나면 그는 반드시 기뻐할 것이오. 그는 내가 밖에서 자신을 위해 지원해 줄 것을 바라고 있으니, 반드시 나의 처자식

에게 후대할 것이오. 지금 장수는 계책을 낼 사람이 아니기에 나를
얻기를 원하고 있소. 내가 떠나는 것이 나와 나의 가속을 모두 보전하
는 길이오.”

가후가 떠나자 과연 그의 예언대로 장수는 크게 기뻐하며 그에게
자손지례(子孫之禮)로 대했다. ‘자손지례’는 동생과 자식의 예를 행하
는 자제지례(子弟之禮)보다 한 단계 높은 것으로, 자식 또는 손자의
입장에서 상대방을 예우하는 것을 말한다. 단외도 과연 가후의 예측
대로 그의 가속에게 매우 잘 대해 주었다.

이때 가후가 장수를 설득하여 유표에게 귀부하라고 권하자 장수가
이를 좇았다. 그가 유표를 찾아가자 유표가 빈객지례(賓客之禮)로 대
접했다. 가후가 주변 사람에게 유표를 이같이 평했다.

“유표는 평세(平世)의 3공 재목에 불과하다. 그는 일의 변화를 읽
지 못하는데다가 의심이 많고 결단을 못 내리니, 큰일을 할 사람이
못 된다.”

‘평세’는 ‘치세’의 다른 말이다. 당시 가후는 이미 유표가 난세를 평
정할 큰 인물이 아님을 알고 조만간 장수를 설득해 조조에게 투항할
생각을 하고 있었다. 당시 세력균형이 깨질 것을 염려한 조조가 즉각
군사행동을 일으켰다. 조조가 군사를 이끌고 와 장수와 유표를 공격
하자, 장수와 유표는 조조의 군사가 적은 것을 알고 급히 그 뒤를 추
격했다. 이는 조조의 유인책에 말린 것이다. 장수가 조조를 추격하려
고 하자 가후가 만류했다.

“추격하면 반드시 패하게 되오.”

그러나 이를 듣지 않았다. 조조가 곧 기병(奇兵)과 보병을 풀어 이

들을 좌우에서 협격하자 유표와 장수가 대패했다. 장수가 대패하고 돌아오자 가후는 장수와 함께 성루 위로 올라가 조조군의 움직임을 살펴보면서 이같이 권했다.

"빨리 다시 조조를 추격하시오. 그러면 반드시 이길 것이오."

장수가 사양했다.

"공의 계책을 쓰지 않아 이 지경이 되었소. 지금 이미 패했는데 어찌 다시 추격할 수 있겠소?"

가후가 말했다.

"전쟁의 형세는 늘 변화가 있기 마련이니, 지금 급히 그를 추격하면 반드시 이길 것이오."

장수가 급히 병사들을 모아 다시 추격하자 과연 승리할 수 있었다. 장수가 이기고 돌아온 뒤 가후에게 물었다.

"나는 정병(精兵)으로 퇴병(退兵)을 추격했으나, 공은 반드시 패할 것이라고 말했소. 지금 패병(敗兵)으로 승병(勝兵)을 치는데도 공은 반드시 이길 것이라고 했소. 그 결과가 모두 공이 말한 바와 같았으니 이는 도대체 어찌된 일이오?"

가후가 대답했다.

"조조는 방금 철군을 시작하면서 반드시 스스로 뒤를 끊으려 했을 것이오. 그래서 장군이 필패하리라는 것을 알았소. 조조가 아무런 실책도 없는데 힘을 다하지 않은 채 돌연 철수하니, 이는 반드시 국내에 변고가 있기 때문이오. 조조는 이미 장군을 패퇴시켰기에 반드시 경무장으로 급히 나아갈 것이고, 나머지 장수들을 남겨 두어 뒤를 끊으려 했을 것이오. 그러나 그들은 장군의 적수가 아니오. 그래서 비록 패졸을 이끌고 추격했지만 필승할 수 있었던 것이오."

가후가 유표와 장수에게 각각 형주와 양성을 지키면서 기각지세
(掎角之勢)를 이룰 것을 권하자, 두 사람 모두 군사들을 이끌고 돌
아갔다. 가후가 장수에게 몸을 의탁한 지 10년 가까운 세월이 흐르
는 사이, 천하는 조조와 원소의 대립 구도로 변했다. 남양에서 독자
적인 세력을 구축하고 있던 장수는 어느 쪽을 지원해야 좋을지 망
설였다.

이때 원소가 사자를 보내 장수를 부르는 동시에, 가후에게 서신을
보내 우호를 맺고자 했다. 장수가 원소의 요청에 응하려고 하자 마침
자리를 같이 했던 가후가 원소의 사자에게 핀잔을 주었다.

"돌아가거든 원소에게 형제가 서로 용납하지도 못하면서 어찌 능
히 천하의 호걸들을 용납하겠다는 것인지 묻더라고 전해 주시오."

사자가 나가자 장수가 물었다.

"만일 원소가 쳐들어오기라도 하면 어찌하려고 그랬소?"

가후가 대답했다.

"원소는 이곳에 오기도 전에 조조에게 제압될 것이오."

장수가 난감해 하며 물었다.

"상황이 이리 되었으니 우리는 장차 누구에게 의탁해야겠소?"

"조공을 따르느니만 못하오."

장수가 의아해하며 물었다.

"원소는 강하고 조조는 약하오. 더구나 우리는 또 전에 조조와 원
수진 일까지 있소. 어찌 그에게 투항할 수 있겠소?"

가후가 크게 웃으며 말했다.

"그것이 바로 우리가 마땅히 그를 따라야 할 이유요. 조조는 천자를 모시고 천하를 호령하니 이것이 첫째 이유요, 원소는 강성한데 우리가 많지도 않은 무리를 이끌고 그에게 가면 그는 필연 우리를 중시하지 않을 것이오. 그러나 조공의 병력은 약하니 그가 우리를 얻게 되면 반드시 기뻐할 것이오. 이것이 둘째 이유요. 패왕이 되려는 사람은 반드시 사적인 원한을 버리고 천하를 향해 은덕을 펼쳐야 하오. 그러니 조조가 우리를 후대하지 않을 리가 없소. 이것이 셋째 이유요."

과연 장수가 가후의 건의를 좇아 조조에게 투항하자, 조조가 크게 기뻐하며 가후의 손을 잡고 이같이 말했다.

"나를 천하에서 신망을 받게 해 줄 자는 그대일 것이오!"

가후가 조조의 휘하로 들어갈 때에는 이미 그의 이름이 널리 알려져 있을 때였다. 가후는 명성에 걸맞게 조조를 보좌했다. 조조는 곧 가후를 집금오에 임명하고 도정후에 봉했다.

집금오는 지금의 수도 경찰청장에 해당하는 매우 화려한 직책이다. 후한을 세운 광무제 유수(劉秀)는 비록 황족 출신이기는 했으나 혈통이 방계의 방계로 계속 이어진 까닭에 사실상 서민 출신이나 다를 바가 없었다. 혈통의 계보를 전혀 찾을 길이 없었던 유비보다 약간 상황이 나았을 뿐이다. 그는 젊었을 때 장안으로 올라와 태학에서 공부하다가 화려한 복장을 한 집금오의 행렬을 보고는 이같이 찬탄했다.

"벼슬을 하려면 집금오를 하고, 처를 얻으려면 음려화(陰麗華)를 얻어야 할 것이다!"

음려화는 당시 최고 미인으로 손꼽힌 여인이다. 보위에 오를 가능성이 전혀 없는 상황에서 천하의 미인을 부인으로 얻고, 화려한 제복을 입은 채 황제가 하사한 금도끼를 허리에 차고 다니는 집금오의 벼슬을 최종 목표로 삼은 것을 탓할 수는 없다. 이후 전한이 망하고 외척세력인 왕망의 신(新)나라가 들어서면서 천하가 크게 소란스러워지자, 그는 목표를 상향조정해 우여곡절 끝에 뜻을 이루었다. 도중에 음려화를 손에 넣은 것은 물론이다. 음려화는 그의 평생 연인이었다. 정실인 곽황후는 음려화와 총애를 다투다가 폐위되기도 했다.

당시 그가 상향조정한 목표를 달성한 데에는 여러 요인이 복합적으로 작용했다. 주목할 점은 조조처럼 전장에서도 책을 손에서 놓지 않고 끊임없이 연마한 점이다. 뒷날 모택동도 이를 흉내내 마침내 '신중화제국'의 창업주가 될 수 있었다.

가후가 집금오에 임명된 것은 이제야말로 조조의 사람이 되었다는 것을 만천하에 공표한 것이나 다름없다. 조조가 그의 뛰어난 책략을 높이 평가한 결과이다. 실제로 관도대전 당시 싸움이 지구전으로 변하면서 조조가 열세에 몰리자 가후는 이같이 진언한 바 있다.

"공은 밝은 지혜도 원소를 능가하고, 용기도 원소보다 낫습니다. 인재를 잘 쓰는 점도 원소가 따르지 못하고, 호기를 놓치지 않고 결단을 잘 내리는 점도 원소보다 낫습니다. 이 네 가지의 우세는 곧 승리를 눈앞에 보는 것이나 다름없습니다. 반년의 기간을 정해 놓고 만전을 기하고 있으면 반드시 기회가 올 것입니다."

모든 것이 열세인 상황에서 조조가 조급하게 서두르면 이는 일전으로 승부를 가르려는 원소의 계략에 빠지게 된다. 가후는 바로 이 점을 경계한 것이다. 결국 조조는 성동격서의 양성계(揚聲計)를 동원해 원소를 격파했다.

가후는 조조가 관중에 할거하고 있는 마초와 한수를 토벌할 때도 결정적인 도움을 주었다. 건안 6년(211)에 양쪽의 싸움이 중반에 이르렀을 때, 마초가 여러 번 도전했으나 조조가 이에 응하지 않았다. 하루는 가후가 조조를 찾아와 물었다.

"승상은 적들을 깨기 위해서는 어떻게 해야 한다고 생각하십니까?"

"공의 생각은 어떻소."

조조의 반문에 이같이 대답했다.

"용병에는 궤사를 꺼리지 않는다고 하니, 거짓 허락을 하십시오. 허락을 하지 않을 경우 그들은 오히려 굳게 싸우려 들 것이니, 일단 허락을 하여 그들을 안심시켜 놓은 뒤 도모하는 것이 좋을 듯합니다."

조조가 기뻐하며 말했다.

"천하의 고견은 일치하는 수가 많은데, 그대의 생각이 바로 내 생각과 같소!"

당시 마초 등은 어떻게 해서든 강화를 성사시키고자 했다. 끝내는 자식들을 인질로 보내는 방안까지 제안하자, 조조가 가후에게 대책을 물었다. 가후가 대답했다.

"그들의 동맹을 이간하는 길밖에 없습니다."

조조 또한 그 뜻을 알아차리고 손뼉을 치고 기뻐했다.

"무슨 뜻인지 잘 알겠소!"

이때 마침 한수가 초조한 나머지 조조와 만날 것을 요구했다. 누가 이를 가후에게 말하자 가후가 탄성을 지르며 말했다.

"이제는 일이 성사되었소!"

한수를 만나고 온 조조가 가후에게 말했다.

“공은 내가 진 앞에서 한수와 무슨 이야기를 나누었는지 알겠소?”

가후가 대답했다.

“그것만으로는 두 사람을 이간시키기에 미흡합니다. 한수와 마초로 하여금 피차 원수가 되어 죽이려 들게 할 계책이 저에게 있습니다.”

조조가 그 계책을 묻자 가후가 이같이 대답했다.

“마초가 비록 용맹하기는 하지만 기밀을 모르는 사람입니다. 글을 한 통 써서 한수에게 보내되, 중간에 군데군데 글씨를 불명하게 쓰고, 또 아주 요긴한 대목들은 먹으로 뭉개고 고쳐 쓴 뒤 단단히 봉해 한수에게 보낸 다음, 마초로 하여금 그 일을 알게 하면 마초가 반드시 한수에게 가서 글을 보여 달라고 할 것입니다. 그 글을 보다가 긴요한 대목들이 고쳐 써진 것을 보면, 한수가 무슨 기밀을 자기에게 알리고 싶지 않아 제 손으로 고쳤다고 의심하게 될 것입니다. 게다가 한수가 오늘 승상과 단 둘이 만나지 않았는가 하는 의심도 있을 터이니, 둘 사이가 반드시 무사하지 않을 것입니다. 그때 한수 수하의 장수들에게 가만히 손을 뻗쳐 이간시키면 마초를 도모할 수 있을 것입니다.”

참으로 간교한 궤계이다. 며칠 뒤 조조가 가후의 계책을 좇아 한수에게 편지를 보내자, 과연 보고를 받은 마초는 더욱 의심이 들어 한수에게 와 그 글을 보자고 했다. 한수는 무심히 그 글을 내보였다. 마초는 글 가운데 더러 지우고 고쳐 쓴 글자들이 있는 것을 보고 한수를 크게 의심했다. 이로써 이들의 전열이 흩어졌다.

이는 한고조의 참모였던 진평이 기묘한 이간책으로 항우와 범증을 갈라놓은 것에 비유된다. 초한전 당시 범증이 항우에게 형양에 대한 급공(急攻)을 권하자 유방은 이를 크게 우려했다. 항우가 한나라에 사자를 보냈다. 사자가 도착할 즈음 진평이 태뢰(太牢)를 다 갖추어 놓게 했다. '태뢰'는 제사나 연회 때 소와 양, 돼지 등 세 가지 희생(犧牲)을 모두 갖추는 것을 말한다. 식사가 한창 진행되던 중 진평이 나타나 초나라 사자를 보고 짐짓 놀라는 체했다.

"범증의 사자인 줄 알았는데 항우의 사자가 아닌가?"

그러고는 그 음식을 내간 뒤 조악한 음식을 초나라 사자에게 올리게 했다. 초나라 사자가 귀환해 이를 상세히 보고하자 항우가 범증이 적과 내통한 것이나 아닌지 크게 의심했다. 범증은 형양성에 급공을 가해 함락시키고자 했으나, 항우는 범증을 의심한 나머지 끝내 그의 말을 듣지 않았다. 가후는 확실히 진평이 400년 만에 부활한 듯한 느낌을 줄 정도로 뛰어난 계책을 제시했던 것이다.

뒷날 가후는 위나라의 후사 문제에도 깊이 개입했다. 당시 조조의 후계자 자리를 놓고 조비와 조식이 치열하게 다투었다. 신하들도 양편으로 갈려 서로 대립하게 되었다. 한때 조식이 우위에 서는 듯한 모습을 보이자 초조해진 조비가 사람을 보내 가후에게 대책을 물어보았다. 가후가 대답했다.

"원컨대 장군이 덕성을 널리 펴고 친히 학업을 닦는 데 밤낮으로 애쓰면서, 자식의 도리에 어긋나지 않기를 바랍니다. 오직 이같이 하기만 하면 됩니다."

외견상 원론적인 대답이기는 하나, 사실 이는 조조의 속마음을 꿰뚫어본 조언이다. 조조는 단순히 어떤 재주에 뛰어난 인물을 바란 것이 아니라, 모든 것을 고루 갖춘 후계자를 원하고 있었다. 조비가 이 이야기를 듣고 남몰래 덕행 닦기에 진력했다. 이로부터 얼마 안 되어 조조가 측근을 물리치고 가후를 불러 후계자 문제를 물었다. 가후가 입을 닫고 대답하지 않자 조조가 의아하게 생각했다.

"경과 얘기를 나누는데 대답을 하지 않으니 어찌된 일이오?"

"마침 생각하던 중이어서 즉각 대답을 하지 못했습니다."

"도대체 무슨 생각 중이었소?"

"신은 원소와 유표 부자간의 일들을 생각하던 중이었습니다."

조조가 그 뜻을 알아채고 크게 웃었다. 조조는 원소와 유표가 장자를 버리고 차자를 내세워서 망한 사실을 잘 알고 있었다. 이로써 조조는 조비를 후계자로 삼을 생각을 굳히게 되었다.

가후의 '원소와 유표 부자' 운운은 긴 말이 필요 없는 촌철살인(寸鐵殺人)의 건의에 해당한다. 조식 쪽으로부터 욕을 먹지도 않으면서 조비를 도와줄 수 있는 절묘한 처신술이기도 하다. 당시 가후가 신하의 입장에서 그 이름을 직접 거명한다면, 조조는 설령 조비에게 마음을 기울였다고 할지라도 뭔가 꺼림칙한 생각이 들 수밖에 없었다. 섣불리 왕실의 후사 문제에 개입할 경우 몸을 다칠 수 있다는 점을 잘 아는 그는, 이런 기책을 써서 자신의 의중을 전달한 셈이다.

그는 3공의 자리에 있으면서도 조정에서 물러나오면 관저에서 조용히 지내고 개인적인 교분을 갖지 않았다. 그가 말년까지 천수를 누린 이유이다. 이를 두고 진수는 이같이 평해 놓았다.

가후는 자신이 조조의 구신으로서 비상한 책모가 많다는 이유로 행여 혐의와 경계를 받을 것을 두려워하여, 문을 닫고 일체의 출입을 삼갔다. 사람들과의 교제도 삼갔다. 자녀들의 혼인에서도 고급 관원과 사돈을 맺지 않았다.

뒤에 조비가 황제가 되어 위나라의 군사력을 자신한 나머지 동오 토벌을 결심하고, 가후에게 오와 촉 가운데 어디를 먼저 공략해야 할지를 물었다. 가후가 만류했다.

"오와 촉은 비록 변방의 작은 나라이나 험고한 지세에 의지하고 있습니다. 우선 문덕(文德)으로 다독인 다음 무력을 동원해야 할 것입니다."

조비는 그의 말을 듣지 않고 출정했다가 결국 아무 성과도 거두지 못하고 회군해야만 했다. 이 일이 있고 얼마 안 되어 가후는 세상을 떠났다. 향년 77세였다. 그의 아들 부마도위 가목이 그의 작위를 이어받았다.

가후가 오래도록 부귀와 장수를 누린 것은 주어진 상황에 대한 정확한 판단과 그에 따른 탁월한 처신술에서 비롯되었다. 그가 자신의 재주만 믿고 함부로 움직였다면, 아무 탈 없이 살아남기가 쉽지 않았을 것이다. 그는 계책 하나만으로 입신한 만큼, 매사에 조신했고 티끌만큼도 의심을 받지 않기 위해 노력했다. 말년에 들어서는 청류 사대부 출신 못지않게 대의를 좇는 면모도 보여주었다.

그런 점에서 그의 삶은 시종 자신의 뜻을 관철하며 청류 사대부의 지조를 지킨 순욱의 좌절된 삶과 대비된다. 대략 그는 스스로의 노력으로 입신한 인물이 난세를 어떻게 슬기롭게 헤쳐 나갈 수 있는지를 온 몸으로 보여주었다고 평할 수 있다.

# 제갈량

盡悴 몸과 마음을 다하여
나랏일을 돌보다

**삼국시대** 인물 가운데 오랜 시간에 걸쳐 제갈량처럼 숭배된 인물은 거의 없다. 이는 그가 군정대권(軍政大權)을 한 몸에 지니고도 죽을 때까지 충성을 다한 사실과 무관하지 않다. 그래서 뜬구름처럼 사라진 군웅들과 달리, 그의 명성이 수천 년이 지나도록 지워지지 않는 것이다.

그는 정치를 하면서 많은 이들의 의견을 귀담아 들으려 노력했다. 한 사람의 식견은 유한할 수밖에 없어, 여러 사람의 계책을 널리 받아들여야 나라를 제대로 다스릴 수 있다고 판단한 것이다. 그는 말로만 다른 사람의 의견을 들은 것이 아니라, 타당하다고 판단되면 반드시 이를 실행에 옮겼다.

유비가 한중을 정벌할 때 군대를 보낼 것인지를 놓고 고민하다, 양홍의 의견을 받아들여 급히 지원병을 파견했다. 유선이 보위에 올랐을 때는 등지의 건의를 좇아 오나라에 사신을 보내 우호관계를 회복했다. 남방 정벌에 나섰을 때는 마속의 심리전을 채택해 승리를 이끌어냈다. 그는 자신과 상반되는 부하의 주장을 과감히 받아들일 줄 알았다. 〈여참군연속교〉(與參軍掾屬敎)를 하달해 자신과 끊임없이 논쟁을 벌였던 동화를 크게 칭송하며 모두 그를 본받도록 한 게 그 증거이다. 그가 추진한 일이 대부분 성공을 거둔 것은 바로 이 때문이다.

그러나 그는 촉한의 기반을 튼튼히 다지는 과정에서 한마(汗馬)의 수고를 아끼지 않았으면서도, 결코 이를 이유로 과분한 명리를 추구하지 않았다. 이엄이 그에게 조조가 그랬듯이 '구석'(九錫)을 받아 왕이 될 것을 권했을 때 이를 단호히 거절한 사실이 이를 뒷받침한다. 당시 그는 이엄에게 이런 내용의 서신을 보냈다.

"귀하와 나는 오랜 지기로 서로 잘 알고 있소. 나는 본래 동방의 이름 없는 서생일 뿐이나, 외람되이 선제의 중용을 얻어 감당하기 힘든 높은 자리에 오르고, 수많은 봉록과 상까지 하사받았소. 지금 적을 토벌하는 대업을 완수하지 못해 선제의 은혜를 갚지 못한 상황에서, 귀하가 나를 춘추시대의 패자인 제환공과 진문공에 비교하는 것은 참으로 도의에 부합하지 않는 것이오. 위나라를 멸한 뒤 천자를 다시 낙양으로 모신 뒤라면 '구석'이 아닌 '십석'이라도 마다하지 않을 것이오."

이처럼 그는 개인의 명리를 멀리한 채 오로지 위나라 토벌과 한실의 부흥에만 뜻을 두었다. 마음만 먹으면 능히 보위를 빼앗을 수 있었는데도, 그는 결코 신도(臣道)에서 벗어나지 않았다. 그는 아침에 가장 먼저 일어나고, 밤에는 모두 잠이 든 후 잠자리에 들면서 각종 문서를 직접 처리했다. 민생과 관련된 사안은 더욱 자세히 살폈다. 그와 관련된 '제갈정'(諸葛井)과 '공명천'(孔明泉) 등의 유적들이 지금까지 남아 있는 이유이다. 이는 시간이 지나면서 제갈량이 신격화된 사실과 무관하지 않다. 당시 관우도 신격화되기는 했으나 이는 정치적인 고려에 따른 것으로, 제갈량의 경우와는 차원이 다르다.

제갈량이 이토록 미화된 데에는 《삼국연의》가 결정적인 역할을 했다. 대개 신격화된 인물이 흔히 그렇듯이, 상당수의 내용은 역사적 사실과 동떨어져 있다. 그의 진면목은 《삼국지》와 《자치통감》에 자세히 나타난다. 여기에 나타나는 제갈량은 결코 신기(神技)의 지략으로 적을 마음대로 갖고 노는 인물이 아니다. 오히려 정반대의 인물에 가깝다.

《삼국연의》에서 미화된 대표적인 대목들을 간략히 언급하면 다음과 같다. 삼고초려가 있기 전에 제갈량이 처음으로 세상에 나와 자신의 지략을 펼치는 대목이 이른바 '화소박망'(火燒博望) 대목이다. 이는 사실 유비가 하후돈과 우금과 대치하고 있을 때 일어난 일로, 제갈량과는 관계가 없다. 나아가 조조가 형주를 점거할 당시의 상황을 묘사한 '화소신야'(火燒新野) 대목은 완전한 허구이다.

제갈량이 적벽대전의 주인공으로 묘사된 대목 또한 사실과 크게 다르다. 당시 가장 주목받아야 할 인물은 주유였다. 적벽대전 때 제갈량이 한 일이라고는 강동으로 사신으로 가서 손권의 결전의지를 좀 더 굳건하게 만든 일밖에 없다. 제갈량이 주유를 손에 넣고 우롱하는 이른바 '지격주유'(智激周瑜)와, 조조군의 화살을 10만 개나 얻어오는 '초선차전'(草船借箭), 동남풍을 불게 하는 '교차동풍'(巧借東風) 등의 대목은 모두 허구이다. 세 번에 걸쳐 주유를 격분시켜 끝내 주유를 죽게 만든다는 '삼기주유'(三氣周瑜)도 기본적으로 허구이다.

익주를 탈취하는 것도 계책의 수립부터 구체적인 일까지 모두 방통이 주도한 일이다. 제갈량은 전투 후반기에 유비가 낙성과 성도를 공격하여 탈취할 즈음, 보조자의 입장에서 도왔을 뿐이다. 《삼국연의》에는 방통이 죽는 시기와 제갈량이 촉으로 들어온 시점을 앞당겨 서술함으로써 제갈량의 활약을 미화시켜 놓았다.

한중을 계략을 써서 취하는 '지취한중'(智取漢中) 또한 법정이 주도한 일이다. 제갈량은 다만 성도를 수비하면서 양식과 무기를 풍족히 공급하는 역할을 맡았을 뿐이다. 그럼에도 《삼국연의》는 제갈량이 모든 것을 지휘한 것으로 둔갑시켜 놓았다. 제갈량이 남만정벌 당시 행한 '칠종칠금'(七縱七擒)도 비록 사실에 기초한 것이나 크게 과장되어 있다.

제갈량이 여섯 차례에 걸쳐 북벌에 나선 '육출기산(六出祁山) 대목도 정확히 말하면 다섯 번이고, 그 가운데 군사를 이끌고 기산으로 나온 것은 단 두 번뿐이다. 당시 그는 여러 차례 공세를 취했으나 별다른 성과를 거두지 못했다. 때로는 아무런 전공도 세우지 못하고 돌아왔다. '육출기산'의 와중에 나오는 '지취삼군'(智取三郡)과 '공성계'(空城計), '기습진창'(奇襲陳倉), '화소상방곡'(火燒上方谷) 등의 대목은 모두 허구이다.

이를 통해 제갈량이 자신의 지모를 발휘해 이룬 업적이 그리 많지 않았음을 알 수 있다. 실제로 제갈량 스스로 〈전출사표〉에서 자신에게는 큰 재간이 없다는 사실을 인정한 바 있다. 이런 점들이 그의 위대한 면모를 훼손시키는 것은 결코 아님은 분명하다.

원래 제갈량은 광화 4년(181)에 산동의 낭야군 양도에서 태어났다. 황건적의 난이 일어나기 4년 전이다. 전한 말기에 사례교위를 지낸 제갈풍의 후손이니 명문 출신이라 할 만하다. 제갈풍은 성격이 강직해 외척을 탄핵했다가 황제의 노여움을 사 서민의 신분으로 강등된 바 있다. 제갈풍의 후손이 낭야군에 집단적으로 거주했다.

이후 제갈씨는 이름을 남길 만한 인물을 배출하지 못하다가, 제갈량 이후에 명성을 떨치기 시작했다. 제갈량을 비롯해 위나라와 오나라 등에서 벼슬한 제갈씨가 많다는 것은, 당시 세간에서 이들 가문을 명문가로 여기고 있었음을 반증한다.

제갈량의 아버지 제갈규에 대해서는 후한 말기에 태산군승이 되었다는 것 말고는 아무것도 알려지지 않는다. 제갈규는 본처 장씨(章氏)로부터 3남1녀를 두었다. 장남인 제갈근은 제갈량보다 일곱 살 위였고, 나중에 오나라에서 벼슬하여 대장군·주목까지 올라갔다. 차남이 바로 제갈량이다. 막내인 제갈균은 촉에서 장수교위를 지냈다. 딸은 양양의 명사 방산민에게 시집갔다.

《오서》는 제갈근이 낙양에 유학하고 있을 때 생모 장씨가 죽었다고 기록해 놓았다. 대략 제갈량은 여덟 살 무렵에 아버지는 물론 생모와도 사별한 셈이 된다. 제갈량의 어린 시절 행적은 숙부 제갈현을 따라 고향인 낭야에서 형주의 양양으로 이사해 살았다는 것 말고는 아무것도 알려지지 않았다. 이후 숙부마저 세상을 떠나자 융중에 초막을 지어 낮에는 농사짓고 밤에는 책을 읽는 생활을 시작했다.

당시 그는 학문을 닦는 데 남다른 노력을 기울였다. 영천의 석광원과 서원직, 여남 출신 맹공위 등과 교유한 것은 그의 학문이 간단치 않았음을 방증한다. 그는 융중에 있을 때 스스로를 관중과 악의에 비유하곤 했다. 관중은 춘추시대 중엽에 제환공을 보좌해 제나라를 춘추오패에 올려놓은 현상(賢相)이고, 악의는 전국시대 말기에 연소왕을 도와 연나라를 강국으로 만든 명장(名將)이다. 그는 패도의 실천자였던 관중과 악의로부터 난세를 타개하는 비책을 배우고자 노력했던 것으로 보인다.

그러나 그가 어떤 근거로 스스로를 관중과 악의에 비유했는지는 자세히 알 길이 없다. 당시 일각에서는, 그의 자평(自評)을 놓고 자귀자대(自貴自大)로 해석한 나머지, 광인으로까지 비웃은 자가 있었다고 한다. 그러나 그는 당대의 기재였던 만큼 뛰어난 식견을 자랑했다.

여러 정황에 비추어, 그는 난세를 평정할 수 있는 인물 밑에서 모신으로 활약하려 한 것이 확실하다. 《삼국연의》에 묘사된 것과 같이, 한가롭게 '삼고초려'를 기다리고 있지 않았을 공산이 크다. 실제로 배송지의 주석에 인용된 《위략》과 《구주춘추》에는 제갈량이 스스로 유비를 찾아간 것으로 나온다.

설령 '삼고초려'를 사실로 인정할지라도, 《삼국연의》에 묘사된 것과 같이 유비가 천신만고 끝에 제갈량을 만난 것은 아니라고 보는 게 옳다. 유비에게 '천하삼분지계'를 설파한 제갈량의 '융중대'(隆中對) 역시 크게 과장되어 있다. 일각에서는 '삼고초려'와 '융중대' 모두 후대에 나온 허구로 본다.

과연 어떤 것이 사실일까? 먼저 진수의 《삼국지》에 나오는 '융중대'의 내용부터 간략히 살펴볼 필요가 있다.

"조조가 원소를 타파한 것은 그의 지모 때문이었습니다. 지금처럼 조조가 백만 대군을 거느린 채 천자를 끼고 제후를 호령하면 그와 다툴 만한 사람은 없습니다. 손권은 강동에 웅거한 지 이미 3대가 지났고, 지세 또한 험한데다, 백성이 믿고 따르며 현능한 인재가 등용되고 있으니, 그와 동맹을 맺을 수는 있어도 그를 도모할 수는 없습니다. 형주의 지세는 험요하여 북에는 한수(漢水)가 있고, 남으로 남해(南海)로 통할 수 있고, 동쪽으로 오군과 회계군, 서쪽으로 파군과 촉군으로 통하니 이는 요충지입니다. 유표는 이를 지킬 수 없으니 이는 거의 하늘이 장군에게 주려는 것이나 다름없습니다. 또 익주는 지세가 험조(險阻)하고 옥야가 천리에 걸친 천부지국(天府之國: 자원이 풍부한 땅)으로, 옛날 한고조 유방이 이곳을 근거로 하여 끝내 천하통일의 대업을 이루었습니다. 유장은 암약(暗弱)하고 장로는 그 북쪽을 차지하였습니다. 이곳 백성들은 지금 지혜롭고 재능 있는 자들이 명군 얻기를 고대하고 있습니다. 장군은 이미 황실의 후예이고 신의는 천하에 빛납니다. 형주와 익주를 점거한 뒤 서쪽으로 각 만족(蠻族)과 융화하고, 남쪽으로 이월(夷越)을 다독이고, 밖으로 손권과 맹약을 맺고, 안으로 내정을 개혁하십시오. 이후 한 명의 상장(上將)에게 명하여 형주의 군사를 이끌고 낙양으로 진군하게 하고, 장군 자신은 익주의 병력을 이끌고 진천(秦川)으로 출격하면 백성들 가운데 그 누가 장군을 환영하지 않겠습니까? 이같이 하면 패업은 말할 것도 없고 한실의 부흥도 족히 이룰 수 있습니다."

그는 유비와의 첫 대면인 '융중대'에서, 우선 정족지세(鼎足之勢)를 이룬 연후에 때를 기다려 중원을 도모하라고 권한 것이다. 북방은 조조에게 양보하여 천시(天時)를 차지하게 하고, 남방은 손권에게 양보하여 지리(地利)를 취하게 하고, 유비 자신은 형주와 익주를 차지해 인화(人和)를 취하도록 권한 게 그 요체이다. 겨우 수십 구절밖에 안 되는 짧은 언급으로 당시의 천하 정세와 정국 향방을 일목요연하게 요약하며, 평천하와 한실 부흥의 계책을 제시한 셈이다. 이것이 그 유명한 '천하삼분지계'이다.

그는 구체적인 실천방안으로 '화융무월'(和戎撫越)와 '외결손권'(外結孫權), '내수정리'(內修政理) 등 세 가지 계책을 제시했다. '화융무월'은 '외결손권'과 함께 일종의 외교군사정책이라고 할 수 있다. 서융(西戎)과 남만(南蠻)을 다독여 단기적으로는 '후고지우'를 없애고, 장기적으로는 중원 도모의 병참기지로 활용하자는 취지를 담고 있다. 뒷날 제갈량이 남만 정벌에 나선 것도 이런 맥락에서 이해할 수 있다. '외결손권' 계책은 단기적으로는 손권과 손을 잡고 조조의 남진을 막아내고, 장기적으로는 손권과 힘을 합쳐 중원을 도모하자는 취지를 담고 있다. 제갈량은 죽을 때까지 이 계책을 견지했다. '내수정리' 계책은 안으로 내정개혁을 실시해 통치의 기반을 확고히 하는 것으로, 뒷날 제갈량은 〈출사표〉에서 그 구체적인 방안을 자세히 제시하였다.

'천하삼분지계'의 궁극적인 목표인 천하통일의 군사전략은 '형익병진'(荊益並進)의 계책으로 요약할 수 있다. 형주에서 출발한 군사는 낙양으로 진공하고, 익주에서 출발한 군사는 장안으로 나아가 낙양까지 한꺼번에 점거해 조조의 '허도정권'을 무력화시키는 게 골자이다. 뒷날 관우가 형주를 상실함으로써 '형익병진' 계책은 근본적인 수정이 불가피했으나 기본 정신만큼은 계속 유지되었다. 제갈량이 여섯 번에 걸쳐 북벌을 위해 기산으로 출격했다는 《삼국연의》의 이른바

‘6출기산’은 ‘형익병진’ 계책의 수정안이라고 할 수 있다.

그가 ‘융중대’에서 제시한 여러 계책은 매우 탁월한 것이다. ‘융중대’에 대한 후대의 평가가 자못 높았던 것은 당연했다. 남송대의 주희는 ‘융중대’를 놓고 이같이 평했다.

> 역대에 몇 마디 말로써 천하 도모의 계략을 정한 것으로는 우선 제갈량의 ‘융중대’를 천거할 만하다.

그러나 그가 비록 ‘융중대’에서 천하 경영에 관한 웅대한 계책을 제시했다 할지라도, 당시 한 치의 땅도 보유하지 못한 유비에게 가장 시급한 과제는 우선 형주를 취하는 일이다. 유비는 적벽대전 이후에 비로소 이 계책을 실현해 형주의 일부를 손에 넣을 수 있었다. 형주를 취한 후 익주를 탈취하고자 했으나, 이 또한 상황에서 곧바로 실행할 수 있는 사안이 아니었다. 이로 인해 ‘융중대’의 진위와 관련한 논란이 오랫동안 지속되었다.

‘융중대’의 가장 큰 문제는 그 내용이 당시의 정황과 동떨어져 있다는 것이다. 유비의 처지에서 볼 때 무엇보다 먼저 조조의 남하를 막는 것이 시급했다. ‘융중대’에는 이와 관련한 내용이 전혀 나오지 않는다. 오직 형주와 익주를 영유하고, 조조와 손권과 함께 천하를 삼분하는 내용만 나온다. 이는 국가의 목표를 효과적으로 달성하기 위한 전략일 뿐이다.

당시 유비가 정작 듣고 싶어 했던 것은 형주를 어떻게 취할 것인가 하는 실천적인 방안이다. ‘융중대’의 진실성에 의문을 제기하는 사람들이 예외 없이 이를 논거로 들고 있다. 이들은 제갈량처럼 큰 뜻을 지닌 사람이 두 번씩이나 유비를 만나지 않았다는 것에도 의구심을 품고 있다.

원래 유비와 제갈량의 정치적 포부는 처음부터 뚜렷한 차이를 보인다. '융중대' 당시 제갈량은 스물여섯 살의 서생일 뿐이었으나, 유비는 온갖 좌절을 딛고 일어선 명망가였다. 유비가 아무리 제갈량에 대한 주변의 칭찬을 진실로 받아들였을지라도, 먼 길의 수고를 아끼지 않고 무명의 젊은이에게 머리를 조아리는 것은 쉬운 일이 아니다. 이래서 적잖은 사람들이 '융중대'의 진위에 의심을 품는다.

실제로 《위략》에는 당시 제갈량이 유비를 찾아가 매우 구체적인 대처방안을 제시한 것으로 기록되어 있다. 이에 따르면, 유비가 제갈량의 현실적인 계책을 좇아 형주의 군사력이 강화되자, 비로소 제갈량을 상객의 예로써 대우하였다고 되어 있다. 배송지 주에 따르면 《구주춘추》에도 비슷한 내용이 실려 있었다. '융중대'가 후대의 위작일 가능성을 뒷받침하는 대목이다.

그렇다면 '융중대'를 어떻게 해석하는 것이 좋을까? 원래 촉한은 사관을 두지도 않았고, 공문서를 보관하는 관리도 없었다. 진수가 〈전출사표〉를 토대로 '삼고초려'를 언급한 게 그 증거이다. 진수 역시 누군가가 써놓은 '융중대'에 관한 사료를 보고, 이를 옮겨 적었을 공산이 크다. 다만 구체적으로 어떤 사료를 근거로 했는지 알 길이 없을 뿐이다.

현재로서는 명백한 반증이 없는 이상, 일단 '삼고초려'와 '융중대'를 역사적 사실로 인정할 수밖에 없다. 진수가 《위략》을 인용하지 않고 어떤 사료인가에 나온 '융중대'를 인용한 것은, 대략 제갈량에 대한 경의(敬意)에서 비롯된 것으로 짐작된다. 원래 중국에서는 기원전부터 초야에 묻혀 있는 인재를 군주가 찾아가 예를 갖추어 모셔오는 것을 높이 숭상했다. 은의 탕왕으로부터 벼슬을 간청 받았던 이윤(伊尹)과, 위수 강가에서 낚싯대를 드리우다가 주문왕에게 발탁된 태공망 여상(呂尙), 한고조 유방의 권유를 받은 장량(張良) 등이 모두 이런 경우에 속한다. 진수는 이런 전통적인 관념 위에서 제갈량을 바라보고, '삼고초려'와 '융중대'를 사실로 간주했을 공산이 크다.

스스로 유비를 찾아가 자신의 계략을 펼쳐 보이는 모습은, 제갈량에게 경의를 표한 사람들이 그리는 모습과 동떨어져 있다. 《삼국지》〈촉서〉에 '융중대'가 소상히 실린 것도 이와 무관하지 않을 것이다. 진수는 다른 사료가 뒷받침되지 못해 〈전출사표〉에 근거해 '삼고초려'를 간단히 언급하는 데 그쳤지만, '융중대'만큼은 자신이 확보한 사료를 이용해 자세히 인용하고 싶은 충동을 느꼈을 개연성이 높다. 그러나 '융중대'를 사실로 인정할지라도, 이를 제갈량이 단독으로 제시한 것으로 간주하는 것은 잘못이다. 당시 유사한 견해를 피력한 사람이 매우 많았다.

원래 각지의 인재들이 난을 피해 형주로 몰려들었을 뿐만 아니라, 형주 자체에서도 많은 인재들이 배출되었다. 여기에는 유표의 명성도 크게 작용했다. 그러나 이들 대부분이 유표와 함께 대업을 이루기 어렵다고 판단해 유표의 거듭된 요청을 거부했다. 그 대신 이들은 자주 회합을 갖고 경서와 사서를 연구하며 천하사를 논했다. 제갈량은 바로 그런 무리의 일원이다.

실제로 방통도 유비를 만나 동으로는 손권, 북으로는 조조가 있으므로 익주를 손에 넣어야 정족지세를 이룰 수 있다고 역설한 바 있다. 이는 방통의 독자적인 견해가 아니었다. 제갈량의 '융중대' 또한 그 혼자만의 계책은 아니었다고 보는 것이 타당하다.

사서의 기록에 따르면, 노숙도 제갈량의 '융중대'가 있기 이전에 이미 손권을 만나 정족지세를 이룰 수 있는 계책을 제시한 바 있다. 배송지의 주석에 따르면, 동오의 감녕과 주유를 비롯해 유장을 모신 법정 등도 '천하삼분지계'와 유사한 계책을 제시했다. 이는 제갈량의 '천하삼분지계'가 당시 사대부들의 통상적인 시국 전망이었음을 반증한다. 제갈량은 자신에 앞서 유사한 견해를 밝힌 노숙 등의 견해를 참고했을지도 모를 일이다.

역사상 가장 먼저 '천하삼분지계'를 언급한 사람은 초한전 당시 한신의 모사로 활약했던 괴철(蒯徹)이다. 한신은 그의 계책을 물리쳤다가 이내 유방의 부인인 여후의 손에 비참한 최후를 맞이했다. 《사기》에 따르면 당시 괴철은 한신에게 이같이 설득했다.

"형세상 성인이 아니고는 지금 천하의 화란을 종식시킬 길이 없으니, 유방과 항우의 명운이 그대에게 달려 있습니다. 그대가 한나라를 위하면 한나라가 승리하고, 초나라를 위하면 초나라가 승리할 것입니다. 실로 천하를 3분하여 '정족지세'를 이루는 방안보다 나은 것은 없습니다."

당시 인재들 모두 괴철의 '천하삼분지계'를 알고 있었을 것이다. '융중대'에서 나온 '천하삼분지계'의 계책이 오직 제갈량 한 사람에 의해서만 구상되었다고 보는 것은 잘못이다. 이를 제갈량이 창안했다고 해서 제갈량이 더욱 위대한 인물이 되는 것도 아니고, 반대의 경우라고 해서 폄하되는 것도 아니다. 전기(傳奇)를 사실(史實)로 환원시켜 있는 그대로의 모습을 통해 평가하는 게 옳다. 그는 고금을 가리지 않고 몇 손가락 안에 들어가는 현상(賢相)임에 틀림없다. 진수가 언급한 바와 같이, 그는 《삼국연의》에 묘사된 허구적인 무신(武神)이 아니라, 《삼국지》에 소개된 역사 속의 현상으로 인식되는 게 옳다.

실제로 '융중대'는 그 진위 여부 등을 떠나 내용 자체에 적잖은 문제가 있다. '융중대'에서 제시된 '형익병진'의 계책은 당시의 실정에 맞지 않았다. 익주와 형주를 취한 뒤 두 방면에서 출병해 중원을 도모하는 것은 하나의 구상에 지나지 않았다. 당시 중원의 중심은 동쪽의 허도와 낙양으로 이동해 있었기 때문에, 설령 형주와 익주에서 진출해 관중을 장악했을지라도 관중 일대는 이미 폐허에 가까웠기 때문에 별다른 실익도 없었다. 게다가 초한전 때처럼 대량의 인력과 물자를 동원하는 일이 불가능했다. 만일 유비와 제갈량이 이를 염두에 두고 관중을 제압하는 것이 천하를 제압하는 지름길로 간주했다면, 이는 지리(地利)의 변화를 제대로 파악하지 못한 것이다.

나아가 당시 진천(秦川)과 한중은 험준한 진령(秦嶺)에 가로막혀 있어 지키기는 좋으나 중원을 공격하기에는 불리했다. 예로부터 익주는 한 번 들어가면 밖으로 빠져나오기도 쉽지 않다. 제갈량과 강유가 각각 '6출기산과 '8범중원'의 진출을 시도했지만 오히려 병력만 소진한 게 그 증거이다. 당시의 지리에 비추어볼 때 조조가 허도를 중심으로 천하를 호령하고 있었던 만큼, 익주보다는 형주를 더욱 중시하는 게 옳았다. '융중대'에서 지나치게 익주를 강조하는 바람에 나중에 형주를 잃는 결과를 초래했다는 지적을 면하기 어렵다. 실제로 일각에서는 관우의 패사 원인을 여기서 찾고 있다. 제갈량이 관우를 견제했다는 것이다.

과연 이들이 주장하는 것처럼, 형주의 처리를 둘러싼 유비와 제갈량의 갈등이 끝내 관우의 죽음을 불러온 것일까? 이에 대해서는 위진남북조시대부터 많은 논란이 있었다. 대다수 사람들은 제갈량을 높이기 위해 그의 언동에서 조금이라도 '패도'의 냄새가 나면 곧바로 이를 덮으려고 했다. 실제로 동진의 공연은 《한위춘추》(漢魏春秋)에서 제갈량의 이름을 감추고 '혹인'(或人)이라고 고쳐 써 놓았다. 사마광도 《자치통감》에서 제갈량의 이름을 숨기고 '혹'(或)이라고 얼버무려 기술해 놓았다. 후대로 가면서 신격화된 제갈량을 폄훼하는 듯한 언동을 행하는 게 얼마나 위험한 것인지를 보여준다.

그러나 이런 자세는 패도를 천시한 맹자나 성리학의 잣대가 적용된 역사왜곡에 지나지 않는다. 진수가 《삼국지》에서 '삼고초려'와 '융중대'를 역사적 사실로 받아들이면서도 제갈량의 능력에 대해서만큼은 혹평을 가한 게 그 증거이다.

제갈량은 군사 통솔 방면에 능력은 있었으나 기발한 모략이 부족했고, 백성을 다스리는 재능이 오히려 용병의 재능보다 우수했다. 어떤 변화에 적절히 대응할 줄 아는 장수로서의 지략은 그의 장기가 아니었다.

이를 두고 후대인들은 크게 당혹해했다. 이에 사마씨의 진나라에

출사한 진수가 《삼국지》를 저술하면서 의도적으로 촉한을 폄하했다
는 억측까지 나오게 되었다. 청대의 조익이 《이십이사차기》(廿二史
箚記)에서 진수를 혹평한 게 대표적인 실례이다.

> 진수의 아비는 마속의 참군이다. 마속이 제갈량에게 주살을 당할 때
> 그 또한 곤형(髡刑)에 처해졌다. 그래서 진수는 제갈량이 장략(將略)
> 에 뛰어나지 못하다고 쓴 것이다. 참으로 무식한 논의가 아닐 수 없다.

《삼국지》의 전 내용을 검토해 볼 때, 진수는 결코 제갈량을 폄하한
적이 없다. 오히려 진수는 제갈량에게 무한한 경의를 표했다. 진수는
비록 제갈량에 대해 군략에 다소 부족한 점이 있다고 지적하기는 했
으나, 그를 뛰어난 정치가로 평가하는 데에는 인색함이 없었다. 제갈
량의 군사 부문 능력에 관한 진수의 비평이 역사적 사실에 가깝다.
조익의 진수에 대한 비평은 지나쳤다.

사실 제갈량은 신상필벌 등을 통해 군율을 엄히 하는 데에는 뛰어
난 바가 있었으나, 지략과 계책을 펼치는 능력에서는 결코 최고의 인
물이 아니었다. 이는 유비가 사활을 걸고 동오와 접전을 한 이릉대전
과, 유비 사후에 전개된 '6출기산 등을 검토하면 쉽게 알 수 있다. 제
갈량의 군사적 재능과 관련해 가장 논란이 되는 것은 태화 원년(227)
에 있었던 1차 북벌이다. 당시 위나라에서는 하후무를 황급히 파견해
제갈량의 북진을 저지시키려 했다. 이듬해 정월에 제갈량이 여러 장
수들과 함께 작전회의를 할 때, 승상사마 위연이 이같이 건의했다.

"하후무는 고량자제로 매우 겁이 많고 지략도 없다고 합니다. 저에

게 정병 5천 명을 주면 5천 명분의 식량을 가지고 곧바로 진령(秦領)을 끼고 동쪽으로 가 자오도(子午道: 관중에서 한중에 이르는 남북통로)로 북상하면, 10일도 채 안 되어 장안에 이를 수 있습니다. 장안의 하후무는 급습에 놀라 반드시 성을 버리고 도망갈 것이니, 그들이 창고에 비축해 둔 양곡과 백성들이 버리고 간 양식으로 우리 군사들을 충분히 먹일 수 있습니다."

제갈량이 반대했다.

"그것은 만전지책이 아니오. 만일 누가 계책을 써서 군사를 보내 퇴로를 끊으면 정병 5천 명이 해를 입을 뿐만 아니라, 우리의 예기(銳氣)가 크게 상할 것이오."

위연이 다시 말했다.

"위나라가 동쪽에서 군사를 모아 장안으로 오기까지는 20여 일가량 걸릴 것입니다. 그 사이 승상은 야곡을 빠져 나와 충분히 장안에 이를 수 있습니다. 이리하면 일거에 함양 이서 지역을 평정할 수 있습니다. 그렇지 않으면 공연히 오랜 시일을 헛되이 보낼 것이니, 어느 때에 중원을 도모하겠습니까?"

제갈량이 고개를 내저었다.

"내가 농우를 취한 다음 병법대로 진행한다면, 어찌 이기지 못할 리가 있겠소!"

결국 제갈량은 위연의 계책을 쓰지 않았다. 제갈량이 위연의 계책을 쓰지 않은 것과 관련해 많은 논란이 있었다. 원래 형주목 유표의 부장이었던 위연은, 유비가 익주를 탈취할 때 여러 번 전공을 세웠다. 그 나름대로 짚이는 바가 있어 이런 제안을 했다고 보아야 한다.

그러나 제갈량을 옹호하는 사람들은 여러 이유를 들어 제갈량의 판단이 옳았다고 본다. 우선 맹달이 경솔하게 사마의에게 제거된 점을 들고 있다. 맹달의 죽음으로 위나라의 내부에 소동을 일으켜 이를 틈타 관중으로 진출한다는 당초의 복안이 타격을 입었고, 제갈량은 신중을 기하지 않을 수 없는 처지에 놓여 있었다는 것이다.

나아가 위연의 계책은 위험 부담이 너무 많았다는 점을 지적한다. 하후무가 관문을 닫아건 채 촉군이 피로해지기를 기다리는 전술로 나올 경우, 심각한 위기를 맞을 수밖에 없다는 것이다. 촉한은 소국으로 병력도 적었는데, 만일 협격이라도 받아 주력을 손상하게 되면 이를 보충하기 쉽지 않았던 점도 거론된다.

결국 이들은 당시 맹달마저 죽은 상황에서, 전망도 불투명하고 병력 손실의 위험이 큰 위연의 계책을 받아들이는 것은 매우 위험했다는 논지를 펼치고 있는 셈이다. 뒷날 모종강도 《삼국연의》의 관련 대목에 관한 총평에서 비슷한 논지를 펼쳤다.

위연의 계책이 옳지 않다고 한 것은 아니다. 제갈량은 하늘의 뜻을 돌이킬 수 없다는 사실을 미리 알고 모험을 하지 않았을 뿐이다. 승산도 없는 계책을 가지고 모험을 하는 것은 현자가 꺼리는 일이다.

원래 전쟁은 양쪽 다 자신들의 지혜와 힘을 모두 기울이는 까닭에, 한 치의 위험도 없는 일이란 있을 수 없다. 제갈량은 지나치게 안전 위주로 나아가는 바람에 천재일우로 찾아온 승리의 기회를 놓치고 말았다고 할 수 있다. 사마광은 《자치통감》에서 이같이 평했다.

　제갈량은 위연의 계책이 많은 위험을 안고 있어, 안전하게 대로를 따라 위로 올라가 농우 지역을 평정하느니만 못하다고 생각했다. 그는 십전필극(十全必克: 십전전승)을 하면서도 전혀 후환이 없어야 한다는 생각에, 위연의 계책을 쓰지 않은 것이다.

　실제로 당시 제갈량이 지체하는 바람에 위나라 군사는 시간을 벌게 되어 군사들을 적절히 재배치할 수 있었다. 이 때문에 촉군은 가장 바람직하지 못한 상황에 처하고 말았다. 그 결과 전투가 진지전으로 이어지고, 적의 견고한 방어물만 지속적으로 공격하는 소모전으로 진행되었다.

　촉한은 위나라에 비해 나라도 작고 군사도 적어 국력이 열세였기 때문에, 소모전을 벌여서는 절대 승산이 없었다. 게다가 험준한 진령은 지키기는 쉬웠으나 밖으로 진출하기는 어려운 곳이다. 무엇보다도 도로가 평탄하지 않아 양식을 지속적으로 공급하기 어려웠다. 이런 불리한 상황에서는 기책(奇策)을 내어 작전을 펼치지 않으면 승리를 낚기란 매우 어렵다.

　제갈량의 행보에서 가장 유감스러운 것은 가정전투의 실패를 전부 마속에게 뒤집어씌운 점이다. 제갈량은 당시 가정전투의 패배가 자신의 잘못된 용인술에서 비롯된 것으로만 알았지, 더 중대한 원인은 전략적 실패에 있었다는 사실을 깨닫지 못했다. 이후 똑같은 방법으로 여러 차례에 걸쳐 진격을 시도한 게 이를 뒷받침한다. 결국 제갈량은 헛되이 지구전만 벌이다가 끝내 아무런 공도 세우지 못한 채 진몰(陣沒)하고 만 셈이다.

원래 유비의 심중에 있는 제갈량은 유능한 관료였지 그 이상은 아니다. 명대 말기의 왕부지는 《독통감론》에서 제갈량이 보필을 제대로 했는지에 대해서도 의문을 제기했다. 유비 사후 제갈량은 촉한의 앞날을 두 어깨에 짊어진 채, 나름대로 뛰어난 지략을 펼친 게 사실이나, 조조나 사마의, 가후 등의 수준에는 이르지 못했다. 사마의에게 '건곡'(巾幗)을 보낸 게 그 증거이다. 제갈량은 '건곡'을 받게 되면 사마의가 크게 부끄러워할 것으로 생각했음에 틀림없다. 그러나 사마의는 이에 현혹되지 않았다. 사마의는 제갈량보다 한 수 위였다. 제갈량이 오장원에서 노심초사하며 식사를 제대로 하지 못하는 '식소사번'(食少事煩)으로 인해 세상을 떠난 것도 이와 무관하지 않다.

그럼에도 제갈량에 대한 후대의 평가는 매우 높았다. 오랜 세월 동안 중국인들이 생각하는 최고의 재상은 큰 일에서 작은 일에 이르기까지 자상한 모습을 보이는 제갈량과 같은 인물이다. 이는 그가 성도에 입성한 뒤 많은 인물을 천거해 촉한의 기틀을 안정시킨 사실과 무관하지 않다.

대표적인 사례로 허정(許靖)과 유파(劉巴)의 경우를 들 수 있다. 당초 허정은 동탁의 박해를 받고 조정을 떠날 수밖에 없었다. 이후 그는 양주자사, 오군도위, 회계태수, 교주태수 등의 관직을 역임했다. 조조가 사람을 보내 그를 청했으나, 그는 이를 거절하고 촉의 유장에게 몸을 맡겨 광한태수로 임명되었다. 이에 사람들은 그를 '호방한 기개를 가진 당대의 귀재'라며 칭찬을 아끼지 않았다.

유비가 성도를 공격할 때 그는 대세가 이미 기울어졌음을 알고 성을 버리고 나와 항복할 생각이었으나 성공하지 못했다. 이로 인해 사람들의 욕을 들어야 했다. 유비 또한 성도로 들어온 뒤 그를 대수롭지 않게 여겨 따로 등용하지 않았다. 그러나 제갈량은 그를 쓰지 않으면 안 된다고 보았다.

당시 익주에는 그 지역 인사 말고도 다른 지역에서 온 많은 인재들이 있었다. 유비 무리가 확실히 자리를 잡기 위해서는 이들을 기용해야 했다. 이에 유비에게 말했다.

"사람들의 두터운 신망을 받아온 허정 같은 이를 기용하지 않는 것은 옳지 않습니다. 우리가 그를 임용하면, 그의 명망을 빌려 천하를 움직일 수 있습니다."

작은 실수를 이유로 인재를 잃어서는 안 된다고 충고한 것이다. 유비가 이를 받아들여 허정을 좌장군부(佐將軍府)의 실무총책인 장사(長史)에 임명하면서 태부를 겸직하게 했다.

유파는 뛰어난 지략을 지닌 형주의 명사이다. 그러나 유표와 사이가 좋지 못해 먼저 조조에게 갔다가 다시 촉으로 들어와 유장에게 의탁했다. 유장은 그의 능력을 높이 사 중요한 정책을 결정하는 데 참여하게 했다. 유방이 법정을 보내 유비를 촉으로 들어오도록 청하려고 하자 유파가 막아섰다.

"유비는 웅재를 지닌 인물입니다. 그를 불러들이면 필시 화를 면치 못할 것이니 절대 촉 땅으로 들여서는 안 됩니다."

그러나 유장은 이를 듣지 않았다. 유비는 촉으로 들어온 뒤 군사를 이끌고 가맹으로 갔다. 유파가 다시 막아섰다.

"유비를 가맹관에 주둔하게 해서는 안 됩니다. 이는 범을 풀어 산으로 돌려보내는 격입니다."

그러나 이번에도 듣지 않았다. 이후 유파는 문을 걸어 잠근 채 문 밖 출입을 삼갔다. 유파를 보호하기 위해 유비는 성도를 공격할 때 유파를 해치는 자는 삼족을 멸한다는 명을 내렸다. 유파는 이 이야기를 듣고 크게 감동해, 직접 유비를 찾아가 죄를 청했다. 유비가 유파를 중용하려 했다. 제갈량도 그를 크게 칭송했다.

"저는 유파만한 지략을 갖지 못했습니다."

결국 유비는 유파를 좌장군부의 서조연(西曹掾)에 임명하고 모사로 삼았다. 그러나 유파는 자부심이 너무 높았다. 한번은 장비가 유파가 중용된 것을 보고 공경의 뜻으로 인사를 올리러 갔다. 유파는 장비를 일개 무부로 간주해 말도 나누려 하지 않았다. 이 사실을 전해들은 제갈량이 곧 편지를 보냈다.

"장비가 일개 무부에 지나지 않는 것은 사실이나, 공을 대단히 존경하고 있습니다. 주군은 지금 문무의 인재를 모두 불러 모아 천하통일의 대업을 이루고자 합니다. 공은 천성이 속되지 않고 높은 절개를 지닌 분이기는 하나, 여러 사람과 좋은 관계를 유지할 줄도 알아야 하지 않겠습니까?"

그는 천하통일의 대업을 위해 인간관계에 깊은 주의를 기울였다. 촉한이 나름대로 삼국정립의 한 축이 될 수 있었던 것은 제갈량의 이런 세심한 배려가 있기에 가능했다. 탁월한 지략가로 제갈량의 칭찬을 받은 법정이 자기 뜻대로 일을 처리하는 바람에 커다란 원망을 받게 되었을 때, 촉한의 앞날을 위해 이를 모르는 체 덮고 지나간 게 그 증거이다. 마속의 목을 벤 것과 대비되는 대목이다. 사실 촉한이 성립한 지 얼마 안 되는 당시 상황에서 법정의 비리를 정면으로 다루었다면 어떤 일이 일어날지 예측하기 힘들었다. 그는 사안의 대소경중(大小輕重)을 헤아려 그에 합당한 조치를 취했다고 평할 수 있다.

지난 세기 말에 주은래(周恩來) 총리가 죽었을 때 중국인들이 그를 제갈량에 비유하여 '진췌'(盡悴)했던 인물로 평가한 바 있다. 이는 '몸이 여위도록 마음과 힘을 다하여 나랏일에 힘쓰다'라는 뜻이다. 21세기에 들어와 온가보(溫家寶) 총리가 비슷한 행보를 보이고 있다. 제갈량은 '진췌'의 진수를 보여줌으로써 이들 명재상의 모범이 되었다고 평할 수 있다.

# 방 통

知鑑 사람을 단번에 알아보는
지감을 지니다

방통은 제갈량 못지않게 뛰어난 모신이었음에도 오랫동안 제대로 된 평가를 못 받았다. 이는 《삼국연의》가 시종일관 모든 공을 제갈량의 몫으로 둔갑시켜 놓은 사실과 무관하지 않다. 방통은 유비가 익주를 정벌할 때 결정적인 공을 세웠다. 그럼에도 《삼국연의》에서는 존재하지도 않은 낙봉파에서 허무하게 죽는 것으로 되어 있다. 유비가 박망파에서 거둔 승리도 제갈량의 공으로 바뀌어 있는 만큼, 방통의 경우만 유독 억울하다고 할 수도 없는 일이다.

사서의 기록에 따르면, 그는 어렸을 적에 그의 재능을 알아보는 사람이 거의 없었다. 이는 그의 성정이 순하고 둔한 데 따른 것으로 보인다. 보통 외모가 이럴 경우 남의 주목을 받기는 어려운 법이다. 그러나 곁에서 그를 지켜본 삼촌 방덕은 그의 인물됨을 알아보았다. 방통이 열여덟 살 되었을 때 당대의 명사인 사마휘를 찾아가게 한 게 그 증거이다.

사마휘는 방덕보다 열 살 아래였지만 망년지교(忘年之交: 나이를 초월한 교우)를 맺고 있었다. 당시 사마휘는 성품이 고결할 뿐만 아니라 사람을 보는 안목이 매우 뛰어나 명망이 높았다. 방덕은 조카인 방통을 사마휘에게 보내 그의 인물평을 들어보고자 했다.

방통이 사마휘를 만나러 갔을 때, 사마휘는 마침 뽕나무 위에 올라가 뽕잎을 따고 있었다. 사마휘는 내려올 생각도 없이, 방통을 뽕나무 아래 앉히고는 잎을 따는 손짓을 멈추지 않으면서 연신 말을 걸었다. 이는 예의가 아니었으나 두 사람은 개의치 않고 그렇게 밤까지 대화를 이어갔다. 방통을 돌려보낸 뒤 사마휘가 탄복했다.

"방덕은 참으로 사람 보는 눈이 대단하다. 방통은 장차 남쪽 선비 가운데 으뜸가는 인물이 될 것이다."

방통은 이로부터 명성을 날리게 되었다. 방통 역시 양양군의 공조(功曹)로 일하면서 인물평에서 탁월한 재능을 보였다. 그는 인물평을 할 때마다 오직 칭찬만 해, 사람들이 괴이하게 여겨 그 까닭을 묻자 방통은 이같이 대답했다.

"지금 천하가 크게 어지러워 착한 사람은 적고 나쁜 사람만 득실대고 있다. 풍속을 진작하고 도의를 높이려고 하면서 명성을 높이지 않으면 사람들이 숭앙할 일이 없어지고, 그리 되면 착한 일을 하려는 사람이 적어지게 된다. 내가 칭찬한 사람 열 명 가운데 절반만 얻어도 세상을 교화시킬 수 있고, 또 뜻있는 선비로 하여금 발분하게 할 수 있으니 이 또한 좋은 일이 아니겠는가!"

사람들이 이 말을 듣고 경복(敬服)했다. 당시 방덕은 제갈량과 방통에게 각각 와룡(臥龍)과 봉추(鳳雛)라는 별호를 지어주었다. 와룡과 봉추 모두 '아직 때를 만나지 못한 대기(大器)'의 뜻을 담고 있다. 《삼국연의》는 '방통교수연환계'(龐統巧授連環計) 대목에서 처음으로 방통을 등장시켜 연환계를 구사해 적벽대전을 승리로 이끄는 것으로 묘사해 놓았으나 이는 허구이다. 사서에는 방통이 적벽대전에 참여한 기록이 나오지 않는다. 현재 적벽 부근에 있는 '봉추암'(鳳雛庵)은 《삼국연의》에 나오는 '서산암'을 후대인들이 견강부회해 만들어놓은 것이다.

방통이 사서에 처음 등장한 것은 남군태수에 임명되었다가 주유가 죽자 그의 유해를 가지고 오나라로 떠날 때이다. 당시 노숙은 곧 방통을 데려다가 손권을 만나보게 했다. 손권은 수인사(修人事)를 나눈 뒤 방통의 기괴한 용모에 깜짝 놀랐다. 손권이 내심 불쾌한 생각으로 다시 부를 것을 약속하며 물러나게 했다. 방통이 물러나온 직후 노숙이 손권을 찾아가 물었다.

"그는 천하의 기재입니다. 왜 그를 쓰지 않으려는 것입니까?"

손권이 돌려서 말을 했다.

"그는 너무 거만하오. 그런 선비를 써서 무슨 유익함이 있겠소?"

이에 노숙이 밖으로 나와 방통을 위로했다.

"공이 조금만 더 참고 기다려 보시오."

손권은 천하를 흉중에 품고 있던 당대의 영웅이다. 그 또한 방통의 명성을 들었을 것이다. 단순히 방통의 용모와 비례(非禮)를 문제 삼아 발탁을 거부했다고 볼 수는 없다. 그보다는 오히려 주유와 노숙과 같은 인재들이 좌우에 이미 포진해 있는 상황에서 방통의 필요성을

크게 못 느꼈을 공산이 크다. 당시 방통의 행적과 관련해《삼국지》
〈방통전〉과 배송지의 주석에 인용된 장발의《오록》에 재미난 일화가
실려 있다.

이에 따르면, 당시 오나라의 인사들은 방통의 명성을 익히 들은 바
가 있어 연일 그와 이야기를 나누면서 극진한 대접을 베풀었다. 마침
내 방통이 서쪽으로 떠나려 한다는 소식을 듣고 곧 그를 전송하기 위
해 모였다. 이 자리에는 육적과 고소, 전종 등 동오를 대표하는 젊은
인재들이 대거 모였다. 이들은 방통으로부터 인물평을 듣고자 했다.
방통이 말했다.

"육적은 노마(駑馬: 노둔한 말)이니 빠른 발의 힘을 갖고 있고, 고소
는 노우(駑牛: 노둔한 소)이니 무거운 짐을 지고 먼 곳까지 갈 수 있을
것이다."

어떤 사람이 물었다.

"품평한다면 어느 쪽이 낫습니까?"

"노마는 비록 우수할지라도 한 사람만 운반할 뿐이다. 그러나 노우
는 하루에 300리를 가는데 어찌 한 사람만 싣겠는가?"

이어 전종에 대해서는 이같이 말했다.

"전종은 비록 크게 지혜롭지는 않으나 한 시대의 빼어난 인물임에
틀림없다."

그러자 육적과 고소가 고개를 끄덕이며 이같이 말했다.

"천하가 태평하게 되면 다시 그대와 함께 사해의 인물을 모두 평하
고 싶습니다."

동오의 인재들을 모두 모아놓고 간명하게 품평을 한 방통의 안목

은 확실히 보통 사람들이 흉내낼 수 없는 모습이다. 당시의 인물평은 요즘과 달리 일종의 직관적인 느낌을 중시했다. 사람을 단번에 알아보는 지감(知鑑)이 없으면 불가능한 일이다. 제갈량도 '지감'에서는 방통을 당할 길이 없었다. 이를 뒷받침하는 일화가 있다.

하루는 천하의 '지감'을 자처하는 허소가 방통을 찾아와 자신의 인물평과 방통의 인물평 가운데 어느 것이 나은지 물었다. 당시에는 '월단평'의 성어가 만들어진 데서 알 수 있듯이, 사대부들이 삼삼오오 모여앉아 천하의 인걸에 대해 평하기를 좋아했다. 방통은 허소의 질문에 이같이 대답했다.

"세속을 교화시키고 인물들의 우열을 판단하는 것은 내가 당신에게 미치지 못하오. 그러나 제왕의 비책을 생각하고 인간 운명의 요체를 파악하는 것은 내가 하루의 느슨함이 있소."

제왕학에 대한 자부심이 유감없이 드러나고 있다. 당시 방통이 형주에 머물고 있던 유비를 찾아간 것도 이런 자부심의 발로로 해석할 수 있다. 《삼국연의》는 노숙의 소개장을 갖고 간 것으로 묘사해 놓았으나, 이는 다른 사서에 나오지 않는 내용이다. 방통과 같이 자부심이 강한 인물이 누구의 소개장을 가지고 간다는 것 자체가 아무래도 이상하다. 이는 허구로 보는 게 옳다.

그러나 방통은 유비를 만났을 때에도 환대를 받지 못했다. 유비는 방통의 거만한 모습을 보고는 이내 기분이 상해 형식적인 인사만 나누었다.

"먼 길을 오시느라 수고가 많았소."

"황숙께서 어진 선비들을 널리 구하신다는 소문을 듣고 일부러 찾아왔습니다.”

“형주를 평정한 지 얼마 안 되어 아직은 빈자리가 없소. 다만 여기서 동북쪽으로 130리 떨어진 뇌양현 현령 자리가 비어 있으니, 우선 거기에 가 계시면 앞으로 차차 자리가 나는 대로 중히 쓰도록 하겠소.”

방통은 내색을 하지 않은 채 이를 받아들였다. 그러나 이후 그는 종일 술을 마시며 전량(錢糧)이나 송사 등에 대해서는 관심을 두지 않았다. 누군가 이를 고하자 유비가 화를 냈다.

“돼먹지 못한 자가 어찌 감히 내 법도를 문란하게 만든단 말인가?”

이에 곧바로 방통을 면직시켰다. 《삼국연의》에는 유비의 명을 받은 장비가 뇌양현으로 가 방통을 혼내려 하자, 방통이 일순 밀린 송사를 해치우는 것으로 되어 있다. 이는 명백한 허구이다. 당시 이 소식을 접한 노숙은 곧바로 사람을 시켜 유비에게 이런 내용의 서신을 보냈다.

“방통은 작은 지역을 다스릴 재목이 아닙니다. 치중이나 별가의 임무를 주어야 비로소 천리마의 재주를 펼 수 있을 것입니다.”

이때 마침 제갈량이 네 개 군의 순시를 마치고 돌아왔다. 유비가 그간의 일을 이야기하자 제갈량도 비슷한 말을 했다.

“그의 학문은 저보다 열 배나 뛰어납니다. 얼른 그를 불러 이야기를 나누어 보면 알 수 있을 것입니다.”

이에 유비가 방통을 불러 천하사를 논했다. 방통이 조조와 손권, 유비 등에 대한 평가를 곁들여 천하형세를 일목요연하게 판별하여 설명해 주자, 유비가 탄복하며 겉모습만 보고 판단한 것을 후회했다. 이에 곧 그를 치중으로 삼아 대우를 제갈량 다음으로 했다. 그는 제갈량과 함께 군사중랑장(軍師中郎將)의 직임을 맡게 되었다.

방통의 활약은 익주 탈취 과정에서 빛을 발했다. 당시 유장은 조조의 침공을 우려해 법정을 유비에게 보내 도움을 청했다. 이미 반심(叛心)을 품고 있던 법정은 유비에게 은밀히 말했다.

"장군의 영명한 재능으로 유장의 유약함을 이용해야 합니다. 장송이 장차 안에서 응할 것입니다. 익주를 취하는 것은 여반장입니다."

유비가 머뭇거리며 결단을 내리지 못하자 방통이 적극 권하고 나섰다.

"형주는 황폐하여 인물이 곧 다할 것입니다. 동쪽에는 손권이 있고, 북쪽에는 조조가 있어 뜻을 얻기가 어렵습니다. 지금 익주는 민호가 100만이고 토지가 비옥한데다 물산까지 풍부하니, 만일 익주를 기반으로 삼으면 가히 대업을 이룰 수 있을 것입니다."

그러나 유비는 이를 받아들이지 않았다. 자신은 조조와 반대되는 모습으로 천하의 신망을 얻고 있다는 게 이유였다. 그러자 그가 거듭 건의했다.

"난세에는 하나의 방법만으로 능히 평천하할 수 있는 게 아닙니다. 부드러움으로 우매함을 치고, 역리(逆理)로 취한 뒤 순리(順理)로 지키는 것은 옛 성인들도 귀히 여긴 것입니다. 대업을 완성한 뒤 유장을 후왕으로 봉하면 신의에 무슨 위배가 있겠습니까?"

"그러나 어찌 작은 이익을 위해 천하의 신의를 잃을 수가 있겠소?"

"난세에 군사를 써서 강약을 다투는 데에는 한 길만 있는 게 아닙니다. 만약 도리에만 구애되면 촌보도 내디디지 못할 것이니, 마땅히 때와 장소에 따라 변통이 있어야 합니다. 오늘 취하지 않으면 필경 다른 사람이 취할 것이니, 그때는 후회해도 소용이 없을 것입니다."

방통 역시 법가사상을 추종하는 패도주의자임을 알 수 있다. 당시 유비도 방통의 이런 말을 듣고는 느끼는 바가 있어서 곧 제갈량과 이 문제를 상의했다. 제갈량이 흔쾌히 권한 것은 말할 것도 없다.

유비는 익주를 탈취하기 위해 방통에게 보기(步騎) 5만 명을 이끌고 익주로 들어가게 했다. 이런 내막을 까마득히 모른 유장은 연도의 주군에 명해 유비 군사에게 전량을 공급하게 했다. 방통이 유비에게 말했다.

"저에게 세 가지 계책이 있으니 주공이 선택하십시오."

"세 가지 계책이라니, 대체 어떤 것이오?"

방통이 이내 자신이 생각하는 계책을 조리 있게 설명했다.

"지금 은밀히 정병을 선발해 밤낮으로 달려가 곧바로 성도를 습격해야 합니다. 유장이 군사를 모르는데다 평소 방비를 소홀히 했을 터이니, 대군이 갑자기 나타나 일거에 평정할 수 있습니다. 이것이 상책입니다. 관문을 지키고 있는 양회와 고패가 유장에게 장군을 형주로 돌아가도록 하라고 간했다고 합니다. 장군이 군장을 꾸려 돌아가는 모습을 취하면 두 사람 모두 장군의 회군을 기뻐할 것입니다. 그들은 반드시 경기(輕騎)로 장군을 배송할 터이니, 이 기회에 그들을 사로잡은 뒤 진군하여 그들의 부대를 취하고 곧 성도로 향할 수 있습니다. 이것이 중책입니다. 백제성(白帝城)으로 물러나 형주와 연계하여 서서히 익주를 도모하는 계책이 있습니다. 이는 하책입니다. 머뭇거리며 결단을 내리지 못하면 커다란 곤경에 빠질 것입니다."

상책인 속전과 하책인 지구전 모두 유장과 전면전을 벌이는 것을 뜻한다. 유비가 말했다.

"상책은 너무 급하고 하책은 너무 완만하니, 중책을 취할 만하오."

결국 유비는 양회와 고패를 연회에 초대해 죽이고는 그 군대를 거두어 성도로 진격했다. 《삼국지》와 《화양국지》를 보면 낙성(雒城)을 함락하기 석 달 전에 유비가 가맹관을 지키던 장수 곽준으로부터 낭중을 출발한 유장의 군사에게 포위당했다는 보고를 받은 기록이 나온다. 이때 유비는 얼른 익주를 점거하기 위해 형주의 제갈량에게 편지를 보내 속히 군사를 이끌고 서쪽으로 오도록 했다.

제갈량이 군사를 이끌고 유비와 함께 성도를 포위한 것은, 방통이 죽고 유비가 낙성을 함락한 다음이다. 사서에 따르면, 제갈량이 익주로 들어온 것은 건안 19년(214) 윤5월이다. 그때 낙성은 아직 함락되지 않았고 방통도 살아 있었다.

낙성전투는 유비의 익주 탈취를 가능하게 한 최후의 일전이다. 당시 유비는 낙성에서 강력한 저지를 당해 더 이상 나아갈 수가 없었다. 낙성은 유비가 공격을 개시한 이듬해 여름이 되어서야 겨우 함락되었다. 불행하게도 방통은 낙성 함락 직전인 건안 19년(214) 윤6월, 유시를 맞고 죽었다. 낙성을 포위한 지 1년이 되는 날이었고, 그때 그의 나이 서른여섯이었다. 유비는 방통이 유시에 맞아 죽었다는 비보를 접하고는 크게 놀라 땅에 쓰러져 통곡하기를 그치지 않았다. 여러 장수들이 유비를 위로하자 유비가 울먹이며 말했다.

"그를 죽인 사람은 바로 나다. 내가 그의 말을 들었다면 이런 일은 없었을 것이다."

유비는 방통을 낙성에서 가까운 녹두산에 장사지낸 뒤, 방통의 넋

을 위로하기 위해 방통의 부친을 의랑으로 임명하고 곧 간의대부로
승진시켰다. 얼마 뒤 방통에게 다시 관내후의 작위를 추증하고 정후
라는 시호를 내렸다. 방통에게는 방굉이라는 아들이 하나 있었다. 그
는 거사(巨師)라는 자가 암시하듯, 늘 왕사(王師)를 자처하며 다른 사
람에게 머리를 숙이지 않았다. 뒷날 상서령 진지를 경시하며 오만하
게 굴다가 진지의 미움을 받고 좌천된 뒤 세상을 한탄하다 숨을 거두
었다.

《삼국연의》는 당시의 상황과 관련해, 방통이 낙성을 포위하기 위
해 진공하다 '낙봉파'(落鳳坡)에서 죽는 것으로 그려 놓았다. 낙봉파
는 존재하지도 않는 지명이고, 시점도 방통이 죽은 때보다 무려 1년
이나 빠르다. 이는 제갈량을 익주 탈취의 주인공으로 둔갑시키기 위
한 것이다.

당시 제갈량은 낙성 전투에 참여할 여지가 전혀 없었다. 그는 조운
과 장비 등과 함께 여타 군현을 점령하는 역할을 수행한 까닭에 낙성
에 올 이유도, 여유도 없었다. 유비가 제갈량에게 부탁했던 것도 낙성
에 와서 도와달라는 게 아니다. 유장의 부장 장임 역시 유비와 방통이
계략을 써 생포한 것으로, 《삼국연의》와 같이 제갈량이 계략을 써서
생포한 게 아니다. 진수는 방통의 짧은 생을 이같이 평해 놓았다.

방통은 인물을 품평하기 좋아하고 경학과 책모에 뛰어났다. 당시 형
초(荊楚)의 사람들은 그를 고아(高雅)하고 준수한 사람이라고 했다.
방통은 가히 위나라의 순욱에 비견할 만하다.

진수가 방통을 위나라의 순욱에 비유한 것은 그를 높이 평가한 결과로 볼 수 있다. 순욱은 지략도 뛰어났지만 대의와 고아한 태도를 중시하는 청류 사대부의 풍도를 지닌 인물이다. 순욱이 조조 휘하에서 수많은 인재를 천거한 데는 뛰어난 지감이 있기에 가능했다. 이는 방통과 닮았다. 다만 방통의 지감은 인재 천거보다 인물평으로 발현된 것이 약간 다르다고 할 수 있다. 이는 제갈량의 존재와 무관하지 않다.

유비의 모신 가운데 방통과 유사한 이력을 지닌 인물로 법정을 들 수 있다. 그도 방통처럼 젊은 나이에 죽었으나, 죽는 순간까지 유비의 핵심 참모로 활동했다. 사실 유비의 익주 탈취와 한중 장악에 그의 공이 컸다. 엄밀한 의미에서 법정이야말로 유비의 장량으로 활약한 인물이다.

그의 조부 법진은 청렴하고 곧은 성품으로 평판이 자자한 사람이다. 그는 스무 살이 되던 건안 원년(196)에 기근이 들자 동향인 맹달과 함께 익주로 들어가 유장에게 의탁했다. 유장은 오랜 시간이 지나 법정을 지방 현령에 임명하고, 다시 한참이 지난 뒤에야 군의교위를 맡겼다. 유장은 여러 이유로 그를 탐탁지 않게 생각했다. 이는 법정이 익주에 거주하는 동향인들로부터 품행이 바르지 못하다는 비방을 받은 사실과 무관하지 않을 것이다. 그는 자신의 뜻을 펼 길이 없게 되자 늘 우울하게 지냈다.

유장이 익주를 다스릴 무렵, 북부지역인 한중은 오두미도(五斗米道)의 교주 장로가 차지하고 있었다. 당시 적벽대전에서 참패한 조조는 일단 남진을 단념하고 익주를 넘보고 있었다. 이는 강동의 풍부한 물산을 기반으로 한 동오를 단숨에 취하려고 했다가 실패한 전례를 감계로 삼은 결과였다. 남송대의 진량은 〈위조조론〉(魏曹操論)에서 이같이 논한 바 있다.

촉한은 천하의 오른팔이고, 강동은 천하의 왼팔이다. 누가 와서 오른팔을 자르면 왼팔인들 온전할 수 있겠는가?


조조는 적벽대전으로 남쪽으로 형주, 서쪽으로 촉을 잃은 데 반해, 손권과 유비는 천하삼분의 정족지세를 마련하게 되었다. 조조는 이를 감계로 삼아 우회적인 방법을 택한 셈이다. 그러나 이미 조조에 맞서 정족지세를 형성한 손권과 유비도 비슷한 생각을 하고 있었다. 특히 유비의 경우는 이렇다 할 거점을 확보하지 못한 까닭에 익주 탈취를 위해 노심초사했다.

익주 탈취의 깃발은 건안 6년(211)에 조조가 먼저 들었다. 조조의 장로 토벌은 뜻하지 않게도 유비에게 절호의 기회로 작용했다. 이는 유장이 조조의 장로 토벌 소식에 놀란 나머지 유비를 끌어들인 데서 비롯되었다. 이때 결정적인 공헌을 한 인물이 법정이다. 당시 장송은 형주에서 조조와 회견하고 돌아와, 장차 익주를 유비에게 넘길 속셈으로 유장으로부터 홀대를 받고 있는 법정을 사절로 천거했다. 법정은 장송과 매우 친하게 지냈는데, 그를 만날 때마다 자신의 재주를 자부하여 유장과 함께 일을 할 수 없다며 탄식하곤 했다. 법정의 불만을 잘 알고 있던 장송은 이때에 이르러 법정을 앞세워 익주를 새롭게 만들고자 했던 것이다.

이런 내막을 알 길이 없는 유장은 장송의 건의를 받아들여 곧바로 법정에게 글 한 통을 준 뒤, 형주의 유비를 설득해 익주로 불러들이도록 했다. 고양이에게 생선을 맡긴 격이다. 법정이 유비를 만나 익주 탈취의 구체적인 복안을 밝히자 유비는 쾌재를 불렀다. 곧바로 주연을 베풀어 법정을 대접하면서, 술이 몇 순배 돌고나자 좌우를 물리친 뒤 은근히 법정에게 말했다.

"내가 그대의 명성을 들은 지 오래 되오. 이처럼 만나 가르침을 받으니 기쁘기 그지없소."

법정이 화답했다.

"들건대, 말은 백락(伯樂)을 보면 울고, 사람은 지기(知己)를 만나 죽는다고 합니다. 유장이 비록 익주를 차지하고 있다 하나, 천성이 암약해 어질고 재주 있는 사람을 쓰지 못하고 있습니다. 더욱이 장로가 북쪽에 있어서 매양 침범할 생각을 품고 있는 까닭에, 인심이 흩어져 모두들 영명한 주인을 그리고 있는 형편입니다. 명공은 부디 익주를 취하여 근본을 삼고, 그런 다음 북으로 한중을 도모하고 다시 중원을 거두어 조정을 바로잡기 바랍니다. 그리하면 이름이 청사에 전해질 것이며, 그 공적이 실로 막대할 것입니다."

법정이 돌아와 장송과 함께 은밀히 유비를 익주의 주인으로 모시기 위한 계책을 모의했다. 법정이 적극적으로 도와준 덕택으로 유비는 비교적 쉽게 익주를 탈취할 수 있었다. 당시 유비의 행동은 교활하기 그지없었다. 장송이 꾸민 계책대로 곧바로 성도로 진격했으면 별일이 없었을 것이다. 그러나 그는 천하의 비난을 받을까 염려해 장로 토벌에 나서지 않고 백성들의 인심을 얻는 일을 하면서 군사를 움직일 생각을 하지 않았다. 이때 공교롭게도 조조가 손권을 공격해 다급해진 손권이 유비에게 구원을 청했다. 이후의 사태 진전을 보면 손권의 구원 요청은 유비가 꾸며낸 모략이 아닌가 하는 의심이 갈 정도로 유비에게 호기로 작용했다.

당시 유장은 유비가 차일피일 늦추다가 문득 군사들을 이끌고 반대쪽으로 간다고 하자 반신반의할 수밖에 없었다. 이에 마지못해 유비가 요구한 병력과 군량의 반만 보내 주었다. 이에 유비는 이를 구실로 갑자기 군사를 돌려 유장을 친 것이다.

원래 유비는 유장의 요청을 받고 한중을 지키러 온 일종의 용병에 지나지 않았다. 따라서 손권의 요청을 받고 부득이 떠나게 되었다면, 아무 소리도 하지 말고 떠나는 것이 도리에 맞았다. 그러나 유비는 구실을 만들기 위해 짐짓 유장에게 병력과 군량의 지원을 요청한 것이다. 유장이 적반하장격의 유비의 요청을 받고 요구한 양의 반만 들어주자, 이를 구실로 말머리를 돌려 유장을 친 것은 명분도 없는 폭거였다. 그럼에도 진수는 《삼국지》에서 유장을 다음과 같이 혹평해 놓았다.

영웅의 자격도 없으면서 넓은 영토를 차지해 세상을 어지럽히고 있다. 분수에 걸맞지 않은 높은 자리에 앉아 영지를 노리는 사람들이 생겨나게 한 것은 필연적인 일이다. 그러니 그가 영지와 관직을 빼앗긴 것을 불행이라고 할 수는 없다.

진수의 이런 평이 사실이라면, 법정은 못난 주군보다는 똑똑한 주인을 찾기 위해 스스로 난세를 개척한 인물로 평가받을 수도 있을 것이다. 과연 유장은 법정이 배반해도 좋을 정도로 우매한 인물이었을까? 설령 모시는 주군이 우매하다고 해도 법정과 같이 두 마음을 품고 전에 모시던 주군을 마구 궁지로 몰아넣어도 좋은 것일까?《삼국지》〈유이목전〉의 배송지 주에 인용된 장번(張璠)은 진수의 주장을 정면으로 공박하고 있다.

유장은 어리석고 연약한 인물이었지만 명분은 지켰다. 그를 두고 무도한 군주라고까지 할 수는 없었다. 법정은 신하로서 양쪽을 기웃거리며 두 마음을 품고 있었으니, 그들의 계책이라는 것도 충의의 마음에서 우러나온 것이 아니었다.

장번은 법정의 태도를 '양단휴이'(兩端攜貳)라고 비난한 것이다. 이는 쥐새끼가 구멍에 머리를 내밀고 양쪽을 기웃거리며 틈을 노리는 이른바 '수서양단'(首鼠兩端)과 같은 뜻이다. 당시 장송은 유비가 동쪽으로 간다는 소식을 듣고 유비에게 익주를 취하라는 내용의 편지를 전하려다가, 친형인 광한태수 장숙에게 들켜서 결국 참형을 당하고 말았다. 이로써 유장과 유비는 돌이킬 수 없는 원수 사이가 되었다. 당시 유장에게도 장송과 법정 같은 역신뿐만 아니라 충신도 있었다. 대표적인 인물이 주부 황권이다. 당시 황권은 유장에게 이같이 간했다.

"효용한 유비를 빈객의 예로 대우하면, 한 나라에 두 군주를 두게 되는 것이니, 객에게는 태산처럼 안온함이 있는 반면 주인은 누란지위(累卵之危: 계란을 쌓은 것과 같은 위기)에 처하게 됩니다.”

“그러면 조조와 장로를 어떻게 막자는 말이오?”

“국경을 굳게 닫고 천하가 조용해지길 기다림만 못합니다.”

“사세가 위급한 때에 그저 시절이 태평해지기를 기다리는 것이 무슨 대책이 될 수 있단 말이오?”

황권은 머리를 땅에 부딪쳐 피를 흘리며 유장 앞으로 다가가 입으로 유장의 옷자락을 물고 말렸다. 그러나 유장은 옷자락을 휙 잡아채며 일어서는데, 황권이 입으로 물고 놓지 않다가 앞니 두 대가 빠져버렸다. 유장이 좌우에 호령하여 황권을 몰아내자 황권은 통곡하며 돌아갔다. 유장은 암군이라는 혹평을 들어도 좋을 정도로 어리석었다. 그러나 이런 이유로 법정이 주군을 배신한 사실이 합리화될 수는 없는 일이다.

당시 유비는 익주를 손에 넣은 뒤 법정에게 성도 주변의 촉군 일대를 통할하면서 주요 정책의 입안에 참여하게 했다. 자잘한 일조차 그에게 일일이 보고되었다. 법정이 자신의 사람을 상해한 몇 사람을 임의로 죽이자 어떤 사람이 제갈량에게 고자질했다.

“법정이 전횡을 하니, 장군이 응당 주공에게 알려 그가 상벌을 임의로 하지 못하도록 해야 합니다.”

제갈량이 고개를 가로저었다.

“주공이 전에 북쪽으로는 조조 군사의 강대함을 두려워하고 동쪽으로는 손권의 핍박을 꺼렸고, 집안에서는 손부인이 신변에서 해를 끼칠까 두려워했다. 법정이 주공의 보익(輔翼)이 됨으로써 겨우 주공이 하늘을 자유롭게 날게 되었으니, 그가 타인의 제약을 다시 받아서는 안 된다. 그러니 어찌 그가 다소 마음대로 하려는 것을 막을 수 있겠는가?"

제갈량이 법가에 입각한 패도주의자라는 사실이 극명하게 드러나는 대목이다. 그럼에도 제갈량은 극단적인 왕도론에 입각한 성리학자들로부터 비판을 면할 수 있었다. 유비를 모셨다는 게 결정적인 이유이다. 도학의 이념에서 볼 때 성리학자들은 제갈량을 신랄하게 매도해야만 했다. 그럼에도 미적지근한 비판을 가하는 데 그쳤다. '촉한정통설'에 발이 묶인 결과이다.

법정 또한 제갈량과 마찬가지로 비판대상에서 비껴날 수 있었다. 패도적인 관점에서 보면 법정의 행태는 일면 대의(大義)를 위해 소의(小義)를 버린 것으로 미화할 수도 있다. 유비가 그의 계책을 받아들여 익주와 한중을 모두 장악함으로써 뒷날 중원을 도모할 수 있는 확고한 기반을 마련하였기 때문이다. 실제로 제갈량도 늘 법정의 지략을 칭찬하며 경탄해 마지않았다. 법정은 건안 25년(220)에 병으로 죽었다. 이때 그의 나이 마흔다섯이었다. 진수는 법정을 다음과 같이 총평해 놓았다.

법정은 일의 성공과 실패를 정확히 예견할 수 있었으며 기인한 계책을 소유한 사람이었지만, 평소 덕성으로써는 칭찬받지 못했다. 법정을 위나라의 신하들과 비유하면 대략 정욱과 유사하다고 할 수 있을 것이다.

진수는 방통을 위나라의 순욱에 비유한 데 이어, 법정을 정욱에 비

유한 것이다. 정욱은 지략과 담략을 겸비한 모신이다. 법정은 제갈량
과 달리 담략이 있었다. 정욱이 남에 대한 배려가 적었던 것과 마찬가
지로 법정도 자신의 주견이 지나치게 뚜렷했다. 방통을 순욱, 법정을
정욱에 비유한 진수의 총평은 나름 적절했다고 평할 수 있다.

# 주 유

果斷 과단의 리더십으로
적벽대전에서 승리하다

제갈량의 맞수는 동오의 주유와 위나라의 사마의였다. 이들 세 사람 가운데 주유가 가장 나이가 많았다. 그는 제갈량보다 여섯 살, 사마의보다는 네 살 많았다. 《삼국연의》에는 주유가 제갈량과 지모를 다투다가 번번이 실패해 서른여섯이라는 젊은 나이에 한을 품고 세상을 뜨는 것으로 나오나, 이는 허구이다.

《삼국지》에 따르면 그는 용모가 준수했고 총명한데다 기개 또한 뛰어났다. 그의 종조부 주경과 주경의 아들 주충 모두 후한 말기에 태위를 지낸 바 있다. 주유의 부친 주이도 낙양령을 지냈다. 주유 또한 원소나 사마의, 순욱 등에 견주어 결코 뒤지지 않는 명문가 출신임을 알 수 있다.

원래 주유는 원술 휘하에 있었다. 손책이 아버지인 손견이 사망한 뒤 강도(江都: 강소성 중부) 일대에 머물며 호걸들과 사귈 당시, 원술은 주유를 거소현, 노숙을 동성현 현장(縣長: 작은 현의 관장)에 임명했다. 그러나 주유와 노숙은 원술이 결국 대업을 이루지 못할 것을 알고 모두 관직을 버리고 노소 100여 명을 이끌고 장강을 건너 손책을 찾아갔다.

당초 손책이 원술의 허락을 얻어 강동으로 진병하는 도중에 수시로 병사들을 끌어 모으자, 역양에 도착했을 때에는 군사의 숫자가 5천, 6천 명에 이르게 되었다. 마침 주유의 백부 주상이 단양태수에 임명되었다. 주상을 따라온 주유가 군사를 이끌고 와 손책을 영접하면서 군비와 식량을 지원했다. 손책이 크게 기뻐했다.

"나는 경을 얻었으니 참으로 하나의 지기(知己)를 얻은 셈이오."

손책의 그에 대한 예우는 각별했다. 그가 마침내 원술의 장군 제수 제의까지 뿌리치고 손책에게 가자, 손책이 몸소 그를 마중하며 전례 없는 후대를 했다. 손책의 다음과 같은 언급이 그 증거이다.

"주유는 나와 죽마고우이고 형제 같은 사이다. 내가 단양에 있을 때 그가 병사와 배, 군량까지 지원해 주어서 위기를 넘길 수 있었다. 이 정도의 예우로는 그 공로에 보답할 수조차 없다."

주유는 성품이 대범하고 마음이 넓고 커서 모든 사람이 그를 따랐다. 다만 손견 때부터 충성을 바친 정보는 예외였다. 그는 젊은 주유의 득세가 눈에 거슬렸을 것이다. 정보가 스스로 연장자라고 생각해 여러 번 주유를 모욕했으나, 주유는 몸을 낮추어 겸하하는 자세를 취했다. 정보가 마침내 그에게 경복해 늘 주변 사람에게 주유를 이같이 칭송하곤 했다.

"주유와 사귀게 되면 마치 맛있는 술을 마시는 것과 같아, 자신도 모르는 사이에 취하게 된다."

그의 그릇을 짐작하게 해주는 일화이다. 이는 관우가 마초와 자신을 비교하며 우위를 다툰 것과 사뭇 대비된다. 관우는 일개 무장에 지나지 않으나 주유는 학식을 겸비한 '유장'(儒將)에 해당한다.

당시 오나라 사람들은 손책을 손랑(孫郎), 주유를 주랑(周郎)으로 불렀다. 이는 두 사람이 당대 최고의 미인으로 일컬어지는 교공(喬公)의 두 딸을 부인으로 취해 동서 사이가 된 사실과 밀접한 관련이 있다. 그러나 손책은 요절하고 말았다.

이에 주유는 손권을 주군으로 모시면서 동오가 강동에서 굳건히 자리 잡는 데 결정적인 역할을 수행했다. 당시 파구에 머물고 있다가 부음을 듣게 된 주유는, 곧 군사들을 이끌고 와 분상(奔喪)한 뒤 오군에 머물면서 중호군(中護軍)의 자격으로 장소와 함께 모든 사무를 처리했다.

당시 손책이 비록 회계와 오군, 단양, 예장, 여강, 여릉 등을 장악하고 있었으나, 이들 지역은 매우 멀고 위험하였다. 백성들이 완전히 귀부한 것도 아니고, 망명해 온 사대부들 역시 손씨 정권과 군신관계가 정립된 것도 아니었다. 장소와 주유 등만이 손권과 함께 대업을 완성할 수 있다고 생각해 헌신적으로 노력했을 뿐이다.

주유와 달리 노숙은 손권에게 그다지 주목을 받지 못했다. 노숙이 이내 북쪽으로 돌아가려고 하자, 주유가 그를 제지하여 함께 강동으로 온 뒤 곧바로 손권에게 이같이 천거했다.

"노숙과 같은 재목은 응당 크게 써야만 하고, 이런 인재를 널리 불러 모아야만 공업을 이룰 수 있습니다."

이에 손권이 노숙을 모신으로 삼았다. 주유가 요절한 뒤 노숙이 그의 뒤를 이어 삼국정립의 패업을 이룬 점을 감안할 때, 주유의 이때 역할이 얼마나 컸는지 짐작할 수 있다.

일찍이 조조는 원소를 깨뜨리자 손권에게 글을 내려 아들을 조정으로 들여보내 천자를 모시게 하라고 명한 적이 있다. 손권이 부하들을 불러 상의했으나 장소 등이 머뭇거리며 결론을 내리지 못했다. 손권이 주유를 불러 이 문제를 상의하자, 주유가 손권의 결단을 촉구했다.

"지금 군사가 정예하고 경내가 부요(富饒)하여 인심이 안정되어 있는데, 어찌 인질을 보내려는 것입니까? 인질은 일단 가면 조조의 앞뒤로 늘 따라다니지 않을 수 없어 같이 걷고 뛰어야 합니다. 그리 되면 잘돼 봐야 겨우 열후의 인장을 받을 뿐입니다. 어찌 남면(南面)하여 왕 노릇 하는 것과 비교할 수 있겠습니까? 차라리 차분히 시국의 변화를 관찰하느니만 못합니다. 조조가 능히 도의를 좇아 천하를 바르게 다스리면, 그때 가서 장군이 다시 그를 모시더라도 늦지 않습니다."

이에 손권은 주유의 말을 좇아 아들은 보내지 않았다. 그의 과단(果斷)이 돋보이는 대목이다. 당시 주유가 조야의 기대에 부응해 가장 혁혁한 공을 세운 것은 역시 적벽대전이라고 할 수 있다. 그러나 이는 우연히 얻게 된 게 아니다. 주유는 미리 조조가 침공해 올 것을 예상하고 매일 파양호에서 수군을 조련하고 있었다.

마침내 조조의 대군이 한수 일대에 이르자 손권이 그를 불렀다. 이때 제갈량도 손권을 설득하기 위해 동오에 와 있었다. 노숙은 주유와 가장 가까운 사이이므로, 먼저 주유를 찾아가 그 동안의 경과를 자세히 이야기했다. 주유가 말했다.

"그대는 과히 염려하지 마시오. 내게도 생각이 있으니 제갈량이나 만나보게 해주시오."

얼마 뒤 장소 등이 그를 찾아왔다. 장소가 먼저 물었다.

"도독은 강동의 정세를 알고 있습니까?"

"모릅니다."

"조조가 백만 대군을 이끌고 한수 일대에 주둔하고, 일전에 우리에게 서신을 보내 일전을 겨루자고 엄포를 놓았습니다. 그래서 우리들이 주공께 항복을 해서라도 강동의 화를 면하도록 권했습니다. 뜻밖에도 노숙이 강하에 갔다가 제갈량을 데리고 왔습니다. 제갈량은 자신들의 원한을 풀어보려고 주공을 부추기고 있습니다. 노숙은 그것을 깨닫지도 못하고 공연히 고집을 부리고 있습니다. 그래서 지금 도독의 판단을 기다리고 있는 중입니다."

"공들의 생각이 다 같소?"

장소 등이 모두 고개를 끄덕이자 주유가 말했다.

"나 역시 항복하려고 생각한 지 오래입니다. 그러니 그만 돌아가십시오. 내일 아침 주공을 만나 다시 의논해 보기로 합시다."

장소 등이 물러가자 이번에는 정보와 황개 등의 장수들이 찾아왔다. 정보가 물었다.

"도독은 우리 강동이 머지않아 남의 손에 들어가게 된다는 것을 알고 있소?"

"모릅니다."

"우리가 손장군을 모시고 기업을 세운 이래 수백 차례의 크고 작은 싸움을 해온 끝에 겨우 강동의 여섯 개 군을 얻은 것인데, 지금 주공은 모사들의 말만 듣고 조조에게 투항할 생각을 하니 참으로 수치스럽고 애석한 일이오. 우리는 차라리 죽으면 죽었지 그런 치욕은 당하지 않겠으니, 부디 도독이 주공에게 권하여 결단하게 하시오. 그러면 우리가 목숨을 내걸고 싸우겠소."

"장군들의 소견이 다들 같습니까?"

황개가 분연히 말했다.

"제 머리가 잘리면 잘렸지, 맹세코 조조에게는 항복하지 않을 것입니다."

뒤따라 모두 맹서했다.

"우리 모두 항복을 원하지 않습니다."

주유도 속마음을 털어놓았다.

"나 또한 조조와 결전을 해볼 생각이었소. 어찌 조조에게 투항을 한다는 말이오. 장군들은 그만 돌아가시오. 내가 주공을 만나 의논해 보겠소."

얼마 안 있어 여몽과 감녕 등이 찾아왔다. 주유가 맞아들이자, 싸워야 한다는 사람과 항복해야 한다는 사람이 각기 제 주장을 내세우며 다투었다. 주유가 말했다.

"내일 부중에 들어가 다시 의논해 보기로 합시다."

당시 동오의 주화파와 주전파 모두 주유를 끌어들이기 위해 유세를 펼친 것은 사실이다. 그러나《삼국연의》에 나오는 '지격주유'(智激周瑜) 대목은 제갈량을 미화화기 위해 끼워 넣은 허구이다.《삼국연의》는 제갈량을 시기하는 주유가 제갈량과 '투지'(鬪智)를 벌이나 번

번이 패하는 것으로 그려놓았다. 그러나 주유는 결코 제갈량과 '투지'를 벌인 적이 없다. 적벽대전의 승리는 오로지 주유의 공으로 보는 게 옳다.

당시 손권은 제갈량의 유세에 자극을 받아 유비와 연합해 조조에게 항거할 뜻을 품고 있었다. 그러나 중과부적으로 과연 조조의 대군을 물리칠 수 있을지 확신이 서지 않았다. 여러 대신들의 견해가 통일되지 않은 것도 부담이다. 이에 주유를 만날 때까지 최종 결론을 유보하고 있었다.

주유가 주화파와 주전파를 모두 만나면서 책략이 없는 듯이 애매한 태도를 취한 것은 그의 타고난 총명에서 나온 것으로, 결코 제갈량의 '격장지계'(激將之計)에 넘어간 결과가 아니다. 주유가 자신의 명확한 뜻을 밝히지 않은 가장 큰 이유는, 주전파와 주화파의 입장이 확연이 달랐기 때문이다. 조조의 대군이 밀려 내려오는 절체절명의 상황에서 국론이 양분될 경우 스스로 무너질 소지가 컸다.

주유는 이를 해소하기 위해서는 손권의 강고한 의지가 뒷받침되어야 한다고 판단했다. 자신의 심중을 섣불리 드러내지 않은 이유가 여기에 있었다. 그는 다음날 문무관원들이 모두 참석한 자리에서 이같이 건의했다.

"조조는 사실 한나라를 훔칠 큰 도적입니다. 그러나 장군은 출중한 무예와 재능으로 부형이 남겨놓은 혁혁한 기업을 잇고 있습니다. 강동에 웅거하여 강역이 사방 수천 리에 이르고 병사들 또한 정예하니, 마땅히 천하를 횡행하며 한나라를 위해 적당들을 제거할 만합니다. 하물며 조조는 제 발로 죽으러 왔는데, 어찌 그에게 투항할 수 있겠습니까? 지금 북방이 평정이 안 되어 마초와 한수가 아직 버티고 있으니, 이는 조조의 첫 번째 두통거리입니다. 또한 북방의 군사들이 수전에 익숙지 못한데도 조조가 기병을 버리고 수군에 의지해 오월인과 다투고자 하니, 이것이 두 번째 두통거리입니다. 그리고 지금은 추운 겨울로 말 먹일 풀조차 없으니, 이것이 세 번째 두통거리입니다. 나아가 북방의 병사들은 멀리 강호(江湖)에까지 와 수토가 맞지 않아 반드시 병이 날 것이니, 이것이 네 번째 두통거리입니다. 몇 가지 점은 모두 용병에서 가장 꺼리는 것인데도 조조가 위험을 무릅쓰고 실행하는 것입니다. 장군이 조조를 잡을 수 있는 때가 바로 지금입니다.”

손권이 기뻐하며 자리에서 벌떡 일어났다.

“그 늙은 도적이 한나라를 폐하고 스스로 자립한 지 이미 오래되었다. 그는 단지 원씨 형제와 여포, 유표와 나를 꺼렸을 뿐이다. 지금 몇 명의 영웅은 이미 그에 의해 멸망했고 오직 나만 남아 있다. 나와 늙은 도적은 사세상 양립할 수 없으니 영격해야만 한다는 주장은 나의 생각과 완전히 일치한다.”

“신은 장군을 위해 결전을 단행할 것이며, 만 번 죽는 한이 있더라도 후회하지 않을 것입니다. 다만 장군이 결단을 내리지 못할까 두려울 뿐입니다.”

손권이 차고 있던 칼을 쑥 뽑아 앞에 있는 탁자를 내리쳐 쪼개며 큰소리로 말했다.

“제장들 가운데 감히 조조를 맞이해야 한다고 다시 말하는 자는 이 탁자와 같이 될 것이다!”

이에 곧 조조와의 결전으로 결론이 나 산회하게 되었다. 손권의 이런 결단은 주유의 건의에 따른 것이라고 해도 과언이 아니다. 당시 유비는 강하의 군사를 모두 옮겨 번구(樊口)에 진을 친 뒤 매일 척후병을 보내 손권의 군사가 오는지 알아보도록 했다. 척후병이 주유가 탄 배를 보자 날듯이 군영으로 달려와 이를 보고했다. 유비가 한 척의 작은 배를 타고 가 동오의 군세가 궁금하여 물었다.

"조조를 막으려면 깊이 생각해 계책을 마련해야 할 것이오. 지금 병사들은 모두 얼마나 되오?"

"3만 명입니다."

유비가 고개를 갸웃하며 말했다.

"약간 적은 것이 애석하오."

"이 정도면 충분히 대적할 수 있습니다. 제가 적을 깨뜨리는 것을 보기나 하십시오!"

유비가 이내 번구로 돌아가자 주유는 항진을 계속했다. 드디어 주유가 계속 전진하자 조조의 군사와 적벽(赤壁: 호북성 포기현 서북쪽의 장강 남안)에서 만나게 되었다. 대치상태를 깨뜨리고 선제공격을 가한 것은 주유였다. 그의 예상대로 싸움은 동오의 일방적인 승리로 마무리되었다.

주유는 적벽대전이 끝나자마자 손권을 대신해 합비의 조인을 1년이 넘도록 공격해 결국 조인을 패주시켰다. 주유는 남군태수가 되어 강릉에 주둔하였다. 그럼에도 《삼국연의》는 적벽대전에 이어 남군을 장악한 주인공마저 제갈량으로 둔갑시켜 놓았다.

당시 조조는 힘으로 강남을 제압하기는 어렵다고 생각해 비밀리 주유를 포섭할 생각으로 구강 사람 장간을 보내 유세하게 했다. 장간은 뛰어난 재주로 강회(江淮) 일대의 바다거북 매매를 독점하고 있었다. 장간이 오자 주유가 영문 밖까지 나와 그를 영접하면서 뼈있는 농담을 던졌다.

"멀리 강호까지 건너오니 조씨를 위해 세객(說客)이 된 모양이오?"

이어 장간을 들어오게 하여 함께 영내의 창고와 군수물자, 무기장비 등을 두루 살펴본 뒤 돌아와 연회를 베풀었다. 주유가 장간에게 물었다.

"대장부가 세상을 살면서 지기지주(知己之主: 자신을 알아주는 주군)를 만나게 되면, 밖으로는 군신간의 대의에 의탁하게 되고 안으로는 골육지간의 은혜를 맺게 되오. 언행이 서로 닮고 화복을 같이 하니, 설사 소진과 장의가 다시 살아올지라도 능히 그 마음을 고칠 수 있겠소?"

장간이 돌아와 조조에게 주유의 아량이 매우 고원(高遠)하다고 칭찬하면서, 말로써는 결코 그를 이간할 수 없다고 보고했다. 이에 조조도 주유를 회유할 생각을 버렸다. 《삼국연의》는 수군 훈련을 책임지고 있던 채모와 장윤을 죽임으로써 자기편의 수군을 무력화시키는 어리석음을 범하고, 방통이 연환계를 구사하는 중개 역할까지 수행한 것으로 그려 놓았으나 이 또한 허구이다. 손권과 주유가 형주를 되찾기 위해 미인계를 쓰기로 정하고, 손권의 누이를 미끼로 삼아 유비를 강동으로 건너오게 하는 장면도 사실에 기초한 것이기는 하나 대부분 허구이다.

당시 유비는 유표의 옛 부하들이 귀부하자 동오가 잠정적으로 내준 남군 남안의 작은 땅은 매우 협소해 이들을 수용할 만한 땅의 확보가 시급했다. 이에 유비는 직접 경구(京口: 강소성 진강 입구)로 가 손권을 배견하면서 형주를 직접 다스릴 뜻을 밝혔다. 이때 주유가 상소문을 올렸다.

"유비는 효웅의 자질이 있고 관우와 장비 등의 맹장이 있으니, 반드시 오랫동안 남의 밑에 엎드려 있지 않을 것입니다. 성대한 궁실을 지은 뒤 많은 미녀와 금은보화 등의 완물(玩物)을 보내 그의 이목을 즐겁게 할 필요가 있습니다."

손권이 이를 여범에게 보여주자, 여범도 손권에게 유비의 억류를 권했다.

"유비는 워낙 가난한 집안에서 태어난데다, 천하를 떠돌아다니느라 일찍이 부귀를 누려보지 못했습니다. 고대광실에서 미녀와 금은비단으로 한바탕 즐겁게 지내도록 해주면 자연히 제갈량과 관우, 장비 등과 멀어지게 될 것입니다. 그들에게 서로 원망하는 마음이 생기면 형주를 쉽게 도모할 수 있습니다."

그러나 손권은 유비와 사이가 벌어질 경우, 조조가 이를 틈타 강남을 도모할까 두려워했다. 손권이 주유와 여범의 건의를 받아들이지 않은 것도 이 때문이다. 주유는 기본적으로 패도주의자였다. 패도주의는 결과를 중시한다. 고대광실에 미녀와 금은보화를 가득 채워놓고 유비를 유인하는 것은 비열한 방법이라는 지적을 면하기 어렵다. 그러나 결과에 무게를 둘 경우 방법상의 비열함은 양해될 수 있다.

당시 주유는 조조에 대항하기 위해서는 형주를 유비에게 잠시 빌려 주어 기각지세를 이루는 것이 필요하다고 판단했다. 결국 그는 자신의 계책이 받아들여지지 않자 군사를 동원해 익주를 취하고자 했다. 주유는 손권의 허락이 떨어지자 곧바로 군사들을 이끌고 익주를 향해 나아가던 중 병을 얻고 말았다. 그는 수명이 얼마 남지 않은 것을 알고 손권에게 다음과 같은 글을 올렸다.

"수명의 장단은 천명이니, 실로 애석해 할 일이 아닙니다. 다만 익주를 도모하려는 저의 작은 뜻을 펴보지도 못하고, 다시는 명을 받들 수 없게 된 것이 한스러울 뿐입니다. 지금 조조는 북방을 점거하고 있으나 강역이 아직 평정되지 않았고, 유비는 나라 안에 기거하고 있어 마치 호랑이를 키우는 것과 같습니다. 천하대사가 과연 어찌 될지 알 수 없으니, 지금은 바로 조정백관이 밤늦게까지 일해야 하는 가을로, 지존은 마음을 다해 계책을 마련해야 하는 시기이기도 합니다. 노숙은 충직한데다 일을 처리하면서 조금도 구차하지 않으니 가히 저를 대신할 만합니다."

그리고는 여러 장수들을 불러 이같이 당부했다.

"내가 나라에 충성을 다하려 하지 않는 바가 아니나, 이미 천명이 다했으니 어찌하겠소? 여러분은 지존을 잘 섬겨 부디 대업을 이루기 바라오."

말을 마친 주유는 이내 세상을 뜨고 말았다. 그의 나이 서른여섯이었다. 《삼국연의》는 제갈량과의 '투지'(鬪智)에서 패한 나머지 분을 삭이지 못하고 형주성 밑에서 분사한 것으로 그려 놓았으나, 이는 허구이다. 주유는 익주를 도모하려고 출정하다가 파구에서 병이 나 죽었다. 당시의 파구는 형주로부터 멀리 떨어진 동정호 동쪽에 있었다.

나관중은 제갈량을 미화하기 위해 적벽대전의 영웅 주유를 철저히 폄하해 놓았다. 이 때문에 주유는 죽기 전에 하늘을 우러러보며 이같이 탄식하는 것으로 그려져 있다.

"이미 주유를 내시고, 어찌 또 제갈량을 내셨습니까!"

이는 제갈량을 압도하기 위한 모든 노력이 헛수고에 그치자 끝내 피를 통하고 죽는 졸장부의 모습에 지나지 않는다. 주유는 이런 말을 한 적이 없다. 사서에 나오는 주유는 문무를 겸비했을 뿐만 아니라 도량이 넓고, 겸양으로 남을 대할 줄 하는 당대의 인물이다. 그럼에도 《삼국연의》에는 조급한 성격에다 툭하면 화를 내는 인물로 그려져 있다.

다만 그가 젊은 나이에 뜻을 이루지 못한 채 눈을 감은 것은 사실이다. 당시 동오의 장수들은 주유가 죽자 주유의 영구를 파군에 놓아둔 채, 바로 사람을 보내 주유가 죽기 전에 올린 전문(箋文)을 손권에게 보냈다. 손권이 크게 비통해했다.

"그는 제왕을 보좌하는 자질이 있는데, 지금 급작스레 단명하니 나는 장차 누구를 의지해야 한단 말인가!"

손권이 좌우에 명하여 주유의 영구를 회장(回葬: 시신을 옮겨 장사지냄)토록 한 뒤, 친히 무호(蕪湖)까지 나아가 그의 영구를 맞아들였다. 주유의 영구를 회장할 때 방통이 배행했다. 방통은 주유가 없는 상황에서 자신과 같은 인물이 필요할 것으로 생각해, 주유의 영구를 호송하면서 동오에서 일을 하고자 한 것이다. 그러나 손권은 그를 제대로 알아보지 못하고 이내 내치고 말았다. 일대 실수가 아닐 수 없다.

주유가 적벽대전에서 승리할 수 있었던 것은 기본적으로 그의 '과단에 있었다. 당시 상황에서 파죽지세로 남하하는 조조를 대항하려 하는 것은 사실 이란격석(以卵擊石)에 가까웠다. 주화파의 영수로 있었던 장소가 시종 손권에게 투항을 강력 권한 것도 결코 일신의 안녕을 도모하기 위함이 아니었다. 주화파도 나름대로 주어진 상황에서 최선의 선택을 한 셈이다. 이때 만일 투항을 했다면 조조는 이내 천하 통일에 성공했을 것이다. 그러나 동오에는 '과단의 리더십을 지닌 주유가 있었다. 삼국정립은 주유의 적벽대전 승리에서 비롯된 것이라고 해도 과언이 아니다.

# 노숙

 난세에 흔하지 않은
관인 장자의 풍도가 완연하다


《삼국연의》에서 노숙은 매우 천진(天眞)한 인물로 그려져 있다. '천진'은 충직하고 온후하며 솔직하다는 의미이다. 대표적인 예로 주유의 제갈량 제거 계획을 무산시킨 장면을 들 수 있다. 적벽대전 당시 주유는 제갈량에게 얼마간의 병력을 줄 터이니 야음을 이용해 조조의 양도를 끊어 달라고 부탁한다. 이는 조조의 손을 빌려 제갈량을 제거하려는 이른바 '차도살인'(借刀殺人)의 계책이었다. 제갈량은 주유의 속셈을 훤히 꿰뚫어보면서도 이를 흔쾌히 승낙한다. 이때 노숙은 훌륭한 인재가 죽게 될 것을 우려해 급히 제갈량을 만나러 가서는, 그에게 성사 여부를 묻는다. 제갈량은 이를 기화로 기회를 놓칠세라 이같이 말한다.

"공과 같은 사람에게는 그저 육지에서 복병을 설치해 놓고 관문을 지키는 능력만 있을 뿐이고, 주유는 단지 수전에만 능할 뿐 육전에서는 잘할 수가 없소."

이른바 '격장지계'(激將之計)로 반격을 가한 것이다. 노숙이 '천진'
하게도 이를 그대로 전하자 호승심(好勝心)이 남달리 강한 주유가 즉
시 자신의 계획을 포기해 버린다. 만약 노숙이 충실한 전달자가 아니
었다면, 제갈량은 이 일장 연극에서 소기의 성과를 얻지 못했을 것이
다. 이처럼 노숙은 《삼국연의》에서 제갈량을 돋보이게 만드는 절묘
한 조연 역할을 수행하고 있다.

　노숙의 '천진'한 조연은 이른바 '초선차전'(草船借箭)에서 절정에
이른다. 당시 주유는 다시 제갈량에게 열흘 이내에 10만 개의 화살을
만들어내라는 주문한다. 제갈량은 흔쾌히 승낙하며, 심지어 사흘이면
된다고 장담한다. 이때에도 '천진'한 노숙이 나서서 제갈량의 요구대
로 은밀히 쾌속선 20척을 마련해 준다. 사흘째 되는 날에 제갈량을
수행하여 배를 이끌고 나가 안개가 자욱하게 긴 장강 위에서 '초선차
전'의 연극이 연출된다. 《삼국연의》는 적벽대전의 승리를 제갈량의
공으로 둔갑시킨 것도 모자라, 노숙을 '천진'한 인물의 전형으로 그려
놓은 셈이다.

　사서에 나오는 노숙의 모습은 이와 사뭇 다르다. 그는 기본적으로
관후한 성품의 인물이다. 어렸을 때 부친을 여의고 조모와 함께 살았
으나, 그의 집안은 원래 재산이 많았다. 그는 남에게 베푸는 것을 좋
아해 집안일을 돌보지 않은 채 논밭을 팔아 가난한 사람을 구제하고
선비들을 모으는 것을 업으로 삼았다. 그에 대한 칭송이 자자했다.

　몸집도 크고 훤칠하게 생겼던 그는, 대망을 품고 남이 상상도 못할
일을 자주 저질렀다. 노숙이 아무 조건도 없이 주유를 도와준 게 그
실례이다. 주유가 거소현장으로 있을 때 주유의 장령 수백 명이 노숙

의 집 앞을 지나면서 노숙에게 식량지원을 요청한 적이 있었다. 노숙의 집에는 쌀이 2균(囷) 가량 있었다. '1균'은 창고 하나에 가득 찬 양으로, 약 3천 곡(斛: 石)에 해당했다. 노숙은 아무 조건도 없이 곧 1균을 헐어 주유에게 주었다. 주유는 노숙이 기재인 것을 알고 곧 그와 친교를 맺었다.

당시 원술은 노숙의 이런 소문을 듣고 노숙을 회유하려 했으나 실패했다. 노숙은 원술의 그릇이 작음을 알았던 것이다. 당시 노숙은 젊은이들을 그러모아 검술과 기마술, 궁술을 익히면서 병법 훈련도 시켰다. 하루는 자신을 따르는 300여 명의 젊은이를 모아놓고 이같이 말했다.

"나라에서 기강을 바로잡지 못하니 도적의 무리가 발호해도 속수무책이다. 이제 이 고장도 곧 마음 놓고 살 수 없게 될 것이다. 듣자하니 강동은 비옥한 땅이 많고, 백성들도 부유하고 군대도 강하다고 한다. 장차 그곳으로 가서 난리를 피할까 하는데, 나를 따를 사람은 없는가?"

무리들은 평소 관후한 노숙을 흠모한 까닭에 한 사람도 빠짐없이 흔쾌히 찬성했다. 이에 노숙은 그들을 이끌고 남하했다. 이때 이 소식을 들은 원술 휘하의 기병들이 이를 저지하기 위해 급히 그 뒤를 쫓아왔다. 노숙은 그들을 보자 활시위를 당기며 이같이 말했다.

"여러분도 세상 돌아가는 꼴을 잘 알 것이오. 천하가 혼란의 도가니로 변하고 있는 판인데, 여러분이 우리를 잡아 공을 세운다고 제대로 포상이나 받을 것 같소? 그대로 돌아갈지라도 아무도 벌주지 않을 것이오."

그러고는 앞에 놓인 방패를 향해 연달아 활을 쏘았다. 화살이 모두 방패를 꿰뚫자 기병들이 기세에 눌려 그대로 돌아갔다. 손책은 노숙을 후대했다. 그러나 손책이 죽으면서 상황이 일변했다. 손권은 노숙이라는 인물을 제대로 알지 못했다. 이에 노숙은 손권을 떠날 생각을 하다가 주유의 천거로 다시 손권을 만나게 되었다. 노숙이 손권의 모신이 된 것은 오로지 주유의 천거에 따른 것이다.

당시 손권은 주유의 말을 듣고 크게 놀라 급히 노숙을 불렀다. 노숙이 이내 손권을 찾아오자 손권이 뛰어나가 반가이 맞이한 뒤, 곧 좌우를 물리치고 노숙과 함께 술을 마시며 천하사를 논했다.

"지금 한실이 막 무너지려 하는데, 나는 제환공과 진문공과 같은 공업을 이루고자 하오. 군은 무엇으로 나를 보좌할 생각이오?"

손권의 이런 질문에 노숙은 천하대세를 요약해 설명했다. 이것이 바로 그 유명한 '노숙밀의'(魯肅密議)이다. 《삼국지》와 《자치통감》에 나와 있는 '노숙밀의'의 개요는 대략 다음과 같다.

"예전에 한고조도 의제(義帝)를 모시려고 했으나 결국 성공하지 못했으니, 이는 항우의 무리가 방해했기 때문입니다. 지금의 조조는 옛날의 항우와 같습니다. 생각건대 한실은 이제 부흥시키기가 어렵고, 조조 또한 단숨에 없애기가 어렵습니다. 장군을 위한 계책으로는 오직 강동을 굳게 지키면서 천하의 추이를 관찰하는 방안밖에 없습니다. 만일 북쪽에 일이 많아 남쪽에 신경 쓸 겨를이 없게 되면, 황조를 제거하고 유표를 토벌하여 장강 일대를 모두 차지할 수 있으니, 이것이 바로 왕업을 이루는 길입니다."

사서에 실려 있는 '노숙밀의'는 제갈량의 '융중대'에 비해 그 내용이 소략하다. 이 때문에 많은 사람들은 노숙이 건의한 계책이 사실 제갈량이 제시한 '천하삼분지계'와 같은 내용이라는 점을 그냥 지나쳤다. 《삼국지》〈노숙전〉을 보면, 그는 소년시절부터 큰 뜻을 품고 즐겨 기책을 많이 냈음을 알 수 있다. '노숙밀의'는 '융중대'만큼 명료한 형태를 갖추고 있지는 않으나, 유표의 형주를 빼앗고 장강 상류에 있는 익주를 점령하는 것이 노숙의 기본 요지이다. 그는 이것을 강동에 '정족(鼎足)한다'라고 표현했다.

노숙이 조조를 항우로 상정한 것은 한실은 이미 부흥할 수 없고, 조조 또한 곧 망하지는 않을 것으로 내다본 데 따른 것이다. 그가 판단하건대, 이런 상황에서 손권에게 가장 좋은 방법은 바로 강동에 둥지를 틀고 웅비할 기회를 엿보는 것이다. 이것이 바로 그가 건의한 '정족지계'(鼎足之計)의 초기 단계에 해당한다. 이어 양주에 웅거하여 힘을 기른 뒤 형주와 익주를 병합함으로써, 장강 일대를 모두 제압해 남북 대치의 상황을 연출하는 것이 '정족지계'의 다음 단계였다. 마지막으로 시간을 충분히 갖고 서서히 중원을 도모해 마침내 천하를 통일하는 것이 '정족지계'의 최종 단계에 해당한다. 노숙의 '천하삼분지계'는 때를 기다리며 서서히 세력을 확장해 나가는 것이 뼈대였다.

그렇다면 노숙이 언급한 정족의 세 당사자 가운데 조조와 손권을 뺀 나머지 하나는 누구를 가리킨 것일까? '노숙밀의'에는 이 부분이 구체적으로 명시되지 않았다. 예로부터 적잖은 사람들이 노숙의 '정족지계'에 의문을 표시한 이유이다. 송대의 사마광도 그 가운데 한 사람이다. 그는 《자치통감》에서 이같이 의문을 표했다.

당시 유비는 한 척의 땅도 없었는데, 어떻게 '정족'이라고 말할 수 있는가?

《자치통감》이 《삼국지》〈노숙전〉의 '정족강동'(鼎足江東: 강동에 세발솥처럼 섬)을 '보수강동'(保守江東: 강동을 굳건히 지킴)으로 고쳐 쓴 이유가 여기에 있다. 일각에서는 노숙이 제기한 정족은 조조와 손권 이외에 형주의 유표를 염두에 둔 것으로 보아야 한다고 주장하나, 이는 억지이다. 노숙은 결코 유표를 정족의 당사자로 본 적이 없다.

그가 생각한 주인공은 바로 유비였다. 물론 그가 손권과 밀의를 나눌 당시는 유비의 실체가 구체적으로 드러나지는 않았다. 유비의 이름을 구체적으로 거론하지 않은 것은 바로 이 때문이다. 사실 엄밀히 따지면 당시 손권도 강동을 완전히 석권한 게 아니었다.

논리적으로 볼 때 그가 조조를 항우로 상정한 것은 손권을 유방으로 간주한 데서 출발한다. 이는 누군가가 유방과 힘을 합쳐 항우를 제압한 한신의 역할을 수행할 것을 예상한 것으로 보아야 한다. 한신의 역할을 맡은 자가 나타나 '정족지계'가 완성되면, 이를 토대로 제2의 항우인 조조를 없앤 뒤 시간을 두고 한신까지 제거해 마침내 천하통일을 이루려는 게 그의 복안이다. 그가 유비에게 형주 땅을 빌려주자고 말한 것도 이런 맥락에서 이해할 수 있다.

실제로 시간이 지나면서 그가 상정한 정족의 마지막 남은 주인공이 바로 유비였다는 사실이 드러났다. 유비가 언젠가는 조조 및 손권과 더불어 정족의 주인공이 될 것으로 내다본 선견지명이 증명된 셈이다. 적벽대전 이전에 그는 이미 유표가 죽으면 손권의 동의를 얻어 형주를 유비에게 빌려줄 생각을 했을 공산이 크다.

실제로 이같이 보아야만 노숙이 수고를 아끼지 않고 유비를 설득하기 위해 당양의 장판까지 간 이유가 명쾌히 해석된다. 그는 자신이 언급한 '정족지계'를 구체화하기 위해 이런 수고를 마다하지 않은 셈이다. 손권 홀로 조조를 당해낼 수 없는 당시 상황에서 형주를 유비에게 빌려주어 기각지세를 이룸으로써 조조를 견제하는 것은 시의에 부합하는 방략이기도 했다.

당시 유비는 한 치의 땅도 없었으나, 적벽대전을 거치면서 노숙의 '정족지계'를 성사시킨 당사자가 되었다. 노숙의 '정족지계' 구상이 시간이 지나면서 절묘하게 맞아떨어진 셈이다. 이런 관점에서 보면 '천하삼분지계'는 노숙이 먼저 제기하고, 이후 제갈량에 의해 '융중대'에서 더욱 구체화되었다고 볼 수 있다. 실제로 노숙과 제갈량 모두 죽을 때까지 자신들이 구상했던 '정족지계'와 '천하삼분지계'의 실현을 위해 헌신적으로 노력했다.

제갈량이 노숙의 견해를 참조했을 가능성도 배제할 수 없다. 노숙과 제갈량의 구상은 그 시기뿐만 아니라 내용 등에서 적잖은 차이가 있는 점 등을 근거로 이런 가능성을 일축하는 견해도 있으나, 이는 지나치다. 큰 틀에서 볼 때 천하대세를 읽는 인재들의 생각은 서로 공통되는 점이 많다는 사실을 염두에 둘 필요가 있다.

당시 손권은 노숙의 '정족지계'를 듣고 내심 크게 기뻐한 나머지, 그에게 많은 재물을 상으로 주었다. 이에 그는 강동에서 대를 이어온 부호(富戶)와 별반 다를 바 없게 되었다. 장소가 크게 불만을 품고 앞장서 그의 나이가 너무 어리고 하는 일이 조소(粗疏: 조잡하고 허술함)

하다고 비방했으나, 손권은 오히려 그를 더욱 중시했다. 그 결과가 바로 적벽대전의 승리로 나타났다.

실질적인 승리는 주유가 견인했으나, 그는 손권의 결단을 유도하는 데 지대한 공헌을 했다. 실제로 손권은 조조가 대군을 이끌고 와 양양에 이어 강릉도 수중에 넣었다는 소식을 듣고 크게 놀랐다. 이때 가장 먼저 단호한 어조로 결사항전을 주장하면서 손권을 부추긴 인물이 바로 노숙이다. 이는 말할 것도 없이 그가 손권과의 밀담에서 언급한 '정족지계'에서 나온 것이다.

그러나 엄밀히 말해 이 또한 노숙만의 생각도 아니었다. 당시 감녕도 적벽대전 이전에 손권에게 형주와 익주를 영유하여 조조에게 대항할 것을 권한 적이 있었다. 형주의 방통과 익주의 법정 등도 비슷한 생각을 갖고 있었다. 초한전 당시의 괴철이 한신에게 제나라를 탈취해 유방과 항우에게 대항할 제3의 세력을 자립할 것을 권했던 점을 감안하면, '천하삼분'과 '정족강동' 등의 방안은 지략가들의 공통된 구상이다.

당초 노숙은 유표가 죽었다는 소식을 듣자마자 자신의 '정족지계' 구상을 구체화하려고 시도했다. 이는 그가 손권에게 건의한 내용을 보면 쉽게 알 수 있다.

"형주는 우리 국토와 붙어 있는데다, 강산이 험고하고 옥야가 1만 리이고 백성이 부유하니, 만일 우리가 차지하면 이는 제왕의 기반일 될 것입니다. 저는 유표의 두 아들에게 조의를 표하고 장군들을 위로한 뒤, 유비를 설득해 그의 군사를 안무하도록 하겠습니다. 합심하여 함께 조조를 물리치자고 하면 유비가 반드시 흔쾌히 동의할 것입니다. 성공하면 천하가 가히 안정될 것입니다. 그러나 지금 서두르지 않으면 조조에게 선수를 빼앗길까 두렵습니다."

손권이 이를 받아들여 즉시 그를 조문사절로 보냈다. 그는 도중에 조조가 이미 형주를 떠났다는 소리를 듣자 주야로 말을 달려 남군으로 갔다. 그러나 들려온 소식은 유종이 이미 조조에게 투항했고, 유비는 남쪽으로 도망갔다는 내용뿐이다. 그는 유비 일행의 뒤를 좇았다. 결국 당양의 장판에서 유비 일행을 만난 그는, 유비에게 천하 형세를 논하면서 은근히 물었다.

"지금 어디로 가려는 것입니까?"

"창오태수 오거와 교분이 있어 그에게 가려 하오."

노숙이 만류했다.

"손권은 총명하고 인자하여 선비들을 예로써 높이 받드니, 강남의 영웅호걸들이 모두 그에게 귀부하고 있습니다. 이미 여섯 개 군을 거느리고 있는데다, 군사 또한 정예하고 양식이 풍부하여 가히 대업을 이룰 만합니다. 그와 결맹하여 함께 대업을 완성하는 것보다 나은 방안은 없습니다. 더구나 창오태수는 범부에 지나지 않고, 창오 역시 조만간 병탄될 것입니다."

유비가 이 말을 듣고 흔쾌히 동의했다. 그가 돌아오자 마침 여러 장수들과 함께 조조가 보내온 투항 권유 서찰을 놓고 대책을 논의하던 손권이, 이를 보여주며 걱정스런 표정으로 말했다.

"내가 사람을 보내 조만간 회신을 하겠다고 약속했으나, 장수들 가운데 두려워하지 않는 자가 없소."

노숙이 서찰을 보니 그 내용이 매우 위협적이었다. 골자는 이렇다.

근자에 나는 천자의 명을 받들어 반적을 토벌하고 있는데, 정휘(旌
麾: 천자기와 대장기)가 남쪽을 가리키자 유종이 꼼짝 못하고 붙잡혔
다. 지금 수군 80만 명을 정비하여 장차 그대와 오군 땅에서 회전코자
한다.


동오의 장수들은 이틀에 걸쳐 대책을 논의했으나 뚜렷한 결론을
내리지 못했다. 그러나 투항하자는 견해가 주류를 이루었다. 노숙이
손권에게 물었다.

"주공의 뜻은 어떠합니까?"

"아직은 결정을 못 내렸소."

이때 장소 등이 앞으로 나와 말했다.

"조조가 천자를 끼고 사방을 호령하니, 그에게 저항하면 곧 대역
(大逆)이 됩니다. 하물며 조조의 군사를 막을 수 있는 것은 오직 장강
뿐인데, 지금 조조는 형주까지 얻었습니다. 유표는 생전에 수군을 훈
련시키면서 전함을 1천 척이나 만들었습니다. 조조는 이 배들을 모두
장강에 띄워놓고 있습니다. 수군이 보병과 함께 수륙으로 병진하면
세력의 대소를 논할 수가 없습니다. 장강의 천험(天險)을 이미 우리
와 공유하는 까닭입니다. 조조를 영접하는 것보다 나은 방안은 없습
니다."

군신들이 이구동성으로 동감을 표시했다. 손권이 생각에 잠겨 아
무 말이 없자, 장소가 다시 투항을 촉구하고 나섰다.

"조조에게 항복하면 동오의 백성은 모두 편안할 수 있고, 강남의
여섯 개 군도 보전할 수 있습니다."

장소의 이런 주장은 우국충정에서 나온 것이다. 그러나 손권은 고개를 숙인 채 잠자코 있었다. 노숙도 입을 다물었다. 얼마 뒤 손권이 몸을 일으켜 용변을 보러 가자, 그도 자리에서 일어나 그 뒤를 좇아갔다. 그 뜻을 알아챈 손권이 노숙의 손을 잡고 물었다.

"경은 무슨 말을 하려는 것이오?"

노숙이 대답했다.

"지금 저는 조조를 영접할 수 있으나 장군은 할 수 없습니다. 제가 조조를 영접하면 조조는 곧 저를 고향에 돌아갈 수 있도록 해줄 것입니다. 그도 아니면 저의 명성과 지위 등을 감안해 최소한 말단관원 이상은 시켜줄 것입니다. 그러나 장군은 조조를 영접하면 과연 어디에다 몸을 둘 수 있겠습니까? 빨리 결단하기 바랍니다."

"지금 경이 말한 천하대계는 바로 나의 구상과 같소."

당시 장소 등이 투항을 간청하는 상황에서 손권 홀로 버티기가 쉽지 않았다. 장소 역시 나름대로 동오를 위하는 방안으로 투항을 권한 것이다. 객관적으로 볼 때 조조의 군사가 노도처럼 밀려오는 상황에서, 이와 정면으로 맞서 싸우는 것은 '계란으로 바위치기'에 가까웠다. 노숙이 없었다면 아무리 손권이라도 결사항전의 뜻을 천명하기가 쉽지 않았을 것이다.

노숙의 역할은 오히려 적벽대전 이후에 더욱 빛났다. 당시 손권은 승세를 몰아 합비로 진공했다. 그러나 공략하기 쉽지 않았다. 그가 합비성 50리 밖에 군사를 주둔시키고 있을 때, 정보가 지원군을 이끌고 왔다. 마중을 나가던 중 마침 노숙이 먼저 당도한다는 소식을 접하자 이내 말에서 내려 노숙을 기다렸다. 여러 장수들은 손권이 노숙을 후대하는 모습을 보고 크게 놀랐다. 손권이 노숙과 말머리를 나란히 하여 가면서 은근히 물었다.

"내가 하마하여 맞이한 것이 공에게는 영광이지 않겠소?"

"아닙니다."

"내가 어찌해야 공에게 영광이 되는 것이오?"

"명공의 위덕(威德)이 사해에 떨치고 온 천하를 통합해 제업(帝業)을 이루면, 저의 이름을 죽백(竹帛)에 올려주십시오. 그러면 비로소 영광이 될 것입니다."

손권이 박장대소했다. 노숙이 건의한 '정족지계'의 기본 취지가 어디에 있는지를 선명히 보여주는 대목이다. 당시 두 사람은 합비를 공략하는 방안을 깊숙이 논의했으나, 위나라도 적벽대전의 패배 이후 합비를 지키기 위해 총력을 기울였던 까닭에 공략이 쉽지 않았다. 결국 합비는 주유가 손권의 뒤를 이어 근 1년 동안 쉬지 않고 맹공을 퍼부은 뒤에야 간신히 손에 넣을 수 있었다.

손권은 합비 공략 후 주유의 천거를 받아들여 노숙을 분무교위에 임명하고 주유를 대신하도록 했다. 얼마 뒤 장사군의 일부를 떼어 한창군을 만든 다음 노숙을 한창태수로 삼았다. 노숙과 관포지교(管鮑之交)를 맺고 있던 주유는 이 일이 있은 지 얼마 안 되어 죽고 말았다.

노숙은 그의 뒤를 이어 동오의 군사를 총지휘하게 되었다. 그러나 그는 늘 조조가 언제 쳐들어올지 몰라 불안해했다. 그가 동오의 군사권을 장악한 지 얼마 안 되어 형주를 유비에게 빌려주어 그와 함께 조조에게 공동으로 대항하는 방안을 관철시킨 이유가 여기에 있다. 당시 손권도 비슷한 생각을 하고 있었다. 실제로 막강한 군세를 자랑하며 적벽대전의 설욕을 벼르는 조조의 남침을 막기 위해서는, 유비와 기각지세(掎角之勢)를 이루어 협공의 능력을 극대화하는 조치가 필요했다.

결과적으로 볼 때 이후 유비가 익주를 근거지로 삼아 삼국정립의 기반을 다지게 된 데에는 노숙의 보이지 않는 공이 매우 컸다. 당시 노숙은 의도적으로 유비를 일정 수준까지 키워야 동오를 지켜낼 수 있다고 판단했다. 유비가 방통을 용재(庸才)로 치부했을 때 서신을 보내 중용을 당부한 게 그 증거이다. 인재를 아끼는 점에서는 국경을 따지지 않았던 셈이다. 노숙의 관인한 풍모가 유감없이 드러난 대목이다.

노숙은 손권에게 귀순할 당시 '정족지계'를 통해 동오가 나아갈 방향을 명확히 제시하였다. 동오의 인재들 가운데 그의 선견지명은 탁월한 바가 있다. 그는 동시에 비범한 담력의 소유자이기도 했다. 많은 모사와 장수들이 투항을 권유할 당시, 그만이 홀로 결연히 저항할 것을 주장했다. 그가 큰일에 임해서도 결코 놀라거나 서두르지 않는 인물임을 여실히 보여준다.

유비가 익주를 탈취한 뒤 촉한과 동오 사이에 형주를 놓고 치열한 신경전을 벌어졌을 때, 이를 원만히 해결하려 노력한 것도 이런 맥락에서 이해할 수 있다. 노숙이 일찍 죽지만 않았다면 관우가 여몽에게 패해 허무하게 죽는 일은 일어나지 않았을 것이다. 노숙의 죽음은 촉한에게도 커다란 불행이었던 셈이다. 뒷날 모종강은 나관중의 《삼국지통속연의》를 대대적으로 개정한 《삼국연의》를 펴내면서, 여몽이 손권에게 서주를 취하지 말고 형주를 취할 것을 건의하는 대목에 이르러 이런 평을 달아놓았다.


만약 노숙이 살아 있었더라면 반드시 서주를 취하여 중원을 함께 나누어야 한다고 주장했을 것이다. 그리 되었다면 손권이 관우를 공격해 결과적으로 조조를 이롭게 하는 일 따위는 하지 않았을 것이다.


당시 노숙과 관우는 형주의 반환 문제를 따지기 위해 회동했을 때, 군사들을 100보 밖에 배치하면서 장령들만큼은 칼을 찬 채 시위(侍衛)할 수 있도록 조치했다. 삼엄한 풍경이다. 먼저 노숙이 관우에게 세 개 군을 돌려주지 않는 것을 추궁했다.

"우리 동오는 그대들이 몸조차 둘 곳이 없는 것을 보고 매우 안타깝게 여겨 땅과 민력(民力)을 아끼지 않고 도와주었소. 그런데도 그대들은 자신의 이익만을 생각해 간교한 거짓말로 덕을 해치며 맹약을 져버리고 있소. 지금 익주를 손에 넣고도 또 형주를 병탄하려고 하니, 이는 범부조차 할 수 없는 일이 아니오?"

대답이 궁한 관우가 한참 뒤 입을 열었다.

"그건 나라일이니 내가 나서서 따질 일이 아니오."

《삼국연의》는 이 장면을 윤색하여 '단도부회'(單刀赴會)의 일화를 만들어냈다. 기본 줄거리는 역사적 사실과 부합하지만 전체 내용은 관우를 미화하기 위해 허구로 덧씌워져 있다. 관우는 오직 대도 한 자루만을 지닌 채 회담에 임한 데 반해, 노숙은 여의치 않으면 관우를 도모할 생각으로 살수(殺手)를 배치한 것으로 묘사해 놓은 게 그 실례이다. 이를 토대로 원나라 때의 관한경은 〈단도회〉(單刀會)라는 잡극을 만든 바 있다.

당시 쌍방 모두 대도 한 자루씩 차고 회담에 나왔다. 노숙은 조리 있는 말로 유비의 무신(無信)을 비난한 데 반해, 관우는 시종 ‘말로 대답할 게 없다’며 발뺌하는 모습을 보였다. 그럼에도 《삼국연의》에는 기세등등한 관우와 정반대로, 노숙은 횡설수설하며 바보스런 모습으로 그려져 있다.

노숙을 우매하고 협량(狹量)한 인물로 폄하해 관우의 지용(智勇)을 미화하려는 속셈에서 나온 것이다. 그러나 당시 노숙은 관우를 만나면서 흉계나 꼼수를 쓸 필요가 전혀 없었다. 유비가 익주를 취하면 형주를 돌려주겠노라고 분명히 약속했기 때문이다.

당시 노숙은 그 누구보다도 유비 일행에 대해 형주의 반환을 당당히 요구할 수 있는 입장에 서 있었다. 유비가 익주를 탈취할 수 있었던 것도 노숙의 주선으로 형주를 도약의 발판으로 삼은 데서 가능했기에, 노숙만큼 이 문제를 당당하게 따질 수 있는 사람도 없었다.

노숙은 관인하면서도 지혜로운 사람이다. 《삼국지》〈노숙전〉의 배송지 주에 인용된 《오서》는 그가 얼마나 뛰어난 인물인지 상세히 소개해 놓았다. 여기에서는 천하의 호걸과 두루 교유한 까닭에 병법은 말할 것도 없고 변론에도 뛰어났고, 천하대세를 포함한 모든 사안에 해박한 식견을 지닌 매우 사려 깊은 인물로 나온다.

특히 ‘정족지계’를 논한 ‘노숙밀의’는 가히 ‘천하삼분지계’를 거론한 제갈량의 ‘융중대’에 버금하는 것이다. 시기적으로도 7년 앞서 나왔을 뿐 아니라 논리적인 면에서도 결코 뒤지지 않았다. 그가 제갈량과 더불어 생전에 손권과 유비의 연합세력을 유지하기 위해 부심한 이유이다. 두 사람이 시종 돈독한 우의를 유지한 것도 이런 맥락에서 이해할 수 있다. 제갈량이 동오를 방문해 손권에게 유세할 수 있었던 것도 노숙의 적극적인 천거와 지지가 있었기에 가능했다. 당시 동오의 원훈인 장소는 노숙의 계책을 두고 '너무 미숙하다'고 폄하했으나 손권은 오히려 높이 평가했다. 같은 사안을 두고 군도(君道)와 신도(臣道)의 입장에서 보면 이처럼 큰 차이가 있었다.

그는 건안 22년(217), 비교적 젊은 나이인 마흔여섯 살에 세상을 떠났다. 그가 더 오래 살았다면 삼국의 역사도 다른 방향으로 전개되었을 공산이 컸다. 그는 청류 사대부의 체취가 강한 주유와 달리, 관인한 '장자'(長者)의 풍도가 완연하다. 이는 그의 집안이 부요(富饒)했던 사실과 무관하지 않을 듯하다. 난세에 '관인장자'는 그리 흔한 모습이 아니었기에, 그의 행보가 더욱 부각되어 보이는 것인지도 모를 일이다.

2. 무도

武
道

# 하후돈

忠勇 충성과 용맹을 두루 갖춘
문무겸전의 지장으로 이름나다

위나라에는 뛰어난 무장이 매우 많았다. 그래서 바로 눈에 들어오는 장수를 꼽기가 쉽지 않다. 그럼에도 진수는 《삼국지》〈위서〉를 지으면서 대략 촉한의 '5호장군'에 준하는 열전을 만들었다. 그것이 바로 〈장악우장서전〉(張樂于張徐傳)이다. 장료와 악진, 우금, 장합, 서황 등을 하나로 합친 전(傳)을 말한다. 진수는 이 열전 끝 부분에 다음과 같은 평을 붙여놓았다.

태조 위무제가 이와 같이 위대한 무공을 세울 때 마침 훌륭한 장수들이 있었는데, 그 가운데 이 다섯 사람이 으뜸이다.

그러나 사실 악진은 주로 호위대장 역할을 수행했고, 우금은 패전한 뒤 관우에게 목숨을 구걸해 기절(氣節) 면에서 장료와 장합, 서황 등에 미치지 못한다고 보아야 한다. 위나라의 장수 가운데 관우와 장비 등 촉한의 '5호대장'에 버금할 만한 장수들을 일괄적으로 찾아내기가 쉽지 않다.

이 때문에 오래전부터 적잖은 사람들이 진수의 위나라 장수에 대한 평가에 이의를 제기해 왔다. 최근에 주목받는 인물이 바로 하후돈이다. 《삼국지》〈하후돈전〉에는 그가 혁혁한 무공을 세운 기록은 전혀 나오지 않는다. 오히려 조조가 도겸을 치면서 복양의 수비를 맡기자, 이내 여포의 계책에 말려들어 생포되는 등 실망스러운 대목이 나온다. 이각 등에게 쫓겨나 이리저리 떠돌던 여포에게 생포된 것은 수치가 아닐 수 없다. 그래서 그의 무용까지도 의심하는 사람이 적지 않다.

무장으로서의 활약은 오히려 《삼국연의》에 실감나게 묘사되었다. 이는 하후돈을 미화하려는 것이 아니라, 그와 다투었던 인물들을 돋보이게 하려는 복선의 일환임은 말할 것도 없다. 그러나 《삼국연의》에 나오는 그의 무용 또한 다른 무장에 비하면 상대적으로 빈약한 게 사실이다. 박망파의 전투 말고는 크게 언급할 게 없다. 박망파 전투에서도 제갈량에게 일방적으로 당하는 것으로 묘사되어 있다. 적벽대전 직후에 조인이 주유와 싸울 때에는 제갈량의 계책에 넘어가 양양성을 비우는 중대한 실수를 범하는 모습으로 그려져 있기도 하다.

이 때문인지는 몰라도 우리나라에서는 위나라를 대표하는 장수로 그를 꼽는 사람은 그리 많지 않다. 그러나 이웃 일본과 중국은 정반대이다. '삼국지 마니아'들은 그를 삼국지 제일의 장수로 뽑는다. 이는 '유장'(儒將)으로서의 면모를 높이 평가한 결과이다. 《삼국연의》와 달리 《삼국지》에는 무용을 떨치는 '맹장'(猛將)보다는 오히려 '유장'

의 역할이 크게 부각되어 있다. 이를 뒷받침하는 〈하후돈전〉의 해당 대목이다.

하후돈은 군려(軍旅)에 있을 때조차 친히 스승을 맞아들여 수업(受業: 가르침을 받음)했다.

이는 조조가 전장에 있을 때조차 책을 손에서 놓지 않은 것을 본받은 것으로 보인다. 그는 대인관계도 좋았을 뿐만 아니라 아주 호학(好學)하고 겸손했다. '유장'의 전형이 아닐 수 없다. 이 때문에 진수의 《삼국지》와 사마광의 《자치통감》 등을 읽은 '삼국지 마니아'들은 그를 위나라 최고의 장수로 꼽는 데 별다른 이의가 없다.

그렇다고 그의 무용이 낮은 것도 아니었다. 그는 시종 장수로 활약한 데서 알 수 있듯이, 탁월한 무용을 자랑했다. 《삼국연의》에 나오듯이 여포와 싸워 절륜한 무예를 선보이는 장면 등이 그것이다. 이는 역사적 사실에 기초한 것이다. 다만 그는 이 와중에 왼쪽 눈을 잃고 말았다. 이후 조조는 그에게 오른쪽 눈을 간수해야 한다며 절대 선봉에 내세우지 않았다고 한다. 《삼국연의》를 읽은 사람들이 위나라 장수 가운데 유독 그를 가장 잘 기억하는 것은, 삼국시대에 무용을 떨쳤던 여러 장수 가운데 그가 유일한 '애꾸눈'이었던 사실과 무관하지 않을 것이다.

《삼국지》 〈하후돈전〉에는 당시의 상황이 자세히 기록되어 있다. 이에 따르면, 장막이 조조를 배반하고 여포를 맞아들일 무렵에 조조의 가족들은 아직 견성에 있었다. 하후돈은 여포가 조조의 가족들을 공격할 것을 우려해 경무장한 군사를 이끌고 달려갔다. 도중에 여포와 마주쳤다. 하후돈의 험악한 기세에 눌린 여포가 주춤하면서 잠시 뒤로 물러났다. 그러나 그는 여러 장수들을 거짓 항복시킨 여포의 계략에 넘어가 이내 사로잡히고 말았다. 여포가 그를 인질로 삼고 보물과 교환한 것을 요구하자, 하후돈의 군중(軍中)에서 일대 소동이 일어났다.

하후돈의 부장 한호가 병사들을 지휘해 경거망동하지 못하도록 단속한 연후에 비로소 군영이 안정을 찾았다. 한호 등은 하후돈이 있는 곳으로 가서 인질을 잡고 있는 자들을 꾸짖었다.

"너희는 흉악한 반역자들 주제에 감히 장군을 인질로 삼고도 살기를 바라는가? 우리는 왕명을 받들어 역도를 토벌하고 있다. 어찌 장군 한 사람 때문에 너희들의 요구를 들어줄 수 있겠는가?"

이어 눈물을 흘리며 하후돈에게 말했다.

"국법이니 저희로서는 감내해야 하지 않겠습니까?"

이어 병사들을 불러 인질을 잡고 있는 자들을 공격하자, 이들이 머리를 조아리며 사죄했다.

"우리는 단지 재물을 빌리고자 했을 뿐입니다."

한호는 이들의 목을 모두 베어버렸다. 조조가 사건의 전말을 보고받고 한호를 칭송했다.

"그대의 행보는 만세의 모범으로 삼을 만하다."

이에 법령을 공포해, 이후 인질을 잡는 자가 있으면 모두 힘을 합쳐 공격하고 인질을 생각하지 말 것을 명했다. 이를 계기로 인질을 잡아 협박하는 일이 사라지게 되었다. 결과적으로 하후돈의 인질사건이 이런 선과(善果)를 낳은 셈이다.

하후돈이 눈을 잃게 된 것은 조조가 서주에서 돌아올 때 여포를 치는 과정에서 빚어졌다. 당시 유시(流矢)가 공교롭게도 그의 왼쪽 눈에 적중했다. 배송지 주에 인용된 《위략》에 따르면, 당시 군중에서는 그를 맹하후(盲夏侯: 애꾸눈 하후돈)로 불러 하후연과 구별했다. 그는 '맹하후'로 불리는 것을 싫어해 거울에 얼굴을 비춰보다가 화를 내며 거울을 바닥에 내동댕이쳤다고 한다.

이 장면을 《삼국연의》는 매우 극적으로 묘사해 놓았다. 이에 따르면, 화살을 맞은 하후돈이 비명소리를 지르며 급히 화살을 뽑자 눈알도 함께 빠져나왔다. 그는 오히려 껄껄 웃으며 말했다.

"부정모혈(父精母血: 아버지의 정기와 어머니의 피)을 내 어찌 버릴 것인가?"

그러고는 뽑혀 나온 눈알을 입에 넣어 꿀꺽 삼키는 것으로 되어 있다. 이 대목이 허구임은 말할 것도 없다. 뽑혀 나온 눈알을 먹는 이른바 '담정'(啖睛)은 엽기적인 느낌마저 준다. 이는 군영에서 스승을 맞아들여 가르침을 받는 하후돈의 본래 이미지와는 크게 동떨어진다.

당시에도 그의 '애꾸눈'과 관련한 여러 일화가 만들어졌다. 그 가운데 하나가 '완체장군'(完體將軍)이다. 이는 《삼국연의》에서 비롯된 것이다. 《후한서》는 〈문원열전〉(文苑列傳)에서 당대의 기인인 예형에 관한 기록을 남겨 놓았다. 그의 기행과 죽음에 이르는 과정이 매우 소상하게 기록되어 있다. 《삼국연의》는 이 기록을 바탕으로 예형의 행적 등을 생생히 묘사하면서도 조조를 폄하하기 위해 교묘히 각색해 놓았다. 여기에서 하후돈을 가리키는 '완체장군'이라는 표현이 나온다.

이에 따르면, 조조가 원소와 대적할 당시 가후의 건의에 따라 유표를 귀순시키기 위해 변설이 뛰어난 세객을 찾자, 순유가 이내 공융을 추천한다. 그러자 공융이 순유에게 이같이 말했다.

"내 친구 예형은 가히 천자를 보좌할 만한 인재요."

공융이 상표하자 한헌제가 조조에게 이를 건네주었다. 조조가 사람을 시켜 예형을 불러오게 했다. 예형은 예를 마쳤는데도 조조가 앉으라는 말도 하지 않자 탄식했다.

"천지는 넓은데, 어쩌면 이같이 사람이 하나도 없는가?"

조조가 발끈해 물었다.

"내 수하의 수십 명이 모두 당대의 영웅들인데, 어찌하여 사람이 없다고 하는 것인가?"

"어디 한번 말씀해 보시지요."

"순욱과 순유, 곽가, 정욱은 지략이 심원하니 한고조 때의 소하와 진평도 이에 미치지 못할 것이다. 장료와 허저, 이전, 악진은 그 용맹을 당할 사람이 없으니 잠팽(岑彭: 한고조 때의 명장)과 마무(馬武: 광무제 때의 명장)도 미치지 못할 것이다. 여건과 만총은 종사로 삼을 만하고, 우금과 서황은 선봉으로 삼을 만하다. 또 하후돈은 천하에 뛰어난 인재이고 조인은 세상의 복장(福將)인데, 어찌하여 사람이 없다고 하는 것인가?"

예형이 웃으며 반박했다.

"그런 인물들은 제가 다 알고 있습니다. 순욱은 문상이나 문병을 다니게 할 사람이고, 순유는 묘지기나 시킬 사람이고, 정욱은 문이나 여닫게 할 사람이고, 곽가는 글이나 읽고 풍월을 읊게 할 사람이고, 장료는 북이나 치고 징이나 울리게 할 사람이고, 허저는 소나 말을 먹이게 할 사람이고, 악진은 문초나 하고 공초(供招)를 읽게 할 사람이고, 이전은 편지나 전하고 격문이나 보내게 할 사람이고, 여건은 칼을 갈거나 대장간에서 일을 할 사람이고, 만총은 술이나 마시고 지게미나 먹게 할 사람이고, 우금은 널빤지나 지고 담이나 쌓게 할 사람이고, 서황은 돼지나 개를 잡게 할 사람입니다. 또 하후돈은 '완체장군'이라고 할 만하고, 조인은 돈이나 다룰 사람입니다. 그 밖의 사람들은 모두 허수아비나 밥통, 술통, 육대(肉袋: 고기 담는 자루)에 불과할 뿐입니다."

이는 허구이기는 하나, 여기서 하후돈을 지칭하는 '완체장군'이라는 말이 나왔다. 많은 사람들은 이를 역사적 사실로 간주하면서 '완체장군'이라는 말이 과연 욕설인지 칭찬인지 헷갈려 한다. 허구를 두고 욕설인지 칭찬인지 구분하는 것은 무의미하기는 하나, 문맥상 두 가지를 다 내포했다고 보는 게 타당하다. 칭찬으로 보면 왼쪽 눈이 없는데도 멀쩡한 사람처럼 완강하다는 뜻으로 풀이할 수 있고, 욕설로 보면 애꾸눈에 대한 비아냥거림으로 해석할 수 있다.

예형이 조조의 막료를 가차 없이 매도하는 상황에서 하후돈을 그나마 '완체장군'으로 평한 것은 나관중조차 하후돈을 높이 평가한 결과로 볼 수 있다. 실제로 조조는 그와 함께 수레를 같이 타고 다니며 자신의 침실까지 출입하도록 허가하는 등, 파격적인 대우를 했다. 《삼국지》의 해당 기록이다.

하후돈은 조조가 특별히 중시하고 가깝게 여겨 그의 침실까지 출입
할 수 있었다. 다른 여러 장수들 가운데 그와 비길 자가 없었다.

하후돈은 조조가 처음 기의했을 때부터 줄곧 비장(裨將)이 되어 무
수한 정벌에 따라나섰다. 실제로 그는 조조가 위왕의 자리에 오를 때
까지 가장 헌신적으로 충성을 바친 장수였다. 조조의 침실에 무장을
하고 들어갈 수 있었던 것도 바로 이 때문이었다. 그에 대한 조조의
신임이 어떠했는지를 짐작할 수 있다. 이는 그가 조조와 어린 시절부
터 인연을 맺은 것과 무관하지 않다. 조조가 하북을 평정할 때는 대장
군이 되어 후방을 지켰다. 위나라에서 조조를 빼면 최고의 관직을 제
수 받은 셈이다.

그는 한쪽 눈을 잃은 이후 진류 등지의 태수를 겸하던 중 분무장군
의 직위가 더해지고 고안향후에 봉해졌다. 그가 목민관(牧民官)으로
있을 때의 일화가 〈하후돈전〉에 나온다. 이에 따르면, 당시 큰 가뭄과
메뚜기 피해가 발생하자 그는 곧 태수(太壽)의 물을 끊어 저수지를
만들었다. 이때 그가 몸소 흙을 지고 장사들을 인솔해 모내기를 권하
자 백성들이 이에 감복했다. 이때의 공으로 그는 하남윤으로 전임되
었다. 이 또한 전형적인 '유장'의 모습이 아닐 수 없다.

그는 건안 12년(207)에 그 동안의 공적을 인정받아 식읍 2,500호를
하사받았다. 《삼국지》는 이로부터 9년 뒤인 건안 21년(216)에 26군의
도독이 되었다고 기록해 놓았다. 가장 넓은 영지의 대도독이 된 셈이
다. 당시 조조는 그에게 각종 악기와 가기(歌妓)를 상으로 내리며 이
렇게 말했다.

"춘추시대에 진(晉)나라 대장 위강(魏絳: 융족과의 화해를 주선한 명장)은 금석으로 만든 악기를 상을 받았다. 하물며 장군이야 더 말할 게 있겠는가?"

건안 24년(219)에 조조는 마피에서 여포군을 격파하고 군영을 차린 뒤, 늘 그와 함께 수레를 타고 다니며 특별히 총애했다. 침실 출입을 허용한 것이 이때였다. 얼마 뒤 그는 전장군(前將軍)에 임명되었다. 배송지 주에 인용된 《위서》에 이와 관련한 유명한 일화가 실려 있다.

이에 따르면, 당시 장수들이 위나라의 관호를 받았으나 유독 그만 한나라의 관호를 받았다. 이는 조조에게 칭신(稱臣)하지 않아도 된다는 뜻이다. 이에 그가 상소를 올려 불신지례(不臣之禮: 신하를 칭하지 않는 예우)의 부당함을 따지자 조조가 이같이 답했다.

"내가 듣건대, '신하 가운데 최상은 사신(師臣: 스승과 같은 신하), 그 다음은 우신(友臣: 친구와 같은 신하)이다'라고 했다. 무릇 신하란 덕을 귀하게 여기는 사람을 말한다. 어찌 구구하게 위나라의 신하가 되어 군주에게 몸을 굽힐 수 있겠는가?"

그가 이를 강력히 고사해 이내 전장군에 제수되었다. 이를 통해 짐작할 수 있듯이, 그는 조조의 '사신'이자 '우신'이다. '난세의 영웅'인 조조로부터 극찬을 받은 그는, 조조의 단순한 신하가 아닌 스승 내지 친구로서의 신하에 해당했다.

그는 조비가 보위에 오른 뒤 대장군에 제수되었으나, 몇 달 뒤 세상을 떠나고 말았다. 《삼국연의》는 하후돈의 죽음을 희극적으로 그려놓았다. 조조가 그에게 유언을 남기려고 하자 급히 말을 타고 달려가

다가, 조조를 괴롭히는 귀신을 만나 낙마한 뒤 이내 시름시름 앓다가 병사한 것으로 묘사한 부분이다. 그러나 그는 조비가 즉위할 즈음 노환으로 죽었다.

이를 통해 대략 짐작할 수 있듯이, 그는 조조와 마찬가지로 일생을 전장에서 보낸 셈이다. 그의 무용이 뛰어난 장수인 것만은 확실하나, 싸움을 잘하는 '맹장'이라기보다는 나라와 군사를 통솔하는 데 탁월한 능력을 발휘한 '유장'에 가까웠다. 그러나 조조가 그를 총애한 것은 바로 이 때문이다.

이를 두고, 단지 그가 친인척이고 거병 때부터 합류했기 때문에 조조의 총애를 받았다고 해석하는 것은, 조조의 용인술을 제대로 이해하지 못한 것이다. 조조는 처음부터 끝까지 능력 위주의 용인술을 구사했다. 그가 대장군의 자리에 오른 것은 식견과 무용 등 모든 면에서 그에 합당한 실력을 갖추었기 때문이라고 보는 게 옳다. 그의 시호가 '충후'(忠侯)인 사실이 이를 뒷받침한다. '충성'과 '용맹'을 겸비했다는 뜻이다. 그가 장남의 이름을 '충'으로 지은 것도 결코 우연으로만 볼 수 없다.

당시 조조는 문관과 달리 무관에게 관대했다. 웬만한 실수나 승패에도 '병가상사'(兵家常事)의 논리를 내세워 참작을 해주며, 다음 전투에서 전공을 세우는 길을 열어주었다. 난세에는 문관보다 무관이 중요할 수밖에 없다는 사실을 통찰한 결과였다. 무관들의 정점에 있던 장수가 하후돈이다. 이는 그가 '충용'의 리더십을 갖추고 있었기에 가능했다. 난세에 가장 바람직한 장수의 리더십이 '충용'인 것은 말할 것도 없다.

그의 인간적 매력은 형식에 얽매이지 않는 이른바 '쇄탈'(灑脫)에 있었다. 일각에서는 휘하 청주병들의 약탈을 근거로 그의 '충용' 리더십에 의구심을 드러내고 있으나, 오히려 정반대로 해석하는 것이 옳다. 청주병은 황건적 출신들이다. 조조가 청주병을 그의 휘하에 둔 것은, 그가 아니고서는 그들을 제대로 다룰 수 없다고 판단한 데 따른 것이다.

그가 주둔지에서 둔전(屯田)을 성공적으로 시행한 것도 이런 맥락에서 이해할 수 있다. 당시 위나라가 막강한 군세를 유지할 수 있었던 것은 바로 '둔전' 실시에서 성공을 거두었기 때문이다. '둔전'은 위나라만 시행한 것도 아니었다. 그럼에도 이를 성공적으로 시행한 나라는 위나라밖에 없었다. 병사들과 함께 일할 수 있는 그의 '쇄탈' 행보가 '둔전'을 성공적으로 이끄는 비결이었다. 진수의 평이 이를 뒷받침한다.

하후돈은 성정이 청검(淸儉: 청렴하고 검소함)해 남는 재물이 있으면 주변 사람에게 베풀었다. 부족한 게 있으면 관청에서 도움을 받은 까닭에 치산(治産: 재산관리 및 증식)을 일로 삼지 않았다. '청검'한 삶을 영위하여 일체의 축재를 하지 않았다는 것은 '유장'의 풍모를 반영한 것이기도 하다.

그는 언제나 솔선수범하여, 가뭄과 메뚜기떼 피해에 스스로 나서 흙을 운반하고 하천을 막고 둑을 쌓았으며, 또 부하 장수들에게는 모를 심으라 명령까지 했다. 이런 그의 노력으로 곧 백성들은 기아에서 벗어났다. 당시 조조는 그에게 자신의 영지 안에서는 법에 구애됨 없이 독자적인 판단에 따라 다스리도록 허용했다. 그의 정치적 능력을 높이 평가했다는 방증이다.

이런 점 등을 근거로 일각에서는 그의 정치적 역량을 순욱과 순유 등과 같은 수준으로 평가하기도 한다. 사실 문신과 무신을 통틀어 삼국시대에 활약한 군신들 가운데 주군으로부터 '사신'(師臣)과 '우신'(友臣)의 평을 들은 사람은 그가 유일하다. 그가 조조 진영의 제2인자로 활약할 수 있었던 것은 탁월한 '유장'의 면모를 갖추어 사실상 '조조의 분신' 역할을 수행한 데서 비롯되었다고 보는 게 옳다. '충용'(忠勇)의 전형인 그는 삼국시대의 가장 모범적인 신도(臣道) 사례에 속한다.

하후돈의 팔촌동생인 하후연 역시 위나라의 뛰어난 명장이다.《삼국연의》는 조조가 한중을 평정하는 대목에서 하후돈을 하후연으로 착각해 묘사해 놓기도 했다.《삼국연의》에는 제갈량이 황충을 충동하기 위해 하후연을 띄우는 대목이 나온다.

노장군이 비록 영용하기는 하나 하후연은 장합에 비할 사람이 아니오. 그는 '육도삼략에 능하고 병기(兵機)도 잘 아오. 조조가 다른 사람에게 부탁하지 않고 유독 하후연에게 맡기는 것은 그에게 장군의 자질이 있기 때문이오. 장군이 비록 이번에 장합을 이겼지만 하후연을 이길지는 장담하기 어렵소.

이는 말할 것도 없이 허구이기는 하나, 하후연 또한 하후돈 못지않게 용맹을 떨치고 있었음을 시사한다. 실제로 〈하후연전〉의 기록에 따르면, 당시 하후연은 송건이 양주(凉州)에 세운 흥국(興國)을 출정한 지 한 달 만에 평정하는 대공을 세운 바 있다. 그는 여세를 몰아 농우(隴右: 감숙)까지 평정했다. 당시 첩보를 접한 조조는 하후연을 극찬하며 이렇게 말했다.

"송건이 반란을 일으켜 조정을 거스른 지 이미 오래되었는데, 하후연은 단 한 번의 싸움으로 그를 섬멸하고 관우(關右: 농우) 지역을 호랑이 걸음으로 활보하고 있다. 그가 가는 곳마다 감히 대적할 사람이 없으니 이 얼마나 장한 일인가?"

한중을 지키며 익주를 노리고 있던 하후연은 건안 24년(219)에 유비군의 야습을 받고 전사하고 말았다. 〈하후연전〉에 따르면, 당시 장합이 유비군의 계략에 말려 불리해지자, 하후연은 자신이 이끌던 병사를 반으로 나누어 장합을 도와주었다가 유비군의 습격을 저지하지 못하고 이내 전사했다. 《삼국연의》는 황충이 그의 목을 베는 것으로 묘사해 놓았으나 이는 허구이다.

당초 조조는 하후연이 전쟁에서 비록 여러 번 승리했으나, 늘 그에게 주의를 주며 이같이 말하곤 했다.

"장수는 응당 두려워하며 약한 모습을 보여줄 때도 있어야 하니, 오로지 용맹에만 의지해서는 안 된다. 장수는 당연히 용맹을 근본으로 삼으나, 행동할 때만큼은 지략을 써야 한다. 오로지 용맹에 의지할 줄만 알면 일개 필부의 적수에 불과할 뿐이다."

조조는 하후연이 자신의 용력만을 믿고 주의를 게을리 하다가 화를 입을까 우려했던 것이다. 결과적으로 그의 우려가 현실로 나타난

셈이다. 이는 하후돈과 같은 '유장'과 거리가 먼 것이다. 난세의 시기
일수록 하후돈과 같은 문무겸전(文武兼全)의 '지장'(智將)이 더욱 절
실하다는 사실을 일깨워주는 일화이다.

# 장료

武略 적국 백성도 두려워 할 만큼
뛰어난 무예와 지략을 지니다

위나라의 장수들은 조조에 대한 충성심도 대단했지만 무략 또한 뛰어났다. 이들 가운데 가장 무략이 뛰어난 인물을 하나 고르라면 단연 장료를 꼽을 수 있다. 《삼국연의》에 묘사된 장면뿐만 아니라, 《삼국지》와 《자치통감》을 통틀어 보아도 같은 결론이 나올 수밖에 없다. 이는 그가 촉한의 관우와 사뭇 닮아 있는 것과 무관하지 않을 것이다. 특히 겸손한 태도 등에서는 관우가 도무지 그를 좇아갈 수 없을 정도로 뛰어난 바 있다.

장료는 젊었을 때 고향인 안문군의 소리(小吏)로 있었다. 후한 말기 병주자사 정원이 그의 무예와 힘이 뛰어나다는 이야기를 듣고 그를 발탁해 종사로 삼은 뒤 군사들을 이끌고 낙양으로 가게 했다. 얼마 뒤 정원이 여포에게 죽임을 당하자, 장료는 하진의 명을 받고 하북 땅으로 가 1천여 명의 병사를 모으는 역할을 맡았다. 그러나 그가 낙양으로 돌아왔을 때에는 이미 하진이 환관에 의해 살해된 뒤였다. 마땅히 갈 곳이 없어진 그는 졸지에 낭사(浪士: 주인을 잃은 무사)가 되고 말았다.

장료는 부득불 병사들을 이끌고 '장안정권'을 세운 동탁에게 귀의했다. 천자가 동탁의 보호를 받고 있는 한 부득이한 행보이기도 했다. 그러나 또 얼마 뒤 동탁마저 여포에게 척살 당하는 일이 빚어졌다. 그는 다시 부하들을 이끌고 여포에게 귀의할 수밖에 없었다. 그의 이런 행보를 두고 반복무상하다고 탓할 수는 있다. 그러나 정원과 동탁 모두 그의 무략을 제대로 간파하지 못해 평범한 일개 무장으로 대우했다는 점에서 보면 그리 탓할 일도 아니다.

이는 그가 자신을 알아주는 조조를 만날 때까지 불가피한 면이 있었다. 장료가 조조를 만나기 전까지의 인물들은 모두 장료를 부릴 만한 기량이 못 되는데다가 비명횡사하고 말았다. 난세의 시기에 자신을 알아주는 주군을 만나기가 쉽지 않은 법이다. 공자가 말했듯이, 새는 나뭇가지를 선택할 권한이 있다. 그런 점에서 관우와 장비 등은 행운아에 속한다.

그는 여포가 조조에게 패하자 마침내 자신을 알아주는 주군을 만나게 되었다. 조조는 그의 무재(武才)를 알아보고 곧바로 지우지은(知遇之恩)을 베풀었다. 장료 역시 뒤늦게 조조를 만나기는 했으나 주군의 지우지은에 보답하기 위해 죽을 때까지 충성을 바쳤다.

사서에는 장료가 여포의 휘하의 부장으로 있을 때 처음으로 등장한다. 당시 그는 여포의 명을 받고 성 밖 30리에서 여포의 딸을 만나 급히 호송하여 돌아왔다. 이는 여포가 진규의 이야기를 듣고 딸을 원술에게 며느리로 보내려던 계획을 철회한 데 따른 것이다. 이후 장료와 관련된 이야기는 전혀 나오지 않다가, 여포가 조조에게 패할 때 휘하 군사들을 이끌고 조조에게 투항하면서 다시 등장한다.

조조는 장료가 투항하자 크게 기뻐하며 곧바로 중랑장에 임명하면서 관내후에 봉했다. 파격적인 대우였다. 《삼국연의》는 당시 상황을 매우 극적으로 그려놓았다. 여포는 재삼 목숨을 구걸하고, 진궁은 깨끗이 죽음을 선택했다. 그러나 장료는 조조를 매도하는 모습으로 나온다. 대로한 조조가 직접 장료의 목을 치려고 하자 장료는 태연히 목을 내민다. 유비가 황급히 만류한다.

"이러한 충성과 의리를 가진 사람을 죽이는 것은 너무나 아깝습니다. 특별히 용서하여 이용할 만하지 않은가 생각합니다."

관우도 무릎을 꿇고 용서를 구한다.

"나의 목숨을 대신하여 보증합니다."

조조가 말한다.

"나 또한 장료의 충의심을 익히 알고 있소. 지금은 한번 장난을 해본 것이오."

그리고는 몸소 장료의 포승을 풀어준 뒤 자신의 옷을 벗어 입혀준다. 감격한 장료는 조조에게 경복하는 것으로 그려져 있다. 이는 말할 것도 없이 허구이다. 《삼국지》〈장료전〉에는 조조가 여포를 제압했을 때 '장료가 부하들을 이끌고 항복했다'고 기록해 놓았다. 유비가 용서를 빌고 관우가 조조 앞에 무릎을 꿇고 애원할 일이 전혀 없다.

당시 장료는 조조에게 자진해서 항복했다. 비록 우여곡절을 겪기는 했으나 장료는 자신을 알아주는 주군을 만난 셈이다. 이후 그는 혁혁한 무공을 세워 보답했다. 그의 무략은 건안 5년(200) 초에 서주

동해군에 할거하던 창희를 제압할 때 극명하게 드러난다. 당시 하후연과 장료는 몇 달이 지나도록 공략을 하지 못한 채 양식만 바닥나게 되었다. 이에 회군 문제를 진지하게 논의하였다. 장료가 하후연에게 말했다.

"며칠 전에 바깥 진영을 순시하다가 창희의 눈과 마주쳤는데, 그가 나를 향해 쏘는 화살의 거리가 매우 짧았소. 이는 틀림없이 창희가 마음속에 머뭇거리는 게 있어 온힘을 다해 싸우지 않았기 때문이오. 내가 시험 삼아 그와 한번 이야기를 나누어 볼까 하는데, 혹 그를 유인하여 투항하게 만들지도 모르겠소."

하후연이 동의하자 장료가 곧 창희의 반응을 알아보려고 사람을 보내 만날 의향을 전하게 했다. 창희가 이를 수락하고 이내 장료를 만나러 성 밖으로 나왔다. 장료가 기뻐하며 창희의 손을 잡고 말했다.

"지금 조공은 천자의 명을 받들어 사방의 역도를 토벌하고 있소. 이번에 조공의 신무(神武)로 원소를 격파한 것은 공도 잘 알고 있을 것이오. 지금 조공은 대사를 이루기 위해 사방으로 은덕을 베풀어 백성들을 위무하며 인재를 백방으로 찾고 있소. 조공에게 귀부한 사람들 모두 지금 큰 상을 받고 조공과 함께 대사를 이루기 위해 노력하고 있소. 장군이 오게 되면 조공이 크게 기뻐하며 필시 중용할 것이오."

창희가 이 말을 듣고 투항할 것을 약속했다. 그러자 장료가 창희와 함께 단신으로 삼공산에 있는 창희의 집으로 가 그의 처에게 예를 갖추어 인사했다. 창희가 이를 보고 매우 기뻐하여 곧바로 장료를 따라가 조조를 배견했다. 조조는 창희를 반가이 맞이하여 이야기를 나눈 뒤, 그에게 동해로 돌아가 성을 굳게 지키라고 당부했다.

장료는 오환족 정벌 때도 혁혁한 무공을 세웠다. 조조가 건안 12년 (207) 8월에 적진을 관찰하기 위해 백랑산에 올랐다가 갑자기 오환족 군사와 조우하게 되었다. 조조의 병사들이 적의 숫자가 많은 것을 보고 모두 두려워했다. 조조는 적진이 대열을 이루지 못하고 매우 난잡한 것을 보고 장료에게 하령했다.

"적군이 무질서하니 곧 공격하도록 하라."

장료가 명을 받아 서황과 우금 등을 이끌고 가 급공을 가했다. 적진이 혼란에 빠진 틈을 타 장료는 오환족 수령들의 목을 한꺼번에 다 베어 버렸다. 당시 조조에게 투항한 무리의 수가 무려 20여 만 명에 이르렀다. 장료가 위나라 최고의 장수로 활약하기 시작한 것은 바로 이때였다.

이후 조조는 강남을 치러 나갈 때 혹여 서북방에서 일어날지도 모를 준동을 미연에 방지하기 위해 장료를 영천군 장사현으로 보내 주둔하게 했다. 그러나 장료가 막상 장사현으로 출발하려고 할 때 군중에 모반자가 나타났다. 당황한 군사들이 황급히 횃불을 밝히는 등 군중이 소란해지자 장료가 장수들에게 말했다.

"움직이지 마라. 모반을 꾀한 자가 소란한 틈을 이용해 군심을 어지럽게 만들려는 것이다."

이어 병사들을 향해 큰소리로 호령했다.

"모반하지 않은 자는 그 자리에 앉아서 움직이지 마라."

잠시 후 군영이 조용해지자 바로 주모자를 잡아 목을 베었다. 이 대목에서 우리는 장료가 지략이 뛰어났을 뿐만 아니라 매우 신중하고 차분한 성격의 소유자임을 대략 확인할 수 있다. 장료는 장수가 지녀야 할 뛰어난 미덕을 모두 지녔던 셈이다. 조조가 대군을 이끌고 형주를 손에 넣고 곧이어 강동의 손권을 위협할 수 있었던 것도 바로 그의 이런 공적이 있었기에 가능했다.

적벽대전 직후 승세를 몰아 북상하는 동오군의 예기를 꺾는 데 결정적인 역할을 수행한 것도 바로 그였다. 이를 통상 '합비전투'(合肥戰鬪)라고 한다. 비록 국지전이기는 했으나 1년 동안이나 지속된 꽤 격렬한 전투였다. 조조의 입장에서 볼 때 이 전투에서 패했을 경우 그 파장을 짐작하기가 쉽지 않았다. 합비를 잃게 되면 서주에 대한 지배권을 확보하기 어려웠다. 이는 허도가 위험에 빠지는 것을 의미했다.

특이한 것은, 정사인 《삼국지》가 '합비전투'를 '적벽대전'보다 먼저 일어난 것으로 기록한 점이다. 이는 말할 것도 없이 잘못되었고, 오히려 《삼국연의》의 기록이 타당하다. 《삼국연의》가 진수의 《삼국지》보다 역사적 사실에 가깝게 기술한 유일한 대목이기도 하다.

장료의 여러 전공 가운데 가장 빛나는 대목이 바로 '합비전투'라고 해도 틀린 말이 아니다. 당시 조조는 장료가 지키고 있는 합비성에 악진과 이전 등을 보내 동오군을 저지하게 했다. 싸움이 소강상태로 접어들자 서쪽 한중에서 불온한 움직임이 일어났다. 조조는 한중의 장로를 토벌하기 위해 친히 군사들을 이끌고 서정에 나섰다. 적벽대전 패배 직후 문득 동서 두 곳에서 전투를 치르는 위기상황이 빚어진 셈이다. 동쪽의 합비전투에서 패할 경우 서쪽의 한중 정벌도 실패할 수밖에 없는 매우 위급한 상황이다. 최소한 조조가 한중을 정벌할 때까지 합비성을 지켜야만 했다.

당시 그는 이전과 악전 등과 함께 7천여 명의 군사를 이끌고 있었다. 이들은 적벽대전 승리의 여세에 몰아 급공을 가하는 동오군의 예기(銳氣)에 적잖이 당황했다. 당시 조조는 한중의 장로를 치러 가면서 교령(敎令: 왕공의 명령)을 담은 봉투를 합비의 호군(護軍) 설제에게 준 적이 있었다. 그 봉투의 겉에는 '적이 오면 열어보라'는 글이 씌어 있었다. 장료와 이전 등은 손권이 대군을 이끌고 온 데에 신경을 쓰는 바람에 이 사실을 까마득히 잊고 있다가, 문득 생각이 나 봉투를 열어보았다. 교령의 내용은 간단했다.

"손권이 오면 장료와 이전은 출성하여 교전하고, 악진은 성을 지키고, 호군 설제는 손권과 싸워서는 안 된다."

이전을 비롯한 장수들은 교령의 취지를 제대로 파악하지 못했다. 이들은 조조가 동오군의 숫자가 너무 많은 사실을 모르고 이런 명을 내린 것으로 생각했다. 이들이 '중과부적'(衆寡不敵) 운운하며 회의적인 반응을 보이자 장료가 말했다.

"구원병이 올 때까지 기다리면 손권은 이를 노려 반드시 급히 공격해 올 것이오. 교령은 적이 채 집결하기 전에 영격(迎擊)하여 예기를 꺾어 군심을 안정시킨 뒤 다시 방비하라는 뜻이오."

이전은 원래 장료와 사이가 좋지 않았다. 그는 아무 대꾸도 하지 않았다. 장료가 다시 목소리를 높여 말했다.

"성패의 관건은 이 한 번의 싸움에 있소. 제군들이 만일 의심한다면 나 혼자라도 결행하겠소."

그러고는 즉시 좌우에 영을 내려 말에 안장을 지우게 했다. 평소 그와 불목(不睦)했던 이전이 자리에서 성큼 일어났다.

"이는 국가의 대사이다. 나는 장군의 계책이 어떤 것인지 알고자 했을 뿐이다. 어찌 사감(私感)으로 공의(公義)를 잊을 수 있겠는가? 장군과 함께 출성하겠다."

"그대가 도와주면 내일 필히 손권을 사로잡을 수 있을 것이오."

그는 이날 밤에 돌격대 800명을 선발한 뒤 소를 잡아 호궤(犒饋: 군사들을 배불리 먹임)했다. 다음날 새벽 갑옷을 입은 그는 손에 철극 (鐵戟)을 쥔 채 돌격대원을 이끌고 적진을 향해 돌격했다. 장료가 군 사를 휘몰아 동오군의 뒤를 치자 손권이 크게 놀라 급히 사람을 여몽 과 감녕에게 보내 지원을 요청했다. 그러나 이미 장료의 군사가 벌써 들이닥치고 있었다. 당황한 손권은 황급히 퇴각할 수밖에 없었다.

장료가 겨우 수십 명의 부하들을 이끌고 손권의 깃발이 나부끼는 영채 밑까지 진격하자, 손권이 언덕 위로 올라가 긴 창으로 돌격대를 막기에 급급했다. 이때 손권의 군사들은 장료가 얼마 안 되는 군사들 을 거느리고 있는 것을 보고 이내 흩어진 인마를 수습한 뒤 그를 겹겹 이 둘러쌌다. 장료가 황급히 일부 부하들을 이끌고 포위를 뚫고 나가 자 딴 곳에서 포위된 병사들이 큰 소리로 외쳤다.

"장군은 우리를 버리려는 것이오?"

이에 장료가 나머지 대원까지 구해서 돌아왔다. 이 사이 손권의 군 사들은 장료의 이름을 듣자 이내 포위를 푼 채 감히 저항하지 못했다. 아침부터 시작된 싸움이 정오까지 계속되는 동안 손권의 군사들은 예기가 완전히 꺾이고 말았다. 장료가 군사들을 이끌고 성안으로 들 어가 방비를 강화했다. 대군을 이끌고 온 손권은 성 밖에서 10여 일을 허비하다가 결국 철군에 들어갔다.

장료는 멀리서 손권과 휘하 장수들이 합비 동쪽의 소요진 다리 앞

에서 머뭇거리는 것을 보자 즉시 군사를 이끌고 뒤를 추격했다. 감녕
과 여몽 등이 사력을 다해 이를 막는 사이, 능통이 손권을 부축해 포
위를 빠져나갈 수 있었다. 당시 손권은 준마를 타고 급히 소요진 다리
위를 넘으려다가 다리 남쪽의 나무판자가 1장(丈) 남짓이나 떨어져
나간 것을 보고 크게 당황해했다. 그는 말을 뒤로 3장 가량 물린 뒤
채찍을 휘둘러 간신히 다리를 넘어갈 수 있었다. 구사일생의 탈출이
다. 이 싸움을 계기로 동오의 백성들은 장료라는 이름만 들어도 어린
아이조차 울음을 그칠 정도로 두려워했다.

사서는 위나라의 장수 가운데 동오의 백성들에게 공포의 대상이
된 사람은 장료밖에 없다고 기록해 놓았다. 《삼국연의》는 관우와 장
비, 조운 등이 그 무용을 날려 조조의 군사들이 모두 공포에 떨었다고
그려 놓았으나, 이는 허구이다. 삼국시대에 명멸한 숱한 장수 가운데
적국의 백성들에게 공포의 대상이 된 인물은 장료밖에 없다. 조조가
뒷날 한중 원정에서 돌아와 다시 손권을 치러 나갔을 때, 합비에 이르
러 장료가 싸웠던 곳을 살피고는 감탄을 금치 못했다. 장료가 무략에
얼마나 밝았는지를 방증한다.

장료에 버금갈 정도로 공포의 대상이 된 장수가 한 사람 더 있기는
했다. 바로 마초이다. 마초는 유비가 익주를 점거할 때 성도성을 포위
해 성도의 백성들에게 공포의 대상이 된 적이 있다. 그러나 이 경우는
포위를 당한 특이한 상황에서 빚어진 것으로, 장료의 경우와는 차원
이 다르다. 당시 적국의 어린애들조차 그 이름만 들어도 감히 울지
못한 경우는 장료밖에 없었다.

《삼국연의》는 이후 그가 동오 정벌의 길에 나섰다가 유시에 맞은

후 가까스로 허창에 돌아왔으나, 이내 그 후유증으로 세상을 떠난 것으로 그려 놓았다. 그러나 〈장료전〉에는 황초 3년(222)에 조휴와 함께 오나라를 공격하는 도중 강도(江都)에서 병사한 것으로 되어 있다.

그는 불행하게도 젊은 시절에 그의 그릇을 알아줄 만한 주군을 만나지 못했다. 조조를 만난 뒤에야 비로소 뛰어난 장수로의 진면목을 드러낸 것도 바로 이 때문이라고 할 수 있다. 인재를 단박에 알아본 조조의 지감(知鑑) 덕분에 그의 '무략 리더십이 비로소 빛을 발하게 되었다고 평할 만하다.

# 장합

奉命 죽을 줄 알면서도
장수의 기본덕목인 봉명을 받들다

위나라 장수 가운데 장합은 용맹과 지략을 겸비한 뛰어난 장수였다. 뒷날 제갈량의 1차 북벌을 실패로 만든 장본인도 바로 그였다. 그는 무장이면서도 음악과 학문을 매우 좋아한 고상한 인물이었음을 쉽게 알 수 있다. 그는 사람을 천거할 때에도 학식 있는 사람을 가려서 추천했다. 그럼에도 《삼국연의》는 그를 힘만 있고 지혜가 없는 여포와 같은 인물로 폄하시켜 놓았다. 위나라 장수 가운데 《삼국연의》의 왜곡된 묘사 때문에 가장 억울한 처지에 놓인 사람이 바로 장합이라고 할 수 있다.

실제로 많은 사람들은 장합을 힘만 있고 꾀는 전혀 없는 인물로 알고 있다. 《삼국연의》가 건안 20년(215)에 일어난 이른바 '3파(三巴) 전투'를 건안 22년(217) 10월부터 건안 24년(219) 5월까지 전개된 한중대전의 소용돌이 속에서 일어난 국지전으로 둔갑시켜 놓은 결과이다. '3파'는 통상 촉(蜀)으로 표현되는 익주의 관문에 해당하는 파(巴)

의 3군을 의미한다. 파동군과 파서군, 파군을 가리킨다. 당시 파군태수로 있던 장비가 3파전투에서 패했다면, 물밀듯이 밀려오는 조조군의 기세에 눌려 익주마저 내놓아야 했을지도 모를 일이다.

'3파전투'에서 장합이 장비와 맞붙어 패전한 것은 사실이다. 그러나 '한중대전'의 첫 접전이라고 할 수 있는 건안 23년(218) 3월의 전투는 촉한의 수비대장인 장비의 일방적인 패배로 끝났다. 《삼국연의》는 장비의 패배를 호도하고 제갈량을 미화할 속셈으로 앞서 벌어진 3파전투를 한중대전의 와중에 일어난 것으로 만들어 장비의 승리로 둔갑시켜 놓았다. 독자들은 장합이 연이어 장비에게 패한 것으로 생각할 수밖에 없다.

《삼국연의》가 3파전투의 시점을 3년이나 늦추어 한중대전의 와중에 일어난 것처럼 묘사해 놓은 것은, 유비의 한중대전 승리를 과장하고 제갈량을 미화하기 위한 복선이다. 장합이 힘만 믿고 덤비다가 장비에게 연이어 패하는 형편없는 인물로 인식된 배경이다.

당초 그는 한복의 휘하에 종군해 황건적의 토벌에 나섰다. 한복이 패하자 이내 병사들을 이끌고 원소에게 의탁했다. 원소는 그를 교위에 임명해 공손찬 토벌에 동원했다. 이때 대공을 세워 중랑장이 되었다. 이후 그는 원소를 위해 여러 번 공을 세웠음에도 원소의 지우(知遇)를 얻지 못했다.

그러던 중 관도대전 때 곽도의 무함을 받게 되자 마침내 조조에게 투항하였다. 투항의 직접적인 계기는, 원소가 장합의 계책을 받아들이지 않은 데서 비롯되었다. 당시 원소가 부장 고람과 장합 등에게 명하여 조조의 군영을 치게 하자, 장합이 이같이 말했다.

"조조는 정예병을 이끌고 갔기 때문에 반드시 군량미를 지키고 있는 순우경을 격파할 것입니다. 순우경 등이 패하면 대사는 곧 끝나는 것이니, 우선 순우경을 먼저 구해야만 합니다."

곽도는 이견을 제시하자 장합이 반박했다.

"조조의 군영은 견고해서 공략할 수 없습니다. 만일 순우경 등이 잡히면 우리 모두 포로가 될 것입니다."

원소는 결국 절충안을 취해 순우경에게 경기병 수천 명만 보내 그를 돕도록 하고, 나머지 장수들은 대군을 이끌고 가 조조의 군영을 치도록 했다. 원소의 이런 결정은 일면 합리적인 선택으로 보이나, 사실 우유부단한 결정에 지나지 않았다. 당시 상황에서는 장합의 주장과 같이 군량미가 쌓여 있는 오소로 주력군을 파견했어야만 했다. 실제로 순우경의 패배는 장합의 예견대로 관도대전의 향방을 결정지었다. 그가 결코 간단한 인물이 아님을 짐작할 수 있다. 그는 주군을 잘못 만났던 셈이다.

당시 장합은 원소의 지시에 따라 할 수 없이 고람과 함께 대군을 이끌고 조조의 영채로 쳐들어갔으나, 조조는 이미 원소의 공격을 예상하고 만반의 준비를 해 두고 있었다. 결국 원소의 주력군이 아무런 성과도 거두지 못하는 사이에, 조조군은 마침내 오소의 전투에서 순우경의 목을 베고 원소의 양초(糧草)를 모두 불태워 버렸다. 이때 조조의 병사들이 원소의 병사 1천여 명의 코를 베고 우마(牛馬)의 주둥이와 혀를 잘라 보내자, 원소의 병사들이 크게 두려워했다. 곽도는 자신의 계책이 실패한 사실에 부끄러운 나머지, 다시 원소의 면전에서 장합을 헐뜯었다.

"장합은 우리 군사가 패한 것을 통쾌하게 여기고 있습니다."

장합은 분하고 두려운 마음에 이내 고람과 함께 공격 장비를 불태운 뒤, 조조의 군영으로 가 투항했다. 당시 조홍은 조심성이 지나친 나머지 그가 사항계(詐降計)를 구사하는 것으로 의심해 감히 받아들이려고 하지 않았다. 순유가 조홍을 질책했다.

"장합은 자신의 계책이 채택되지 않아 화가 나 투항하는 것인데, 군은 무엇을 의심하는 것이오?"

장합의 투항은 순유가 있기에 가능했던 셈이다. 오소의 군량미를 불태우라고 건의한 허유가 조조에게 투항한 데 이어 장합마저 투항하자, 원소의 군사가 크게 동요했다. 조조가 이 틈을 노려 공격하니 원소의 군사는 그대로 무너지고 말았다. 그의 투항이 원소군의 패배에 중요한 배경으로 작용한 셈이다.

장합의 활약은 조조의 한중 정벌 때 두드러지기 시작한다. 하후연이 장합에게 명하여 군사를 이끌고 황하를 건너 소황중으로 들어가게 하자, 하서의 강족 부락이 모두 투항했다. 이로써 농우(隴右)가 완전히 평정되었다. 조조가 여세를 몰아 한중에 맹공을 퍼부었다. 그러나 사상자가 늘어나고 군량마저 다하자 조조는 부득불 철군을 생각지 않을 수 없었다.

이때 마침 밤에 길을 잃은 조조군의 선봉대가 우연히 적진으로 들어갔다가 빠져 나오는 과정에서 진격로를 찾아내는 행운을 만났다. 이로써 일거에 장로의 군사들을 제압할 수 있었다. 이때 그는 적장의 목을 베어 항복을 받아내는 결정적인 공훈을 세웠다. 조조가 크게 칭송하며 곧 각 군을 통수하여 익주의 관문인 3파를 점령하게 했다. 그 역시 장료와 마찬가지로 '지기지주'(知己之主)인 조조를 만나 비로소 자신의 재능을 펼치게 된 셈이다.

조조가 3파의 백성을 한중으로 옮길 생각으로 그에게 명해 탕거로 진군하게 하자, 유비는 파서태수로 있는 장비를 시켜 이를 결사 저지했다. 이로써 거의 두 달 가까이 장비와 장합이 맞붙은 '3파전투'가 일어났다. 익주의 뒷덜미에 해당하는 곳에서 일어난 이 전투는, 유비의 입장에서 볼 때 사력을 다해 무조건 승리를 거두어야만 했던 필사의 방어전이다.

장비가 50여 일 만에 마침내 그의 군사를 깨뜨리자, 그는 부득불 한중의 남정현으로 물러날 수밖에 없었다. 당시 유비는 장비 덕분에 일촉즉발의 위기상황에서 벗어난 셈이다. 그러나 하후연이 한중을 거점으로 호시탐탐 익주를 노리고 있었던 까닭에, 익주를 점거한 지 얼마 안 된 유비로서는 늘 불안할 수밖에 없었다.

장합의 뛰어난 면모는 한중대전 때 유감없이 발휘되었다. 당시 조조는 조홍에게 명하여 군사 5만 명을 이끌고 가 한중을 지키고 있는 하후연과 장합을 돕게 했다. 유비는 법정의 계책을 받아들여 양평관으로 진출한 뒤 진식을 보내 마명각의 길을 끊게 했으나, 진식은 오히려 서황에게 패하고 말았다. 유비 역시 군사들을 이끌고 가 장합을 쳤으나 아무 소득도 얻지 못했다. 유비군은 한중대전의 서두에 연이어 패한 셈이다.

그러나 얼마 뒤 다시 전력을 정비한 유비는 법정을 계책을 이용해 조조군의 선봉대인 두습을 격파했다. 두습이 도망쳐 온 사실을 보고받은 하후연이 직접 군사를 이끌고 출전하려 하자, 장합이 만류했다.

"적의 계교에 빠질 수 있으니 장군이 출전해서는 안 됩니다. 그저 굳게 지키고 있는 것이 좋습니다."

하후연이 역정을 냈다.

"적이 맞은편 산을 차지해 우리의 허실을 빤히 들여다보고 있는데, 어찌 나가 싸우지 않을 수 있단 말인가?"

결국 하후연은 장합의 만류를 뿌리치고 출전했다가 패사하고 말았다. 황충이 승세를 타고 정군산으로 진격하자 장합이 양평으로 철군했다. 당시 총사령관을 잃은 위나라 군사들이 갈피를 잡지 못하자, 독군 두습과 사마 곽회가 장병들을 모아놓고 호령했다.

"장합 장군은 국가의 명장으로, 유비가 두려워하고 있다. 그가 없으면 이 위기를 벗어날 수 없다."

장합이 임시 총사령관이 되어 병권을 장악하자, 군심이 비로소 안정되었다. 조조가 이를 보고받고 곧 사자를 보내 장합에게 총사령관의 부절을 전해주었다.

실제로 당시 촉한의 장수들은 하후연보다 장합을 두려워했다. 배송지 주에 인용된 《위략》의 다음 내용이 그 증거이다.

> 하후연이 비록 도독이라고는 하나, 유비는 하후연을 가벼이 보고 장합을 두려워했다. 하후연이 죽었다는 보고를 접한 유비가 말하기를, '진짜를 잡아야지 하후연 정도를 무엇에 쓰겠는가'라고 했다.

그의 진면목은 제갈량의 1차 북벌을 저지한 데서 극명하게 드러났다. 당시 그는 마속을 가정에서 패퇴시켰다. 제갈량은 마속의 패배로 부득불 북벌을 거두어야만 했다. 그럼에도 《삼국연의》는 제갈량이 심혈을 기울여 준비한 1차 북벌이 장합 때문에 무위로 돌아간 사실을 있는 그대로 묘사하기를 거부했다. 당시 이 싸움에 존재하지도 않았던 사마의를 등장시킨 뒤, 제갈량이 1차 북벌 직전에 반간계를 이용해 그를 완성 쪽으로 쫓아내는 허구를 삽입시켰다. 장합의 공은 찾을 길이 없는 것이다.

《삼국지》〈장합전〉에도 제갈량이 가장 두려워한 인물은 장합이라는 기록이 나온다. 그런데도 《삼국연의》는 이를 멋대로 개작한 것이다. 장합으로서는 억울할 수밖에 없는 일이다. 제갈량을 뛰어난 군략가로 묘사하기 위해, 장합과 같은 출중한 장수를 우매한 인물로 폄하하고, 사마의를 지나치게 미화해 놓은 것은 역사왜곡이다. 장합은 사서의 기록을 토대로 평가할 때, 지략이나 용맹 어느 면에서나 나무랄 데 없는 명장이다.

이는 제갈량의 1차 북벌을 저지할 당시의 활약을 보면 쉽게 알 수 있다. 당시 장합은 탐마(探馬: 척후기병)를 보내 마속이 군사들을 이끌고 가정을 지키고 있다는 사실을 알아내는 치밀함을 보였다. 그는 마속이 산 위에 영채를 차렸다는 보고를 듣고 크게 기뻐했다. 곧 이를 확인하기 위해 100여 기를 이끌고 현장으로 달려갔다. 그의 머릿속에는 이미 마속을 깨기 위한 계책이 서 있었다.

그는 산 위에 세워진 영채를 오가는 촉병들의 모습이 매우 무질서한 것을 보고 쾌재를 불렀다. 곧 산 아래를 둘러보고는 급수통로를 끊는 자신의 계책이 적중하리라는 것을 예감했다. 당시 마속도 그가 말머리를 돌려 영채로 돌아가는 모습을 내려다보고 있었다. 그럼에도 마속은 그의 속셈도 모른 채 부장 이성에게 자랑스럽게 말했다.

"장합이 산을 에워싸는 무모한 짓은 하지 않을 것이다."

이성이 맞장구를 쳤다.

"병법에 이르기를, '높은 곳을 먼저 점거하라'고 했으니, 적들이 함부로 쳐들어오지는 못할 것입니다."

마속이 크게 기뻐하며 장수들에게 이같이 하령했다.

"만일 위나라 군사가 오거든 산꼭대기에서 홍기를 휘두를 터이니, 곧 사면으로 내려가 치도록 하라."

두 사람은 《손자병법》〈행군〉 편에 나오는 '전망이 트인 고지를 점거해야 하니, 적이 고지에 있으면 대적해서는 안 된다'는 원론을 고식적으로 좇고 있었던 것이다. '선무당이 사람을 잡는 격'이다. 병법의 요체는 임기응변에 있다. 상황에 따라 병서에 나오는 정석과 정반대로 나가야 한다. 그럼에도 두 사람은 병서에 나온 정석을 그대로 좇는 이른바 '지상담병'(紙上談兵)을 즐기며 승리를 장담하였던 것이다.

이때 영채로 돌아온 장합은 이들과는 정반대로 움직였다. 그는 곧 일부 장수에게 야음을 틈타 군사들을 이끌고 가, 마속과 떨어져 영채를 세운 왕평(王平)이 진출하는 길을 차단하게 했다. 이는 협격을 막기 위한 사전조치였다. 이어 나머지 장수들을 이끌고 산을 에워싼 채 촉병들이 물을 긷는 길을 차단했다.

이튿날 먼동이 트자 촉병들은 장합의 군사가 산과 들을 까맣게 덮은 모습을 보고 감히 산에서 내려갈 엄두를 내지 못했다. 마속이 칼을 빼어들고 위협하자 촉병들이 마지못해 산 아래로 내려가기 시작했다. 그러나 위나라 병사들이 까닥도 하지 않자, 다시 산 위로 올라갈 수밖에 없었다. 마속은 일이 꼬이는 것을 보고 당황했다. 곧 부장 이성에게 명하여 영채의 문을 굳게 지키도록 한 뒤, 오직 왕평이 공격해 오기만을 기다렸다. 당시 왕평은 협격을 가할 생각으로 군사들을 이끌고 위나라 군사와 접전했으나, 이내 기운이 다해 퇴각한 뒤였다.

이로써 산 위의 영채에 있는 마속의 군사들은 완전히 고립되고 말았다. 시간이 지나면서 밥을 지어 먹지 못하게 되자 군심이 크게 어지러워졌다. 한밤중이 되자 남쪽에 있던 군사들이 영채 문을 활짝 열고 산 아래로 내려가 항복하고 말았다. 마속도 이내 남은 군사들을 이끌고 곧장 서편으로 말을 달려 포위를 뚫고 달아났다. 장합이 군사들을 몰아 이들의 뒤를 쫓아갔다. 30여 리 쯤 추격했을 때 위연이 앞을 가로막자 혹여 퇴로를 끊겨 협공을 받을까 염려해 곧바로 퇴각했다.

당시 왕평의 군사들은 전고(戰鼓)를 쳐가며 산 아래의 영채를 굳건히 지킨 까닭에 무사했다. 장합 또한 복병이 있을까 우려해 감히 나아가지 못했다. 왕평은 패잔병을 수습한 뒤 이들을 이끌고 서서히 추병들을 막으면서 철군할 수 있었다. 1차 북벌에서 빚어진 가정(街亭)의 전투는 제갈량의 생애에서 가장 큰 실패에 해당한다. 일차적인 잘못은 마속에게 있으나, 그를 선발한 제갈량에게 궁극적인 책임을 묻지 않을 수 없다. 결과적으로 장합이 지략에서 제갈량을 이긴 셈이다.

그러나 《삼국연의》는 제갈량의 1차 북벌이 장합 때문에 무산되었다는 사실을 멋대로 개작해 놓았다. 위나라의 총사령관을 사마의로 바꿔 놓고, 장합은 일개 선봉대장으로 격하시켜 놓은 게 그것이다. 제갈량이 위나라의 일개 무장에게 패했다는 사실을 인정하지 않으려는 심리가 작용했다고 볼 수밖에 없다. 장합이 시종 꾀가 없는 용부(勇

夫)로 묘사된 이유가 여기에 있다.

장합은 제갈량의 2차 북벌 당시 진창이 촉군의 급습을 받았다는 보고를 받고도 매우 태연했다. 그는 구원 차 출동하면서 촉군의 군량이 다해 조만간 철수할 수밖에 없다는 사실을 이미 훤히 내다보고 있었다. 당시 위나라 황제 조예는 전송하러 성 밖까지 나아가 연회를 베풀며 그에게 물었다.

"장군이 도착할 때쯤이면 제갈량이 이미 진창을 손에 넣지 않았겠소?"

장합이 손가락을 꼽아가며 계산한 뒤 이같이 대답했다.

"신이 도착할 때쯤이면 제갈량은 이미 철수했을 것입니다."

그가 진창을 향해 나아갈 때, 제갈량은 기산의 영채에 있으면서 매일 사람을 시켜 싸움을 걸었으나 아무 반응이 없어 무진 애를 먹고 있었다. 더구나 진창으로는 길이 통하지도 않는데다, 그 밖의 소로로는 양초의 운반이 곤란했던 까닭에 촉병들은 크게 고통을 겪었다. 제갈량은 마침내 장수들을 모아놓고 비밀히 철군을 명했다. 장수들이 의아해하며 물었다.

"위나라 군사들의 예기를 다 꺾어놓은 터에, 무슨 이유로 철군하려 하는 것입니까?"

제갈량이 대답했다.

"우리 군사는 양식이 없어 급히 싸워야만 이로운데, 저들이 굳게 지키고 나오지 않으니 큰일이오. 틀림없이 중원에서 원군이 올 터인데, 만일 경기(輕騎)로 우리의 양도를 끊기라도 하면 그때는 돌아가고 싶어도 못 가게 되오."

　이날 밤 제갈량은 금고수(金鼓手: 징과 북 담당병)만 영채 안에 남겨
두어 시각을 알리는 수법으로 평상을 가장하면서, 야음을 틈타 일제
히 퇴각했다. 사실 이때 철군을 머뭇거렸다면 양도가 끊긴 채 협격을
당해 일거에 궤멸될 수밖에 없었다. 당시 장합은 제갈량의 4차 북벌
때까지 촉한의 주력군을 저지하는 역할을 차질 없이 수행했다. 제갈
량의 북벌이 초반에 실패로 끝난 것은, 장합과 같은 뛰어난 용장이
있었기 때문이라고 볼 수밖에 없다.

　장합은 제갈량의 5차 북벌 때 횡사했다. 배송지 주에 인용된 《위
략》에 따르면, 이는 그의 반대를 물리치고 무리하게 제갈량의 뒤를
쫓게 한 사마의의 강요 때문이다. 당시 사마의는 총사령관으로 임명
된 뒤 촉군에 대한 공격을 주장하는 그의 진언을 계속 물리쳤다. 당시
사마의가 왜 그의 반대를 무시하고 제갈량을 추격하게 했는지는 자
세히 알 길이 없다. 그의 계책을 번번이 물리쳤다는 《위략》의 기록에
비추어, 사마의는 그를 껄끄럽게 생각한 나머지 무리하게 추격을 명
해 사지로 몰아넣었을 공산이 크다.

　5차 북벌 당시 제갈량은 또다시 식량이 다하게 되어 철군을 결정할
수밖에 없었다. 탐마가 이 소식을 급히 사마의에게 알리자, 사마의는
장합에게 이같이 명했다.

　"제갈량이 식량이 다하여 돌아가는 모양이니, 이번에야말로 그 뒤
를 곧바로 추격하면 적들을 크게 깨뜨릴 수 있을 것이오. 장군이 곧바
로 군사들을 이끌고 가 치도록 하시오."

　장합이 이의를 제기했다.

　"병법에 이르기를, '성을 포위하면 반드시 한쪽을 열어놓고 적을 도

망치게 하되, 도망치는 적을 쫓아서는 안 된다'고 했습니다. 서둘러 추격하는 것은 적의 계략에 빠질 염려가 있습니다."

병법에 밝은 사마의가 손을 내저으며 말을 막았다.

"그들은 '귀사'(歸師: 통상적인 철군)가 아니라 식량이 떨어져 도주하기에 바쁜 '피사'(疲師: 피로에 지친 철군)일 뿐이오. 지금 군사들을 이끌고 가 적진의 후미를 엄살하면, 적들이 크게 어지러워져 다시는 출병할 생각을 하지 못할 것이오."

사마의의 주장이 전혀 일리가 없는 것은 아니다. 그러나 식량이 다해 돌아가는 촉병을 '피사'로 단정한 것은 문제가 있다. 당시 촉병이 위나라 군사에게 패하는 등의 타격을 입은 것은 아니었기 때문이다. 당초 장합은 다른 장수들과 마찬가지로 촉병과 교전하자고 주장하는 입장이었으나, 첫 교전에서 제갈량에게 패하자 굳건히 지키는 '견수'(堅守) 쪽으로 선회했다. 《삼국연의》에서는 그가 시종일관 교전을 주장한 것으로 그려 놓았으나, 이는 사실과 다르다.

당시 촉병의 후미를 따라잡은 그는, 이들을 엄살해 목문(木門: 감숙성 천수와 감곡 사이)에 이르게 되었다. 이때 제갈량이 궁수들에게 명하여 산 위로 올라가 위나라 병사를 향해 쇠뇌를 쏘게 했다. 그는 촉병들을 엄살하느라 미처 촉한의 궁수들이 산 위로 올라가는 것을 눈치 채지 못했다. 마침내 화살이 어지러이 날아오자 그는 급히 장병들에게 퇴각을 명했다. 그 사이 비시(飛矢: 빨리 날아가는 화살)에 오른쪽 무릎을 그대로 맞고 말았다. 그가 말에서 떨어지자 수하들이 급히 말에 태워 목문을 빠져 나왔으나, 얼마 못가 숨이 끊어지고 말았다.

사서에는 그가 오른쪽 무릎에 쇠뇌를 맞고 죽었다고 기록해 놓았으나, 어떻게 해서 죽음에 이르렀는지는 자세히 알 길이 없다. 다만 쇠뇌를 맞고 말에서 떨어진 뒤 거듭 난전(亂箭)을 맞았거나, 아니면 쇠뇌를 정통으로 맞은 나머지 과다출혈로 죽었거나, 무슨 연유가 있었을 것으로 짐작된다.

그렇다면 그의 주장대로 '피사'가 아닌 '귀사'라 할지라도 살아날 방법은 없었을까? '귀사'를 추격한다고 해서 반드시 위험에 빠진다고 할 수는 없기 때문이다. 사서에는 자세한 내용이 나와 있지 않으나, 군령(軍令)의 문제로 보는 게 타당할 것이다. 그가 죽음을 맞게 된 데에는 사마의의 군령이 매우 지엄했기 때문일 가능성이 있다. 당시 그는 사지로 들어갈 것을 뻔히 알면서도, 총사령관인 사마의의 명을 받들지 않을 수 없었다. 그의 전사는 장수의 기본 덕목인 '봉명'(奉命)이 어떤 것인지를 몸으로 보여준 셈이다.

《삼국연의》는 당시 제갈량이 양의와 마충 등을 미리 보내 목문에 매복하도록 했다고 기술해 놓았다. 장합이 죽자 제갈량은 '말을 잡으려다 노루를 잡았다'며 대수롭지 않은 듯이 말하는 것으로 그려져 있다. 모두 사실과 다르다. 특히 제갈량의 입을 통해 일개 '노루' 정도로 비유한 것은 지나쳤다.

《삼국연의》는 그가 죽은 뒤 사마의가 비감해 하며 '장합이 죽은 것은 내 잘못이다'라고 기술해 놓았다. 이는 《삼국지》와 《자치통감》의 기록을 그대로 옮겨 놓은 것이다. 얼핏 사마의가 자신의 잘못을 통감하는 것처럼 보인다. 그러나 문면을 꼼꼼히 읽는 《삼국연의》의 독자들은, 이 대목에 이르면 의아한 생각을 가질 수밖에 없다. 《삼국연의》 전편을 통해 일관되게 그려진 사마의의 형상과 다르기 때문이다.

사마의는 결코 부하장수를 아끼는 덕장(德將)이 아니다. 사마의의 탄식은 장합의 '귀사물알(歸師勿遏) 주장을 거부하며 그를 사지로 몰아넣은 사실을 호도하려는 책임회피용 제스처에 가깝다. 실제로《삼국연의》전편을 통틀어 부하장수의 죽음을 놓고 이같이 말한 경우는 사마의를 빼놓고는 전혀 없다.

장합은 비록 청류 사대부 출신은 아니었으나 음악을 좋아하고 인재를 좋아한 점 등으로 미루어, 청류 사대부의 풍도를 많이 보유하고 있었음에 틀림없다. 그가 명을 충실히 좇는 '봉명'의 리더십을 보여준 것도 이와 무관하지 않을 것이다. 장수의 기본 덕목은 '봉명'에서 출발한다. 문무를 겸비한 장합은 여러 모로 높이 기릴 만한 장수이다. 사마의에게 별다른 이견을 달지 않고 이내 사지로 뛰어든 것도 이런 맥락에서 이해할 수 있다.

# 등애

 고집과 뚝심으로 초지를 관철시키는
수지의 리더십을 지키다

삼국시대 후기에 등장하는 위나라 장수 등애는 촉한 정벌의 일등공신이다. 당시 위나라 최고의 전략가로 손꼽히던 종회조차 검문각에서 저지되어 철군을 생각하던 정황을 감안할 때, 그의 촉한 정벌이 결코 우연히 이루어진 것이 아님을 알 수 있다.

그는 촉한의 강유가 세 번째 북벌을 감행해 위나라 옹주자사 왕경을 크게 무찔렀을 때, 강유를 맞아 싸우고 있는 정서장군 진태를 도우면서 급격히 부상하기 시작했다. 강유의 철군은 그의 공이다. 그가 의병계(疑兵計)를 구사해 허장성세를 전개하는 허허실실의 계책을 펼치자, 강유는 이에 말려들어 황망히 철군했다. 이때 왕경을 구한 공으로 안서장군에 임명되었다. 이후 농우 지역을 맡아 강유의 맞수가 된 그는, 경원 원년(260)에 마침내 촉한을 정벌하는 대공을 세운다.

그는 열두 살 때 어머니를 따라 영천에 가서, 그곳에 있는 진식의 비문을 읽고 감명을 받았다. 비문 내용에는 '문장은 세범(世範: 세상의 모범), 행동은 사칙(士則: 선비의 준칙)이 되었다'는 구절이 있다. 이에 그는 자신의 이름을 '등범'(鄧範)으로 바꾸고, 자를 '사칙'으로 정했다. 그 뒤 일족 가운데에 같은 이름을 가진 자가 있어서 다시 개명하기는 했으나, 한 번 결심한 것을 끝내 관철하려는 그의 강고한 심지(心志)는 여기에서 형성된 듯하다.

고아가 된 뒤에는 여남 땅으로 이사해 송아지를 기르는 농부로 살았으나, 독학으로 학업을 연마했다. 나중에 도위학사(都尉學士)가 되기는 했으나 너무 가난해 간좌(幹佐: 문서를 다루는 각 부서의 보좌관)도 할 수 없었다. 이에 관부의 양식과 마초 등을 지키는 소리(小吏)의 직책인 도전수총초리(稻田守叢草吏)가 되었다.

그는 매번 높은 산과 큰 못을 볼 때마다 군영 설치에 적당한지 여부를 헤아려 그림으로 나타내곤 했다. 당시 사람들 모두 그의 이런 행동을 비웃었다. 나중에 조금 승진해 상계리(上計吏)가 되었을 때 사마의의 눈에 띄었다. 사마의는 단박에 그의 재주를 알아보고 과감히 발탁해 군무를 다루게 했다. 그는 말을 더듬는 버릇이 있어서 사마의에게 군무를 보고할 때마다 '애, 애' 하곤 했다. 하루는 사마의가 그를 놀렸다.

"자네는 언제나 '애, 애' 하는데, 도대체 '애'(艾: 늙은이)가 몇이나 되는가?"

그가 대답했다.

"사람들이 '봉혜(鳳兮), 봉혜!' 하여 여러 마리의 봉을 말하는 것 같으나, 실상 봉은 한 마리뿐입니다."

기민한 응대가 아닐 수 없다. 사마의가 크게 웃으며 자신의 속관으로 삼은 뒤 상서랑으로 승진시켰다. 당시 사마의는 양주(揚州)와 예주 사이에서 대규모로 둔전하여 곡식을 저장한 뒤, 장차 동오를 도모하는 재원으로 활용하려 했다. 이에 상서랑으로 있던 그에게 명하여 진현과 항현을 거쳐 동쪽에 있는 수춘 지역까지 두루 시찰하도록 했다. 그는 이 지역을 두루 탐사한 뒤 운하를 개통해야 한다는 판단을 내렸다. 곧 〈제하론〉(濟河論)을 지어 사마의에게 올렸다.

"전에 태조(太祖: 조조)가 황건적을 치고 이곳에 둔전을 시행하여 허창에 양식을 비축한 뒤 사방을 제압했습니다. 지금 세 방향은 모두 평정되었고 오직 회하 이남만 남아 있는데, 매번 대군이 출정할 때마다 운량하는 병사들이 반을 넘어 비용이 1억 전을 넘습니다. 진현과 채현 사이는 땅이 낮고 평탄한데다 비옥해, 가히 허창 부근의 각 처에서 경작하는 것을 줄일 수 있습니다. 또한 여수(汝水)와 영수(潁水), 와수(渦水) 등이 동류하는 것을 따라, 회하의 북쪽에 군사 2만 명, 남쪽에 3만 명을 주둔시킨 뒤 매년 10분의 2씩 돌아가며 쉬게 하면, 나머지 4만 명이 경작도 하며 수비도 할 수 있게 됩니다. 나아가 수로를 확장하면 관개능력을 높이고 조운(漕運)을 쉽게 할 수 있습니다. 군사 주둔에 따른 비용을 절약하면 해마다 500만 석을 비축해 군수물자로 삼을 수 있습니다. 이렇게 하여 6, 7년 동안 3천만 곡을 회하 지구에서 쌓아두면 10만 명의 군사를 5년 동안 먹일 수 있습니다. 이를 토대로 오나라를 치면 이기지 못할 리가 없습니다."

〈제하론〉에서 제시한 방책은 매우 치밀한 계산 위에서 나왔다. 사마의는 이를 받아들여 조운용 수로를 확장하기 시작했다. 이 덕분에 동남쪽에서 전투가 벌어질 때마다 크게 군사를 일으켜 배를 타고 내려가 곧장 장강과 회하에 이를 수 있었다. 양초도 남아돌고, 수해를 염려할 필요도 없었다. 기동성과 병참에서 우위를 차지한 셈이다.

사마의가 죽은 뒤 대장군이 된 사마사는, 그의 주청을 받아들여 강족과 남흉노의 세력을 분산시키는 방안을 실시하기도 했다. 당시 그는 한족과 이민족의 혼거를 주장했다.

"한족과 혼거하는 강족과 흉노족은 점차 이주시켜 한족 지역 밖에서 살게 해야만 합니다. 이후 염치를 숭상토록 가르쳐 나쁜 길로 가지 않도록 막아야 합니다."

사마사가 이를 전부 받아들였다. 이는 뒷날 남북조시대 이후 한족과 북방민족이 결합하는 '호한융합'(胡漢融合)의 기반이 되었다. 오랫동안 중국의 한족들은 이민족의 침략과 지배를 인정하면서도 이들을 야만인으로 간주해 그들이 남긴 영향을 인정하지 않았다. 야만인인 유목민들이 중국을 끊임없이 침략해 한때 지배하기도 했지만, 문화적으로는 오히려 그들을 흡수했다는 흡수론을 주장했다.

그러나 최근 이민족의 침략을 받은 시기를 새롭게 바라보려는 움직임 가운데 하나가 '호한융합'이다. 당초 중국의 서북방에 거주하던 이민족들은 서진제국 초기에 빚어진 이른바 '영가의 난(永嘉之亂)'을 계기로 북중국을 장악하기 시작했다. 이후 많은 한족이 대거 강남으로 이동했으나, 여러 이유로 이민족 치하에 남아야 했던 사람들도 적지 않았다. 이후 피지배민족으로 이민족 치하에 남겨진 한족과 지배족인 북방민족 사이에 충돌과 반목, 융합이 거듭되었다. '호한융합'은 바로 호한 두 민족이 한 통치체제 안에서 병존하며, 하나의 공동체문

화를 형성해 가는 모든 현상을 말한다. 이러한 이해방식은 중국 남북 조시대의 북조 역사와 수당의 역사를 이해하는 데 큰 도움을 준다. 이를 통해 〈제하론〉을 제시하고 '호한결합'을 역설한 등애의 학문이 결코 간단하지 않았음을 짐작할 수 있다.

그의 활약은 제갈량에 이어 무모한 북벌을 거듭 시도한 촉한의 강유를 저지하면서 두드러지기 시작했다. 당시 강유는 여덟 차례에 걸쳐 위나라 침공을 시도했으나, 그의 저지로 좌절을 겪었다. 그는 장합과 사마의가 제갈량의 상대가 되어 북벌을 저지한 것처럼, 강유의 최대 적으로 활약했던 셈이다.

한번은 북벌에 나선 강유가 주춤하자, 옹주자사 진태가 연석을 베풀었다. 위나라 장수들이 입을 모아 진태를 칭송했다.

"강유는 이제 힘이 다해, 두 번 다시는 나타나지 못할 것입니다."

안서장군 등애가 웃으며 말했다.

"그렇지 않습니다. 그들은 승세를 타고 있고, 우리는 병력이 매우 취약합니다. 이것이 첫 번째 고려할 점입니다. 그들은 장병끼리 서로 잘 알고 병기가 예리하나, 우리는 장병이 모두 새로 충원된 데다 병기도 제대로 수리 안 되어 있습니다. 이것이 두 번째 고려할 점입니다. 그들은 배를 타고 가고 우리는 걸어서 가니, 힘들고 쉬는 정황이 다릅니다. 이것이 세 번째 고려할 점입니다. 적도와 농서, 남안, 기산에 모두 수비군을 두고 있으니 그들은 한 곳에 전념할 수 있으나, 우리는 네 지역으로 나누어 방비해야 합니다. 이것이 네 번째 고려할 점입니다. 그들은 남안과 농서로 진출하면 강족의 양식을 먹을 수 있고, 기산으로 들어오면 다 자란 보리밭이 1천 경(頃)을 넘으니, 그들의 식량이 되기에 족합니다. 이것이 다섯 번째 고려할 점입니다. 만일 적이 간교한 계책을 구사하게 되면 반드시 공격하러 나올 것입니다."

진태가 탄복했다.

"과연 공은 적군의 사정을 귀신처럼 꿰뚫어보고 있으니, 내가 어찌 촉병을 염려하겠소!"

진태가 크게 기뻐하며 그와 망년지교(忘年之交)를 맺었다. 당시 그는 매일 옹주와 양주(涼州) 등지의 군사들을 훈련시키며 각 곳의 길목에 모두 영채를 세워서 방비에 전력을 기울였다. 강유가 드디어 군사를 이끌고 기산을 향해 나아갔다. 얼마 뒤 보고가 올라왔다.

"위나라 군사가 이미 기산에 영채를 아홉 개나 세워놓고 있습니다."

강유가 믿지 않고 좌우를 이끌고 높은 곳으로 올라가 바라보니, 과연 기산에 아홉 개의 영채가 세워져 있었다. 그 형세가 마치 긴 뱀과 같아서 머리와 꼬리가 서로 닿아 있었다. 강유가 좌우를 돌아보며 말했다.

"위나라 군사가 저렇게 준비를 철저히 해놓은 것을 보니, 내가 올 줄을 미리 알고 있었던 것 같다. 내가 보건대, 등애는 그곳에 머물러 있을 생각인 것 같다. 일부 장수만 여기에 남아 거짓으로 내 깃발을 세우고 이 골짜기 어귀에 영채를 세우도록 하라. 나는 그 사이 은밀히 군사를 이끌고 가 남안을 엄습하겠다."

당시 등애는 진태와 함께 기산에 영채를 세우고 적의 침공에 대비하고 있었다. 그는 촉병이 싸움을 하러 오지 않고 순찰만 하고 돌아가는 것을 수상하게 생각했다. 곧 높은 곳에 올라가 적정을 살펴본 뒤 급히 진태에게 보고했다.

"강유는 지금 이곳에 있지 않고, 틀림없이 동정으로 해서 남안을 기습하러 간 것 같습니다. 곧 촉의 영채를 공격하면 큰 힘 들이지 않고 빼앗을 수 있을 것입니다. 그런 다음 군사를 이끌고 동정으로 가, 먼저 강유의 뒤를 끊으십시오. 그러면 저는 일군을 이끌고 가 미리 무성산을 점거하여 남안을 보전하도록 하겠습니다. 만일 강유가 먼저 무성산을 점거하면 반드시 상규를 취하려 할 것입니다. 저들이 무성산을 점거하려 할 때 군사를 매복시켜 두었다가 치면 반드시 깨뜨릴 수 있습니다."

진태가 이를 받아들였다. 등애는 곧 군사들을 이끌고 밤을 도와 무성산으로 달려갔다. 가까스로 무성산에 이른 촉병은 위병의 공격을 받자 크게 당황해하며 황급히 후퇴했다. 강유는 다시 방향을 틀어 상규를 향해 나아갔다. 밤새도록 행군하여 날이 훤히 밝을 무렵 상규 가까이에 이르렀으나, 험준한 산길에 매복하고 있던 위병들의 공격을 받아 다시 대패하고 말았다.

강유가 산 속의 소로를 통해 한중으로 퇴각하자, 등애가 군사들을 몰아 추격에 나섰다. 얼마 뒤 진태의 군사까지 가세하자 강유의 군사는 포위망에 갇히게 되었다. 촉한의 진서대장군 호제가 강유의 위급함을 듣고 수백 기를 이끌고 겹겹이 포위를 뚫고 들어왔다. 강유는 이들의 도움으로 간신히 패잔병을 이끌고 한중으로 퇴각할 수 있었다. 이때 수많은 촉병들이 사방으로 도주하거나 죽었다. 이는 강유의 완패였다. 강유의 북벌계획 역시 등애라는 인물을 만나 결정적으로 좌절된 셈이다. 등애는 이때의 공을 인정받아 농우(隴右) 지역의 군사를 총괄하는 도독에 임명되었다.

이후 강유는 위나라의 제갈탄이 사마소의 전횡에 반대하여 수춘성에서 거병하자, 이를 기회로 다시 북벌에 나섰다. 이는 동오가 제갈탄의 반기를 돕기 위해 지원에 나선 것에 고무된 결과였다. 강유는 일종의 협공작전을 펼친 셈이다. 당시 등애는 영채를 굳게 지킨 채 꿈쩍도 하지 않았다. 얼마 뒤 사마소가 수춘성을 공략해 제갈탄을 죽이자, 반란을 지원했던 동오의 군사들이 모두 항복했다. 이 소식을 접한 강유는 부득불 철군할 수밖에 없었다. 그는 제갈탄을 깨뜨린 사마소가 이내 말머리를 돌릴까 우려한 것이다. 이때 등애는 이들을 추격하지 않았다. 그가 장수들을 돌아보고 웃으며 말했다.

"강유는 사마소 대장군의 대군이 올까 두려워한 나머지, 미리 물러가는 것이오. 그러나 뒤를 쫓을 것은 없소. 쫓으면 반드시 적의 계략에 빠지고 말 것이오."

과연 사람을 보내 촉병의 동태를 살피게 하자, 얼마 후 탐마가 돌아와 이같이 보고했다.

"촉병이 낙곡의 좁은 길에 풀과 짚단을 쌓아놓고 추병(追兵)이 오면 불을 지르려고 준비해 놓고 있습니다."

장수들이 등애의 선견지명에 탄복했다. 당시 강유는 5차 북벌 이후 매번 출정할 때마다 등애 때문에 진출이 저지되자 크게 초조해했다. 마침내 그는 일부 장수를 남겨두어 한중을 지키게 한 뒤, 수만 명의 군사를 이끌고 조양을 향해 나아갔다. 이것이 13년 동안에 걸친 그의 북벌 가운데 마지막에 해당하는 8차 북벌이다. 당시 등애는 탐마를 파견해 이들의 움직임을 시시각각으로 파악하고 있었다. 곧 이어 촉병이 이미 조양을 향해 진군하고 있다는 보고가 올라왔다. 사마소의 종형인 정서장군 사마망이 등애에게 물었다.

"강유는 계책이 많으니 짐짓 조양을 취하는 체하고, 실상은 기산을 취하려는 것이 아니겠소?"

"이번에 강유는 정말 조양으로 나올 것입니다."

"공은 그것을 어떻게 아시오?"

"지난 날 강유는 여러 번 우리가 양초를 쌓아둔 곳을 쳤습니다. 그런데 지금 조양에는 양초가 없습니다. 강유는 우리가 기산만 지키고 조양은 방비하지 않으리라 생각해, 우리의 허를 찌를 요량으로 조양을 취하려는 것입니다. 그는 조양을 취한 뒤 그곳에 양초를 쌓아놓고 강족들과 결탁해 장구한 계책을 도모하려 할 것입니다."

"그러면 어찌해야 좋소?"

등애가 이런 계책을 제시했다.

"이곳의 군사를 모두 거두어 두 길로 나누어 나가 조양을 구해야 합니다. 조양성 25리 밖 후화라는 곳에 작은 성이 있으니, 이곳은 조양의 목구멍과 같은 곳입니다. 공은 일군을 이끌고 조양으로 들어간 뒤 언기식고(偃旗息鼓: 깃발을 눕히고 북소리를 내지 않음)하여 4대문을 활짝 열어놓으십시오. 나는 일군을 이끌고 후화에 가서 매복하고 있다가 촉병을 엄습하도록 하겠습니다. 그리 되면 반드시 크게 이길 수 있을 것입니다."

사마망이 이를 받아들였다. 결국 강유의 8차 북벌은 실패로 끝났다. 당시 촉한은 강유의 잇단 출병으로 국력과 민력이 크게 피폐해졌다. 강유의 북벌은 한실 부흥과 천하통일이라는 거창한 기치를 내걸었지만, 오히려 국력을 크게 약화시켜 촉한정권의 멸망을 앞당기는 배경으로 작용했다. 등애 때문에 좌절되었다고 해도 지나친 말이 아니다.

등애의 가장 큰 공은 역시 촉한 정벌에서 찾아야 할 것이다. 그러나 그는 이같이 엄청난 공훈을 세우고도 오히려 촉한 정벌 때문에 죽임을 당하는 비운의 주인공이 되고 말았다. 이는 촉한에서 독립을 꾀한 종회와, 이 기회를 이용해 종회를 제거하려고 한 사마소의 계략이 맞물린 결과였다. 당시 등애는 유선의 항복을 받은 뒤 오만하게 굴었다. 이로써 그는 독립을 꾀하는 것으로 의심을 받았다. 그의 자만심은 취중에 자주 노출되었다. 하루는 술이 거나하게 취하자, 관원들을 손으로 가리키면서 말했다.

"제군들은 천행으로 나를 만나 오늘이 비로소 있게 된 것이오. 만일 오한(吳漢)과 같은 사람을 만났으면 벌써 다 죽고 말았을 것이오."

이 말에 여러 관원들이 모두 자리에서 일어나 절을 하고 사례했다. '오한'은 건무 12년(36) 광무제의 명을 받고 익주를 근거로 황제를 칭했던 공손술을 성도의 대회전에서 대파한 인물이다. 그는 곧 성도로 입성해 공손술의 일족을 비롯해 그의 부하 일족을 대대적으로 섬멸했다. 등애의 언급은 바로 건무 12년에 일어난 오한의 성도 도륙사건을 말한 것이다. 당시 그는 촉한 정벌에 대한 자부심이 지나친 나머지, 다음과 같은 내용의 글을 사마소에게 올렸다.

"용병은 선성후실(先聲後實: 먼저 기를 꺾은 다음 병력을 동원함)하는 법이니, 지금 촉을 평정한 여세를 몰아 오나라를 취해야만 합니다. 지금 오나라 백성들이 모두 놀라 두려워하고 있으니, 오나라를 석권할 수 있는 호기입니다. 그러나 대병을 동원한 직후라 장병들이 지쳐 있어 곧바로 사용하기는 어려우니, 잠시 시간을 두고 쉬게 할 필요가 있습니다. 마땅히 유선을 후대하여 동오의 손휴를 유인해야 하는 만큼, 유선을 부풍왕에 봉하고 그에게 활용할 재산을 주어, 그가 신변의 시봉하는 사람에게 나누어 줄 수 있도록 해야 합니다. 부풍군에는 동탁의 성채가 있으니 거기에 그의 궁실을 만들어 주고, 그의 자제들을 공후로 봉한 뒤, 군내의 각 현을 식읍으로 주어 귀순 후의 영예를 보여줄 수 있어야 합니다. 또한 광릉과 성양 등을 비우고 오나라 사람들을 맞이할 준비를 해야 합니다. 이와 같이 하면 오나라 백성들이 위엄을 두려워하며, 은덕을 입고 소문만 듣고도 다투어 순종하게 될 것입니다.”

사마소는 이 글을 보고, 그가 권력을 마음대로 행사하려는 것이 아닌지 크게 의심했다. 이에 먼저 친필로 글을 써서 감군 위관에게 주어 보내면서 자신의 뜻을 전하게 했다. 위관이 등애를 만나 사마소의 친필서신을 전하면서 말했다.

“진공이 당부하기를, 한주 유선 등에 대한 대우 문제 등은 회답을 기다려야 마땅하니, 마음대로 시행해서는 안 된다고 했습니다.”

서신을 읽어본 등애가 투덜거렸다.

“예로부터 ‘장수는 밖에 있으면 군주의 명령을 받지 않는다’고 했소. 내가 이미 조령에 의해 용병의 모든 권한을 갖고 있는 터에, 어찌하여 못하게 막는 것이오?”

등애는 곧 자신의 이런 주장을 담은 글을 낙양으로 올려 보냈다. 이때 조정에서는 모두 등애가 필시 모반할 뜻이 있는 것 같다고 말을 해, 사마소는 더욱 의심하며 꺼리게 되었다. 이에 사마소는 가충의 말을 좇아 위관에게 따로 편지를 주어, 종회와 더불어 등애의 행동을 감시하게 했다. 이에 종회는 바로 위관과 상의한 뒤 표문을 지어 은밀히 사람을 시켜 낙양으로 올려 보냈다. 종회는 표문에서, 등애가 황제의 이름을 빌려 자의적으로 일을 처리하며 모반을 꾀하고 있다고 무함했다. 이에 위나라 조정이 소스라치게 놀랐다.

종회는 또 검각에서 사마소의 균지(釣旨: 재상의 명령)와 등애의 표문을 모두 가로채, 이를 맘대로 고친 뒤 상표하게 하거나, 종애에게 전달하게 했다. 종회는 원래 재주가 많아 다른 사람의 필적을 모방하는 데 능했다. 이에 등애가 사마소에게 보내는 글은 모두 광패하고 자화자찬하는 언사로 꾸며졌다. 사마소는 이 글을 보고 대로했다. 곧 종회에게 사람을 보내 등애를 잡으라는 밀명을 내렸다.

당시 종회는 등애 부자가 붙잡혀 가자 이내 모반을 결행했으나 죽임을 당하고 말았다. 등애의 휘하 장병들이 등애를 구하기 위해 밤을 도와 함거를 쫓아갔다. 종회와 함께 등애를 무함한 위관은 이를 보고받고 크게 당황해했다. 이때 호군 전속이 말했다.

"전에 등애가 저를 죽이려 했을 때, 여러 사람이 빌어서 겨우 살아날 수 있었습니다. 오늘 제가 그 원한을 풀도록 하겠습니다."

위관이 곧 전속에게 명하여 군사 500명을 이끌고 가 등애를 제거하게 했다. 전속이 면죽 서쪽에 이르렀을 때, 등애 부자는 휘하 장병들의 도움으로 함거에서 풀려나와 성도로 돌아가려 하고 있었다. 이때 등애는 수하의 군사들이 온 것으로만 알고 아무 방비도 하지 않고 있다가, 전속이 내리치는 칼에 숨을 거두고 말았다. 당시 그의 나이는 예순여덟 살이었다. 그의 아들 등충도 난군 속에서 죽고 말았다. 낙양에 살던 등애의 나머지 아들들 모두 주살되었다.

원래 등애는 종회보다 스물여덟 살이나 위였다. 두 사람은 나이 차이도 컸지만 성장배경 또한 완전히 달랐다. 종회는 현귀한 가문 출신으로 비교적 일찍부터 명성을 떨친 반면에, 미천한 출신인 등애는 대기만성형의 인물이었다. 종회는 애초부터 야심을 품고 있었던 데 반해, 등애는 당초 촉한정벌을 반대한 데서 알 수 있듯이 모반할 의도가 전혀 없었다.

그럼에도 두 사람 모두 촉한을 정벌하자마자 모반을 꾀한 혐의로 죽고 말았다. 등애는 촉한을 멸망시킨 뒤 지나친 자만에 빠졌다. 이는 사람들의 시기심을 불러일으켰다. 촉한 정벌의 대공을 빼앗긴 종회가 이를 놓칠 리 없었다. 등애의 비명횡사는 대공을 빼앗긴 종회의 시기심, 사마소의 경계심, 그의 어설픈 자만심 등이 복합적으로 작용한 결과였다.

송아지를 치던 한미한 가문 출신인 등애가 독학하여 뛰어난 식견을 지닌 지장(智將)으로 활약하게 된 것은, 타고난 고집과 뚝심이 있기에 가능했다. 비록 성공을 거두기는 했으나 음평길을 택한 것은 객관적으로 볼 때 무모하기 짝이 없는 계책이었다. 그러나 이게 성공했다. 그가 종회에 앞서 촉한을 평정한 이유이다. 초지를 관철시키려는 '수지'(守志) 리더십의 결과로 해석할 수 있다.

그러나 그는 촉한정벌이라는 대공을 세우고도 종회와 사마소의 간교한 싸움 속에서 희생되고 말았다. 대공을 세운 뒤 주변 사람들이 자신을 바라보는 눈길이 크게 변했음에도, 고집스럽게 자신의 '수지' 리더십을 자랑한 후과이다. 등애의 비명횡사는 난세에 대공을 세울 경우, 공이 이루어지면 뒤로 물러나는 '공성신퇴'(功成身退)의 처신이 필요한 이유를 극명하게 보여준다. 《도덕경》은 이를 '공수신퇴'(功遂身退)로 표현해 놓았다.

# 관우

尚名 곤경에 빠져서도 뜻을 굽히지 않고
명분을 지켜내다

《삼국연의》가 전편을 통해 가장 심혈을 기울여 미화시킨 인물은 말할 것도 없이 제갈량이다. 당연한 결과로 제갈량은 '만고의 지절(智絶)'로 묘사되어 있다. 그러나 《삼국연의》가 제갈량 못지않게 공을 들여 미화시킨 인물을 들라면 관우를 꼽을 수 있다. 후대에 제갈량과 관우가 숭배 대상이 된 것도 이와 무관하지 않을 것이다.

제갈량의 경우는 왕도주의에 입각한 사대부들이 그의 패도주의 행보에 눈살을 찌푸린 까닭에 일정한 한계가 있었다. 제갈량이 재상의 표상에 머문 이유이다. 그러나 관우는 왕도주의라는 통치이념에 걸림돌이 될 만한 행보가 조금도 없었기에 신으로 모셔졌다. 형상도 다양화되어 군신(軍神)은 말할 것도 없고 재신(財神)으로까지 존숭 받았다.

원래 관우가 생전에 보유했던 작위의 명칭은 '한수정후'(漢壽亭侯)

였다. 작위로 말하면 '정후'일 뿐이다. 당시 '후' 위로는 공(公)과 왕(王), 제(帝) 등 여러 단계의 작위가 있었다. 정후는 '후' 가운데서도 가장 낮은 등급에 속했다. 정후 위에 향후(鄕侯)와 현후(縣侯) 등이 있었다. 작위로 볼 때 같은 시대의 여러 인물들과 비교해 그다지 눈에 띄는 인물은 아니었던 셈이다. 이는 당시 사람들 눈에도, 관우는 단지 용맹스런 장수 정도로밖에 비추어지지 않았음을 시사한다. 제갈량의 사당이 그의 사후 곧바로 전국 각지에 건립된 데 반해, 관우는 겨우 수대에 들어와 건립된 사실이 이를 뒷받침한다.

그러나 당대에 들어오고 나서 상황이 확 바뀌었다. 관우를 기리는 사당 짓는 일이 성행하기 시작한 것이다. 그의 사당은 공자의 사당인 문묘(文廟)에 대응하는 무묘(武廟)로 불릴 정도로 받들어져, 참배행렬이 문묘를 능가하게 되었다. 관우 숭배 풍조는 역대 왕조로 하여금 그의 관작을 더욱 추숭하도록 만드는 결과를 낳았다. 한수정후에 지나지 않았던 그는 충혜공(忠惠公)과 소무안왕(昭武安王)을 거쳐, 북송의 휘종 때 숭녕진군(崇寧眞君)에 봉해졌다. 명의 만력 연간에는 관성제군(關聖帝君: 약칭 '關帝')으로 추숭되었다. 이후 이것도 모자라 다시 제에서 성(聖)으로, 성에서 천(天)으로까지 올라갔다. 당연한 결과로, 공자를 모신 문묘와 마찬가지로 그를 모신 무묘의 제사에는 태뢰를 갖추고, 무(舞) 역시 8일(八佾: 8줄로 된 천자의 무악)을 추고, 피휘(避諱)하여 황제까지도 '우'(羽) 자를 쓰지 못하게 되었다.

이는 역대 왕조가 끝까지 주군에게 충성을 바치고, 곤경에 처해서도 뜻을 굽히지 않은 관우의 모습을 가장 바람직한 신도(臣道)로 간주한 결과이다. 실제로 역대 왕조는 관우를 '충의의 화신'으로 만들어

'삼강오륜'을 강조하는 데에 널리 활용했다. 청대의 건륭제가 "진수의 정사는 관우에 대해 많은 사견이 있으니, 진수의 비평은 부당하다"는 내용의 조칙을 내려, 이를 정사에 수록하도록 한 것이 좋은 실례라고 할 수 있다.

중국의 백성들은 난세를 만날 때마다 늘 현실의 위난을 구해 줄 의사(義士)로 관우와 같은 인물의 출현을 갈망했다. 이는 유협의 세계에도 그대로 적용되었다. 협객들은 형제와 친구의 의를 존중하고, 고난을 함께 할 인물로 관우를 표상으로 삼았다. 관우가 통치자는 말할 것도 없고 일반 백성들과 협객들에게조차 자신들의 기대하는 바를 충족시켜 줄 수 있는 이상적인 인물로 간주된 배경이다.

관우의 우상화가 왕조 말기의 농민봉기 때 더욱 심해지는 양상을 보였다. 이는 기본적으로 난세에는 '문성'(文聖)인 공자의 힘을 빌린다 한들 별 효과를 거둘 수 없다는 현실적인 이유에서 비롯된 것이다. 난세에는 강력한 힘을 바탕으로 의협심에 넘치는 '무성'(武聖)이 절대로 필요하다. 그래서 세상이 어지러울수록 더욱 높이 떠받들어진 것이다.

'군신'(軍神)에서 '재신'(財神)으로 둔갑한 것도 이런 맥락에서 이해할 수 있다. 전문가들은 관우가 조조 곁을 떠날 때, '그동안 받았던 금은보화를 일일이 봉해 곳간에 집어넣었다'는 사서의 기록이 후세에 여러 전설을 낳았고, 끝내는 관우를 '재신'으로 만들었다고 분석하고 있다. 일부는 관우가 대복장(大福帳: 항목을 분류하지 않고 거래순서대로 기입한 장부)을 만들고, 조조로부터 하사받은 금품이 대단히 많아 이를 계산하기 위해 주판을 만들었다는 주장을 펼치고 있다. 최근에는 컴퓨터의 이진법도 관우가 만들어냈다는 황당한 주장마저 나오고 있다.

　관우가 재신이 된 배경을 진상(晉商: 산서성 상인)의 역할에서 찾는 견해가 있는데, 가장 그럴 듯하다. 오랜 세월 동안 진상이 취급한 상품은 그의 고향인 하동군 해현(解縣) 일대에서 생산되는 소금이다. 그의 고향은 지금까지도 전 중국 소금 생산의 75퍼센트를 차지한다. 진시황이 함곡관 동쪽의 해현을 노린 것도 바로 소금 때문이라는 주장이 있다. 실제로 한무제는 해현 일대를 차지한 뒤 소금을 전매품으로 만들어 버렸다.

　한제국 초기에 염상(鹽商)들은 막강한 조직을 형성해 국가재정을 뒷받침했다. 이들은 거의 예외 없이 국가의 북쪽 오랑캐에 대한 정벌 자금을 대주고, 그 대신 전매권의 폭리를 독점했다. 그러나 이후 한무제의 재정 지원 요청에 반발했다가 소금의 생산과 판매권을 빼앗기고 말았다. 그럼에도 청대 말기까지 소금을 밀매하며 막대한 부를 축적하는 상인들이 늘 존재했다. 이들은 거의 전국적인 조직망을 구축했다.

　오랜 세월 동안 진상은 소금은 말할 것도 없고, 금융과 유통을 비롯한 모든 산업에 손을 뻗었다. 무엇보다 '표장'(票莊)으로 불린 금융업에서 막대한 영향력을 행사했다. 사업이 확대되자 연대를 공고히 하기 위한 방안으로 '회관'(會館)이 우후죽순처럼 나타났다. 회관 자체가 일종의 관제묘로 기능했다. 회관 주위로 회의장이나 숙박시설이 들어서면서 복합적인 상권이 형성된 결과이다. 청대 말기로 오면서 '군신'보다 '재신'의 색채가 짙어진 배경이 여기에 있다. 관우를 '재신'

으로 섬기는 사람들은, 관우가 악덕 염상을 죽이고 고향을 등진 것으로 믿고 있다. 현재 그의 고향인 산서성 운성시에는 그에 관한 다음과 같은 이야기가 전한다.

"오랜 옛날 해지(解池)에 작은 용이 살고 있었다. 어느 해, 비가 전혀 내리지 않아 대지가 갈라지고 농작물이 모두 말라죽는 상황이 되었다. 이에 용은 자신을 보살펴 준 사람들을 위해 혼신의 힘을 다해 요동을 쳤다. 해지에 큰 파도가 일면서 엄청난 양의 물이 솟아나 호수 주변이 온통 푸른 대지로 변했다. 옥황상제는 하늘의 뜻을 거역한 용을 사로잡아 참수했다. 이때 갑자기 천둥이 치고 붉은 비가 내렸다. 이때 어린 아이 하나가 태어났다. 이 아이가 바로 관우로, 그는 용의 환생이다."

전문가들은 관우가 어느 정도 성장해서는 소금업에 종사하면서 틈틈이 《춘추》 같은 책을 탐독하는 등, 문무를 겸비한 젊은이로 성장한 것으로 보고 있다. 화타에게 독화살 제거 수술을 받으면서 태연히 《춘추》를 읽었다는 식의 이야기가 전해진 것이 논거이다. 그가 신체를 단련하고 독서에 매진한 곳으로 알려진 곳에는 세계 최대의 관제묘가 들어서 있다.

관우는 열여덟 살(희평 6년, 177)에 결혼해, 이듬해에 장남 관평을 낳았다. 《삼국연의》는 이를 양아들로 묘사해 놓았으나, 관우 전문가들은 친자로 보고 있다. 현지 전설에 따르면, 당시 관우는 악덕 소금 상인 여웅이 백성들을 괴롭히자, 그를 때려죽인 뒤 동쪽 탁군으로 도주해 유비 등과 만나게 되었다고 한다. 대략 이 시기에 유비와 장비와 만났다는 주장은 역사적 사실에 부합한다. 당시 그의 나이는 20대 후반으로 추정된다.

《삼국연의》에 나오는 관우는 시종 의리의 상징으로 그려져 있다. 적벽대전 당시 지우지은을 베푼 조조를 살려주는 대목이 그 실례이다. 《삼국지》〈무제기〉의 주에 인용된 《산양공재기》(山陽公載記)에 손질을 한 것이다. 원문의 골자는 다음과 같다.

> 조공은 장강의 수채에 있던 배들이 불타게 되자 군사들을 이끌고 화용도를 통해 돌아오게 되었다. 이때 진흙 수렁을 만나 길을 지날 수가 없게 되었는데, 게다가 하늘에서는 거세게 바람까지 불었다. 이에 군사들에게 풀을 베어 지고 와 진창을 메우도록 해 간신히 기병들을 통과시켰다. 그러나 피로하고 지친 군사들 가운데에는, 사람이나 말에 밟히어 진창 속에 빠져 죽는 자가 속출했다. 군사들이 그곳을 빠져 나오자 조공이 크게 기뻐했다. 그래서 여러 장수들이 그 까닭을 묻자 조공이 말하기를, '유비는 나와 동등한 무리이지만 계책을 세우는 것은 나보다 한 수 아래요. 그가 만일 일찍이 불을 놓았다면 우리는 필시 전멸했을 것이오'라고 했다. 유비가 뒤늦게 불을 놓았으나 이에 미치지 못했다.

이는 조조가 적벽에서 화공을 당해 화용도로 패주할 때, 비록 낭패스런 처지에 있기는 했으나, 결코 어떤 복병을 만난 적이 없었음을 말해준다. 의리를 좇아 조조를 풀어주는 식으로 묘사된 《삼국연의》의 '의석조조'(義釋曹操) 대목이 허구임을 뒷받침한다. 그러나 원대에 나온 《삼국지평화》는 조조가 연거푸 세 번이나 공격을 당하는 것으로 그려 놓았다. 그 가운데 세 번째 장면이다.

조공이 활영로(滑榮路: 화용도)를 택해 길을 재촉했다. 20리쯤 가다
가 500명의 도부수(刀斧手)를 만났다. 관우가 앞길을 막고 있었다. 조
조가 온갖 좋은 말로 관우에게 부탁하기를, '정후(亭侯)께서는 조조에
게 은혜를 좀 베풀어 주시오' 했다. 관우가 말하기를, '군사(軍師)의 명
령이 엄중하오'라고 했다. 조조가 관우의 진영을 뚫고 나가려고 하자,
조조와 말을 하는 사이에 얼굴에 근심하는 빛이 역력하던 관우는 조조
를 슬그머니 보내주었다. 관우는 몇 리가량 뒤쫓다가 이내 돌아갔다.


이 내용을 보면, 조조는 관우가 갑자기 얼굴에 근심하는 빛을 내비
치자 이 틈을 타 억지로 진영을 뚫고 달아난 셈이 된다. '충'(忠)과
'의'(義)의 선택 문제를 놓고 나름 고심하는 관우의 모습이 어느 정도
그려지기는 했으나, 어딘지 모르게 엉성하다는 느낌을 준다. 나관중
은 《삼국지통속연의》를 저술할 때, 이 내용을 대폭 개조해 관우를
'충'과 '의'의 충돌에서 아무런 갈등 없이 곧바로 '의'를 선택하는 '의
절'(義絶)의 표상으로 구체화했다.

비록 허구이기는 하나, 《삼국연의》에 나오는 관우의 모습만 놓고
보면 일견 '충'과 '의'의 충돌로 파악할 수 있다. 조조야말로 찬역을
도모하는 '한적'(漢賊)인 까닭에, 결코 그대로 놓아 보내서는 안 되었
기 때문이다. 그러나 개인 차원에서 보면 조조는 관우에게 유비와 장
비를 빼면 평생지기나 다름없었다. 의리의 화신으로 그려진 관우가
자신의 손으로 조조를 사로잡는 것으로 설정할 수는 없는 일이다. 당
시 관우는 조조를 놓아줄 마음이 없었을 뿐만 아니라, 반드시 조조를
사로잡아 오겠노라고 군령장까지 써놓고 온 처지였다. 《삼국연의》에

나오는 관우는 조조의 간청을 사의(私義) 차원에서 이같이 해석했다.

"지난날 제가 비록 승상의 후한 은혜를 입은 적이 있으나, 그것은 이미 안량과 문추를 베어 백마의 포위를 풀어드리는 것으로 보답했습니다."

관우의 이 말은 논리상 허점이 있다. 조조가 자신의 목숨을 살려준 은혜를 자신이 안량과 문추의 목을 베어 조조를 도와준 일과 비교할 수는 없기 때문이다. 관우도 자신의 말에 문제가 있다고 생각했는지, 곧 다음과 같이 부언했다.

"오늘의 일은 공적인 일이니, 어찌 사사로운 정의(情誼) 때문에 폐할 수가 있겠습니까?"

관우의 이런 언급이 당시 자신이 처한 상황을 가장 적절하게 표현한 것이라고 할 수 있다. 자신은 공의(公義) 차원에서 제갈량에게 군령장을 써놓고 나온 처지이므로, 아무리 조조로부터 과거에 후은을 입었다 할지라도 공의를 폐할 수는 없는 것이다. 관우는 자신이 언급한 바대로, 공과 사를 분명히 나누어 조조를 베거나 포로로 잡으면 되었다. 조조를 놓아준 행위를 두고, 공적인 의무를 망각한 채 개인적인 명예와 은혜만 중시했다는 평가는 이런 입장에 서 있다고 하겠다.

그러나 관우를 옹호하는 자들은 《삼국연의》 전체를 관통하는 관우의 일관된 입장에서 볼 때, 이는 당연한 일로 보아야 한다고 주장한다. 그가 조조를 사로잡게 되면, 그동안 애써 쌓아온 '명의'(名義)에 손상을 입게 된다는 것이다. 이들은 《전국책》에 나오는 '선비는 자신을 알아주는 사람을 위해 목숨을 바친다'는 구절 등을 동원해, 관우가 조조를 놓아준 행위는 의사(義士)가 취할 당연한 일로 보아야 한다고 변호하고 있다.

'의석조조' 대목을 '충'과 '의'의 갈등이나 '공'과 '사'의 대립으로 해석하는 것은 지나친 '명분주의' 또는 '정통설'에 입각한 해석이다. '의석조조'는 '공'과 '사'의 대립이 아니라 '사'와 '사'의 대립이고, '충'과 '의'의 대립이 아니라 '의'와 '의'의 대립으로 보는 게 옳다. '충'은 통상 '군주'에 대한 충성으로 해석되나, 사실은 '국가와 백성'에 대한 충성을 말한다. 아무리 군주라 할지라도 '국가와 백성'의 이해와 충돌하게 되면, 군주 개인에 대한 충성은 진정한 충성이 아니라 사사로운 의리 차원의 충성이 될 뿐이다.

'촉한정통설'의 견해에 설 경우, 조조를 '한적'(漢賊)으로 규정할 수 있다. 나관중도 이런 견해에서 '공'과 '사'의 충돌로 이해했다. 그러나 조조를 '한적'으로 규정한 것 자체가 자의적이다. 당시 조조는 엄연히 천자를 보좌하는 한실의 승상이다. 그는 지역에 할거한 군웅들을 소탕하는 '한신'(漢臣)의 역할을 충실히 하고 있었다.

이런 기준에서 볼 때 '의석조조'를 '공'과 '사'나 '충'과 '의'의 대립구도로 파악하는 것 자체가 잘못이다. 관우가 조조를 풀어준 것은 조조 개인에 대한 의리와 유비 개인에 대한 의리가 충돌한 것이라고 보는 게 논리적이다. 관우로서는 사실 사사로운 의리가 충돌한 이런 상황에서 어느 쪽을 선택해도 아무 문제가 없었다. 결국 관우는 조조에 대한 의리를 앞세운 셈이다. 그의 이런 행보는 명의(名義)를 숭상하는 '상명'(尙名) 리더십으로 규정할 수 있다.

그러나 사서의 기록을 보면, 그는 성격상 적잖은 문제가 있다. 이는 진수가 《삼국지》에 기술한 다음 평을 보면 쉽게 알 수 있다.

관우는 병졸들에게는 대우를 매우 잘해 주었으나, 선비 앞에서는 교만하게 굴었다.

실제로 그는 사대부들의 자존심을 상하게 만드는 난폭한 행동을 많이 했다. 마초가 투항해 왔을 때 쓸데없는 경쟁의식을 표출한 게 그 증거이다. 그는 마초에 대한 소문만 많이 들었을 뿐 일면식도 없었다. 자신이야말로 천하의 호걸이라는 자부심이 강했던 그는, 제갈량에게 편지를 보내 마초의 인물됨을 물었다. 관우의 속마음을 헤아린 제갈량이 이런 답장을 보냈다.

"마초는 문무에 모두 뛰어난 인물이오. 일대의 영걸로 경포와 팽월에 비길 만한 인물이라고 할 수 있소. 장비와 비교하면 쉽게 우열을 가리기가 어렵지만, 관공과 비교한다면 그쪽이 약간 열세라고 할 수 있소."

관우는 이 편지를 읽고 기뻐하면서, 빈객들을 불러놓고 이를 자랑했다. 이는 그의 성격이 매우 단순하다는 것을 보여준다. 이런 인물은 정치적 술수에 아주 약할 수밖에 없다. 관우의 이런 '호승심'(好勝心)은 황충에 대한 태도에서도 극명하게 나타났다. 유비는 한중왕이 된 뒤 인사개편을 단행하면서, 마초를 전장군(前將軍)으로 삼은 데 이어 황충을 후장군(後將軍)으로 임명했다. 이때 제갈량이 말했다.

"황충의 명망은 평소 관우나 마초와 같은 서열이 아니었는데, 오늘 같은 자리에 두게 되면 약간 문제가 있을 듯합니다. 관우가 먼 곳에서 이 소식을 듣고 틀림없이 달가워하지 않을 것입니다."

"내가 직접 아우에게 설명하도록 하겠소."

유비는 다음날 익주전부사마(益州前部司馬) 비시를 시켜 관우에게 인수를 보내주었다. 관우가 성 밖으로 나아가 비시를 맞이해, 함께 관아로 들어와 수인사를 마치고 물었다.

"한중왕이 나에게 무슨 작위를 내리셨소?"

"오호대장(五虎大將)의 첫째입니다."

"오호대장이 누구누구요?"

"장군과 장비, 조운, 마초, 황충입니다."

관우가 버럭 화를 냈다.

"사내대장부가 어찌 노병과 동렬에 있을 수 있는가?"

그러고는 유비가 보내준 인수를 받으려고 하지 않았다. 이에 비시가 말했다.

"지금 한중왕은 한때의 공로를 생각해 황충을 높인 것입니다. 황충이 어찌 장군과 같을 수 있겠습니까? 게다가 한중왕은, 비유하면 장군과 한 몸이니, 동고동락하여 화복을 같이 할 것입니다. 장군은 마땅히 관직 명칭의 고하와 작록의 다소에 괘념하지 말아야 합니다. 저는 장군께서 인수를 받지 않으면 돌아가면 그만입니다. 다만 장군의 이런 거동이 애석할 뿐이니, 조만간 장군이 후회하지 않을까 두렵습니다."

관우가 곧 재배한 뒤 인수를 받으며 사죄했다.

"이 사람이 밝지 못한 탓이오. 만일 족하가 일러주지 않았다면 그만 대사를 그르칠 뻔했소."

관우는 비록 비시에게 사과하며 인수를 받기는 했으나, 그의 성벽이 고쳐진 것은 아니었다. 이는 뒤에 형주라는 요충지를 맡고 있으면서 여몽의 모략에 빠져 자멸하는 근원이 되었다. 그는 손권이 혼인을

맺을 생각으로 제갈량의 친형인 제갈근을 사자로 보냈을 때 이같이
일갈했다.

"내 호녀(虎女: 호랑이 딸)를 어찌 견자(犬子: 개아들)에게 시집보내
란 말이오. 당신 아우의 낯을 보아 당신 머리를 베는 것을 참겠소만,
다시는 그런 말을 입에 담지도 마시오."

그러고는 좌우를 불러 그를 밖으로 쫓아냈다. 무안을 당한 제갈근
은 동오로 돌아와 그대로 보고했다. 이에 손권이 대로했다.

"어찌 그토록 무례할 수 있단 말인가?"

그러고는 바로 장소 등 문무관원을 불러 형주를 취할 계책을 논의
하게 했다. 형주의 상실에는 관우의 이런 헛된 자부심이 크게 작용했
다. 남군태수 미방과 장군 부사인 등의 배반도 이와 무관하지 않다고
보아야 한다.

그의 '숭명' 행보는 시간이 지날수록 그를 오만방자하고 안하무인
의 인물로 변하게 만들었다. 공로가 많을수록 그의 명성은 높아갔고,
그럴수록 그의 교만 또한 정도가 심해졌다. 그는 육손의 겸사(謙辭)
만 믿고 동오군의 역량을 과소평가한 나머지, 형주를 지키던 군사들
을 경솔히 번성으로 이동시킴으로써 허점을 보이고 말았다. 그러나
그는 죽음을 앞둔 마당에서는, 어떠한 유혹과 위협에도 굴하지 않는
영웅다운 모습을 보여주었다.

형주 함락은 기본적으로 관우의 잘못에서 비롯되었다고 해석하는
견해가 주류이다. 멋대로 군사를 움직이고, 대국적인 견지를 고려하
지 않아 동오와의 우호를 훼손했고, 거만한 나머지 중망(衆望)을 모
으기는커녕 중원(衆怨)을 샀다는 것이다. 사실 《삼국지》〈요립전〉에

따르면, 촉한의 요립은 관우를 이같이 평한 바 있다.

관우는 용기와 힘에 의존할 뿐, 작전행동이 엉터리였기 때문에 무참
히 실패했다.


최근 일각에서는 관우를 정치적으로 무능한 일개 용부(勇夫)로 간
주하기도 한다. 그를 지나치게 폄하한 까닭에 수용하기 어려우나, 관
우 또한 제갈량 못지않게 지나치게 미화되어 있었던 점을 감안할 때
전혀 터무니없는 주장은 아니다.

형주 상실의 1차 책임은 그에게 있으나, 모든 책임을 그에게 돌리
는 것은 공평하지 못하다. 그가 번성으로 출병한 것을 두고 군사적
모험으로 평가하는 것은 일면적이다. 당시 그는 강릉에 적지 않은 수
비 병력을 남겨두었다. 그의 출병을 군사 모험으로 치부하는 것도 지
나치다. 동오와의 동맹이 파탄 난 것을 관우의 책임으로 몰아붙이는
것 또한 적절하지 못하다. 노숙의 사후에 병권을 맡은 여몽은, 형주를
유비에게 빌려주는 것에 반대하며 형주 탈환을 제1의 목표로 삼고 있
었다. 형주는 위나라 수도인 허도에서 매우 가까웠던 까닭에, 조조도
그의 형주 웅거(雄據)를 위협으로 여기고 있었다. 여몽의 형주 탈취
는 조조의 암묵적인 동의 아래 이루어진 것으로 보아야 한다.

미방과 부사인이 등을 돌리고 동오에 투항한 것도, 따지고 보면 관
우의 책임만은 아니었다. 미방 등이 잘못을 범한 만큼, 군을 통수하는
관우로서는 당연히 이들을 엄히 처벌할 수밖에 없었다. 관우가 비록
황충과 동렬로 취급당하는 것을 부끄럽게 여기는 등, 지나치게 명분

에 얽매이는 '숭명' 행보를 보이기는 했으나, 결코 대국을 그르칠 수
준은 아니었다. 따라서 관우를 지혜가 모자라는 '용부'로 비하하는 것
은 역사적 사실과 동떨어져 있다.

일찍이 관우를 두고 주유는 '웅호지장'(熊虎之將), 정욱은 '만인지
적'(萬人之敵)으로 평한 바 있다. 그는 《삼국연의》에 나오는 것 같이
'군신'도 아니었지만 '용부'도 아니었다. 진수의 평이 이를 뒷받침한다.

> 관우는 모두 1만 명의 적을 상대할 만하여 당대의 호신(虎臣: 용장)
> 으로 불렸다. 관우는 조조에게 보답을 했으니 이들은 모두 국사(國士)
> 의 풍모를 지니고 있었다. 그러나 관우는 강이자긍(剛而自矜: 굳세고
> 자긍심이 강함)했다. 관우가 이런 단점으로 실패한 것은 이치상 그럴
> 수밖에 없는 것이다.

'강이자긍'은 《삼국연의》에 나타나는 차분한 모습과 차이가 있다.
남에게 지는 것을 싫어하는 호승심과 더불어, 남 앞에서 스스로 자랑
하기를 좋아하는 이른바 벌심(伐心)이 강했다는 것은, 난세를 살아가
는 지장의 모습과 동떨어진 것이다.

《후흑학》이 강조하고 있듯이, 난세에 '면후심흑'(面厚心黑)에 정통
하지 못하면 남에게 이용당하기 십상이다. 관우도 이 예에서 벗어나
지 못했다. 그의 허무한 죽음은 명분에 지나치게 얽매이는 과도한 '숭
명' 리더십의 후과로 볼 수 있다.

# 장비

義行 불의를 참지 못하고
끝까지 의리를 지켜내다

장비는 《삼국연의》에서 관우와 더불어 '만부당지용'(萬夫不當之勇)의 기개를 자랑하는 효장(驍將)으로 그려져 있다. 장판파에서 조조의 군사를 일거에 제압한 게 그 실례이다. 이는 사서의 기록과 일치한다. 이를 뒷받침하는 《삼국지》〈장비전〉의 해당 대목이다.

조공이 형주로 들어오자 선주는 강남으로 달아났다. 조공이 그를 추격하여 하루 낮 하루 밤이 지나 당양현 장판까지 이르렀다. 선주는 조공이 곧 도착할 것이라는 소식을 듣자 처자식을 버린 채 달아났다. 이때 장비에게 20여 기를 주면서 후방을 차단하게 했다. 장비는 강물을 점거하여 다리를 끊은 뒤 눈을 부릅뜨고 창을 비껴 잡고 소리치기를, '나는 장익덕이다. 나와 결사적으로 싸울 수 있는가' 했다. 이에 감히 접근하는 자가 없었다. 이로 인해 선주는 비로소 위기를 모면할 수 있었다.

　그는 주군인 유비가 손을 써볼 겨를도 없이 창망히 달아나야만 하는 절망적인 상황에서 영용무쌍한 기개로 주군을 구해낸 셈이다. 이 기록은 그 내용 자체가 전기적(傳奇的)인 색채를 띠고 있어 후대인의 상상력을 크게 자극했다. 그가 후대인의 숭앙을 받는 인물이 된 것도 이런 실화와 무관하지 않을 것이다.

　그의 자는 원래 '익덕'(益德)이다. 명대 때 나온 나관중의 가정본 《삼국지통속연의》만 이같이 되어 있다. 이것이 《삼국지》〈장비전〉의 기록과 일치한다. 배송지 주에 인용된 《영웅기》와 《오록》(吳錄) 등도 모두 이렇게 기록해 놓았다.

　그의 자가 '익덕'(翼德)으로 잘못 알려진 것은, 원대에 나온 《삼국지평화》에서 비롯되었다. 나관중은 《삼국지통속연의》를 지으면서 이를 원래대로 교정해 놓았으나, 청초에 이르러 모종강 부자가 《삼국지통속연의》를 평개(評改)하면서 그의 자를 다시 멋대로 '익덕'(翼德)으로 바꾸어 놓았다. 이후 모종강본이 300여 년 동안 널리 유행한 까닭에, 지금까지 그 잘못을 답습하고 있는 것이다. 모종강본이 역사적 사실과 동떨어진 개악(改惡)으로 흘렀다는 혹평이 나오게 된 것도 이와 무관할 수 없다.

　장비에 대한 묘사도 이와 크게 다를 바 없다. 모종강의 《삼국연의》에서 장비는, 난폭하고 거칠면서도 인정이 많은 인물로 그려져 있다. 당초 나관중은 장비의 모습을 이같이 묘사해 놓았다.

　키가 8척인데다 표범 같은 머리와 번쩍이는 눈, 제비턱과 호랑이 수염의 형상으로 목소리는 우레와 같고 기세는 달리는 말과 같았다.

원래 장비의 집안은 대대로 탁군에 살면서 적잖은 재산을 모았던 것으로 알려져 있다. 전문가들은 그가 단순히 돼지나 잡던 백정 출신이 아니라, 일정한 지위를 갖는 상인 계층이었을 것으로 보고 있다. 시문과 서화에 일가견이 있었고, 군자를 경애하는 선비의 풍모를 지니고 있었다는 게 이들의 주장이다. 뒷날 그의 두 딸이 모두 유선의 황후가 된 점에 비추어, 이런 주장이 결코 억측만은 아니라고 보아야 한다.

실제로 그는 조조와 인척관계에 있기도 했다. 《삼국지》 〈제하후조전〉의 주에 인용된 《위략》에는 다음과 같은 기록이 나온다.

건안 5년(200) 당시, 하후연의 아들인 하후패의 사촌여동생은 나이가 열서너 살 정도였다. 살고 있던 고을에서 땔나무를 구하러 나갔다가 장비의 차지가 되었다. 장비는 그녀가 양가집 규수라는 것을 알고는 마침내 처로 삼았다. 그들이 낳은 딸이 뒷날 유선의 황후가 되었다.

그의 처는 하후연의 당질녀에 해당한다. 정시 10년(249)에 사마의가 정변을 일으켜 조상을 추종하는 무리를 주살하고 위나라의 실권을 장악했다. 당시 우장군 하후패는 반역죄에 연루될 것을 두려워한 나머지, 촉한에 투항하기 위해 음평도로 가다가 길도 잃고 양식도 떨어져 큰 곤경에 빠졌다. 이 소식을 접한 유선은 급히 사람을 보내 그를 영접하게 했다. 하후패가 성도에 이르자 유선이 친히 영접했다.

"경의 부친은 행군 중에 해를 당했을 뿐이지, 우리 선친의 손에 죽은 것은 아니오."

유선은 또 자기 아들을 가리키며 말했다.

"이 아이는 하후씨 집안의 외손이오."

유선은 하후패를 곧바로 거기장군에 임명했다. 그러나 《삼국연의》
는 이에 대해 한 줄도 언급하지 않았다. 《삼국연의》는 장비의 집안
배경과 관련해 '돼지를 잡고 술을 파는 장사를 했다'고 기술해 놓은
것이 고작이다. 이는 사서의 기록과 대략 일치한다. 오늘날 중국의 도
축업에 종사하는 사람들이 장비를 도축업의 원조로 삼고 있는 것도
이와 무관하지 않다. 그러나 그는 비록 장사를 하기는 했으나, 청류
사대부의 풍도를 지닌 특이한 인물이었다. 그가 군자를 좋아하고 소
인배를 멀리한 것도 이런 맥락에서 이해할 수 있다.

《삼국연의》에서 그는, 불의를 보면 참지 못하는 강직한 인물로 묘
사되어 있다. 경극(京劇)에 나오는 장비의 얼굴이 검은 분칠을 하고
있는 것은 바로 이 때문이다. 검은 분장은 강직, 녹색 분장은 잔인함,
흰 분장은 엉큼함, 붉은 분장은 충의를 표현한다. 그러나 장비의 이런
형상은 《삼국지》와 《자치통감》에 나오는 장비의 모습과 커다란 차
이가 있다.

가장 큰 차이를 보여주는 대표적인 실례로 '노편독우'(怒鞭督郵) 대
목을 들 수 있다. 여기서 장비는, 오만무례한 독우를 보다 못해 관아
앞으로 끌어내 말뚝에 묶어놓고, 버드나무 회초리로 사정없이 내리치
는 인물로 묘사되어 있다. 그러나 독우를 매질한 주인공은 장비가 아
니라 유비였다.

《삼국연의》에 나오는 그의 형상이 사서의 기록과 완전히 다르다
고는 할 수 없다. 그는 술과 사람을 매우 좋아했다. 이 때문에 여러

차례 실수를 저지르기도 했다. 대표적인 예로 유비가 하비를 장비에게 맡겼을 때의 일화를 들 수 있다.

당시 유비는 진등으로 하여금 장비를 감시하게 했다. 장비는 술을 퍼마시다가 부장 조표의 반기에 놀라 급히 휘하 장령들과 경황없이 도주하는 바람에, 유비의 가족을 그대로 두고 나왔다. 유비의 처자식을 비롯해 장령과 관원의 가속들은 모두 여포에게 포로로 잡혔다. 이후 우여곡절 끝에 유비는 다시 처자식을 만나게 되었지만, 장비의 비슷한 실수는 이후에도 몇 차례 계속되었다.

《삼국연의》는 장비가 술을 먹고 여포의 장인인 조표에게 매질을 가하다가 실수로 죽인 것으로 묘사해 놓았으나, 이는 사실과 다르다. 조표는 여포의 장인도 아닐 뿐더러 죽인 일도 없다. 당시 조표는 평소 장비와 불목(不睦)하다가, 장비가 술을 먹느라 한눈을 판 사이에 반기를 들었다. 술과 사람을 지나치게 좋아하는 모습이 이런 위기상황을 빚어낸 셈이다.

사실 장비는 관우 못지않게 대공을 많이 세운 당대의 명장이다. 대표적인 예로 익주를 점령할 당시의 활약을 들 수 있다. 당시 제갈량은 유비의 서신을 받고는, 마량과 미축 등에게 관우를 보좌하도록 조치한 뒤, 장비와 조운 등과 함께 군사를 이끌고 익주로 떠났다. 그는 강을 거슬러 올라가 파군태수 엄안이 지키고 있는 파동(巴東)을 공략할 생각이었다.

이에 먼저 정병 1만 명을 장비에게 주어 큰길을 따라 파주와 낙성의 서쪽으로 가도록 했다. 자신은 조운을 선봉으로 삼고 강을 거슬러 올라가 성도에서 장비의 군사와 만날 생각이었다. 당시 엄안은 유장의 대표적인 효장이다. 그는 장비의 군사가 왔다는 보고를 받자 바로 인마 6천 명을 내보내 영격하려 했다. 이때 한 사람이 건의했다.

"장비는 효장이니 가벼이 보아서는 안 됩니다. 해자를 깊이 파고 높이 쌓아 굳게 지키면, 저들은 양식이 적어 한 달이면 자연히 물러날 것입니다. 장비는 성미가 불같아서 수시로 군사들을 매질하는 자이니, 우리가 굳게 지키면 필시 노할 것이고, 노하면 사나운 기운으로 군사를 대할 것입니다. 군심이 일변할 때 치면 그를 사로잡을 수 있습니다."

엄안은 그 말을 좇았다. 장비가 싸움을 걸었으나 엄안은 들은 척도 하지 않았다. 다음날 엄안이 망루 위에 있다가 활을 쏘아 장비의 투구를 맞추었다. 장비가 삿대질을 하며 이를 갈았다.

"내가 만약 네 늙은 놈을 잡는 날에는, 기어코 네 살점을 뜯어먹고 말테다."

이 날도 날이 저물자 또 그대로 돌아왔다. 사흘째 되는 날, 장비가 산 위에 올라가 성안을 굽어보니, 군사들은 나오려고 하지 않고 많은 인부들이 분주히 오가며 벽돌과 돌을 운반해 수비벽을 더욱 튼튼히 하고 있었다. 사흘 동안 욕을 해도 전혀 동정이 없자 장비가 엄안을 유인해 내는 계교를 짜냈다. 엄안이 여기에 말려 이내 사로잡히고 말았다. 장비는 입성하자마자 방문을 내붙여 백성들을 위안했다. 이때 여러 도부수들이 엄안을 끌고 들어왔다. 엄안은 무릎을 꿇으려고 하지 않았다. 장비가 큰소리로 엄안을 힐난했다.

"대군이 이미 도착했는데 왜 투항하지 않고 감히 저항했는가?"

엄안이 오히려 장비를 질책했다.

"너희들이 무례하게 우리 땅을 침탈했기 때문이다. 이곳에는 오직 목숨을 걸고 싸우다가 머리가 잘리는 단두장군(斷頭將軍)만 있을 뿐, 적에게 투항이나 하는 항장군(降將軍)은 없다!"

장비가 좌우에 명하여 그의 목을 치도록 했다. 엄안은 태연한 표정으로 장비를 꾸짖었다.

"목을 자르겠으면 그냥 자를 것이지, 성은 왜 내느냐?"

이에 장비는 밝은 얼굴로 섬돌을 내려가 엄안의 손을 풀어주고 옷도 가져다 입혔다. 이어 엄안의 팔을 잡아 당상 가운데에 앉히고는 공손히 절을 했다.

"말을 함부로 한 것을 달리 생각지 마십시오. 내가 본래 노장군이 호걸임을 잘 알고 있었습니다."

엄안은 그의 의기에 감복했다. 《삼국연의》는 당시의 상황을 세밀히 묘사해 놓았다. 장비의 난폭한 모습에 친숙한 독자들은 오히려 이를 허구로 생각하기 십상이나, 이는 엄연한 사실이다. 《삼국지》〈장비전〉을 보면, 장비가 넓은 아량으로 강직하고 곧은 엄안을 심복시킨 사실을 분명히 확인할 수 있다. 오히려 관우가 장료와 황충, 조조를 의리에 입각해 풀어주었다는 대목이 허구이다. 엄안을 감복하게 만든 것은 호걸을 사랑할 줄 아는 장비의 독자적인 결단에서 나온 것이다.

원래 엄안은 강궁을 당기고 대도를 사용하는 '만부부당지용'의 용장이다. 장비가 엄안을 깨뜨린 것은 결코 작은 일이 아니었다. 엄안을 알아본 장비의 안목을 높이 평가하지 않을 수 없다. 장비가 자신을 낮추어 패장을 오히려 존중하는 모습을 보이는 것은 매우 감동적이다. 나관중은 엄안의 입을 통해 장비에게 심복하게 된 배경을 이같이 말하게 한다.

"선비는 자신을 알아주는 사람을 위해 목숨을 바친다고 했소."

유비가 익주를 손에 넣게 된 데에는 장비의 공이 컸다. 이는 장비에게 심복한 엄안이 앞장서서 길을 안내한 데 따른 것이기도 했다. 당시 장비가 엄안에게 성도로 쳐들어갈 계책을 묻자 엄안이 말했다.

"패전지장이 장군의 두터운 은혜를 입었으나 갚을 길이 없으니, 견마의 수고나마 다할까 합니다. 구태여 화살 한 대도 쓸 것 없이, 바로 성도까지 들어갈 길이 있습니다."

"그 방법이 어떤 것이오?"

"여기서부터 낙성까지는 모든 관소가 이 늙은 사람의 관할 아래 있고, 관군 또한 모두 저의 수하에 있습니다. 오늘 장군의 은혜를 입었으나 달리 보답할 길이 없으니, 이 늙은 사람이 한번 선봉이 되어 나가서 이르는 곳마다 모조리 불러내 항복하도록 만들겠습니다."

장비가 크게 기뻐하며 엄안을 선봉으로 내세웠다. 과연 이르는 곳마다 모두 엄안의 관할이므로 일일이 불러내어 항복을 시키는데, 간혹 주저하며 결단하지 못하는 자가 있으면 엄안이 이같이 타일렀다.

"나도 항복을 했는데, 자네가 왜 그러는가?"

이후 소문을 듣고 모두 귀순한 까닭에, 장비는 한 번도 접전을 벌이지 않았다. 익주의 군민들 또한 이 이야기를 듣고 유비를 매우 도량이 넓은 인물로 인식했다. 엄안을 심복시킨 대목은 지략을 겸비한 장비의 진면목을 여실히 보여준 셈이다. 모종강은 총평에서 이같이 적고 있다.

익덕의 평생에는 몇 가지 통쾌한 일이 있다. 독우를 매질하고, 여포를 꾸짖으며, 장판파에서 일갈을 하고, 아두를 도로 탈취한 일 등이다. 그러나 이런 용맹도 엄안을 사로잡은 지략을 따를 수 없다. 이 또한 엄안을 풀어준 지혜를 따라갈 수 없다.

《삼국연의》는 유비가 익주를 탈취하는 과정에서 장비가 기여한 공을 제갈량의 몫으로 둔갑시켜 놓았다. 장비가 엄안을 심복시킨 다음 성도까지 별다른 어려움 없이 나아간 것은, 결코 《삼국연의》에 묘사된 것과 같이 제갈량의 훈계로 이루어질 일이 아니었다.

촉한이 성립된 뒤 그가 보여준 대표적인 무훈으로 '3파전투'를 들 수 있다. 당시 그는 유비의 기대에 부응해 50여 일 만에 장합을 깨뜨렸다. 이때 장비가 승리하지 못했다면 익주는 어찌 되었을지 모를 일이다. 익주가 함몰될지도 모르는 절체절명의 상황에서 그는 촉한을 구해내는 대공을 세운 셈이다.

그러나 장비는 결국 술을 마시면 함부로 부하 병사들에게 매질을 하는 고질 때문에 비명횡사하고 말았다. 이를 뒷받침하는 〈장비전〉의 해당 기록이다.

장비는 군자를 경애하면서도 소인을 불쌍히 여길 줄 몰랐다.

장비의 고질은 관우가 동오 군사에게 잡혀 죽었다는 소식을 들은 후 더욱 심해졌다. 그는 술이 취하기만 하면 더욱 노기가 뻗쳐, 조금이라도 비위에 거슬리는 자가 보이면 매질을 가했다. 하루는 사자가 내려오자, 장비가 연회를 베풀어 사자를 대접하면서 물었다.

"둘째 형님이 해를 입은 원한이 바다처럼 깊은데, 조정 신하들은 어찌하여 폐하께 빨리 군사를 일으키라고 상주하지 않소?"

사자가 사실대로 보고했다.

"우선 위나라부터 멸한 뒤 오나라를 치도록 하라고 권하는 사람들이 많습니다."

장비가 대로했다.

"옛날에 우리 세 사람이 결의할 때, 생사를 같이 하기로 맹서했다. 이제 불행히 둘째 형님이 중도에 돌아가셨는데, 내 어찌 홀로 부귀를 누릴 수 있단 말인가? 내가 역적을 사로잡아 둘째 형님의 영전에 바쳐 지난날의 맹서를 저버리지 않겠다!"

그러고는 마침내 사자와 함께 성도로 올라와 동오 정벌에 나설 것을 촉구했다. 유비가 이를 받아들이자, 그는 곧 좌우에 영을 내려 3일 안에 백기(白旗)와 백갑(白甲)을 장만하라고 했다. 상복차림으로 동오 토벌에 나설 생각이었다. 이튿날 말장(末將)인 장달과 범강이 그에게 건의했다.

"백기와 백갑을 모두 마련하려면 말미를 좀 늦추어야 합니다."

장비가 대로했다.

"당장 역적이 있는 곳에 가지 못하는 게 한인데, 너희들이 감히 내 명령을 어기려 든단 말인가?"

그가 좌우에 명하여 이들을 나무에 매달고 각각 50대씩 등을 때리게 했다. 매질이 끝나자 삿대질을 하며 호되게 꾸짖었다.

"내일까지 모든 것을 다 갖추도록 하라. 기한을 지키지 못하면 모두 효수(梟首)할 것이다!"

두 사람은 영채로 돌아가 대책을 의논했다. 범강이 말했다.

"내일까지 무슨 수로 다 마련해 놓는단 말인가? 곧 그자의 손에 죽고 말 것이다."

장달이 제안했다.

"그자의 손에 죽느니, 차라리 우리 손으로 그자를 죽이자."

"그자 앞에 함부로 가까이 갈 수 없으니, 어찌하나?"

장달이 대답했다.

"우리가 죽지 않을 운수라면 그자가 만취해 침상에 쓰러져 잘 것이고, 우리가 죽을 운수라면 그자가 술에 취해 있지 않을 것이다."

당시 장비는 여느 때와 마찬가지로 대취해 잠이 들어 있었다. 범강과 장달은 초경쯤에 단도를 몸에 지니고 몰래 장중으로 들어갔다. 이들이 단도를 꺼내 장비의 배를 찌르자 장비가 외마디 소리를 지르고는 그 자리에서 죽었다. 그의 나이 쉰다섯이었다. 두 사람은 급히 장비의 수급을 가지고 동오로 도망쳤다. 이를 두고 진수는 《삼국지》에서 이같이 평해 놓았다.

장비는 1만 명의 적을 상대할 만하여, 당대의 영장으로 대의로써 엄안을 풀어주었으니, 국사(國士)의 풍모를 지니고 있었다고 할 만하다. 그러나 장비는 폭이무은(暴而無恩: 포학하고 은혜를 베풀지 않음)했다. 그가 실패한 것은 이치상 그럴 수밖에 없는 것이다.

'폭이무은'은 장비가 '소인을 불쌍히 여길 줄 몰랐다'는 지적과 맥을 같이 하는 말이다. 원래 그는 관우와 달리, 아량도 있고 인재를 아낄 줄 아는 덕장(德將)의 면모를 갖추고 있었다. 엄안을 심복시킨 게 그 증거이다.

문제는 그의 무절제에 있었다. 술에 취하면 노기를 그대로 드러내다가, 마침내 원한을 산 부하에게 비명횡사 당한 사실이 이를 뒷받침한다. 서민 출신인 관우와 장비 모두 청류 사대부의 풍모를 지니고 있었다. 진수로부터 '국사'의 풍도가 있다는 평을 들은 이유이다. 그러나 이들은 명절을 숭상하는 '상명'(尙名)과 의리를 중시하는 '상의'(尙義)에 얽매여 소인배를 미워하는 모습을 너무 두드러지게 드러내는 잘못을 범했다. 두 사람의 비참한 최후는 이런 맥락에서 이해할 수 있다. 난세에 지나치게 겉으로 명의(名義)를 드러내는 것은 위험한 일이다.

# 조운

謙讓 사람을 대하거나 일을 처리할 때
겸양의 덕을 발휘하다


진수는 《삼국지》〈촉서〉를 저술하면서, 촉한의 장수 가운데 관우와 장비, 마초, 황충, 조운 등 다섯 사람을 합쳐 〈관장마황조전〉(關張馬黃趙傳)을 만든 뒤 이를 〈제갈량전〉 바로 뒤에다 두었다. 이들 모두 촉한의 간성(干城)에 해당하는 무장이라는 취지에서 이같이 편제한 것이다. 실제로 이들은 촉한의 개국에 결정적인 공헌을 했다.

송·원대 이래 문예인들은 삼국시대의 고사를 언급할 때마다 〈관장마황조전〉을 인용하면서, 이들 다섯 명의 장수를 이른바 '5호대장(五虎大將)'으로 불렀다. 원대에 나온 《삼국지평화》의 '황숙봉오호장(皇叔封五虎將)'이라는 제목은 바로 이런 풍조를 반영한 것이다. 나관중도 이를 그대로 받아들여 《삼국연의》에서 유비가 한중왕에 오른 다음 곧바로 이들 다섯 장수를 '5호대장'에 임명하는 것으로 그려 놓았다.

　　그러나 《삼국연의》는 유비가 탕구장군 관우를 전장군, 정로장군 장비를 우장군, 평서장군 마초를 좌장군, 정서장군 황충을 후장군에 봉하면서, 유독 조운만은 원래의 익군장군 자리에 그대로 둔 것으로 기술해 놓았다. 이는 사서의 기록을 충실히 반영한 결과였다. '익군장군'은 정동·정서·진동·진서 등의 비상설 장군직보다 한 단계 더 낮은 '잡호장군'(雜號將軍)에 속한다.

　　당시 조운은 무슨 이유로 주군인 유비가 '한중왕'으로 등극하는 경사스러운 날에 진급도 못한 채 익군장군에 머물러 있었던 것일까? 진수는 《삼국지》에서 관우와 장비에 대해서는 '국사'(國士)의 풍도가 있었다고 칭송한 바 있다. 그러나 마초와 황충과 조운 등에게는 이런 표현을 쓰지 않았다. 이는 이들의 합류가 관우와 장비보다 늦었던 점을 반영한 것으로 보인다.

　　그렇다면 합류시기가 마초와 황충보다 빨랐던 조운은 유비가 '한중왕'으로 등극할 때 다른 장수들과 달리 승진에서 왜 빠졌을까? 이는 당시 조운이 유비에게 그다지 중시되지 못했음을 반증하는 것으로 해석할 수밖에 없다. 당초 유비가 평원상에 임명되었을 때, 관우와 장비는 별부사마에 임명되어 부하들을 거느리는 등 장수의 면모를 갖추었으나, 조운은 겨우 유비의 경호를 책임지는 호위대장 정도의 직책에 머물러 있었다. 이후에도 그는 오랫동안 유비나 제갈량의 신변을 오가며 사소한 일만 담당했다. 당시 촉한에서 조운의 지위는 관우와 장비는 말할 것도 없고, 마초와 황충보다 못했고, 심지어 위연보다도 아래였다.

　　유비가 황초 2년(221)에 촉한의 황제 자리에 올랐을 때, 관우와 황충은 이미 죽고 없었다. 당시 장비는 거기장군으로 승진해 사례교위를 담당하면서 서향후에 봉해졌다. 마초도 표기장군으로 승진해 양주목을 겸하면서 태향후에 봉해져 있었다. 심지어 위연마저 진북장군으로 승진했지만, 조운은 이때도 승진하지 못했다. 이는 조운이 유비의 셋째 아우 역할을 하지 못했음을 방증하는 것이다.

그럼에도 청대에 들어와 모종강 부자는 《삼국연의》를 평개하면서, 조운을 위로 끌어올려 그 순서를 바꾸어 놓았다. 이 때문에 조운은 마초와 황충보다 우위에 서게 된 것이다. 《삼국연의》에 나오는 '5호대장'의 순서가 진수가 기술한 '관장마황조' 대신 '관장조마황'로 된 것은 바로 이 때문이다. 이는 후대인들이 조운의 독특한 매력을 간취한 결과로 볼 수 있다.

우선, 조운은 다른 장수들과 달리 '춘추대의'(春秋大義)를 깊이 인식하고 있었다. '춘추대의'는 난세를 평정해 백성을 도탄에서 구해내는 것을 의미한다. 유비가 익주를 탈취한 뒤 성도의 여러 주택과 과수원 등을 장수들에게 나누어 줄 때, 조운은 민심을 얻는 것이 더 중요한 일이라며 이를 거절한 바 있다. 조운의 이런 언행은 '춘추대의'에 입각한 것이다. 후세 사람들은 그의 이런 언행에서 큰 감명을 받았을 것이다.

둘째, 그는 충직하기도 했지만 주군에게 거리낌 없이 '직간'(直諫)을 할 줄 하는 장수였다. 유비가 동오를 정벌하려고 할 때, 그는 당시의 정세를 설명하면서 적극 말렸다. 오직 조운만이 바르게 충고했던 것이다. 이런 모습은 무신보다 문신에 가까웠다. 촉한의 다른 장수에게서는 이런 모습을 찾아볼 수 없다.

셋째, 사람을 대하거나 일을 처리할 때 '겸양지덕'(謙讓之德)을 발휘했다. 뛰어난 무용과 지략을 겸비한 그는, 유선의 목숨을 구하는 등 많은 공을 세운 바 있다. 그러나 한 번도 자신의 공로를 과시한 적도 없고 명리를 탐하지도 않았다. 관우와 달리 자신보다 늦게 합류해 높은 벼슬을 받은 사람들과도 끝까지 좋은 관계를 유지했다. 이는 자부심이 강했던 관우나 위연 등이 지니지 못한 뛰어난 품행이기도 했다. 후대인들이 조운을 제갈량 못지않게 좋아하게 된 배경이다.

원래 조운은 관우와 장비와 달리, 원소의 휘하에 있다가 공손찬에게 귀의한 인물이다. 그도 처음에는 제대로 된 군주를 만나지 못한 셈이다. 《삼국연의》는 역사의 무대에 처음 등장하는 조운의 모습을 이같이 그려 놓았다.

키가 8척이고, 짙은 눈썹에 두 눈이 부리부리하고, 넓적한 얼굴에 군턱이 졌는데, 위풍이 자못 늠름했다.

호걸의 풍모가 완연한 기남(奇男)이었던 셈이다. 당시 조운은 무리들을 이끌고 와서 공손찬에게 몸을 굽혀 인사를 한 다음, 이렇게 말했다.

"저는 본래 원소 수하에 있었습니다. 그러나 그는 천자에게 충성하며 백성을 구할 마음이 없기에, 장군 휘하에 몸을 두려고 오던 차에, 뜻밖에도 여기서 뵙게 되었습니다."

그러나 공손찬은 이를 액면 그대로 받아들이려 하지 않았다.

"많은 사람들이 원소를 추종하고 있는데, 군은 어찌하여 홀로 마음을 정하지 못하고 원소를 반대하려는 것이오?"

"천하가 흉흉해 누가 옳고 그른지를 알 수 없고, 백성들은 극도의 고난에 처해 있습니다. 사람들의 논의가 원소를 더 높이 평가하는 쪽으로 흘렀으나, 저는 장군이 더 어질다고 생각했습니다."

이 대목에서 《삼국연의》의 기술은 《삼국지》〈조운전〉과 《자치통감》의 기록과 대략 일치한다. 다만 곧바로 합류하지 않고 우여곡절 끝에 일정한 시간이 흐른 뒤 합류하는 것으로 그려 놓은 게 약간 다를 뿐이다. 이와 관련해 배송지 주에 인용된 〈조운별전〉은 다른 내용을 실어 놓았다.

조운이 마침내 공손찬을 좇아 원소토벌전에 나섰다. 이때 유비 역시 공손찬에게 의탁했는데, 매번 조운을 볼 때마다 마음속으로 깊이 받아들였다. 이에 조운도 내심 유비를 깊이 추종하게 되었다. 조운이 형의 상을 당하게 되어 잠시 고향에 다녀오겠다며 작별인사를 하자, 유비는 그가 돌아오지 않을 것을 알면서도 이내 악수를 하며 이별을 아쉬워했다. 이때 조운이 말하기를, '끝까지 은덕을 잊지 않겠습니다'라고 했다. 유비가 뒷날 원소에게 의지한 뒤 업성에서 조운을 만나게 되었다. 유비가 크게 기뻐하며 조운과 함께 같은 침상에서 잤다. 이때 은밀히 조운을 보내 병사 수백 명을 모으게 했다. 이들 모두 유비 좌장군의 부하를 칭했으나, 원소는 이 사실을 알지 못했다. 이후 조운은 유비를 좇아 형주로 갔다.

〈조운별전〉에 따를 경우, 조운은 처음에 공손찬을 좇아 원소 토벌에 나섰다가 형의 상을 당해 고향으로 간 뒤 원소에게 몸을 의탁한 셈이 된다. 이는 원소 휘하에 있다가 공손찬에게 귀의하는 《삼국연의》의 기술과는 정반대이다. 〈조운전〉은 당시 상황을 매우 간략하게 기술해 놓았다.

> 조운은 원래 공손찬의 부하였다. 공손찬이 유비를 보내 원소에게 맞서도록 했을 때, 유비를 수행하여 그의 주기(主騎)가 되었다.

당초 조운은 원소가 난세를 평정할 그릇이 되지 못한다고 생각해, 공손찬을 찾아가 그의 수하로 있었던 것이 확실하다. 이후의 행보에 관해서는 〈조운별전〉과 〈조운전〉 등을 종합해 판단할 필요가 있다. 대략 그는 공손찬에게 실망해 형의 상을 핑계로 고향으로 갔다가 이내 원소의 휘하로 들어가 활약하던 중, 우연한 기회에 업성에서 유비와 만난 것으로 보는 게 타당할 듯하다.

당시 유비의 조운에 대한 신임은 매우 두터웠다. 이는 유비가 조조에게 쫓겨 도주하는 와중에, 어떤 사람이 유비에게 달려와 조운이 북쪽으로 도주했다고 말하자 화내는 모습을 보면 쉽게 알 수 있다. 당시 울화가 치민 유비가 수극(手戟)을 집어던지며 이같이 호통 쳤다.

"조운은 나를 버리고 도주할 사람이 아니다!"

사실 당시 조운은, 피난 도중 잃어버린 유비의 처자식을 찾기 위해 동분서주하고 있었다. 《삼국연의》는 '단기구주'(單騎救主) 대목에서 그의 활약을 영웅적으로 묘사하였다. 기본 줄거리는 사서의 기록과 일치하나, 많은 부분이 조운을 미화하기 위한 허구로 이루어져 있다. 〈조운전〉은 이같이 기록해 놓았다.

유비가 조조에게 당양의 장판까지 추격을 당하자, 처와 자식마저 버리고 남쪽으로 달아났다. 조운은 직접 유선을 품에 안고 감부인(甘夫人: 유선의 생모)을 보호해 모두 난을 면하게 했다.

《삼국연의》는 장판교 싸움 이전에 죽은 미부인이 유선을 데리고 달아나다가, 조운을 만난 뒤 유선을 살리기 위해 분연히 우물에 몸을 던져 죽는 열녀의 모습으로 그려 놓았다. 이는 조운의 결사적인 혈전을 효과적으로 묘사하기 위해 만들어 놓은 허구이다. 그럼에도 이는 역사적 사실로 받아들여졌다. 명대 만력 연간에 조운의 활약을 기리기 위해 장판파에 '장판웅풍'(長坂雄風)이라는 큰 석비를 세운 것은 그 영향으로 볼 수 있다.

당초 원본에 해당하는 원대의 《삼국지평화》는, 내용도 간단할 뿐만 아니라 조운에게 초점이 맞추어진 것도 아니었다. 이후에 나관중은 《삼국지통속연의》를 저술하면서, 조조군 100만 명의 포위를 뚫고 유선을 구하는 조운의 영웅적인 모습을 만들어냈다. 다음은 해당 대목이다.

조조는 경산 꼭대기에 앉아서 한 장수를 관망하고 있었다. 조운이 종횡무진하자, 그가 이르는 곳마다 그 위세를 아무도 감히 당해내지 못했다. 이제 조조가 급히 좌우를 돌아보며 저 장수가 누구냐고 물었다. 조조는 그 장수가 조운이라는 이야기를 듣고는 무의식중에 칭찬하여 말하기를, '참으로 범 같은 장수이다'라고 했다.

결국 조운은 첩첩이 둘러싼 포위망을 뚫고 탈출에 성공한다. 그는 이 싸움에서 대장의 깃발을 두 개나 넘어뜨리고, 긴 창을 세 개나 빼앗고, 50명이 넘는 적장을 베는 것으로 나온다. 독자들은 이 대목을 접하면서, 그의 뛰어난 충성심과 무용 등에 뜨거운 박수를 보낼 수밖에 없다.

그러나 사실 '단기구주'는 '조운이 감부인과 유선을 구출했다'는 짤막한 역사 사실을 작가의 모든 상상력을 동원해 미화한 허구에 지나지 않는다. 조운을 포위한 조조의 군사는 《삼국연의》에 묘사된 것과는 달리 5천 명의 선발대일 뿐이다. 조조의 많은 장령들이 그의 칼 아래 추풍낙엽처럼 떨어져 나간 일도 없었다. 그러나 설령 그럴지라도, 그가 적진으로 뛰어 들어가 유비의 처자를 구해낸 활약상만큼은 높이 평가할 필요가 있다.

조운의 뛰어난 무공은 무릉과 장사, 계양, 영릉 등을 공략했을 때 다시 한 번 빛났다. 당시의 상황과 관련되는 《삼국지》와 《자치통감》의 기록은 매우 간략하나, 조운이 계양태수 조범을 설복시켜서 항복을 받아낸 것은 분명하다. 《삼국연의》는 조운이 지략으로 계양을 취하는 대목에서 당시의 상황을 실감나게 묘사해 놓았다. 나관중은 이 대목에서 사서의 기록을 토대로 하기는 했으나, 조운을 미화하기 위해 조범의 혼인 제의를 뿌리치는 모습 등, 상당 부분을 허구로 채워 넣었다.

그러나 뒷날 손권의 여동생인 손부인이 일곱 살 된 유선을 안고 촉한을 떠나는 것을 도중에서 저지해, 유선을 빼앗아 오는 대목은 사서의 내용과 완전히 일치한다. 결과적으로 그는 장판파에 이어 두 번째로 후주 유선의 목숨을 살려낸 셈이다. 유선이 보위에 오른 뒤 조운에게 각별한 총애를 보인 것도 이와 무관하지 않다.

사서의 기록에 비추어, 촉한의 장수들 가운데 그만큼 지략이 출중한 장수는 그리 많지 않았다. 대표적인 예로, 한중대전 당시 장합과 서황에 의해 추격을 당할 때 이들을 따돌린 이른바 '공성계'(空城計)를 들 수 있다. 당시 위나라 군사들이 촉군의 영채 앞에 이르렀을 때에는 이미 날이 저물고 있었다. 영채 안에는 깃발도 꽂혀 있지 않고, 북소리도 나지 않았다. 이들은 혹여 매복이 있을 것을 우려해 이내 말머리를 돌려 돌아가기 시작했다.

이때 조운이 창을 들어 흔들자, 전고 소리가 진동하면서 강노의 시위를 떠난 화살들이 위나라 군사를 향해 비 오듯 쏟아졌다. 촉병이 얼마나 되는지 알 수도 없는 상황에서 화살들이 쏟아지자, 위병들이 사방으로 궤주했다. 서로 밟고 밟히며 한수 강변으로 몰려가면서, 물에 빠져 죽은 자가 매우 많았다.

《삼국연의》는 이 대목에서 조운이 필마단창(匹馬單槍)으로 활짝 열려 있는 영채의 문 앞에 나와 서 있는 것으로 묘사해 놓았으나, 이는 사족이다. 당시 조운이 '공성계'를 구사한 것은 역사적 사실에 부합한다. 배송지 주에 인용된 〈조운별전〉에 당시 상황이 자세히 실려 있다. 그러나 영문을 활짝 열어놓은 뒤 깃발을 눕히고 북소리를 내지 않는 '언기식고'(偃旗息鼓)의 공성계를 구사했다는 기록만 있을 뿐, 조운이 필마단창으로 영채 문 앞에 버티고 서 있었다는 내용은 나오지 않는다.

'언기식고'의 공성계는 기본적으로 복병의 가능성을 강하게 암시함으로써 적의 판단을 흐려놓는 것이 목적이다. 활짝 열려 있는 영문 앞에 필마단창으로 나와 서 있는 것은, 오히려 적들로 하여금 공성계를 눈치 채게 할 가능성이 높다. 더구나 날이 어두워 얼굴을 알아볼 수 없는 상황에서는, 그가 필마단창으로 나와 있은들 아무 의미가 없다. 나관중은 사족을 달아 오히려 조운이 구사한 공성계의 의미를 퇴색시켜 놓았다.

조운의 ‘직간은 유비가 장수들의 만류를 뿌리치고 동오 정벌에 나설 때 진면목을 드러냈다. 당시 익군장군 조운은 유비에게 이같이 간했다.

“나라의 적은 조조이지 손권이 아닙니다. 위나라를 멸하면 손권은 자연스럽게 복종할 것입니다. 지금 조조가 비록 죽었다고는 하나, 그의 아들 조비가 제위를 도둑질했으니, 마땅히 민심에 부응해 먼저 관중을 도모해야 합니다. 그런 다음 황하를 점거하여 위수의 상류를 거슬러 올라가 적을 쳐야 합니다. 그리하면 관동의 의사(義士)는 반드시 양식을 싸가지고 전마를 몰고 와 우리의 군사를 맞이할 것입니다. 위나라를 놓아둔 채 먼저 오나라와 싸워서는 절대 안 됩니다. 한 번 교전하면 일거에 해결이 날 수 없으니, 이는 결코 상책이 될 수 없습니다.”

그러나 유비는 이를 물리치고 무리하게 전쟁에 나섰다가 대패하고 말았다. 그의 직간이 더욱 돋보일 수밖에 없다. 이를 두고 진수는 이같이 평해 놓았다.

황충과 조운이 강하고 용맹하여 유비의 조아(爪牙 : 수족 같은 측

근)가 된 것은, 마치 한고조 때의 관영과 하후영을 닮았다고 할 수 있
을 것이다.

황충을 관영, 조운을 하후영에 비유한 셈이다. 《사기》〈번역등관
열전〉에 따르면, 관영은 원래 비단을 팔던 자였다. 그는 유방이 패공
(沛公)으로 있을 당시, 유방의 수발을 드는 신분으로 유방을 따라가
진나라 군대를 격파한 바 있다. 이후 한왕(漢王)으로 즉위한 유방을
좇아 한중(漢中)으로 들어간 뒤 중알자(中謁者: 군주 접견 담당관)에
제수되었다. 이는 비서실장 격에 해당한다.

하후영 또한 유방의 측근으로 활약한 인물이다. 유방과 같은 고향
사람인 그는, 원래 패현의 수레 담당 관원으로 있다가 현리(縣吏)가
된 뒤, 정장(亭長)으로 있던 유방과 매우 사이좋게 지냈다. 한번은 유
방이 하후영을 희롱하다가 상처를 입히자, 어떤 사람이 유방을 고발
했다. 당시 관원이 남에게 상처를 입히면 가중처벌을 받게 되어 있었
다. 유방은 결코 하후영에게 상처를 입히지 않았다고 진술했고, 하후
영은 이를 증언했다. 나중에 사건의 전말이 드러나 하후영은 위증죄
로 1년여 동안 수감된 뒤 수백 대의 매질을 당했다. 시간이 흘러 그는
결국 유방 사건에서 벗어날 수 있었다.

이후 하후영은 유방이 위기에 빠져 어지러운 행보를 보일 때마다,
거듭 '직언'을 하여 이를 저지한 바 있다. 대표적인 경우로, 항우에게
패한 유방이 경황없이 하후영이 모는 수레에 올라타 도주하면서, 뒷
날 그의 뒤를 이어 보위에 오른 혜제와 노원공주를 수레 밖으로 내던
질 때의 상황을 들 수 있다. 당시 유방은 말이 지쳐 있는데다, 적이

뒤에서 추격해 오자, 다급한 김에 두 자식을 발로 차 수레 밖으로 내
몰았다. 하후영은 그때마다 수레에서 내려 아이들을 태웠다. 그는 아
이들을 껴안은 채 수레를 몰았다. 《사기》는 당시 유방이 대로한 나머
지 10여 차례나 그를 베려 했다고 기록해 놓았다.

유비도 유방처럼 여러 번 처자식을 사지에 그대로 놓아둔 채 홀로
몸을 빼내 도주한 적이 있다. 장판파에서 조조의 군사에게 쫓길 때에
는 조운이 가까스로 구해낸 유선을 땅에 내던지기도 했다. 이는 유방
이 혜제와 노원공주를 수레 밖으로 내친 것과 사뭇 닮았다. 진수가
조운을 하후영에 비유한 것은, 바로 이런 유사점을 지적한 것으로 볼
수 있다.

조운은 유비가 죽은 뒤에도 제갈량을 따라나서 많은 무공을 세웠
다. 그러나 '읍참마속'이 빚어지는 제갈량의 1차 북벌 때 강족을 물리
친 대목은 허구이다. 사서에 따르면, 당시 조운은 강족과 접전한 적이
없었다. 오히려 등지와 함께 기곡으로 출격했다가 패했다. 그러나 그
는 부하들을 잘 거둔 까닭에 그다지 큰 병력 손실을 입지는 않았다.
이때 조운도 패배의 책임을 지고 자청하여 진군장군(鎭軍將軍)으로
깎였다. 제갈량이 의아하게 생각해 등지에게 물었다.

"가정의 패배는 너무 피해가 커 장차 군사들을 수습하기가 쉽지 않
은 상황이오. 그러나 기곡에서는 군사들을 거의 잃지 않았는데, 조장
군이 폄강(貶降)된 것은 어찌된 일이오?"

등지가 대답했다.

"사실 조장군은 자신이 직접 나서서 군사의 뒤를 끊었기 때문에
군용물자와 장비 등을 거의 잃지 않았고, 군사들 또한 잃을 이유가

없었습니다. 그런데도 조장군은, 승리하지도 못한 터에 약간이라도 손상을 입었으니 책임을 지지 않을 수 없다면서 스스로 폄강을 청했습니다."

제갈량이 찬탄했다.

"참으로 조장군다운 모습이다!"

조운의 '겸양' 리더십이 극명하게 드러난 대목이다. 당시 조운에게는 군용물자로 지급된 비단이 제법 많이 남아 있었다. 제갈량이 이를 거두어 장병들에게 나누어 주려 하자, 조운이 반대했다.

"군사상 아무 이익이 없는데 무슨 이유로 상을 주는 것입니까? 청컨대, 이 물자들은 전부 창고에 넣어두었다가 겨울용 하사품으로 사용하십시오."

제갈량이 조운을 크게 칭송하고, 이때부터 그를 더욱 공경했다. 이런 '겸양의 리더십'은 촉한의 다른 장군에게서는 전혀 볼 수 없는 모습이기도 했다. 그는 제갈량이 2차 북벌을 준비할 때 병으로 죽었다. 그의 부음을 접한 제갈량이 술잔을 땅에 내던지며 외쳤다.

"조운이 나를 두고 참으로 세상을 떠났단 말인가!"

제갈량이 슬피 울자 장수들도 모두 따라 울었다. 이때 성도의 유선도 조운이 죽었다는 소식을 듣고 목 놓아 통곡하며 말했다.

"짐은 그가 아니었다면 일찍이 난군 속에서 죽고 말았을 것이다!"

유선은 즉시 조서를 내려 대장군을 추증하고, 순평후의 시호를 내렸다. 나관중은 비록 관우를 '충의의 화신'으로 만들기 위해 공을 들였으나, 관우는 사실 교만한데다 지략 면에서도 그다지 출중하지 못해, 일면 조운보다 낮게 평가될 소지가 많다. 조운은 《삼국연의》에서

지장으로 묘사되어 있지만, 그의 행적을 종합해 보면 사실 문무를 겸
비한 전형적인 '유장'(儒將)에 가깝다. 요체는 바로 '겸양'의 리더십에
있었다.

# 여 몽

勞力 한 번 목표를 세우면
혼신의 힘을 다해 이루어내다

동오의 장수들은 위나라나 촉한과 달리 군신 사이의 정리(情理)가 크게 돋보인다. '정리'는 인정(人情)에 기초한 의리를 뜻한다. 위나라는 조조가 모신과 무장을 확연히 구별한 탓인지 몰라도, 공적인 의리에 입각한 출중한 장수들이 많았다. 촉한 역시 관우와 장비가 그렇듯이, 무용보다는 비록 사적이기는 하나 의리를 앞세운 느낌이 강하다. 그러나 손견·손책·손권으로 이어진 동오에서는, 인간적인 결속이 정책 결정의 주요 배경으로 작용했다. 이는 손씨 집안이 호족의 세력이 강한 장강 이남에 뿌리를 내렸기 때문인지도 모른다.

특이하게도 동오에서는 손권과 장소 등 몇을 빼고는 모두 일찍 죽었다. 손견과 손책이 그랬고, 적벽대전의 주인공 주유와 관우를 사로잡은 여몽 등이 모두 30대 전후에 세상을 떠났다. 흔히 뛰어난 인물들이 잇달아 교체될 때에는 내부적으로 술렁거리기 마련인데도, 동오에서는 아무런 잡음도 일어나지 않았다. 이는 손권의 용인술이 나름대로 주효한 결과로 볼 수 있다.

원래 관우를 죽음으로 몰아넣은 여몽은, 아무런 집안 배경도 없이 스스로의 힘으로 자수성가한 인물이다. 그는 노숙에 이어 군사권을 대행하면서 형주를 탈환하는 대공을 세운 셈이다. 그런 점에서 독학으로 입신하여 마침내 촉한 정벌의 대공을 세운 위나라의 등애와 사뭇 닮아 있다.

여몽은 어려서 집안이 몰락하자 남쪽으로 내려와 누나 집에 기식하며 성장했다. 당시 손책의 휘하 장령으로 활약하던 자형 등당은, 산월족을 토벌하는 데 적잖은 공을 세웠다. 여몽은 나이 열대여섯에 등당을 쫓아다니며 전투 장면을 유심히 관찰했다. 등당이 크게 꾸짖었으나 결국 이를 말리지는 못했다. 등당이 이를 장모에게 말하자, 여몽의 어머니가 대로하여 그를 벌주고자 했다. 그러자 여몽이 이같이 말했다.

"가난하게 사는 것은 매우 어려운 일이나, 공을 세워 갑자기 부귀하게 되는 것은 오히려 쉬운 일입니다. 호랑이굴에 들어가지 않고 어찌 호랑이 새끼를 얻을 수 있겠습니까?"

여몽의 어머니가 이 말을 듣고 크게 슬퍼하며 벌주려던 생각을 버렸다. 그는 이미 어렸을 때부터 주어진 목표가 정해지면 이를 성취하기 위해 모든 방법을 동원하는 '노력'(勞力)의 덕목을 보여주기 시작한 셈이다. 그의 '노력'은 자신을 업신여긴 등당 휘하의 한 소리(小吏)를 척살한 대목에서 뚜렷하게 드러난다. 당시 소리는 여몽의 나이가 어린 것을 얕보고 이같이 말했다.

"저자는 도대체 제대로 할 수 있는 게 무엇이란 말인가? 차라리 호랑이 먹이로 주는 게 낫겠다."

여몽은 이를 치욕스럽게 생각했다. 어느 날 소리가 여몽과 함께 있다가 다시 그를 업신여기면서 욕을 해대자, 그가 문득 칼을 뽑아 소리를 찔러 죽이고 도주했다. 이후 교위로 있던 원웅의 권고로 자수하면서, 틈을 보아 손책에게 사건의 전말을 이야기했다. 손책이 그를 기이하게 생각해 곧 좌우에 두었다. 몇 년 뒤 등당이 죽자 장소가 여몽을 천거해 등당을 대신하도록 했다. 이에 그는 별부사마의 직책을 맡게 되었다.

얼마 뒤 손권은 규모가 작거나 전공을 세우지 못한 부대를 대부대에 통합시키고자 했다. 이 소식을 접한 여몽은 은밀히 돈을 빌려, 병사들에게 진홍색의 군복과 여러 색의 허리띠와 바지 끈 등을 장만해 준 뒤, 강도 높은 훈련을 시켰다. 병사들이 도열한 모습도 화려하고 훈련 장면 또한 장관이었다. 손권이 이를 보고 크게 기뻐하며 그의 휘하에 다른 부대를 배속시켜 주었다. 이 또한 모든 역량을 다 쏟아 부어 주어진 목표를 기필코 완수하는 '노력' 리더십이 빛을 발한 대목이다. 사실 이는 난세의 시기에 대임을 맡은 무장에게 반드시 필요한 덕목이기도 하다. 그가 마침내 당대의 명장 관우를 제압하고 형주를 탈환한 것도 이런 맥락에서 이해할 수 있다.

장수로서 그의 뛰어난 면모는 주유가 군권을 장악할 때부터 돋보이기 시작했다. 단순히 무용만 뛰어난 게 아니라 대세를 읽는 데에도 탁월한 면모를 보인 결과였다. 적벽대전 이후 주유가 남군태수를 겸임할 때, 그는 심양현령을 겸임하며 주유를 보필한 사실이 이를 뒷받침한다.

그의 뛰어난 지략은 조조가 한중을 손에 넣은 뒤 군사를 이끌고 회군할 당시 동오가 취한 대응방안을 보면 쉽게 이해할 수 있다. 손권이 대대적으로 군사를 일으켜 합비를 치려고 하자, 여몽이 이같이 건의했다.

"지금 조조는 여강태수 주광을 환성에 주둔하게 하면서 둔전으로 거둔 곡식을 합비로 보내서 군량에 충당하려는 생각입니다. 비옥한 환성의 둔전으로 군량이 넉넉해지면 그들의 세가 커질 것이니, 미리 주광을 제거함만 못합니다. 환성부터 취한 다음 합비를 치는 게 옳습니다."

손권도 여몽의 말이 일리가 있다고 생각해 곧바로 군사를 이끌고 가 환성을 쳤다. 동오 군사가 도강하여 화주를 취한 뒤 환성에 이르자 환성태수 주광이 급히 사람을 합비로 보내 구원을 청하는 한편, 성을 굳게 지키며 나오려 하지 않았다. 손권이 장수들에게 대책을 묻자 모두 토산(土山)을 쌓은 뒤 운제(雲梯)를 이용해 공략하는 방안에 찬동했다. 여몽이 반대했다.

"그리하려면 반드시 많은 날이 걸려야 합니다. 성의 방비가 이미 견고한데다, 반드시 밖에서 구원병이 올 터이니, 그리해서는 환성을 취할 수 없습니다. 게다가 우리는 비가 많이 왔을 때 진공한 까닭에, 체류가 길어져 물이 빠지면 귀환하는 길이 험난해질 것입니다. 지금 이 성을 보니 그다지 견고한 게 아닙니다. 우리가 사면에서 동시에 공격하면 많은 시간도 필요 없이 곧바로 공략할 수 있습니다. 물이 차 있을 때 돌아가는 게 완승의 방략입니다."

손권이 크게 기뻐하며 이를 받아들였다. 여몽이 곧바로 정예부대를 이끌고 환성으로 진공한 뒤, 직접 북채를 잡고 전고를 쳤다. 병사들이 용기백배해 성벽 위로 뛰어올랐다. 새벽에 진공을 시작한 동오의 군사는 아침밥을 먹을 즈음 성을 완전히 공략할 수 있었다. 주광을 비롯해 남녀 수만 명이 포로로 잡혔다. 판세를 정확히 분석한 뒤, 그에 부응하는 최상의 대책을 강구하고자 하는 여몽의 '노력'이 주효한 결과이다.

그러나 당시 여몽은 비록 무용에는 뛰어난 면이 있었으나, 기본적으로 글을 읽지 못해 대장군이 되기에는 적잖은 문제가 있었다. 이를 안타깝게 생각한 손권이 일찍이 여몽에게 이같이 권한 적이 있었다.

"경은 지금 일을 처리하는 자리에 앉게 되었으니, 배우지 않으면 안 되오."

여몽이 군중에 일이 많다는 핑계로 사양하자, 손권이 다시 권했다.

"내가 경보고 경전을 공부해 박사(博士)가 되라고 하였겠소? 단지 두루 섭렵해 옛 일을 알 정도면 되오. 경은 일이 많다고 하나, 나보다 더 많겠소? 독서를 하면 유익한 점이 매우 많소."

그러자 여몽이 비로소 책을 읽기 시작했다. 노숙이 어느 날 여몽과 이야기를 나누다가 크게 놀랐다.

"경이 오늘 보여준 재략(才略)은 옛날 오군(吳郡)에 있을 때의 모습과는 전혀 다르오."

여몽이 웃으며 말했다

"선비는 3일간 헤어지면 곧 괄목상대(刮目相對)하는 법이오. 대형(大兄)은 아는 게 어찌 이리 늦었소?"

노숙이 찬탄하며 곧 여몽의 어머니를 배견한 뒤 여몽과 붕우결의를 맺었다. '괄목상대'의 고사성어는 여기서 나왔다. '노력' 리더십의 진수가 아닐 수 없다. 당시 노숙은 여몽의 '노력' 리더십에 감복한 나머지, 그를 만날 때마다 경외심을 가지고 대했다. 이후 여몽이 노숙의 뒤를 잇게 된 것은 당연한 일이기도 했다.

여몽의 가장 뛰어난 활약은 역시 형주를 탈환할 때 나타났다. 당시 여몽은 강경파였다. 그는 손권을 만나 이같이 건의했다.

"지금 관우가 동쪽으로 나아가지 못하는 것은, 지존이 성명(聖明)하고 저 같은 사람들이 있기 때문입니다. 지금 도모하지 않다가 만일 우리가 죽기라도 하면, 무력에 의지하려 한들 그것이 가능하겠습니까?"

손권이 말했다.

"우선 서주를 공략하고, 그런 다음 관우를 취하고자 하는데, 어찌 생각하오?"

여몽이 반대했다.

"지금 조조는 멀리 황하 이북에 있고, 유주와 기주를 안정시키느라 동쪽을 돌아볼 겨를이 없습니다. 서주의 수비병은 그 숫자가 너무 적어, 취하고자 하면 능히 쉽게 취할 수 있습니다. 그러나 서주의 지세는 평탄한데다 사방으로 뚫려 있어 반드시 효용한 기병이 달려올 터이니, 서주를 공략해도 조조가 10일 뒤에는 반드시 다시 빼앗으러 올 것입니다. 이는 관우를 공략하여 장강 일대를 전부 장악하느니만 못합니다. 장강을 장악하면 세력이 더욱 강대해져서 수비하는 것도 훨씬 쉬워질 것입니다."

손권이 이를 좇았다. 당초 노숙은 생전에 조조가 아직 살아 있는 만큼, 관우와 함께 기각지세를 이루어 조조에게 대항해야 한다고 역설한 바 있다. 촉한과의 우호관계를 무엇보다 중시한 것이다. 그러나 여몽의 생각은 달랐다. 그는 노숙을 대신해 육구에 머물면서, 관우가 평소 뛰어난 무용을 바탕으로 형주를 겸병할 야심이 있다고 판단했다. 관우가 장강의 상류지역에 머물고 있는 상황을 방치했다가는, 장차 동오의 안전마저 위협받을 수밖에 없다는 게 그의 판단이었다. 그는 어떤 식으로든 얼른 일을 꾀하지 않으면, 형주는 영원히 빼앗길지도 모른다고 우려했다.

그의 이런 생각은 틀린 게 아니었다. 노숙이 생존했을 때와 상황이 달라진 것이다. 손권도 그의 이런 주장에 동조했다. 그는 육구로 돌아오자마자 곧 형주를 취하기 위한 준비작업에 박차를 가했다. 이때 세작(細作: 척후)이 돌아와 보고했다.

"장강 연안에 이삼십 리 간격으로 높은 언덕마다 봉화대가 생겼습니다. 또 형주의 군마가 매일 군사훈련을 쉬지 않고 하고 있습니다."

여몽은 관우가 형주를 취하려는 자신의 의도를 알아챈 것이나 아닌지 크게 의심했다. 아무리 생각해도 묘책이 떠오르지 않아 고심하던 중, 마침내 사병계(詐病計)를 생각해 냈다. 거짓으로 병을 칭하여 관우를 안심시킨 다음, 출기불의(出其不意)로 엄습하는 계책이다. 이에 곧 병이 난 것처럼 소문을 낸 뒤, 은밀히 손권에게 글을 올렸다.

"관우는 번성을 취한 뒤 많은 수비 병력을 두고자 해도, 반드시 우리가 자신의 후방을 칠까 두려워할 것입니다. 저는 평소 병이 자주 나니, 요양을 구실로 일부 군사를 이끌고 건업에 돌아갈 것을 청할 생각입니다. 관우가 이 소식을 들으면 반드시 수비 병력을 철수시켜 양양으로 돌려보낼 것입니다. 이때 우리의 대군이 배를 타고 장강을 따라 밤낮으로 북상해 후방을 습격하면, 가히 남군을 공략하고 관우 또한 생포할 수 있을 것입니다.”

손권이 이를 좇았다. 곧 노격(露檄: 봉하지 않은 격문)을 띄워 여몽에게 귀환하라고 명한 뒤, 그와 몰래 후속 계책을 논의했다. 손권이 드디어 군사를 동원해 관우를 공격할 생각으로 여몽을 불러 말했다.

“관우가 멋대로 우리 양식에 손을 대니, 형주를 도모할 시기가 왔나 보오. 경이 내 아우 손교와 함께 좌우부대독(左右部大督)이 되어 대군을 이끌고 가는 것이 어떻겠소?”

손교는 손권의 숙부인 손정의 둘째아들이다. 여몽이 반대했다.

“그가 능히 임무를 수행할 수 있다고 생각하면 응당 그를 쓰고, 제가 그렇다고 생각되면 마땅히 저를 쓰십시오. 전에 주유와 정보가 좌우부독에 임명되어 군사를 이끌고 강릉을 공격할 당시, 정보는 자신이 선임자인데다 지위 또한 같다고 생각했기 때문에 불목하게 되었습니다. 당시 거의 국가대사를 망칠 뻔했으니, 이는 마땅히 경계로 삼아야 할 것입니다.”

손권이 사죄했다.

“경을 대독으로 임명하고, 손교가 뒤에서 후원하도록 하겠소.”

여몽이 절하여 사례한 뒤 군사 3만 명을 점검하여 쾌선 80여 척에 태웠다. 그는 이때 물에 익숙한 자들은 장사꾼같이 꾸미려고 모두 흰 옷을 입혀 배 위에서 노를 젓게 했다. 한당과 주태, 서성, 정봉 등 일곱 명의 대장으로 하여금 서로 뒤를 이어 나가게 하고, 그 밖의 장수들은 모두 후군이 되어 접응하게 했다. 이어 사자를 시켜 조조에게 글을 보내, 곧 진병하여 관우의 뒤를 엄습해 달라고 청했다.

이들이 밤낮으로 배를 저어 북쪽 강기슭에 이르자, 강변 봉수대 위의 관우 군사가 이것저것 까다롭게 캐물었다. 동오의 군사들이 거짓으로 대답했다.

"우리는 다 객상인데, 강에서 풍랑을 만나 이리로 바람을 피하러 왔소."

재물을 내어 나누어 주자, 군사들이 그 말을 곧이듣고 마음대로 강변에 배를 대게 했다. 이날 밤 2경쯤에 배 안에 숨어 있던 정병들이 일제히 나가 봉수대의 병사들을 묶어놓고 암호를 외치자, 80여 척의 배에 타고 있던 정병들이 한꺼번에 뛰쳐나와 봉수대의 군사들을 하나도 남김없이 사로잡아 배로 끌고 와 가두었다.

형주 가까이에 이르러 여몽은 봉수대에서 포획한 군사들을 위로하고 각종 큰 상을 내렸다. 이에 넘어간 관우의 군사들이 문지기를 속여 성문을 열게 한 뒤 안으로 들어가 군호로 불을 들자, 동오 군사들이 일제히 밀려들어가 형주를 점령해 버렸다. 형주 탈환은 입안에서 실행까지 모두 여몽에 의해 이루어진 것이다.

그러나 《삼국연의》는 형주 점거의 공을 육손의 몫으로 둔갑시켜 놓았다. 여몽은 용기만 있고 계략이 부족한 장수로 폄하되어 있다. 이는 일면 육손의 비범한 재주를 돋보이게 하려는 의도에서 나온 것으로 볼 수도 있으나, 관우를 죽인 여몽을 극도로 꺼린 데 따른 것으로 짐작된다. 실제로 나관중이 《삼국연의》에서 제갈량에 이어 가장 심혈을 기울여 '충의의 화신'으로 그려 놓은 인물이 관우인데, 관우를 죽음으로 몰아넣은 여몽을 있는 그대로 묘사할 리 없었다.

당초 여몽은 노숙이 살아 있을 때 여러 번 형주 탈환을 건의한 바 있다. 그러나 노숙은 자신의 '정족시계'에 입각해 촉한과 손을 잡고 위나라에 대적해야 한다는 기본 입장을 바꾸지 않았다. 여몽은 노숙이 살아 있는 동안 일단 자신의 뜻을 접을 수밖에 없었다. 건안 22년(217)에 마침내 노숙을 대신해 동오의 군사를 통솔하게 되자, 곧바로 손권의 전폭적인 지지를 얻어 마침내 형주를 손에 넣은 것이다. 형주 탈취는 처음부터 끝까지 여몽과 손권이 추진한 것으로, 육손은 그저 옆에서 도와준 정도에 지나지 않았다.

당시 여몽은 형주를 점거한 뒤, 곧바로 백성들에 대한 위무작업에 들어갔다. 군사들을 모아놓고 이같이 하령했다.

"만일 민가에 침입하거나 재물을 취하는 자가 있으면 군법으로 다스릴 것이다!"

모든 장병들은 여몽이 군법을 적용할 때 추호의 관용이 없다는 것을 알고 크게 두려워하며 매우 조심했다. 하루는 큰 비가 내리자 여몽이 말에 올라 기병 몇 기만 이끌고 네 개의 성문을 순시하며 방비를 독려했다. 그러던 중 민간의 삿갓을 빼앗아 투구 위에 덧씌운 자가 눈에 띄었다. 여몽이 좌우에 호령하여 그자를 잡아다 물어보니 자신과 동향인이다. 여몽이 말했다.

"네가 비록 나와 한 고향이나, 내 호령이 이미 내린 뒤에 네가 알고 범한 것이니, 마땅히 군법대로 시행해야겠다."

그자가 울면서 말했다.

"저는 관물인 갑옷이 젖을까 걱정되어 잠시 갖다 쓴 것이지, 결코 사사로이 쓴 것이 아닙니다."

"나도 네가 관물을 덮으려고 그리 한 줄 안다. 그러나 취하지 말라는 민간의 물건을 취한 것이니, 너 때문에 군법을 훼손시킬 수는 없다."

여몽은 끝내 눈물을 흘리며 좌우에 명하여 그를 끌어내 효수하게 했다. 이 일로 전군은 모두 놀라, 길에 물건이 떨어져 있어도 줍지 않았다. 여몽은 측근들을 보내 노인들을 무휼(撫恤: 다독이며 도움)하면서 부족한 것이 무엇인지를 묻고, 병자에게는 약을 주고, 헐벗고 굶주린 자에게는 양식과 옷을 주도록 조치했다. 관부에 쌓여 있는 재물은 모두 봉인하여 손권이 오기만을 기다렸다.

당시 관우는 멀리 떨어져 있던 탓에, 여몽이 형주를 점거한 사실을 까마득히 모르고 있었다. 그는 장수들과 함께 양양으로 달아날 때 비로소 이 소식을 들었다. 대경실색한 그는 양양으로 가지 못하고 공안을 향해 나아갔다. 그러나 공안도 이미 동오에 넘어갔다는 소식에 오도 가도 못하게 된 그는, 곧 사자를 시켜 여몽에게 편지를 보냈다. 성안 소식을 듣고자 한 것이다.

여몽이 관우의 사자가 왔다는 소식을 듣고 성 밖으로 나가 맞아들였다. 그는 사자에게 성 안을 두루 살피고, 관우 휘하 장수들의 집을 일일이 들러 안부도 묻도록 허락했다. 어떤 집은 직접 편지를 써 사자에게 건네주며 가장에게 전달해 줄 것을 부탁하기도 했다. 이들 모두 자신들은 다 무고하고, 의식 또한 전혀 군색하지 않다고 말했다. 사자가 사례하고 떠나려 하자 여몽이 당부했다.

"오늘 일로 말하면, 주군의 분부를 받고 하는 것이라 내 마음대로 할 수가 없으니, 부디 돌아가 잘 말씀드려 주기 바라오."

관우의 사자가 돌아와 여몽의 말을 전하자 관우가 대로했다.

"그것은 간사한 도적놈의 계교이다. 내가 그 도적놈을 죽이지 못하면 죽어서라도 반드시 한을 풀 것이다."

사자가 밖으로 나오자 장수들이 몰려와 각기 집안 소식을 다투어 물었다. 사자가 다들 무고하다고 전하고, 부탁받아 가지고 온 편지들을 나누어 주었다. 장병들 모두 아무 이상이 없고 오히려 예전보다 더 나은 대우를 받고 있다는 사실을 알게 되자, 이내 전의를 상실하였다. 관우가 군사를 이끌고 형주를 취하러 가는 도중에도 형주로 도망치는 장병이 계속 늘어나, 나중에는 겨우 300여 명밖에 남지 않았다. 고립무원의 상황에 빠진 것을 안 관우는 서쪽으로 가 맥성(麥城)을 지켰다.

손권은 사람을 보내 설득을 시도하는 동시에 휘하 장수에게 명하여 관우가 도주하는 길을 차단시켰다. 궁지에 몰린 관우는 사항계(詐降計)를 구사했다. 거짓으로 투항을 약속한 뒤 손권의 사자가 떠나자마자 병사들에게 명하여 성벽에 기치를 내걸고 허수아비를 세워놓게 했다. 동오가 거짓 항복에 속아 경계를 늦추면 밤을 틈타 도주할 생각이었다. 관우가 성 위에 올라가 살펴보니, 북문 밖에는 적병이 많지 않았다. 관우가 성 안 백성에게 물었다.

"여기서 북쪽으로 나가면 지세가 어떠하오?"

"여기서부터 가자면 모두 소로인데, 파촉으로 통합니다."

밤이 되자 관우는 후일을 기약할 생각으로, 장속(裝束)을 든든히 하고 남은 군사를 이끌고 북문을 빠져나갔다. 그러나 이내 동오 군사에게 붙잡혀 죽임을 당하고 말았다. 관우가 죽자 손권이 연석을 크게 베풀고 여몽을 상좌에 앉힌 뒤 이같이 칭송했다.

"내가 오랫동안 형주를 환수하지 못하다가, 이번에 거의 힘도 안 들이고 얻게 된 것은 모두 그대 덕분이오."

이어 여몽을 남군태수에 임명한 뒤 잔릉후에 봉하고, 돈 1억 전과 황금 500근을 부상으로 내렸다. 당초 형주를 유비에게 빌려주는 것 자체를 반대했던 여몽은, 노숙 사후 병권을 맡자마자 형주 탈환을 제1목표로 삼았다. 형주는 위나라 수도인 허도에서 가까웠기 때문에, 관우의 형주 웅거는 조조에게도 위협이다. 여몽의 형주 탈취는 조조의 암묵적인 동의 아래 이루어진 만큼, 동오와 맺은 우호관계가 파탄 난 책임을 모두 관우에게 지우는 것은 잘못이다.

당시 여몽은 형주를 평정한 지 얼마 안 되어 옛 병이 발작해 자리에 누웠다. 손권이 그를 자신이 기거하는 곳에 머물게 한 뒤 그를 치료하기 위해 백방으로 노력했다. 수시로 그의 안색을 살피고자 하면서도 혹 누가 될까 두려워하여 벽에 구멍을 뚫고 훔쳐보았다. 여몽이 조금씩 음식을 삼키는 것을 보면 기뻐하며 좌우를 둘러보았고, 그렇지 않으면 신음소리를 내며 잠을 자지 못했다. 중간에 차도가 있자 손권이 기뻐하며 대사령을 내렸다. 그러나 얼마 뒤 여몽은 세상을 떠나고 말았다. 그의 나이 겨우 마흔둘이었다.

손권이 비통하기 짝이 없어, 민호 300호를 여몽의 묘 옆으로 이주시킨 뒤, 그들로 하여금 묘를 지키게 했다. 손권은 뒷날 육손과 이야기하다가 우연히 주유와 노숙, 여몽을 논하게 되었다. 이때 손권은 세 사람을 평하여 이같이 말했다.

"주유는 웅건하고 강렬하여 담략이 보통을 넘는다. 마침내 조조를 깨고 형주를 차지했으니, 그는 실로 매우 고원하여 짝할 자가 드물었다. 노숙은 주유를 통해 나에게 오게 되었다. 나는 그와 한담을 하며 제업의 대략(人略)을 세웠으니, 이는 첫 번째 통쾌한 일이다. 후에 조조가 쳐들어왔을 때, 장소조차 투항의 격문을 써 조조를 영접하라고 강권했다. 그러자 노숙이 즉각 박언(駁言)하며, 급히 주유에게 중임을 맡겨 조조를 치게 하라고 권했다. 이것이 두 번째 통쾌한 일이다. 후에 나에게 권하여 유비에게 땅을 빌려주도록 했다. 이는 실책이기는 하나, 그의 세운 두 가지 공을 훼손시킬 수는 없다. 여몽이 어렸을 때, 나는 그를 단지 담략(膽略)이 있을 뿐이라고 생각했다. 그러나 뒷날 그가 장성하여 학문을 더욱 쌓게 되면서, 주략(籌略: 계략)이 심상치 않아 가히 주유에 버금할 만했다. 단지 말하는 조리 등이 그에 미치지 못했을 뿐이다. 관우를 도모하여 잡은 것은 오히려 노숙을 능가하는 바가 있다.”

여몽에 대한 극찬이다. 사실 여몽은 그런 칭송을 받을 만했다. 인정미도 풍부하고 사적인 욕심도 없었다. 게다가 주어진 상황을 잘 읽고 대인관계 또한 원만했다. 이는 그가 아무 배경도 없는 상황에서 독학을 하여 자수성가한 사실과 무관하지 않다. 그의 입신은 한번 목표를 세우면 반드시 혼신의 힘을 기울여 기필코 이를 이루고자 하는 ‘노력’ 리더십의 결과로 해석할 수 있다.

# 육 손

 전체 국면을 미리 읽고
그에 합당한 계책을 찾아내다

삼국시대 후반기를 장식한 동오의 최고 명장을 들라고 하면 단연 육손을 꼽을 수 있다. 여러 대를 이어 내려오는 강동의 세족집안 출신인 그 또한 전형적인 '유장'에 속한다. 그의 조부 육우는 후한 말기에 한성문교위(漢城門校尉)를 지냈고, 부친 육준은 구강도위(九江都尉)를 지냈다. 그는 어려서 고아가 되었고, 그 뒤에는 조부를 따라 관직에 나아갔다. 그의 일족인 육강은 원술과 틈이 벌어져 서로 다투게 되자, 이내 아들 육적 등을 육손과 함께 강동으로 보냈다. 이들이 힘을 합쳐 가문을 다시 일으켜 세운 것이다.

그는 스물한 살 때부터 손권의 막부에서 일하게 되었다. 해창 지역의 둔전도위가 되었을 때, 창고를 열어 빈민을 구제하고 농상을 권장해 백성들에게 큰 은덕을 베푼 바 있다. 이때 오군과 회계군, 단양군 등지에서 산적들이 들끓자 군사를 이끌고 가 토벌했다. 또 파양에서 우돌이 반기를 들자 곧바로 가 진압했다.

이후 정위교위에 제수된 그는, 군사를 이끌고 이포에 주둔했다. 이때 손권이 질녀를 육손에게 시집보냈다. 얼마 뒤 단양의 비잔이 조조의 사주를 받아 산월족을 부추기자, 육손이 군사들을 이끌고 가 이들을 섬멸했다. 여세를 몰아 단양과 신도, 회계 등 동3군(東三郡)의 군민을 대상으로 징병을 실시해 정병 수만 명을 확보했다. 그가 군사를 이끌고 평시 악행으로 소문난 자들을 숙청하자, 회계태수 순우식이 표문을 올려 무함했다.

"육손이 함부로 백성을 징발하자, 그가 가는 곳마다 백성들이 불안해하며 동요하고 있습니다."

그러나 육손은 건업에 도착해 전말을 보고하면서, 순우식을 훌륭한 관리라고 치켜세웠다. 손권이 의아해하며 물었다.

"순우식은 상표하여 그대를 고발했는데, 그대는 오히려 그를 추천하니 어찌된 일이오?"

그가 태연히 대답했다.

"순우식의 본의는 백성을 육양(育養)하는 데에 있기 때문에 저를 고발한 것입니다. 저 또한 순우식을 헐뜯는다면 성주(聖主)의 눈과 귀를 어지럽게 만들게 될 것입니다. 미리 이런 조짐을 키울 수는 없습니다."

손권이 탄복했다.

"이는 참으로 장자(長者)만이 할 수 있는 일이다!"

그는 손권이 언급한 바와 같이, 장자의 풍도가 있었을 뿐만 아니라 지략 또한 탁월했다. 여몽이 형주를 탈환할 때 사용한 사병계(詐病計)

는 오직 여몽과 손권만 알고 있던 계책이다. 그러나 이를 눈치 챈 유일한 인물이 있었다. 그가 바로 육손이다. 당시 여몽이 건업을 향해 강을 따라 내려가다 무호(蕪湖)에 이르렀을 때, 정위교위로 있던 육손이 찾아와 우려를 표했다.

"관우와 접경하고 있으면서 어찌하여 멀리까지 내려오는 것입니까? 뒷일이 걱정되지도 않습니까?"

여몽이 짐짓 말했다.

"참으로 그렇소. 그러나 내 병이 깊으니 어쩔 수가 없소."

육손이 말했다.

"관우는 자신의 효기(驍氣)를 과신하여 다른 사람을 깔보는 경향이 있습니다. 이번에 세운 대공으로 의기가 사뭇 높아 북진하려고만 할 뿐, 우리를 더 이상 의심하지 않고 있습니다. 장군의 와병 소식을 들으면 더욱 방심할 터이니, 지금 출기불의로 공격하면 가히 그를 사로잡을 수 있습니다. 지존을 만나면 잘 상의하여 국가대계를 마련하도록 하십시오."

여몽은 자신의 사병계를 숨길 요량으로 일부러 겁을 먹은 표정을 지었다.

"관우는 평소 용맹하여 그를 대적하기가 쉽지 않소. 또한 이미 형주를 점거하고 있고, 은덕과 신망이 널리 퍼져 있는데다, 큰 승리까지 거두어 담력과 기세가 더욱 장대하니, 더더욱 대적하기가 어렵게 되었소."

이윽고 여몽이 도성에 도착하자 손권이 물었다.

"누가 능히 경을 대신할 만하오?"

여몽이 아무 주저 없이 대답했다.

"육손은 사려가 깊은데다 재능이 뛰어나 중임을 감당할 수 있고, 대체를 파악할 줄 아니 가히 대임을 맡을 만합니다. 아직 명성이 없어 관우가 꺼릴 리도 없으니, 그보다 나은 인물을 찾을 수 없습니다. 그에게 명하여, 밖으로는 자신의 의도를 감추고 안으로는 형세를 통찰하도록 하십시오. 그리하면 성공할 수 있습니다."

손권이 육손을 편장군·우도독에 임명해 여몽을 대신하도록 했다. 그는 육구에 도착하자마자 관우에게 편지를 보냈다. 관우의 무공을 극찬하면서 충심으로 앞일을 부탁하는 겸사(謙辭)를 구사했다. 우쭐해진 관우는 그의 서신을 드러난 글자 그대로 믿고 동오군을 과소평가했다.

형주 탈환 뒤 그는 의도태수를 겸하게 되었다. 이때 유비가 세운 의도태수 번우가 인수를 버리고 도주하자, 각 성의 장관과 만이(蠻夷)의 추장들이 모두 그에게 투항했다. 손권이 크게 기뻐하며 그를 우호군·진서장군에 임명하고 누후에 봉했다. 이에 그는 이릉(夷陵)에 주둔하면서 협구(峽口)를 지키게 했다. 병법의 요체인 허허실실의 요체를 꿰고 있는 그의 이릉 주둔은, 뒷날 '이릉대전'을 승리로 이끌게 되는 결정적인 배경이 되었다.

실제로 그의 가장 큰 업적은 이릉대전에서 유비가 이끄는 촉한의 대군을 격파한 것이다. 그러나 당시 많은 사람들은 그를 무시했다. 동오의 조정도 그리 다르지 않았다. 원로대신인 장소가 앞장서서 반대했다.

"육손은 한낱 서생일 뿐입니다. 그는 유비의 적수가 아니니 결코 써서는 안 됩니다."

고공이 동조하고 나섰다.

"육손은 아직 나이도 어리고 덕망이 적으니, 장병들이 그에게 복종하려 하지 않을 것입니다. 장병들이 복종하지 않으면 난이 일어나, 필경 대사를 그르치고 말 것입니다."

보즐도 만류하고 나섰다.

"육손의 재주는 그저 한 고을이나 맡아서 다스릴 만합니다. 그에게 대사를 맡기면 감당해 내지 못할 것입니다."

이때 감택이 육손을 적극 지지하고 나섰다. 육손을 기용했다가 만일 패할 경우, 멸문지화의 참화를 스스로 달게 받겠다는 식의 무지막지한 약속을 했다. 손권이 육손을 과감히 발탁한 데에는 감택의 공이 컸다. 육손이 손권의 부름을 받고 곧바로 달려와 배례하자, 손권이 당부했다.

"지금 촉병이 지경에 임했기로 특히 경에게 당부하는 바이니, 군마를 독려해 반드시 유비의 군사를 깨뜨리도록 하시오."

육손이 겸양했다.

"강동의 문무 제신들 모두 대왕의 신임이 두터운 구신(舊臣)들입니다. 신은 나이도 어리고 재주 또한 없으니, 어찌 그들을 제어할 수 있겠습니까?"

손권이 격려했다.

"감택이 그대를 보증하고, 나 또한 그대의 재주를 잘 알고 있으니 이제 그대를 대도독으로 삼는 것이오. 그러니 경은 결코 사양하지 마시오."

“만약 문무 제신이 복종하지 않으면 어찌합니까?”

손권이 보검을 끌러주면서 당부했다.

“호령을 듣지 않는 자가 있거든, 마땅히 선참후주(先斬後奏: 먼저 목을 벤 뒤 보고함)토록 하시오.”

육손이 이같이 요청했다.

“이같이 중임을 맡기시니 신이 어찌 분부를 받들지 않겠습니까? 그러나 대왕께서는 내일 모든 관원들을 모아놓고 그 칼을 신에게 주십시오.”

그러자 손권은 문무백관을 모두 불러 모으고, 그 자리에서 육손을 대도독·우호군·진서장군으로 삼은 뒤 보검과 인수를 내리고, 6군 81주와 전 군을 이끌게 했다. 육손은 곧 대도독의 자격으로 주연과 반장, 서성 등이 이끄는 제로의 군사 5만 명을 통수하여 그날로 출병했다.

당시 동오의 병사들은 촉병의 예기가 성한 것을 보고 내심 두려워했다. 이와는 달리 장수들은 먼 길을 온 촉군들이 피로한 틈을 타 그들의 예기를 꺾어 놓고자 했다. 그러나 육손은 오직 굳게 지키도록 명했다. 장수들은 그가 유비를 두려워하는 것으로 생각해 모두 불만을 품었다.

이때 안동중랑장 손환이 따로 군사를 거느리고 가 촉병과 대치했다. 일찍이 손책은 손환의 아비 손하를 총애한 나머지 손씨 성을 하사한 바 있다. 이에 본래 유씨였던 손환의 가문은 오왕 손씨의 종족이 되었다. 촉병이 영채를 에워싸자 손환은 굳게 지키며 사람을 보내 육손에게 도움을 청했다. 육손이 구원을 거부했다.

“전력을 분산시킬 수 없는 까닭에 도와줄 수 없다!”

장수들이 크게 우려하며 물었다.

“손환은 대왕의 일족입니다. 그가 곤경에 처한 것을 알고도 왜 구해 주지 않는 것입니까?”

육손이 대답했다.

“그는 병사들의 마음을 얻고 있는데다, 성이 튼튼하고 양식 또한 충분하니 크게 염려할 게 없소. 내 계책이 펼쳐지면 포위가 저절로 풀릴 것이오.”

장수들은 속으로 비웃으면서도 아무 말도 하지 못하고 물러나온 뒤 서로 한마디씩 했다. “그에게 아무런 계책도 없으니 무슨 수로 촉병을 깨뜨린단 말인가?”, “어린 아이를 대장으로 삼았으니 동오는 망한 것이나 다름없다.”

당시 그는 강공으로 대항하는 것은 무리라고 판단했다. 그를 가벼이 여긴 유비는 이릉의 동서쪽 전선에서 동오의 본영에 맹공을 가했다. 그러나 그가 견고하게 지키기만 할 뿐 응전하지 않은 까닭에, 양군의 대치는 반 년 가까이 지속되었다. 개전의 실마리를 찾지 못한 채 헛되이 시간을 보내자 촉군의 군량 보급이 곤란해진 데다, 더위로 병사들의 사기는 날로 떨어졌다.

유비는 부득불 수륙병진의 유리한 조건을 포기한 채 배를 버리고 산속에 요새를 구축했다. 이에 무협(巫峽)에서 이릉까지 700여 리에 걸쳐 40여 채의 영채가 일렬로 세워졌다. 이를 탐지한 동오의 세작이 육손에게 보고했다.

“물길로 오는 촉한의 군사들이 이미 무협의 어귀를 빠져나와서, 육

로로 오는 군사들과 합세해 수백 리에 걸쳐 수십 채의 영채를 세웠습
니다.”

동오의 장수들은 육손이 오직 지키기만 하여 이런 상황이 빚어졌
다며 커다란 불만을 품었으나 그는 전혀 개의치 않았다. 육손의 엄명
으로 정월부터 이 해의 반이 다가도록 접전이 이루어지지 않자, 유비
는 초조해지기 시작했다. 병사들의 예기가 크게 떨어진 상황에서 자
칫 동오의 엄습이 이루어질지도 모를 일이다. 유비는 날씨가 무더워
지자 수림이 울창한 곳으로 영채를 옮겼다. 골짜기의 물을 끼고 여름
을 보낸 뒤 가을이 오기를 기다려 일제히 진병할 생각이었다. 그럼에
도 육손이 끝까지 침묵을 지키자, 참다못한 그는 마침내 동오의 침공
을 대비해 숨겨 두었던 복병 8천 명을 이끌고 산곡을 빠져나왔다. 소
식을 접한 육손이 장수들을 둘러보며 말했다.

“그대들의 공격 주장을 내가 듣지 않은 것은, 바로 이런 궤계(詭計)
가 숨어 있을 것으로 짐작했기 때문이오.”

장수들이 그의 선견지명에 탄복하며 비로소 심복하게 되었다. 이
때 그는 이미 촉군을 깨뜨릴 계략을 정해 놓고 있었다. 촉군이 극도로
피로에 지쳐 군기가 해이해진 틈을 타 일제히 화공을 퍼붓는 계책이
었다. 이는 촉군의 영채가 무려 700여 리에 걸쳐 세워져 있었던 까닭
에, 필승을 거둘 수 있는 비책이기도 했다. 마침내 시기가 무르익었다
고 판단한 육손은 총공격의 계책을 담은 표문을 손권에게 올린 뒤,
전 군에 총공격 명령을 내렸다. 결국 유비는 거의 모든 군사를 잃고
간신히 패잔병을 이끌고 백제성으로 후퇴해야만 했다. 대참패였다.
이릉대전은 삼국시대 후기인 이른바 ‘건안시대’의 종언을 알리는 사

건에 해당한다.

관우의 죽음에서 촉발된 이릉대전은, 원래 촉한의 황초 2년(221) 7월부터 이듬해 윤6월까지 꼬박 1년 동안 계속된 매우 큰 전쟁이다. 이 전쟁으로 촉한의 국세는 더욱 위축되었고, 동오는 위나라에 버금하는 막강한 위세를 과시하게 되었다. 대규모 전쟁을 승리로 이끈 그의 지략이 돋보이는 대목이다.

실제로 그는 이릉대전 당시 결코 서두르거나 화내는 일이 없었다. 이는 유비와 정반대되는 모습이다. 그는 마치 물 흐르듯 상황에 따라 국면을 이끌어갔다. 장수들의 엄청난 원성 속에서도 시기가 무르익기만을 기다린 것이다. 나관중은 《삼국연의》에서 이릉대전을 승리로 이끈 배경을 '인욕부중'(忍辱負重)으로 요약했다. 치욕을 참아가며 때를 기다려 막중한 사명을 이루었다는 뜻이다. 이릉대전의 주인공인 그는, 삼국시대의 무수한 장수 가운데 가장 지략이 뛰어난 한 장수로 꼽을 만하다.

당시 그는 이릉대전에서 크게 승리했음에도 결코 냉정함을 잃지 않았다. 유비가 백제성으로 도주하자, 혹시나 위나라 군사가 동오의 허를 노려 내습할까 우려해 재빨리 군대를 돌린 게 그 증거이다. 당시 서성과 반장 등 여러 장수들은 다투어 표문을 올리며 촉한으로 진공하려 했다.

"유비를 반드시 포획할 수 있으니, 재차 진공할 수 있도록 허락해주기 바랍니다."

손권도 이들의 주장에 공명했다. 이에 이 문제를 육손에게 묻자 그는 단호히 반대했다.

"조비가 크게 병마를 모아 겉으로는 우리의 유비 토벌을 돕고 있으나, 내심 간계를 품고 있습니다. 한시바삐 명령을 내려 철군해야 합니다."

손권이 이를 받아들인 뒤 연회를 베풀어 대승을 거둔 장수들의 노고를 치하하며 장병들에게 큰 상을 내렸다. 얼마 뒤 조비가 동오를 치려 한다는 소식이 들리자, 백제성으로 쫓겨 간 뒤 설욕전을 벼르고 있던 유비는 오나라를 협격하고자 했다. 그러나 이는 과욕이었다. 이릉대전 참패에 따른 피해가 너무 컸다. 이에 유비는 허장성세의 일환으로 육손에게 서신을 보냈다.

"적이 이미 장강과 한수 일대에 있으니, 나는 장차 다시 동쪽으로 내려가려 한다. 장군은 능히 이리 될 줄 생각이나 했는가?"

육손이 곧바로 회신을 보냈다.

"방금 전에 패한 터라 상처가 제대로 치유나 되었는지 걱정입니다. 스스로 보완하기에도 바쁠 터인데, 어찌 군사력을 증강할 여가가 있겠습니까? 그런데 만일 이를 고려하지 않고 요행히 살아 돌아간 패잔병이 또다시 먼 길을 온다면, 이번에는 목숨을 부지할 길이 없을 것입니다."

이릉대전의 참패로 촉한은 수세에 몰릴 수밖에 없었다. 그럼에도 유비가 세상을 떠난 뒤 제갈량과 그의 뒤를 이은 강유는 거의 해마다 쉬지 않고 북벌에 나섰다. 설령 명대 말기의 왕부지가 《독통감론》에서 거론한 '이공위수(以攻爲守: 공격으로 수비를 삼음) 주장을 받아들일지라도, 아무런 소득도 없이 국력만 소진시킨 북벌은 적잖은 문제를 안고 있었다.

이에 반해 육손은 이릉대전이 끝난 뒤 내실을 다지는 데 중점을 두었다. 그는 손권의 북벌에 반대했다. 일찍이 그는 주둔지의 양식이 모자라자 곧바로 상표하여 장수들이 널리 농지를 개간할 수 있도록 해줄 것을 청한 적이 있었다. 손권이 크게 기뻐하며 곧바로 회신을 보냈다.

"매우 좋은 생각이오. 여덟 마리의 소로 네 개의 쟁기를 끌면, 비록 옛 사람에게는 미치지 못하겠지만 땅을 경작하는 노고를 여럿이 함께 나눌 수 있을 것이오."

그렇다고 손권이 위나라를 공격하려는 생각을 버린 것은 아니었다. 연이어 위나라의 침공을 막아낸 데 매우 고무된 결과였다. 수성(守成)에 능한 그가 의욕적으로 북벌에 나선 것은 매우 특기할 만하다. 그가 결코 강동에 웅크리며 수성에 안주한 게 아니라는 주장을 뒷받침하는 대목이다. 그러나 내실이 완전히 다져지지 않은 상황에서 '이릉대전'의 승리에 편승해 위나라를 도모하려 한 것은 성급했다. 육손이 거듭 글을 올려 위나라 정벌이 시기상조임을 역설하며, 우선 내실을 튼튼히 할 것을 간청한 이유가 여기에 있다.

그러나 손권은 위나라가 소란한 틈을 타 직접 군사를 이끌고 가, 위나라의 대응 수위를 탐색하며 구체적인 방안을 찾고자 했다. 손권이 위나라의 접경지역을 자주 침범하려 한 것은 바로 이 때문이다. 여기에는 전공(戰功)을 통해 입신하려는 사람들의 사주가 주요 원인으로 작용했다.

결국 손권은 육손의 반대를 물리치고 두 차례에 걸쳐 위나라를 침공했다가, 아무런 성과도 거두지 못한 채 곧바로 퇴각하고 말았다. 육손은 상표하여 위나라 침공보다는 형벌의 완화와 부역(賦役)의 경감 등을 통한 안민(安民)이 더욱 중요하다고 역설했다. 결국 손권도 이를 받아들이지 않을 수 없었다. 당시 육손은 상표 말미에 이같이 덧붙였다.

"충직한 신하는 성급히 주청하지 않고, 용안을 살피며 제왕을 기쁘게 하는 신하는 작은 이익을 가지고 보고합니다."

이는 장수들이 일신의 명예를 높이기 위해 손권에게 원정을 부추기는 잘못된 행태를 지적한 것이다. 그러나 손권에게는 마이동풍이었다. 당시 손권은 기본적으로 육손과 생각이 달랐다. 이는 잇단 승리에 고무된 나머지 자신의 능력을 지나치게 믿은 결과이기도 했다. 손권이 집권 후반기에 암군의 행보를 보인 것도 이런 자만심에서 비롯되었다.

육손은 정시 5년(244) 정월에 승상으로 승진한 뒤, 형주자사와 도호의 직무를 겸하였다. 동오의 군사권과 행정권을 모두 장악한 셈이다. 제갈량이 승상을 맡으면서 군사권을 총괄했던 것과 유사하다. 그러나 동오는 이듬해인 정시 6년(245) 봄부터 후계자 문제를 둘러싼 내홍(內訌)에 휘말렸다. 육손이 곧바로 상소하여 장자승계의 원칙을 고집했다. 상소의 골자는 다음과 같다.

"적출(嫡出)인 태자는 마땅히 확고한 지위에 있어야 합니다. 태자와 같은 대우를 받고 있는 노왕(魯王: 손패)은 태자를 호위하는 번신(藩臣)에 불과할 뿐이니, 총애와 예우의 등급에 차별이 있어야 마땅합니다. 그래야만 각기 제자리를 찾을 수 있고 상하가 안정될 수 있습니다."

그는 비슷한 내용의 상소를 잇달아 올렸다. 건업으로 달려가 손권과 얼굴을 맞대고 적서간의 의리를 밝힌 그의 언사는 매우 격렬했다. 손권이 내심 그를 크게 꺼렸다. 이런 소란 속에 조정이 둘로 쪼개질 정도의 격한 설전이 이어졌다. 태자태부 오찬이 손권에게 강력히 간하면서 육손에게 편지를 보내 이 소식을 전했다. 손권은 반대파의 참언을 듣고 크게 본노한 나머지 오찬을 감옥에 잡아넣어 죽인 뒤, 여러 차례 사자를 보내 육손을 힐문했다. 결국 분통을 참지 못한 그는 자리에 누운 지 얼마 안 되어 숨을 거두고 말았다. 그의 나이 예순세 살이었다.

당시 건무교위로 있던 육손의 아들 육항이 아버지의 장례를 치르기 위해 동쪽으로 돌아오자, 손권이 문득 육손이 저지른 스무 가지 잘못을 육항에게 물었다. 육항이 사안마다 상세히 해명하자, 손권도 점차 노기를 풀기 시작했다.

이를 통해 짐작할 수 있듯이, 삼국시대 후반기에 동오를 걸머진 인재는 바로 육손이었다. 이릉대전의 승리가 이를 뒷받침한다. 당시 그는 오직 손권과 여몽만이 알고 있는 사병계를 간취해내는 탁월한 지략을 선보인 바 있다. 전체의 국면을 미리 읽고 그에 합당한 계책을 찾아내는 그의 '선견'(先見) 리더십이 뚜렷하게 드러난 대목이 아닐 수 없다.

원래 육손은 무장보다는 모신의 성격이 강했다. 이는 그의 책략이 그만큼 무궁무진했다는 뜻이기도 하다. 형주 탈환 때 여몽의 속셈을 알아챈 데서 알 수 있듯이, 그는 주유와 노숙보다는 여몽에 가까웠다. 그러나 손권의 애도 속에 죽음을 맞은 여몽과 달리, 그는 손권의 암군

행보 때문에 한을 품고 세상을 떠났다. 뒷날 손권이 육항에게 사죄했
으나, 이미 다 끝난 일이었다. 그의 죽음을 계기로 동오가 쇠락의 길
로 접어들기 시작한 것도 결코 우연으로 볼 수 없다.

　많은 사람들이 '민주'와 '독재'를 서로 대립하는 개념으로 알고 있다. 이는 기본적으로 독선(獨善)을 뜻하는 '전제'(專制)와 '독재'를 혼동한 데서 비롯된 것이다. '전제'는 최종 결정권자가 독선적으로 이슈를 만들거나, 사안을 결정하고 처리하는 것을 말한다. '전제' 치하에서 참모와 각료는 하나의 장식물에 지나지 않는다. 그러나 '독재'는 참모와 각료들과 함께 머리를 맞대고 사안을 충분히 검토한 뒤 마지막으로 자신의 책임 아래 결단하는 것을 말한다.

　서양에서 발달한 '민주'의 가장 큰 특징은, 최고통치권자를 비롯한 위정자를 투표로 선출하는 데에 있다. 이는 동양에서 전설상의 요(堯)가 순(舜)에게, 순이 우(禹)에게 보위를 물려준 것과 비슷하다. 단지 '투표' 대신 '덕망'을 기준으로 한 것이 다를 뿐이다. 동양은 고대에 이미 많은 인민들이 넓은 지역에 걸쳐 집약적인 농경에 종사한 까닭에 ‘투표’를 행할 여지가 없었다. 더구나 시간이 지나면서 ‘덕망’에 의해 돌아가며 보위에 오르는 것조차 불가능하게 되었다. 하나라의 추방사회(酋邦社會) 때 이미 이런 단계로 들어섰다고 보는 게 통설이다.

최초의 고대국가인 은나라가 성립할 당시 사람들이 생각해 낸 것이 바로 인격신인 ‘제’(帝)와 ‘제’를 대신해 인간 세상을 다스리는 왕(王) 개념이다. ‘왕’은 도끼를 형상화한 상형문자이다. 제사와 점복 등을 주관하는 이른바 정인(貞人: 무당의 일종)의 우두머리가 바로 왕이다. ‘제’의 뜻을 읽고 인간 세상에 그 뜻을 전달하는 게 그 임무이다. 신정(神政)이 출현한 배경이다. ‘천자’(天子)의 개념은 바로 여기서 나왔다. 은나라가 패망한 뒤 신정이 사라졌음에도 ‘천자’ 용어만큼은 살아남았다. 그 효용이 매우 컸기 때문이다.

인격신인 '제'가 자연의 이치를 뜻하는 개념으로 뒤바뀐 것은 주나라 때부터이다. 당시 제후국에 지나지 않던 주나라는 무력으로 천자의 나라인 은나라를 무너뜨리고 등장했음에도, 자신들의 건국을 이른바 '천명'(天命)에 따른 것으로 미화했다. '천덕'(天德)은 불변이나 '인덕'(人德)은 끊임없이 노력하지 않는 한 쇠잔해지는 까닭에, '천덕'과의 괴리를 메우기 위해서는 새로운 유덕자(有德者)가 나타나 새 왕조를 세운다는 게 '천명' 개념의 뼈대이다.

이런 천명 개념은 서구 열강의 침공을 받아 제왕정이 무너지고 공화정이 들어서는 20세기 초까지 이어졌다. 동양의 역사에서 이전 왕조의 마지막 군왕이 예외 없이 '폭군'으로 매도되고, 새 왕조의 창업주가 하나같이 '성군'으로 미화된 이유가 여기에 있다.

《춘추좌전》은 백성들의 뜻에 따라 새 왕조를 세우는 창업주나 중흥을 이룰 만한 '성군'의 의미로 흔히 '민주'를 사용했다. 이는 '민지주'(民之主)의 줄임말로, '백성의 주인이 될 만한 군주'라는 뜻이다. 그런 의미에서 메이지유신 당사자들은 서양의 '데모크라시'를 번역할 때 '민주' 대신 '민치'(民治)로 번역하는 게 옳았다. 그래야만 동양에서 발달한 '군신공치'(君臣共治)의 개념과 뚜렷이 구별될 수 있었기 때문이다.

서양의 '데모크라시'를 '민주'로 번역한 후과는 매우 컸다. 《춘추좌전》은 백성의 주인이 될 만한 유자격자를 뜻하는 '민주'와 최고통치권자로서 국가대사를 최종 결재하는 '군주'(君主)를 같은 개념으로 파악했음에도 '데모크라시'를 '민주'로 번역한 뒤에는 '민주'와 '군주'가 상호 대립하는 개념으로 변해 버렸기 때문이다. 이는 공화정을 채택하기 이전의 동양의 모든 역사를 '봉건정'과 '전제정'으로 오인하게 만드는 결정적 배경으로 작용했다. 그 후유증은 지금까지 계속되고 있다. '민주'와 '군주'를 대립개념으로 해석하고, '독재'와 '전제'를 같은 뜻으로 오인하고 있는 게 그 증거이다.

고금동서를 가리지 아니하고, 최고통치권자는 아무리 '민주'를 채택할지라도 최종단계에서는 최고통치권자인 군주의 고독한 결단을 뜻하는 '독재'를 행할 수밖에 없다. 군국기무의 최종 결재자로서 궁극적인 책임을 지고 있기 때문이다. 난세의 시기에는 더욱 그렇다. '독재'를 '전제'와 엄히 구분해야 하는 이유가 여기에 있다.

'민주'가 위기에 빠진 상황에서는 최고통치권자의 결단을 뜻하는 '독재'의 요구 수위는 더 높아질 수밖에 없다. 위기상황일수록 최고통치권자의 강고한 의지와 단호한 결단, 불퇴전의 추진력이 필요한 이유이다. 그렇지 못할 경우 나라가 일순 혼란에 빠질 수밖에 없다. 2010년에 터져 나온 '천안함사건'과 '연평도사건' 당시 청와대가 갈피를 잡지 못하고 우왕좌왕한 모습을 보임으로써 커다란 혼란을 자초한 게 그 실례이다. 2011년 초 금융감독원은 말할 것도 없고 감사원까지 연루된 전대미문의 금융사기 사건이 터져 나왔는데도 비리를 발본색원하기는커녕, 미봉책으로 일관하는 듯한 모습을 보인 것도 같다. 서민들의 이해와는 상관없이, 수사권을 둘러싸고 검찰과 경찰이 정면충돌하고, 의약품 분류문제를 놓고 의사와 약사가 대립하는 등 밥그릇싸움이 계속되는데도 나 몰라라 하는 모습을 보인 것도 같은 맥락이다.

더 황당한 것은, 정작 여론수렴 과정을 거쳐 차분히 시행해야 하는 대목에서는 오히려 귀를 막은 채 '독재'를 넘어 '독선'으로 치닫는 모습을 보인 것이다. '독재'가 필요한 대목에서는 우유부단하고, '민주'가 필요한 대목에서는 '독선'을 행하는 역주행이 계속된 셈이다. 그 폐해는 고스란히 서민들이 뒤집어쓸 수밖에 없다. 국민들의 혈세로 금융마피아들의 비리를 덮어주고, 꽉 막힌 저환율정책으로 대기업의 배만 불려주면서 중소기업과 서민들의 허리를 휘청거리게 만든 것이 그 증거이다. 그래서 필자가 이 책을 펴냈다. 위정자와 기업 최고경영자를 포함한 사회 각 부문의 지도자들의 심기일전을 기대한 것이다.

최고통치권자가 우국충정의 심경이나 토로하며 기관장이나 참모들에게 책임을 전가하는 식의 모습을 보이는 것은 무책임의 극치이다. 위기상황일수록 '쾌도난마'의 결단이 필요하다. 삼국시대 당시 원소와 유표 등이 이를 제대로 하지 못해 패망했다.

많은 사람들이 '독재'와 '독선'을 구분하지 못하고 '독재'는 무조건 나쁘다는 식으로 받아들이는 것은 매우 안타까운 일이다. 이는 군주정에 대한 나쁜 기억을 가지고 있는 서양의 사고를 무비판적으로 수용한 후과이기도 하다. 서양은 아테네를 중심으로 한 도시국가 연합이 페르시아 제국과 싸울 때부터 '동방군주=폭군'의 부정적인 인식을 형성했다. 아편전쟁 뒤 함포를 앞세워 동양을 압도한 다음에는 동아시아의 제왕정을 전제정이나 봉건정으로 간주하는 것을 당연시했다. 그러나 그들은 동아시아가 수천 년에 걸쳐 발전시켜온 왕도와 패도 등의 군신공치(君臣共治) 리더십에 대해서는 전혀 알지 못했고, 알려고도 하지 않았다. 이처럼 제왕에 대한 동서양의 인식 차이는 매우 연원이 깊어서, 같은 잣대로 동서양의 통치 리더십을 비교하는 것 자체가 무리이다.

일찍이 로마공화정 시절 전쟁의 영웅으로 떠오른 카이사르는 원로원으로부터 '딕타토르' 칭호를 받은 바 있다. '독재자'를 뜻하는 영어 '딕테이터'의 어원이 된 :딕타토르'는, 본래 '고독한 결단을 내리는 사령관을 뜻했다. 이 용어는 카이사르가 공화정을 신봉한 브루투스에게 암살된 뒤 '폭군' 또는 '전제군주'의 나쁜 뜻으로 사용되기 시작했다.

고금동서를 가릴 것 없이, 원래 최종단계에서 내려지는 최고통치권자의 결단은 고독할 수밖에 없다. 이는 결코 홀로 머리를 짜내는 것을 의미하는 게 아니다. 오히려 정반대이다. 천하의 모든 지혜를 한 몸에 지니고 있을지라도 한 사람의 머리는 한계가 있다. 조조가 평생 천하의 인재를 곁에 두기 노심초사한 것은 바로 이 때문이다. 유비와 손권도 다를 게 없다. 조조가 곽가와 순욱 등의 건의를 좇아 원소와 오환족 등을 제압하고, 유비가 방통과 법정 등의 건의를 좇아 익주와 한중을 취하고, 손권이 주유와 육손 등의 건의를 좇아 적벽대전과 이릉대전을 승리로 이끈 게 좋은 실례이다. 정반대로 참모들의 건의를 무시한 채 '독선'을 행한 경우는 하나같이 패했다. 조조가 적벽대전에서 패하고, 유비가 이릉대전에서 참패를 당하고, 손권이 공손연에게 농락을 당한 것 등이 그렇다. 난세의 시기일수록 뛰어난 참모를 곁에 두고 수시로 자문을 구해야 한다. 자문만 구해서는 안 된다. 좋은 계책이 나오면 과감히 채택해 신속히 집행할 줄 알아야 한다. 원소는 뛰어난 참모를 곁에 두었음에도 이를 제대로 하지 못해 패망하고 말았다.

'독재'는 스스로 판단하고 결단하는 까닭에 해당 사안에 대해 최종

적인 책임을 지지 않을 수 없다. 결코 휘하의 참모나 기관장에게 모든 책임을 뒤집어씌워서는 안 된다. 이는 자신의 우유부단을 호도하는 것에 지나지 않는다. 위기상황에서 지도자의 우유부단처럼 위험한 것은 없다. 난세의 시기조차 '민주' 운운하는 것은, 칼이 필요한 때 붓을 들먹이는 것이나 다름없다. 조선조의 패망이 그 실례이다. 상황에 따른 왕도와 패도의 절묘한 혼용이 필요한 이유이다.

《춘추좌전》에 '민주'와 '독재'의 상호관계를 설명해주는 유명한 일화가 나온다. 기원전 6세기 중엽, 공자의 사상적 스승인 정나라 재상 자산(子産)은 뛰어난 정사로 칭송이 자자했다. 그는 임종 전에 후임자인 유길에게 이같이 당부한 바 있다.

"오직 덕이 있는 자만이 관정(寬政)으로 백성을 복종시킬 수 있소. 그렇지 못한 사람은 맹정(猛政)으로 다스리느니만 못하오. 무릇 불은 맹렬하기 때문에 백성들이 이를 두려워하므로 불에 타 죽는 사람이 많지 않소. 그러나 물은 유약하기 때문에 백성들이 친근하게 여겨 쉽게 가지고 놀다가 많은 사람이 물에 빠져 죽게 되오. 그래서 관정을 펴기가 매우 어려운 것이오."

자산 사후 유길은 차마 맹정을 펴지 못하고 관정으로 일관했다. 그러자 정나라에서는 도둑이 기승을 부렸다. 유길이 크게 후회했다.

"자산의 말을 들었더라면 이 지경에 이르지는 않았을 것이다."

그리고는 곧 병사들을 출동시켜 도둑들을 토벌했다. 이를 두고 뒷날 공자는 이같이 평했다.

"정치가 관대해지면 백성이 태만해진다. 태만해지면 엄히 다스려 바르게 고쳐놓아야 한다. 정치가 엄하면 백성이 상해를 입게 된다. 상해를 입게 되면 관대함으로 이를 어루만져야 한다. 정치의 요체는 관정으로 백성이 상처 입는 것을 막고, 맹정으로 백성들의 태만함을 고쳐 조화를 이루는 데 있다."

국가공동체가 위기에 빠진 난세에는 '선량'과 '관용'이 약이 아닌 독이 될 수 있다. 그래서 '독재'가 필요한 것이다. 전시 상황에서 사령관이 내리는 진군 명령이 바로 '독재'의 대표적인 사례에 해당한다. 참모의 건의는 어디까지나 고려사항일 뿐, 최종 판단은 사령관의 몫이다.

많은 사람들이 '독재'를 행하는 지도자의 리더십을 마키아벨리즘으로 규정하며 비판을 가하고 있으나, 이는 마키아벨리즘을 제대로 이해하지 못한 데서 나온 것이다. 20세기 최고의 지성으로 칭송받는 한나 아렌트는 서양의 역대 사상가 가운데 최고의 인물로 마키아벨리를 꼽은 바 있다. 마키아벨리는 《군주론》에서, 군주의 최고덕목으로 '사자의 용맹과 여우의 지혜'를 역설했다. 이는 부국강병을 통한 공화국의 보전과 이탈리아 반도의 통일을 위한 것이었다.

통치에서 가장 문제가 되는 것은 태평세가 아닌 난세이다. 사실 태평성세에는 누가 최고통치권자가 되더라도 크게 문제될 게 없다. 그러나 난세는 차원이 다르다. 최고통치권자의 존재 의의는 바로 난세의 타개에 있다. 아렌트가 미국혁명을 높이 평가한 것과 달리, 프랑스혁명을 실패한 혁명으로 규정한 것도 바로 이런 맥락에서 나왔다. 프랑스혁명은 국가공동체 차원의 '프리덤'으로 나아가지 못하고 개인 차원의 '리버티'에 그쳤다는 게 그의 지적이다. 그는 프랑스혁명 당시 혁명 당사자들이 지나치게 '인권'을 앞세운 사실을 지적했다.

중국도 비슷한 시행착오를 한 바 있다. 1960, 1970년대에 몰아친

‘문화대혁명’이 그것이다. 등소평이 모택동의 후임으로 등장한 뒤 이에 대한 비판이 거세게 일었다. 등소평은 1981년 6월에 열린 중국공산당 제11기6중전회(六中全會)에서 모택동의 리더십을 이같이 마무리 지은 바 있다.

“문화대혁명 10년 동안 전반적이고 장기간에 걸친 좌경의 중대한 오류가 있었다. 주요 책임이 그에게 있다. 그러나 그는 새 중국 건설에 불멸의 공적이 있다. 공적이 제1의(第一義)이고, 오류는 제2의에 해당한다.”

이는 리더십을 평가할 때 ‘공’과 ‘과’를 구분해 분석한 뒤 종합적인 평가를 내릴 것을 주문한 것이나 다름없다. 난세의 상황에서는 통상 치평(治平)의 덕목은 패도, 수제(修齊)의 덕목은 왕도로 나타난다. 난세의 특수 상황 때문에 이들 덕목이 상호 충돌하는 경우가 매우 흔하다. 전시에 이런저런 이유로 수제의 덕목에 뛰어난 무고한 사람들이 무수히 죽어나가는 게 그 증거이다. 하소연할 데조차 없다.

전국시대 말기에 맹자는 왕도로 천하를 통일할 수 있다고 주장했으나 이는 현실과 동떨어진 것이었다. 진시황은 한비자의 법가사상을 채택해 천하통일을 이루었다. 사마천을 비롯한 후대 사가들은 진나라가 15년 만에 패망한 점을 근거로 맹자의 주장이 옳다고 주장했으나 이는 본말이 뒤바뀐 것이다. 진나라의 급속한 몰락은 기본적으로 진시황의 급서에서 원인을 찾는 게 옳다. 난세의 시기에는 붓 대신 칼을 들어야만 혼란을 막을 수 있다는 것은 역사가 증명하고 있다.

실제로 국공내전 당시 홍군이 장정에 들어가자 장개석은 의기양양해한 나머지 맹자의 왕도사상을 고취하는 이른바 ‘신생활운동’을 적극 추진했다. '인의' 운운의 구호가 군벌들의 착취로 신음하고 있는 인민들의 처참한 현실과 동떨어진 것임은 말할 것도 없다. 이때 모택동은 농민혁명에 기초한 통일전선인 이른바 '신민주주의'를 내세워 농민들의 적극적인 지지를 얻어냈다. 이게 두 사람의 운명을 가르는 결정적인 배경이 되었다. 장개석은 원소, 모택동은 조조의 길을 간 결과이다.

21세기라고 달라질 게 없다. '부국강병'의 패도와 '민주인권' 등의 왕도는 상호 보완관계에 있다. 요체는 공자가 역설했듯이 상황에 따라 왕도와 패도를 적절히 혼용해 구사하는 데 있다. 동서고금을 가리지 아니하고 뛰어난 인물들은 모두 왕패병용의 리더십을 구사했다. 왕도와 패도를 시종 대립하는 개념으로 이해하면 유연한 리더십의 발휘가 불가능해진다.

고금을 가릴 것 없이 어떤 주장이나 이념이든 이를 절대화하면 곧바로 도그마로 변질된다. 그게 바로 '독선'의 단초가 되는 것이다. 주의할 것은, 이런 독선이 반드시 패도의 퇴화된 형태로만 나타나는 게 아니라는 점이다. 난세의 시기에 왕도의 퇴화된 형태로 나타나는 독선은 더 위험할 수 있다. 구한말에 고루한 성리학자들이 위정척사(衛正斥邪)를 기치로 내걸고 오직 성현의 말씀만으로 도이(島夷)와 양이(洋夷)를 설복시킬 수 있다고 주장한 게 그 증거이다. 우물 안의 개구리 식으로 자고자대(自高自大)하며 알량한 지식을 절대화한 탓이다. 중국의 삼국시대 당시 이런 식의 주장을 펼친 사람이 바로 왕윤이나 도겸 같은 인물이다.

모택동도 천하를 통일한 다음 비슷한 길을 걸었다. 그는 국공내전 당시만 해도 패도에 입각한 '신민주주의'를 기치로 내걸어 승리를 낚을 수 있었다. 그러나 천하통일 뒤에는 '프롤레타리아 민주독재'로 상징되는 왕도주의 이념에 함몰되고 말았다. 그 결과가 바로 문화대혁명이다. 그의 말년 행보는 능굴능신의 뛰어난 리더십을 보여주었던 손권이 말년에 들어와 암군의 행보를 보인 것과 사뭇 닮았다. 이 책이 같은 인물을 두고 '독재'와 '독선'을 엄격히 구분해 포폄(褒貶)을 가한 이유이다. 난세의 시기에 활약한 군웅들의 리더십을 평가할 때 주의해야 할 대목이다.

## 참고문헌

### 1. 기본서

《논어》, 《맹자》, 《관자》, 《순자》, 《열자》, 《한비자》, 《윤문자》, 《노자》
《장자》, 《묵자》, 《양자》, 《상군서》, 《여씨춘추》, 《안자춘추》, 《춘추좌전》
《춘추공양전》, 《춘추곡량전》, 《여씨춘추》, 《회남자》, 《춘추번로》, 《신어》
《손자》, 《오자》, 《포박자》, 《안씨가훈》, 《세설신어》, 《신감》, 《잠부론》
《염철론》, 《국어》, 《설원》, 《전국책》, 《논형》, 《공자가어》, 《정관정요》
《자치통감》, 《근사록》, 《송명신언행록》, 《사기》, 《한서》, 《후한서》
《삼국지》, 《진서》, 《신오대사》, 《수서》, 《구당서》, 《신당서》, 《송사》
《원사》, 《명사》, 《청사고》, 《이십이사차기》

### 2. 저서와 논문

#### 1) 한국
공학유/ 이주영 역, 《삼국지역사기행》(이목, 1995).

곽말약/ 조성을 역, 《중국고대사상사》(까치, 1991).

김문경, 《삼국지의 영광》(사계절, 2002).

김승혜, 《원시유교》(민음사, 1990).

김용장, 《또 하나의 삼국지》(범우사, 1997).

김재웅, 《나관중도 몰랐던 삼국지 이야기》(청년사, 2000).

김충렬 외, 《논쟁으로 보는 중국철학》(예문서원, 1995).

김호동, 《황하에서 천산까지》(사계절, 1999).

나관중(모종강 평개)/ 황석영, 《삼국지》 1~10(창비, 2007).

나관중(모종강 평개)/ 리동혁, 《삼국지》 1~11(금토, 2006).

나관중(모종강 평개)/ 장정일, 《삼국지》 1~10(김영사, 2004).

나관중(모종강 평개)/ 이문열, 《삼국지》 1~10(민음사, 2002).

나관중(모종강 평개)/ 연변대번역조 역, 《정본삼국지》 1~6(청년사, 1992).

나관중(모종강 평개)/ 김구용 역, 《완역정본삼국지》 1~5(삼덕출판사, 1980).

다께다 아끼라/ 정벽탁 역, 《조조평전》(제오문화사, 1978).

르네 그루쎄/ 김호동 외 역, 《유라시아 유목제국사》(사계절, 1998).

리동혁, 《삼국지가 울고 있네》(금토, 2003).

모리야 히로시/ 이시헌 역, 《삼국지의 인물학》(하나미디어, 1993).

모리야 히로시/ 이찬도 역, 《중국고전의 인간학》(을지서적, 1991).

박한제, 《영웅시대의 빛과 그늘》(사계절, 2003).

부낙성/ 신승하 역, 《중국통사》(우종사, 1998).

북경대중국철학사연구실 편/ 박원재 역, 《중국철학사》(자작아카데미, 1994).

사마광/ 권중달 역, 《자치통감》 1~20(삼화, 2007).

사마광/ 신동준 역, 《자치통감-삼국지》(살림, 2003).

서울대동양사학연구실 편, 《강좌 중국사》 1~7(지식산업사, 1989).

소공권/ 최명 외 역, 《중국정치사상사》(서울대출판부, 2000).

손무/ 이종학 역, 《손자병법》(명문당, 1993).

솔즈베리/ 박월라 외 역, 《새로운 황제들》(다섯수레, 1993).

신동준, 《관중과 제환공》(한송, 1998).

신동준, 《삼국지통치학》(인간사랑, 2004).

심백준/ 정원기 역, 《삼국만담》(책이있는마을, 2001).

심백준 외/ 정원기 역, 《삼국지사전》(범우사, 2000).

앙리 마스페로/ 김선민 역, 《고대중국》(까치, 1997).

야마구치 히사카즈/ 전종훈 역, 《사상으로 읽는 삼국지》(이학사, 2003).

양계초/ 이민수 역, 《중국문화사상사》(정음사, 1980).

역중천/ 김성배 외 역, 《삼국지 강의》 1·2(김영사, 2007).

역중천/ 박주은 역, 《품인록》(에버리치홀딩스, 2006).

왕필/ 임채우 역, 《노자주》(예문서원, 1998).

요시가와 에이지/ 이인광 역, 《삼국지》(한국독서문화원, 1973).

유동환, 《조조병법》(바다출판사, 1999).

유의경/ 김장환 역, 《세설신어》 1~3(살림, 2000).

유협/ 이민수 역, 《문심조룡》(을유문화사, 1984).

이마이즈미 준노스케/ 이만옥 역, 《관우전》(예담, 2002).

이병언 외/ 허유영 역, 《삼국지 처세학》(신원문화사, 2006).

이성규 외, 《동아사상의 왕권》(한울아카데미, 1993).

이재하, 《인간 조조》(바다출판사, 1998).

이전원·이소선/ 손경숙 외 역, 《삼국지고증학》 1·2(청양, 1997).

이종오/ 신동준 역, 《후흑학》(효형, 2003).

장정일 외, 《삼국지해제》(김영사, 2003).

전목/ 권중달 역, 《중국사의 새로운 이해》(집문당, 1990).

전목/ 신승하 역, 《중국역대정치의 득실》(박영사, 1975).

전해종 외, 《중국의 천하사상》(민음사, 1988).

정수일, 《고대문명교류사》(사계절, 2001).

정원기, 《최근 삼국지연의 연구동향》(대구: 중문, 1998).

조엽/ 신동준 역, 《오월춘추》(인간사랑, 2004).

좌구명, 《춘추좌전》 1~3(자유문고, 2003).

진수/ 김원중 역, 《삼국지》 1~4(민음사, 2007).

진순신/ 권순만 외 역, 《중국의 역사》(한길사, 1995).

차하순 편, 《사관이란 무엇인가》(청람, 1984).

최  명, 《삼국지 속의 삼국지》 1·2(인간사랑, 2003).

최우석, 《삼국지 경영학》(을유문화사, 2007).

카노 나오사다/ 임종삼 역, 《제갈공명》(동국출판사, 1983).

크릴/ 이성규 역, 《공자―인간과 신화》(지식산업사, 1989).

하야시다 신노스케/ 심경호 역, 《제갈공명평전》(강, 1998).

한스 크리스티안 후프 편/ 윤순식 역, 《역사의 지배자》(오늘의책, 2002).


2) 중국

金德建, 《先秦諸子雜考》(北京: 中州書畵社, 1982).

童書業, 《先秦七子思想硏究》(濟南: 齊魯書社, 1982).

羅貫中 原著 毛宗岡 評改, 《三國演義》(臺北: 臺灣文源書局, 1979).

―――, 《三國志通俗演義》(劉奉文 點校, 長春: 吉林人民出版社, 1998).

謝祥皓, 《中國兵學》 1~3(濟南: 山東人民出版社, 1998).

徐復觀, 《中國思想史論集》(臺中: 臺中印刷社, 1951).

蕭公權, 《中國政治思想史》(臺北: 臺北聯經出版事業公司, 1980).

蕭統/ 李善 注, 《昭明文選》 1~3(北京: 京華出版社, 2000).

孫祖基, 《中國歷代法家著述考》(臺北: 進學書局, 1970).

沈展如, 《新莽全史》(臺北: 正中書局, 1977).

梁啓超, 《先秦政治思想史》(上海: 商務印書館, 1926).

楊榮國 編, 《中國古代思想史》(北京: 三聯書店, 1954).

楊幼炯, 《中國政治思想史》(上海: 商務印書館, 1937).

楊鴻烈, 《中國法律思想史》1·2(上海: 商務印書館, 1937).

呂思勉, 《秦學術概論》(上海: 中國大百科全書, 1985).

吳乃恭, 《儒家思想研究》(長春: 東北師範大學出版社, 1988).

吳辰佰, 《皇權與紳權》(臺北: 儲安平, 1997).

王德保, 《司馬光與'資治通鑑'》(北京: 中國社會科學出版社, 2002).

王文亮, 《中國聖人論》(北京: 中國社會科學院出版社, 1993).

王亞南, 《中國官僚政治研究》(北京: 中國社會科學出版社, 1990).

袁闓琨 主編, 《中國兵法十代名典》1·2(瀋陽: 遼寧人民出版社, 2000).

劉澤華, 《先秦政治思想史》(天津: 南開大學出版社, 1984).

游喚民, 《先秦民本思想》(長沙: 湖南師範大學出版社, 1991).

李錦全 外, 《春秋戰國時期的儒法鬪爭》(北京: 人民出版社, 1974).

李宗吾, 《厚黑學》(北京: 求實出版社, 1990).

李宗吾/ 劉泗 編譯, 《李宗吾與厚黑學》(北京: 經濟日報出版社, 1997).

李澤厚, 《中國古代思想史論》(北京: 人民出版社, 1985).

人民出版社編輯部 編, 《論法家和儒法鬪爭》(北京: 人民出版社, 1974).

張豈之, 《中國儒學思想史》(西安: 陝西人民出版社, 1990).

張君勱, 《中國專制君主政制之評議》(臺北: 弘文館出版社, 1984).

張岱年, 《中華的智慧─中國古代哲學思想精髓》(上海: 上海人民出版社, 1989).

鄭良樹, 《商鞅及其學派》(上海: 上海古籍出版社, 1989).

曹謙 編, 《韓非法治論》(上海: 中華書局, 1948).

趙光賢, 〈什麼是儒家? 什麼是法家?〉, 《歷史敎學》1(1980).

曹思峰, 《儒法鬪爭史話》(上海: 上海人民出版社, 1975).

趙守正, 《管子經濟思想硏究》(上海: 上海古籍出版社, 1989).

趙　翼, 《廿二史箚記》1·2(王樹民 校證, 北京: 中華書局, 2001).

曹　操, 《曹操集》(北京: 中華書局, 1959).

曹操 外, 《孫子十家注》(北京: 中華書局, 1986).

鍾肇鵬, 〈董仲舒的儒法合流的政治思想〉, 《歷史硏究》 3(1977).

周立升 編, 《春秋哲學》(山東: 山東大學出版社, 1988).

周燕謀 編, 《治學通鑑》(臺北: 精益書局, 1976).

中華書局編輯部 編, 《曹操集》(北京: 中華書局, 1959).

曾小華, 《中國政治制度史論簡編》(北京: 中國廣播電視出版社, 1991).

陳啓天, 《中國法家槪論》(臺北: 中華書局, 1970).

祝瑞開, 《先秦社會和諸子思想新探》(福州: 福建人民出版社, 1981).

彭慶生·張仁健 主編, 《唐詩精品》(北京: 北京燕山出版社, 1997).

嵇文甫, 《春秋戰國史話》(北京: 中國靑年出版社, 1958).


3) 일본

加藤常賢, 《中國古代倫理學の發達》(東京: 二松學舍大學出版部, 1992).

加賀榮治, 《中國古典解析史》(東京: 勁草書房, 1973).

角田幸吉, 〈儒家と法家〉, 《東洋法學》 12-1(1968).

岡田武彦, 《中國思想における理想と現實》(東京: 木耳社, 1983).

鎌田正, 《左傳の成立と其の展開》(東京: 大修館書店, 1972).

高文堂出版社 編, 《中國思想史》 1·2(東京: 高文堂出版社, 1986).

高須芳次郎, 《東洋思想十六講》(東京: 新潮社, 1924).

高田眞治, 〈孔子的管仲評—華夷論の一端として〉, 《東洋硏究》 6(1963).

顧頡剛/ 小倉芳彦 等 譯, 《中國古代の學術と政治》(東京: 大修館書店, 1978).

館野正美, 《中國古代思想管見》(東京: 汲古書院, 1993).

溝口雄三, 《中國の公と私》(東京: 研文出版, 1995).

宮崎市定, 《アジア史研究(Ⅰ～Ⅴ)》(京都: 同朋社, 1984).

金谷治, 《管子の研究—中國古代思想史の一面》(東京: 岩波書店, 1987).

———, 《秦漢思想史研究》(東京: 平樂寺書店, 1981).

———, 〈先秦における思想の展開〉, 《集刊東洋學》 47(1982).

吉川英治, 《三國志》(六興出版社, 1953).

內山俊彦, 《荀子—古代思想家の肖像》(東京: 評論社, 1976).

大久保隆郎也, 《中國思想史(上)—古代・中世》(東京: 高文堂出版社, 1985).

大濱晧, 《中國古代思想論》(東京: 勁草書房, 1977).

渡邊信一郎, 《中國古代國家の思想構造》(東京: 校倉書房, 1994).

木村英一, 《法家思想の探究》(東京: 弘文堂, 1944).

尾藤正英, 《日本文化論》(東京: 放送大學敎育振興會, 1993).

山口義勇, 《列子研究》(東京: 風間書房, 1976).

上野直明, 《中國古代思想史論》(東京: 成文堂, 1980).

小野勝也, 〈韓非.帝王思想の一側面〉, 《東洋學學術研究》 10-4(1971).

小倉芳彦, 《中國古代政治思想研究》(東京: 青木書店, 1975).

松浦玲, 〈'王道'論をめぐる日本と中國〉, 《東洋學術研究》 16-6(1977).

守本順一郎, 《東洋政治思想史研究》(東京: 未來社, 1967).

狩野直禎, 《韓非子の知慧》(東京: 講談社, 1987).

信夫淳平, 《荀子の新研究》(東京: 研文社, 1959).

安岡正篤, 《東洋學發掘》(東京: 明德出版社, 1986).

———, 《人物を修める》(東京: 竹井出版社, 1986).

安居香山 編, 《讖緯思想の綜合的研究》(東京: 國書刊行會, 1993).

栗田直躬, 《中國古代思想の研究》(東京: 岩波書店, 1986).

伊藤道治, 《中國古代王朝の形成》(東京: 創文社, 1985).

日原利國, 《中國思想史》 1·2(東京: ペリカン社, 1987).

張柳雲, 〈韓非子の治道與治術〉, 《中華文化復興月刊》 3-8(1970).

中村哲, 〈韓非子の專制君主論〉, 《法學志林》 74-4(1977).

陳柱/ 中村俊也 譯, 《公羊家哲學》(東京: 百帝社, 1987).

津田左右吉, 《左傳の思想史的研究》(東京: 岩波書店, 1987).

淺井茂紀他, 《孟子の禮知と王道論》(東京: 高文堂出版社, 1982).

村瀨裕也, 《荀子の世界》(東京: 日中出版社, 1986).

貝塚茂樹 編, 《諸子百家》(東京: 筑摩書房, 1982).

戶山芳郎, 《古代中國の思想》(東京: 放送大敎育振興會, 1994).

丸山松幸, 《異端と正統》(東京: 每日新聞社, 1975).

丸山眞男, 《日本政治思想史研究》(東京: 東京大出版會, 1993).

荒木見悟, 《中國思想史の諸相》(福岡: 中國書店, 1989).


4) 서양

Ahern, E. M., *Chinese Ritual and Politics* (London: Cambridge Univ. Press, 1981).

Allinson, R.(ed.), *Understanding the Chinese Mind: The Philosophical Roots* (Hong Kong: Oxford Univ. Press, 1989).

Ames, R. T., *The Art of Rulership: A Study in Ancient Chinese Political Thought* (Honolulu: Univ. Press of Hawaii, 1983).

Bell, D. A., "Democracy in Confucian Societies: The Challenge of Justification", Daniel Bell et. al., *Towards Illiberal Democracy in Pacific Asia* (Oxford: St. Martin's Press, 1995).

Carr, E. H., *What is History* (London: Macmillan Co., 1961).

Cohen, P. A., *Between Tradition and Modernity: Wang T'ao and Reform in Late Ch'ing*

*China* (Cambridge: Harvard Univ. Press, 1974).

Creel, H. G., *Shen Pu-hai: A Chinese Political Philosopher of The Fourth Century B.C.* (Chicago: Univ. of Chicago Press, 1975).

Cua, A. S., *Ethical Argumentation: A study in Hsün Tzu's Moral Epistemology* (Honolulu: Univ. Press of Hawaii, 1985).

De Bary, W. T., *The Trouble with Confucianism* (Cambridge, Mass./London: Harvard Univ. Press, 1991).

Fingarette, H., *Confucius: The Secular as Sacred* (New York: Harper and Row, 1972).

Machiavelli, N., *The Prince* (Harmondsworth: Penguin, 1975).

Moritz, R., *Die Philosophie im alten China* (Berlin: Deutscher Verl. der Wissenschaften, 1990).

Munro, D. J., *The Concept of Man in Early China* (Stanford: Stanford Univ. Press, 1969).

Peerenboom, R. P., *Law and Morality in Ancient China: The Silk Manuscripts of Huang-Lao* (Albany, New York: State Univ. of New York Press, 1993).

Rubin, V. A., *Individual and State in Ancient China: Essays on Four Chinese Philosophers* (New York: Columbia Univ. Press, 1976).

Sabine, G., *A History of Political Theory* (New York: Holt, Rinehart and Winston, 1961).

Schwartz, B. I., *The World of Thought in Ancient China* (Cambridge: Harvard Univ. Press, 1985).

Taylor, R. L., *The Religious Dimensions of Confucianism* (Albany, New York: State Univ. of New York Press, 1990).

Tu, Wei-ming, *Way, Learning and Politics: Essays on the Confucian Intellectual* (Albany, New York: State Univ. of New York Press, 1993).

Waley, A., *Three Ways of Thought in Ancient China* (New York: Doubleday & Company, 1956).

Wu, Geng, *Die Staatslehre des Han Fei: Ein Beitrag zur chinesischen Idee der Staatsräson* (Wien & New York: Springer-Verl., 1978).

Wu, Kang, *Trois Theories Politiques du Tch'ouen Ts'ieou* (Paris: Librairie Ernest Leroux, 1932).